Beck'sche Elementarbücher

GÜNTER STEMBERGER

Geschichte der jüdischen Literatur

Eine Einführung

VERLAG C.H.BECK MÜNCHEN

CIP-Kurztitelaufnahme der Deutschen Bibliothek

Stemberger, Günter
Geschichte der jüdischen Literatur: e. Einf. –
1. Aufl. – München: Beck, 1977.
(Beck'sche Elementarbücher)
ISBN 3 406 06698 4

ISBN 3 406 06698 4

Umschlagentwurf: Walter Kraus, München

Gesamtherstellung: C.H. Beck'sche Buchdruckerei, Nördlingen
Printed in Germany

Inhalt

Einleitung

Aufgabe dieser Einführung ist eine kurzgefaßte Darstellung der jüdischen Literatur und ihrer Probleme. Diese Literatur umfaßt einen Zeitraum von drei Jahrtausenden, ist in einer Vielzahl von Sprachen geschrieben und drückt sich in sämtlichen literarischen Gattungen aus, angefangen von der religiösen oder profanen Dichtung über die verschiedenen Formen der Gesetzgebung oder Geschichtsschreibung bis hin zum modernen Roman: das allein läßt schon die Ausdehnung des Gebietes erahnen, zu dem diese Einführung einen ersten Zugang bieten will.

Zuerst sei geklärt, was wir unter „jüdischer Literatur" verstehen. Der Begriff „Literatur" gilt hier im weitestmöglichen Umfang: nicht nur Werke der sogenannten „schönen Literatur", Dichtung, Novelle, Roman usw. gehören hierher, sondern auch juridische Texte (etwa die Responsensammlungen), grammatische Traktate, Geschichtsschreibung und religiöses Schrifttum in all seinen Ausprägungen: kurz gesagt, fast alles, was schriftlich niedergelegt worden ist.

Ebenso weit sind die Grenzen gesteckt, welche Literatur die nähere Bezeichnung „jüdisch" verdient. Prinzipiell gehört hierher alles, was Juden in einer „ihrer" Sprachen (Hebräisch, Aramäisch, Jiddisch, Spaniolisch usw.) geschrieben haben, ebenso aber auch alle Werke, die Juden in anderen Sprachen über jüdische Themen verfaßt haben, bzw. auch literarische Werke, die sich aus der jüdischen Herkunft ihrer Verfasser besser begreifen lassen, auch wenn das Thema nicht ausschließlich jüdisch ist. Nur aus Raumgründen müssen wir uns für die moderne Literatur neben hebräischen und jiddischen Werken auf solche deutscher Sprache beschränken, eine Einschränkung, die auch durch die überragende Bedeutung der deutsch-jüdischen Literatur gerechtfertigt ist.

Problematisch ist bei dieser Abgrenzung Anfang und Ende des besprochenen Zeitraums. Die Bibel stammt zum Großteil aus einer Zeit, in der man eher von „israelitischer" Literatur sprechen müßte; nach allgemeiner Sprachregelung beginnt ja das „Judentum" erst mit dem babylonischen Exil, mit dem 6. Jahrhundert v. Chr. Dennoch dürfen wir die Bibel in unserer Darstellung nicht beiseite lassen, ist sie doch der Grundstein fast allen literarischen Schaffens des Judentums geworden. Ohne sie ist die weitere Entwicklung unverständlich.

Schwieriger ist die Entscheidung, was wir in der Moderne als jüdische Literatur bezeichnen dürfen. Nicht jeder von einem Juden geschriebene Roman ist *eo ipso* jüdisch. Bedenken wir nur, wie mancher der Herkunft nach jüdische Dichter und Schriftsteller des 19. Jahrhunderts sich selbst nicht als

Jude empfunden hat! Auswahlkriterium ist hier die jüdische Thematik sowie die jüdische Tradition, aus der heraus ein Werk verständlich wird.

Was sich zwischen diesen beiden Polen befindet, ist als jüdisch zu bezeichnen, wenn es irgendwie in den Strom des jüdischen Lebens eingebettet und so eine charakteristische Ausprägung desselben ist. So sind z. B. Übersetzungswerke des mittelalterlichen Judentums bezeichnend für seine damalige kulturelle Mittlerfunktion, sind medizinische, astronomische oder mathematische Schriften in direktem Zusammenhang mit dem jüdischen Religionsgesetz zu sehen und reihen sich auch andere Schriftwerke, die auf den ersten Blick nicht ausdrücklich jüdisch sind, in das spezifisch jüdische Leben ihrer Zeit ein. Eine genaue und unanfechtbare Abgrenzung ist hier auf jeden Fall unmöglich.

Die Bedeutung der jüdischen Literatur muß nicht eigens hervorgehoben werden. Diese Literatur ist nicht nur eine weithin noch unausgeschöpfte Quelle der jüdischen wie der allgemeinen Zeit-, Kultur- und Geistesgeschichte, sondern hat auch einen unbestreitbaren Rang innerhalb des Gesamtgebietes der Weltliteratur – und hier wieder ganz besonders in der deutschsprachigen Literatur – errungen.

Neben der Darstellung der wesentlichen Werke der jüdischen Literatur in ihrem zeit- und geistesgeschichtlichen Zusammenhang legt diese Einführung besonderen Wert auf die Bibliographie. Sie soll dem Interessierten nach dieser ersten allgemeinen Orientierung den Einstieg in eine tiefere Beschäftigung mit Teilgebieten, einzelnen Werken oder Autoren ermöglichen.

I. Die Bibel

Erst spät hat Israel die politisch-kulturelle Szene des Alten Orients betreten. Zur Zeit, da es in der Geschichte erstmals erscheint, ist das alte assyrische Reich längst schon untergegangen; die Glanzzeit Ägyptens wie auch die hetitische Großmacht gehören schon der Vergangenheit an. Israel, ein Konglomerat semitischer Sippen, hat eine erste Einheit im gemeinsamen Erlebnis des Aufenthaltes in Ägypten und der Befreiung von der ägyptischen Knechtschaft durch Mose gefunden (Ende des 13. Jh. v. Chr.). Es vereinigte sich mit verwandten Stämmen, die schon vorher in Palästina ansässig waren, und verdrängte langsam – friedlich und, wo nötig, auch militärisch – die Vorbewohner aus dem ersehnten Land oder vermischte sich auch mit ihnen.

Gegen 1000 v. Chr. einten sich die israelitischen Stämme, die vielleicht auch schon früher als Zwölfstämmebund („Amphiktyonie") locker miteinander verbunden waren, zu einem Staatswesen unter einem gemeinsamen König: Saul zuerst, dann David, der die Jebusiterstadt Jerusalem eroberte und zu seiner Hauptstadt erwählte, schließlich sein Sohn Salomo, nach dessen Tod im Jahr 931 die kurze Zeit der Einheit auch schon wieder zu Ende war. Die zehn Stämme des Nordens machten sich als Nordreich („Israel") selbständig, das nach wild bewegter Geschichte 722 von den Assyrern zerstört wurde. Das kleine davidische Südreich um Jerusalem („Juda") konnte sich hingegen, geeint durch die stabile davidische Dynastie und das religiöse Zentrum des Tempels, im Kräftefeld des Alten Orients länger behaupten. 587 war jedoch auch sein Ende gekommen, als Nebukadnezzar den Tempel endgültig zerstörte und die Oberschicht Judas nach Babylonien in die Gefangenschaft abführte.

Als nach einigen Jahrzehnten die Perser die babylonische Herrschaft ablösten und Cyrus den jüdischen Gefangenen 538 die Heimkehr erlaubte, bedeutete dies weithin einen Neubeginn: erst der Verlust des eigenen Staatswesens machte das Judentum zum Volk des Buches, der Bibel, als das es in die Geschichte eingegangen ist. Sowohl die Perser als auch die ptolemäischen Oberherren während des 3. Jahrhunderts grenzten den politischen Spielraum des Judentums beträchtlich ein, mischten sich jedoch nicht in dessen religiöse Traditionen. Als dann der Makkabäeraufstand (ab 167 v. Chr.) dem jüdischen Volk nochmals ein Jahrhundert der Unabhängigkeit unter der Familie der Hasmonäer verschaffte, war die Sammlung der Juden um ihre schriftlichen Traditionen schon fest besiegelt. Für lange Jahrhunderte sollte die Geschichte des Judentums mit seiner Literaturgeschichte fast verschmelzen. Die Bibel, deren geschichtlichen Rahmen wir hier kurz umrissen haben, ist dabei der ständige Bezugspunkt fast aller späteren jüdischen Literatur geblieben.

1. Die fünf Bücher Mose

Die ersten fünf Bücher der Bibel sind eine Einheit, wie ihr gemeinsamer Name *Tora* (hebr. Weisung, Gesetz) oder *Pentateuch* (griech. *hē pentateuchos biblos,* das fünfgeteilte Buch) ausdrückt. Sie bieten eine fortlaufende Erzählung von der Erschaffung der Welt über die Zeit der Patriarchen bis zur Befreiung Israels aus Ägypten und dem Tod des Retters Mose. Diese Erzählung ist durch religionsgesetzlichen Stoff verschiedenster Art aufgefüllt: somit können wir das Ganze als Religionsgesetz mit historischer Begründung bezeichnen.

Verfasser des Werkes ist nach altjüdischer Tradition (schon Philo und Josephus im 1. Jh.) Mose; das Christentum hat diese Zuschreibung übernommen. Doch ist ihre Problematik schon früh erkannt und von Abraham Ibn Esra (gest. 1167) systematisch aufgezeigt worden. Wirksam wurde dieser kritische Ansatz jedoch erst durch die Reformatoren des 16. Jahrhunderts und dann besonders durch B. Spinoza (gest. 1677), der den großen nachexilischen Reformator Esra (um 400 v. Chr.) als den Verfasser des Pentateuchs annahm, wie dies schon Hieronymus (gest. 420) als Möglichkeit offengelassen hatte.

Die Entdeckung, daß die Gottesnamen im Pentateuch (Jahwe, Elohim) verschiedene Quellenschriften spiegeln (H. B. Witter und J. Astruc im 18. Jh.), führte zu einer fortschreitend verfeinerten Quellentheorie, deren endgültiger Form im vergangenen Jahrhundert J. Wellhausen Anerkennung verschafft hat. Diese Theorie, die im wesentlichen heute allgemeine Geltung hat, unterscheidet im Pentateuch vier Quellenschriften: Jahwist (J), Elohist (E), Deuteronomium (D) und Priesterschrift (P). Die Entstehungsgeschichte des Pentateuchs ist demnach so vorzustellen:

In einer nicht genau rekonstruierbaren *Vorgeschichte* haben die Israeliten bzw. ihre Vorfahren verschiedenste Traditionen gesammelt und zum Teil auch schon schriftlich niedergelegt (schon seit der Mitte des 2. Jahrtausends gibt es ein semitisches Alphabet, das durch seine leichte Erlernbarkeit Hieroglyphen und Keilschrift weit überlegen ist). Schon in dieser Zeit übernimmt Israel ein reiches Erbe von den großen Nachbarkulturen Mesopotamiens und Ägyptens, aber auch Kanaans (Ugarit), das noch lange weiterwirkt und immer wieder neue Impulse erhält. Dieses Erbe betrifft vor allem die Gesetzgebung, die religiöse Dichtung, die Formen der Lebensweisheit, aber auch mythische Stoffe. Dazu kommen die reichen Israel eigenen Stammesüberlieferungen, die sich vor allem in den Patriarchenerzählungen und in den Stücken über den Auszug aus Ägypten und die Landnahme in Palästina niedergeschlagen haben. Mose selbst wird in dieser Frühphase gewiß eine wichtige Rolle als religiöser Führer und Gesetzgeber gespielt haben, doch ist sein Anteil nicht mehr nachzuweisen.

Die Errichtung der Monarchie gegen 1000 v. Chr. bringt eine rege literarische Tätigkeit mit sich: der Beruf des Schreibers ist am Hof von zentraler

Bedeutung (diplomatische Korrespondenz, Gesetzgebung und Gericht, Verwaltung, Schulung der Beamten, offizielle Chroniken). Die enge Verbindung des königlichen Hofes mit dem Tempel bedingt außerdem die Pflege eines theologisch-liturgischen Schrifttums. In all diesen Belangen muß sich Israel, das darin keine eigene Erfahrung hat, weithin auf die Traditionen der Nachbarstaaten verlassen.

Unter diesen Voraussetzungen schreibt ein anonymer Verfasser etwa zwischen 950 und 850 v. Chr. das „*jahwistische Geschichtswerk*" (J). Diese erzählerische Schrift stellt die Weltgeschichte von der Schöpfung an dar (ab Gen 2,4b). Wieweit sie gereicht hat, ist nicht mehr sicher, da ihr Schluß offenbar verlorengegangen ist: nach den einen endete sie mit der Landnahme der Israeliten im 12. Jahrhundert, nach anderen erst in der Zeit Davids oder mit der Reichsspaltung von 931. Der Verfasser, ein guter Erzähler, dessen Darstellung lebendig und rational ist (er vernachlässigt z. B. die wunderbaren Aspekte der Auszugserzählung und der ägyptischen Plagen), sieht die Geschichte als Heilsgeschichte, ist also ein Optimist. Der Weltengott, den er gelegentlich in gewagten Anthropomorphismen zeichnet (z.B. Gen 3), hat aus der Menschheit Abraham erwählt; dieser soll der Träger des Segens für alle Völker sein (Gen 12,1–3 als kühne theologische Deutung der Mittlerposition des davidischen Reiches in der Welt des Alten Orients). Die Fortsetzung zeigt dann, wie die Verheißung Gottes trotz aller Hindernisse letztlich in der Landnahme (bzw. in der Errichtung der davidischen Monarchie) ihre Erfüllung findet.

Das „*elohistische Geschichtswerk*" (E) ist im Pentateuch nur in Bruchstükken erhalten und daher schwieriger zu bestimmen. Der Elohist dürfte nach dem Jahwisten geschrieben haben, jedoch vor der Zerstörung des Nordreiches im Jahre 722, wenn wir seine Heimat tatsächlich, wie meist vermutet wird, im Norden annehmen dürfen. Kein so guter Erzähler wie der Jahwist, weniger lebhaft, manchmal nahezu archaisch und auch etwas unzusammenhängend (wenn das nicht an der Überlieferung liegt), hat der Elohist seinen Stoff stärker theologisch bearbeitet und ethisch gedeutet. Seine Erzählung beginnt mit Abrahams Berufung in Gen 15, nach anderen erst in Gen 20. Er beschränkt sich also von vornherein auf Israel und schreibt eine Nationalgeschichte, in der sich Gott offenbart. Er steht der frühen prophetischen Tradition nahe und hat so auch Mose als einen Propheten dargestellt. Sein Zielpunkt dürfte die Landnahme in Jos 24 gewesen sein. Seine Erzählung hat der Elohist mit Gesetzesmaterial aufgefüllt (Dekalog in Ex 20; Bundesbuch in Ex 21–23).

Nach der Zerstörung Samarias im Jahr 722 kam E zusammen mit anderen Traditionen nach Jerusalem. Die Vereinigung der beiden Schriften J und E, die in den folgenden Jahrzehnten erfolgte, soll die religiös-geschichtliche Einheit des nunmehr aufgelösten Nordreiches mit Jerusalem betonen. Jerusalem ist wieder das Zentrum Gesamtisraels. Seinem Führungsanspruch gemäß kommt in der vereinigten Schrift (gelegentlich „Jehovist" genannt) natürlich J die wichtigere Rolle zu. E ist daher nur in Teilen erhalten geblieben.

Das *Deuteronomium* (der Name „zweites Gesetz" rührt aus dem Mißverständnis von Dtn 17,18 in der griechischen Bibelübersetzung) ist wohl um dieselbe Zeit entstanden. Es stammt wohl aus dem Norden und führt E theologisch fort. Sein Leitgedanke ist die Einheit Israels, das in einem gemeinsamen Kult und unter einem einheitlichen Gesetz aus Liebe dem einen Gott dient, der es erwählt hat. Die Einheit des Kultes hat zur Folge, daß auch die Leviten aus dem Norden im Jerusalemer Tempel Heimatrecht haben.

Das Zentrum von D bildet das als Rede des Mose an sein Volk stilisierte Gesetzbuch (Dtn 12–26). Dieses Gesetz dürfte im wesentlichen der Schrift entsprechen, die bei der Reform des Königs Joschija im Jahr 622 im Jerusalemer Tempel aufgefunden worden ist (2 Kön 22,3–20). Den Rahmen des Gesetzes bilden die Reden von Dtn 5–11 und 27–30. Eine spätere Redaktion fügt einen historischen Prolog hinzu (Dtn 1–4; Dtn 31–34 gehört den anderen Quellenschriften an).

In seinem Aufbau folgt D dem Schema des altorientalischen, uns besonders aus hetitischen Texten bekannten Bundesformulars: das Verhältnis Gottes zu Israel ist demnach das des Großkönigs zu seinem Vasallen. Wann D mit JE verbunden worden ist, steht nicht fest; es ist jedoch anzunehmen, daß dies vor der Aufnahme der Priesterschrift in das Gesamtwerk der Fall war.

Die *Priesterschrift* (P) ist im babylonischen Exil (6. Jh.) entstanden und hat ihre endgültige Form wohl im 5. Jahrhundert in Palästina gefunden. Sie stammt, wie der Name sagt, aus priesterlichen Kreisen. Sie ist eine Weltgeschichte, beginnend mit Gen 1,1, die bis zum Tod des Mose in Dtn 34 führt. Ihr ist die Aufnahme babylonischer Stoffe (vor allem in Schöpfungsbericht und Fluterzählung: vgl. das Gilgamesch-Epos) zu verdanken. P ist besonders an Stammbäumen und an der Chronologie interessiert und schematisiert die Geschichte, die zielbewußt auf die Gottesoffenbarung am Sinai hingeht. Nach P ist Israel die im Tempel versammelte Kulturgemeinde. Das drückt sich auch in den Gesetzen aus: Heiligkeitsgesetz (Lev 17–26), Opfervorschriften (Lev 1–7), Reinheitsgesetze (Lev 11–15), Bestimmungen über die Leviten (Num 1–10) usw. Bei der Vereinigung von P mit dem vielleicht schon mit D verbundenen Jehovisten bildet P den Rahmen des Gesamtwerkes. Damit ist der Pentateuch in seiner uns heute bekannten Form abgeschlossen: wir befinden uns in der Zeit Esras (um 400) oder spätestens im 4. Jahrhundert, noch vor dem Bruch des Judentums mit den Samaritanern.

2. Die biblische Geschichtsschreibung

Eine Reihe biblischer Schriften erzählt und deutet die Geschichte Israels. Im Gegensatz zum Pentateuch können wir hier nicht auf breite Parallelen im Alten Orient verweisen: die Geschichtsschreibung ist Israels eigene Errungenschaft. Sie gilt nicht als eigene literarische Gattung, sondern ihre Werke zählen in der hebräischen Einteilung der Bibel zu den „frühen Propheten" oder zu den (übrigen) „Schriften".

Die moderne Forschung faßt die historischen Schriften der Bibel in zwei größere Werke zusammen, das deuteronomistische und das chronistische Geschichtswerk. Das erste umfaßt die Bücher: (Dtn), Jos, Ri, 1 und 2 Sam, 1 und 2 Kön; zum zweiten zählen die beiden Bücher der Chronik, Esra und Nehemia. Beide Werke waren ursprünglich geschlossene Einheiten, die erst später auseinandergerissen wurden.

a) Früher hat man in den historischen Büchern allgemein eine Fortsetzung der Pentateuchquellen gesehen. Insbesondere die Bücher Josua und Richter hat man derart analysiert und demnach von einem Hexateuch oder Heptateuch gesprochen. Diese Meinung hat noch immer ihre Vertreter; doch hat sich inzwischen die von *M. Noth* vorgeschlagene Hypothese weitgehend durchgesetzt, nach der die biblischen Bücher von Josua bis 2 Könige einem Schriftsteller des 6. Jahrhunderts zuzuschreiben sind. Dieser hat die Geschichte Israels vom Tod des Mose bis zur Zerstörung Jerusalems und der Begnadigung des Königs Jojachin durch seinen babylonischen Oberherrn im Jahr 561 fortgesetzt. Da er stark unter dem Einfluß des Dtn steht, in dessen Geist er die Geschichte theologisch deutet, nennt man ihn den *„Deuteronomisten"* (Dtr). Von ihm stammt auch der historische Prolog zum Dtn (Kap. 1–4). Dieser ist jedoch zusammen mit dem ganzen Buch Dtn in den Pentateuch übernommen worden.

Der Deuteronomist hat für sein Werk ältere Quellen verwendet, was auch einen gewissen Kompromiß mit der Urkundenhypothese ermöglicht: unter seinen Quellen können sich auch Stücke aus J, E und P befunden haben.

Das Buch *Josua* verbindet einen Bericht über die Landnahme (Kap. 2–11) mit einem Bericht von der Aufteilung des Landes auf die zwölf Stämme (Kap. 13–21). Dem Aufteilungsbericht liegen nochmals ältere Quellen zugrunde: eine Beschreibung Palästinas aus den Anfängen der Monarchie sowie eine Ortsnamenliste aus dem 7. Jahrhundert. Erst durch ihre Kombination wurde daraus eine Schilderung der Landverteilung. Die Kapitel 22–24 schließlich sind verschiedenartiger Herkunft. Der dtr-Redaktor hat das Ganze im Licht des Dtn gedeutet: besonders in Kap. 1, wo er den Zusammenhang mit der Mose-Geschichte herstellt, in 8,30–35; 11,16–12,2 und 23,12–16. Er idealisiert die Geschichte, um zu zeigen, daß Gott sich an die Verheißungen seines Bundes hält, solange auch das Volk treu ist, und dem unter einem Führer seiner Wahl geeinten Volk das Land schenkt.

Im Buch der *Richter* sind Heldengeschichten verschiedenster Art gesammelt, die ursprünglich Traditionen einzelner Stämme waren, nach dem Fall des Nordreiches jedoch als gemeinsames historisches Erbe weitergegeben wurden. Der dtr-Redaktor hat diese Sammlung als Überleitung zur Königszeit verwendet und gemäß seiner Geschichtstheologie interpretiert (besonders typisch 2,6–3,6): Glück und Unglück hängen stets von der Bundestreue des Volkes ab, das aber auch nach einem Abfall immer wieder zu Gott zurückkehren und seine Hilfe erwarten darf.

In den beiden *Samuelbüchern* sind die Hauptpersonen der Prophet Samuel und die Könige Saul und David. Verschiedene Quellen standen dem Dtr auch hier zur Verfügung. Kernstück ist die Chronik der Nachfolge Davids (2 Sam 9–20, 1 Kön 1–2), ein Meisterwerk der frühen israelitischen Geschichtsschreibung. Ein den Ereignissen nahestehender Erzähler schildert darin, wie gerade Salomo der Nachfolger Davids wurde. Verschiedene Berichte über Samuel, die Bundeslade, die Entstehung des Königtums, über Saul und den Aufstieg Davids sind weitere Quellen: sie alle sind auffallend zweigleisig; darin zeigt sich die Vereinigung verschiedener Erzählungsstränge, die erst langsam zu *einem* Buch geworden sind.

In den *Königsbüchern* nennt der dtr-Redaktor selbst mehrere seiner Quellen: die Chronik Salomos, die Jahrbücher der Könige von Juda und jener von Israel usw. Dazu kommen ein alter (wohl um 800 v. Chr. entstandener) Zyklus über den Propheten Elija und seinen Kampf für den Jahweglauben (vor allem 1 Kön 17–19) und ein volkstümlicherer Sagenkranz über seinen Schüler Elischa (2 Kön 2–13), der nachträglich den Elija-Zyklus beeinflußt hat. Der Dtr bringt seine Deutung der Geschichte vor allem in summarischen Überblicken und Reden ein (z.B. 2 Kön 17,7–23; das Tempelweihgebet Salomos 1 Kön 8,22–53), sowie auch im Urteil über die einzelnen Könige nach den Prinzipien des Dtn (z.B. 1 Kön 14,21–22), wobei die profane Bedeutung der Könige fast völlig unbeachtet bleibt (besonders auffällig bei Jerobeam II.: 2 Kön 14,23–29 fassen eine 30jährige Regierung zusammen!).

Wenn der Dtr seine Gesamterzählung in 2 Kön 25,27–30 mit der Begnadigung Jojachins enden läßt, zeigt er, daß die Untreue des Volkes, die zur Zerstörung Jerusalems geführt hat, letztlich nicht siegt, sondern Gott noch immer Hoffnung schenkt.

b) Das *chronistische Geschichtswerk* setzt mit der Erschaffung des Menschen ein und führt seine Erzählung bis in das 5. Jahrhundert fort, in die Zeit Esras und Nehemias. Im ersten Teil, den beiden Büchern der *Chronik*, zitiert der Verfasser eine ganze Reihe von Quellen, dürfte damit jedoch nur die einzelnen Teile des dtr-Werkes gemeint haben, das neben dem Pentateuch für die Zeit bis zum Untergang Jerusalems im Jahr 587 seine fast ausschließliche Vorlage gewesen ist. Ergänzt hat er sie lediglich durch einen Text über die militärischen Maßnahmen der Könige von Juda.

Der Chronist gestaltet seine Erzählung vor allem durch gezielte Auswahl der Ereignisse. Die Zeit von Adam bis Saul überbrückt er einfach durch Stammtafeln. Mit David setzt sein eigentliches Interesse ein: doch auch hier zählen fast nur die Bemühungen Davids um den Kult und seine Vorbereitungen für den Tempelbau, der dann der Mittelpunkt der Regierungszeit Salomos ist. Mit der Reichsspaltung von 931 rückt der Norden aus dem Gesichtskreis; einzig die Könige Judas zählen, von denen der Chronist fast nur Positives zu erzählen weiß. Gott selbst greift in die Geschichte direkt ein (besonders auffallend 2 Chron 20,1–30: Gott selbst besiegt die Ammoniter, während die Truppen Judas beten; nachher müssen sie nur noch die Beute sammeln); er vergilt auch immer sofort Gutes und Böses (das erklärt z.B. die Umwandlung des Bildes von Manasse in 2 Chron 33 im Vergleich mit 2 Kön 21).

Im zweiten Teil seines Werkes, den Büchern *Esra und Nehemia,* standen dem Chronisten gute Quellen zur Verfügung: die in erster Person erzählten Memoiren des Nehemia, der um die Mitte des 5. Jahrhunderts als Beauftragter der persischen Regierung den Wiederaufbau Jerusalems leitete und das jüdische Gemeinwesen reorganisierte; ebenso die Erinnerungen Esras, der für die religiöse Reform verantwortlich war (umstritten ist, ob er vor oder nach Nehemia gewirkt hat, um die Mitte des 5. oder zu Beginn des 4. Jahrhunderts). Weiters konnte sich der Chronist auf eine Reihe aramäischer Dokumente stützen.

Der Verfasser hat seine Quellen kommentiert, wobei er auf den Kult besonderen Wert legt; auch hat er Esra als dem religiösen Reformator vor dem politischen Organisator Nehemia den ersten Platz eingeräumt. Für ihn ist Esra der eigentliche Erneuerer des Judentums, das nach dem Verlust der staatlichen Selbständigkeit sich voll auf die religiöse Tradition und den Kult konzentrieren kann und so die Verheißungen Gottes an die Patriarchen in eine neue Zeit weiterträgt. In seiner Einstellung ist der Chronist der Priesterschrift, noch mehr jedoch dem Geist des Deuteronomiums verwandt. Auch für ihn gibt es Geschichte nur in theologischer Deutung. Aus seinem Umgang mit den Quellen der Zeit Esras und Nehemias geht hervor, daß er wohl erst gegen Ende des 4. Jahrhunderts v. Chr. geschrieben hat.

3. Die prophetischen Schriften

Das Phänomen der Prophetie ist nicht Israel eigen gewesen, sondern im Alten Orient weithin nachgewiesen: bei den Assyrern, Ägyptern, Philistern und – der biblischen Prophetie besonders nahe verwandt – in den Mari-Texten (Mesopotamien, 18.–17. Jh.). Der Prophet, der Bedeutung des hebräischen Wortes *nabi* nach *„Rufer“* bzw. (von Gott) „Gerufener“, war primär nicht Künder künftiger Ereignisse, sondern vor allem ein Verfechter des Jahweglaubens, der von seinem religiösen Standpunkt aus den König oder auch das ganze Volk kritisierte, indem er gegen soziale Mißstände, eine seiner Meinung nach falsche Politik und vor allem die fast magische Überbewertung des Kultes auftrat. Somit war der Prophet immer auch Bußprediger, drohte die göttliche Strafe an, den Untergang des Königshauses oder auch des ganzen Staates, wußte aber auch in Zeiten der Not mit Heilszusagen zu trösten.

Die Zeit der Propheten Israels beginnt mit dem Königtum und endet nach dem babylonischen Exil. Traten anfangs Propheten eher in Gruppen auf, die eine gemeinsame Lebensweise pflegten und sich durch allerlei Mittel in Ekstase versetzten, so traten schon bald neben diesen Prophetenschulen und dann ausschließlich die prophetischen Einzelgänger in den Vordergrund. Die prominentesten Vertreter der Frühzeit sind Elija und Elischa (9. Jh.). Die sogenannten „Schriftpropheten", die ihre Sprüche aufzeichneten oder dies durch ihre Schüler tun ließen, sind Jesaja, Jeremia, Ezechiel und die zwölf „kleinen" Propheten, die schon Sir 49,10 (um etwa 200 v. Chr.) als geschlossene Einheit kennt. Das Buch Daniel gehört im hebräischen Kanon nicht zu den Propheten.

Die prophetischen Schriften wachsen gewöhnlich nach ein und demselben Schema: anfangs zeichnet der Prophet selbst seine Sprüche auf oder läßt dies seine Schüler tun. Um die Spruchsammlung rankt sich biographischer Stoff; auch Klage- und Lobgebete des Propheten kommen oft dazu. Nach dem Tod des Propheten passen seine Schüler oft die Schrift durch erklärende Zusätze den gewandelten Zeitumständen an und fügen manchmal neue Teile im Geist des Propheten hinzu. Trotzdem gilt der ursprüngliche Prophet als der Verfasser des Gesamtwerkes, weil er der Vater der darin vertretenen Tradition ist.

Der früheste Schriftprophet ist *Amos*. Er trat unter Jerobeam II. (782–753) im Nordreich auf, wurde jedoch schon nach wenigen Monaten als Aufrührer des Landes verwiesen. Der große Sozialkritiker hat seine Sprüche selbst aufgezeichnet. Nach dem Untergang des Nordreichs im Jahr 722 hat sie ein Redaktor mit einer parallelen Sammlung, die auf Amos-Schüler zurückging, verbunden. Schließlich wurde der Text nach der Zerstörung Jerusalems durch manche Zusätze neu interpretiert (deutlich 9,13–15).

Hosea, ein jüngerer Zeitgenosse des Amos, konnte im Nordreich bis zu dessen Untergang wirken. Zentrales Thema seiner Verkündigung war die Liebe Gottes zu seinem untreuen Volk. Das persönliche Leben des Propheten sollte seine Lehre illustrieren. Seine textlich schlecht erhaltene Schrift zeigt Spuren einer langen Überlieferungsgeschichte.

Um dieselbe Zeit, etwa zwischen 740 und 700, war in Jerusalem *Jesaja* tätig, ein großer Dichter und gewaltiger Meister der Sprache. Die Bedrohung Israels durch die assyrische Großmacht prägte seine ganze Zeit. Durchwegs bemühte sich der Prophet, gegen die verfehlte Bündnispolitik der israelitischen Könige anzukämpfen, und drohte zuerst den bevorstehenden Fall von Samaria und Damaskus an, dann auch Jerusalems Ruin, wenn es sich zusehr auf Ägypten verlasse (nach dem Tod Sargons im Jahr 705 erhob sich König Hiskija gegen Assyrien; Sanherib belagerte daraufhin 701 Jerusalem, das schwer geknechtet wurde). Gegenüber dem Vertrauen auf eine nur menschlich vernünftige Politik predigte Jesaja die Heiligkeit des unzugänglichen Gottes, der in die Geschichte durch sein auserwähltes Volk eingreift, dann aber, wenn dieses als ganzes sich der Erwählung nicht würdig erweist, den „Rest" der Getreuen zum Träger seiner Verheißung macht.

Von Jesaja selbst stammen nur die Kapitel 1–23 und 28–33 (mit kleinen Abstrichen) des nach ihm benannten Buches. Die geschichtlichen Texte

Jes 36–39 sind einem dtr-Redaktor zuzuschreiben; die sogenannte Jesaja-Apokalypse Jes 24–27 ist wohl überhaupt erst im 3. Jahrhundert entstanden, während die verwandten Kapitel 34–35 sicher älter sind, jedoch auch nicht vom Propheten stammen.

Jes 40–55 bezeichnet man als „*Deutero-Jesaja*". Dieser „zweite" Jesaja setzte während des Exils das Werk seines Meisters fort. Er setzte seine Hoffnung auf den aufsteigenden Stern des Cyrus, den er als Knecht Gottes und Erretter seines Volkes aus der Macht Babylons betrachtete. Sein Werk, dessen „Gottesknecht-Lieder" für die christliche Auslegung von besonderer Bedeutung geworden sind, atmet einen weltoffenen, missionarischen Geist und ist voller Hoffnung auf das kommende Heil, das sich in einem neuen Auszug, ähnlich dem Auszug aus Ägypten, verwirklichen werde.

Nach dem Erlaß des Cyrus, der den Juden die Heimkehr aus Babylonien ermöglichte (538), wurden die ersten Hoffnungen bald enttäuscht. Nur wenige wollten anfangs zurückkehren; der Tempel wurde zwar wiedererrichtet, doch die erhoffte Heilszeit brach damit noch nicht an. In dieser schwierigen Zeit deutet „*Trito-Jesaja*" die Heilshoffnungen völlig um: nicht im politischen Bereich werde sich das Heil Gottes verwirklichen, sondern erst in der Zukunft, durch einen neuen Himmel und eine neue Erde (Jes 56–66).

Micha wirkte wie sein Zeitgenosse Jesaja im Südreich. Der besonders traditionell ausgerichtete Prophet ist in vielem Amos verwandt, gleich dem er vor allem die sozialen Auswirkungen des religiösen Zerfalls bekämpft, die Korruption der Beamten und Priester sowie den wachsenden Großgrundbesitz.

Ungefähr ein Jahrhundert später, zur Zeit des Untergangs Ninives (612), predigten in Juda *Zefanja, Nahum* und *Habakuk;* auch *Obadja* und *Joel* könnten um dieselbe Zeit gewirkt haben, auch wenn manche das Datum des zuletzt genannten bis in das 4. Jahrhundert herabrücken möchten.

Ungleich bedeutender ist *Jeremia,* der die letzten vier Jahrzehnte der Existenz des Staates Juda tätig war (627–587). Zeit seines Lebens ein Warner vor zu großem Vertrauen auf die Hilfe Ägyptens und entsprechend unvorsichtiger Politik gegenüber dem mesopotamischen Oberherrn, ist der in Jerusalem als Defätist beschuldigte Jeremia schließlich 587 nach Ägypten verschleppt worden und dort verschollen. Mehr als bei anderen Propheten ist uns nicht nur der äußere Ablauf seines Wirkens durch biographische Texte, sondern auch sein Innenleben in seinen oft erschütternden „Bekenntnissen" und Gebeten erkenntlich. Er selbst hat seine Sprüche aufgezeichnet; dazu bediente er sich eines Sekretärs, Baruchs, der die Schrift mit Notizen über das Lebensende des Meisters ergänzte. Nach dem Exil ist der ganze Text im Geist des Dtr redigiert worden.

Ezechiel, der große Prophet des babylonischen Exils, gilt als einer der ersten Dogmatiker des Judentums. Priesterlicher Herkunft, ist er am Idealbild des Tempels interessiert (Ez 40–44), bemüht sich jedoch vor allem um die Wahrung der Jahwereligion in einer Zeit ohne eigenen Staat und ohne Tempel:

daher betont er so stark die Speisegebote und die Beschneidung als Unterscheidungsmerkmale des Judentums und tritt er für eine ausgeprägte Individualethik ein. Seine Thronvision (Ez 1) ist einer der wesentlichsten Texte der späteren jüdischen Mystik geworden. Sein textlich schlecht überliefertes Werk hat nach dem Exil eine Neuredaktion erfahren.

Die prophetische Zeit endet mit den Werken *Haggais* (Ende 6. Jh.) und seines Zeitgenossen *Sacharja,* dessen acht Nachtgesichte (Sach 1–8: die Vorbereitung der Heilszeit) Spätere erweitert haben: Sach 9–11 gilt als Deuto-Sacharja, 12–14 als Trito-Sacharja. Ein weiterer Anhang hat sich später als selbständiges Buch losgelöst, weil der Ausdruck *Maleachi* (hebr. „mein Bote") als Eigenname mißverstanden wurde. Um 400 ist die Schrift als Gesamtwerk vollendet.

Das um dieselbe Zeit oder etwas später entstandene Buch *Jona* paßt nicht recht zu den prophetischen Schriften. Es enthält nicht Prophetensprüche, sondern ist eine weisheitlich geprägte Lehrerzählung über einen Propheten.

4. Die Weisheitsschriften

Mit der Monarchie ist in Israel auch die „Weisheit" heimisch geworden, die der ganze Alte Orient – Ägypten ebenso wie Mesopotamien und die kanaanitischen Vorbewohner Israels (Ugarit) – gepflegt hat. Die Weisheit ist vornehmlich die Kunst der Beamten am königlichen Hof, eine erfolgverheißende Lebensregel. Sie ist praktisch ausgerichtet und lehrt das rechte menschliche Zusammenleben, die Grundeinstellung in Verwaltung und Rechtsprechung, die Beurteilung von Besitz und Lebensgenuß sowie die richtige Einstellung zur Frau. Erst spät wird diese Weisheit, besonders unter dtr-Einfluß, ausdrücklich theologisch motiviert, wobei die Verbindungslinien zwischen Weisheit und Schöpfungsordnung sowie göttlicher Offenbarung herausgestellt werden und die Weisheit auch gerne personifiziert wird.

Die literarischen Formen der Weisheit sind vielfältig: Sprüche (Sprichwort, Rätsel, Zahlenspruch, Kunstsentenz), Fabeln, Allegorien, Lehrgespräche und -gedichte usw. Weisheitliche Texte in einem weiteren Sinn sind in den verschiedensten Schriften der hebräischen Bibel vertreten; drei Bücher gehören ganz besonders dieser Gattung an, als deren „Autor" prinzipiell Salomo gilt, der erste große Weise in Israel (1 Kön 5,12–13).

a) Das *Buch der Sprichwörter,* in der Tradition Salomo zugeschrieben, ist eine Sammlung verschiedenster Texte, gleichsam ein Querschnitt durch das in Israel unumstrittene Weisheitsdenken. Der älteste Teil (Kap. 25–29) stammt nach 25,1 von den Männern Hiskijas, also vom Ende des 8. Jahrhunderts, was durchaus möglich ist. Er besteht aus meist einzeiligen Einzelsprüchen. Nicht viel jünger ist 10,1–22,16 (zweigliedrige Sprüche); der hier sichtbare aramäische Spracheinfluß deutet jedoch auf eine Umarbeitung nach dem Exil. Nicht genauer datieren lassen sich eine Reihe kleinerer Stücke: 22,17–24,22, eine Sammlung von dreißig Spruchgedichten, die zu etwa einem Drittel der um 1000 v. Chr. entstandenen Weisheit des Amenemope (Ägypten) entnommen sind (andere nehmen eine semitische Vorlage an) und sich auch mit der im Alten Orient weitverbreiteten Achiqar-Erzählung berühren; 24,23–35 (gegen Parteilichkeit und Faulheit); 30,1–14 („Sprüche Agurs") und 30,15–33 (Zahlensprüche), die Traditionen aus dem arabischen Raum verarbeiten; 31,1–9 („Worte an Lemuel": Ermahnungen einer Mutter an ihren königlichen Sohn). Sicher erst nachexilisch ist das alphabetisch angeordnete Gedicht über die tüchtige Frau, mit dem das Buch endet (31,10–31). Dem Ganzen hat der Sammler das jüngste Stück vorangestellt (1–9): hellenistischer Einfluß auf Denken und Sprache (lange Perioden) läßt diesen Teil in das späte 4. oder gar 3. Jahrhundert v. Chr. datieren.

b) Das Buch *Ijob* ist eine Auseinandersetzung mit dem Vergeltungsproblem. Das unverschuldete Leiden des Gerechten ist eine Erfahrung, die eine Grundthese der traditionellen Weisheit kritisieren läßt: Gutsein führt nicht immer zum Erfolg.

Die Entstehungsgeschichte des Werkes ist umstritten. Offenbar hat die erweiterte Fassung einer alten Volkserzählung über den Dulder Ijob (1–2; 42,7–17) einer Weisheitsdichtung als Rahmen gedient, die das Problem nicht löst, vielmehr seine Ausweglosigkeit darstellt und den Menschen letztlich ans göttliche Geheimnis verweist. Im ersten Teil der Dichtung setzen die drei Freunde Ijobs in jeweils drei Reden dem Dulder, den sie trösten wollen, die alte Lehre von der Theodizee vor, wogegen Ijob sich in seinen Gegenreden wehrt und das ungerechte Geschick beklagt (der dritte Gesprächsgang ist in der Überlieferung in Unordnung geraten: Kap. 22–27). Nach einem Gedicht über die Weisheit (Kap. 28) erneuert Ijob in einer großen Schlußrede (29–31) seine Klage. Im zweiten Teil (38–42) greift Gott selbst ein, antwortet jedoch nicht auf Ijobs Klage, sondern erinnert ihn an sein weises Schöpfungswerk, wovor jeder Mensch verstummen muß. Ijob fügt sich ins Geheimnis und kommt, wie die Rahmenerzählung bemerkt, wieder zu seinem ehemaligen Glück. Die vier Reden Elihus (32–37) sind in diesen Text als ein erster Kommentar zum Werk eingeschoben.

Die Schrift drückt sich in einer Vielfalt von literarischen Gattungen aus (Weisheitsrede, Formen aus dem Rechts- und Prozeßleben, Klagelied usw.); sie ist mit ähnlichen Texten in der ägyptischen und sumerischen Literatur verwandt (etwa das ägyptische „Streitgespräch des Lebensmüden mit seiner Seele" oder auch der „babylonische Kohelet"; auch auf den Prometheus von Aischylos hat man gelegentlich als Vorbild hingewiesen), ohne daß eine direkte Abhängigkeit zu beweisen ist. Die Endfassung des Werkes entstand im 5. oder 4. Jahrhundert v. Chr. in Palästina.

c) Das Buch *Kohelet* (hebr. „Versammler, Gemeindeleiter"), auch „Prediger" genannt, ist als Weisheitsbuch Salomo in den Mund gelegt, stammt jedoch aus dem späten 3. Jahrhundert, wie der starke hellenistische Einfluß deutlich macht. Ähnlich wie der Verfasser von Ijob ist auch Kohelet ein Kritiker der offiziellen Weisheitslehre. Gegen ihre zunehmende Theologisierung greift er auf die alte Tradition zurück: die Weisheit soll praktisch bleiben. Er konfrontiert altes Spruchgut mit eigener und fremder Erfahrung, die ihn Skepsis und müde Resignation gelehrt hat: „Alles ist eitel" (1,2) steht als Motto über der Schrift, die eine Aphorismen-Sammlung ohne umfassende sachliche Gliederung ist. Die beiden späteren Epiloge 12,9–14 sind ein erstes Urteil der Nachwelt über die kurze Schrift.

5. Die Dichtung

Die in Israel von allem Anfang an heimische Dichtkunst ist nicht auf einzelne Schriften der Bibel beschränkt, sondern in fast allen ihren Werken bezeugt. So bietet der Pentateuch ein Arbeitslied (das Brunnenlied Num 21,17–18); die historischen Schriften enthalten Kriegs- und Siegeslieder (etwa das uralte Debora-Lied in Ri 5) sowie Totenklagen (z.B. die Klage Davids über Saul und Jonatan 2 Sam 1,19–27); die Propheten kleiden ihre Drohworte gern in die Form des Spottliedes (Jes 23,15–16 über die Dirne) oder der satirischen Totenklage (Jes 14,2–21; Ez 19,1–14); die Weisheitsschriften schließlich verwenden ebenfalls weithin Stilformen gebundener Rede. Ausschließlich poetische Werke sind der Psalter, die Klagelieder und das Hohelied.

Die formale Seite der althebräischen Dichtung ist noch nicht eindeutig geklärt. Der Begriff des Metrums ist jedenfalls nur begrenzt brauchbar: die hebräische Dichtung kennt das aus der griechischen und lateinischen Literatur geläufige, Längen und Kürzen zählende System nicht, sondern ist akzentuierend (nur die Hebungen zählen) oder alternierend (Hebungen und Senkungen wechseln ab); beide Systeme haben ihre Verfechter. Der Reim ist äußerst selten (etwa Ri 16,23–24), beliebter hingegen der Chiasmus (Entsprechung von Anfang und Ende: z.B. Gen 9,6) und vor allem die Alliteration (z.B. Häufung der *m* in Num 21,18b). In der Spätzeit wird die Akrostichie häufig (alphabetische Anordnung des Gedichts: besonders kunstvoll in Ps 119, in dem die Strophen alphabetisch angeordnet sind und innerhalb der Strophe jede Zeile mit demselben Buchstaben beginnt). Wesentlichstes Stilmittel ist jedoch der Parallelismus, die Wiederholung des Gedankens in anderer Form oder seine Erweiterung in der zweiten Vershälfte bzw. im zweiten Vers.

a) Der *Psalter* (griech. *psalterion*, ein Saiteninstrument, zu dessen Begleitung die Lieder gesungen wurden) ist eine Sammlung von 150 Kultliedern. Die Tradition schreibt sie David zu (die nachträglich hinzugefügten Überschriften nennen 73mal David als Verfasser); wann sie wirklich entstanden sind, ist schwer zu bestimmen. Die ursprünglich mündlich formulierten Texte sind fest in der Tradition verankert; die Liturgie hat ja stets alte Überlieferungen hartnäckig gewahrt. So verwundern weder die Parallelen in sumerischen und ägyptischen Psalmen (Ps 104 übernimmt z.B. Motive aus dem Aton-Hymnus Echnatons), noch die formalen und gedanklichen Einflüsse aus der kanaanitischen Tradition (Ugarit: z.B. Ps 29). Die meisten Psalmen dürften aus der Zeit des Königtums stammen, sind jedoch immer wieder der neuen Situation angepaßt worden. Ihre erhaltene Form ist im allgemeinen nachexilisch. Die Sammlung ist wohl in 3. Jahrhundert abgeschlossen worden, auch wenn man mit dem Einbau von Psalmen aus der Makkabäerzeit rechnen muß.

Die literarischen Gattungen der Psalmen sind vielfältig. Das stehende Repertoire der Tempel-Liturgie bilden vor allem die zeitlosen Hymnen, die Gottes Lob singen und seine Großtaten in Schöpfung und Geschichte beschreiben. Ebenfalls liturgisch sind die Wallfahrtslieder und die Königspsalmen, die ursprünglich die Amtseinsetzung des neuen Königs feierten, später jedoch messianisch verstanden wurden. Auch die kanaanitisch beeinflußten Jahwe-König-Psalmen sind hier zu nennen. Dazu kommen die für bestimmte Anlässe geschaffenen bzw. immer wieder adaptierten Lob-, Dank- und Klagepsalmen des Einzelnen oder der Gemeinschaft. Diese Lieder folgen alle bestimmten festen Aufbaugesetzen, auch wenn die Formen in den seltensten Fällen rein sind. Ziemlich spät kommen Weisheitspsalmen und (gern alphabetisch angeordnete) Lehrgedichte hinzu.

b) Die *Klagelieder,* der Tradition nach Werk des Jeremia, entstanden in den Jahren nach dem Fall Jerusalems 587. Es sind fünf Lieder, die den Untergang der heiligen Stadt beklagen. Die Lieder 1,2 und 4 sind nach dem Muster des Leichenliedes gebaut, das dritte nach dem des individuellen Klagelieds. Alle vier sind alphabetisch angeordnet und verwenden die Versform der *Qina,* des Klagelieds, worin sich lange und kurze Zeilen abwechseln. Das fünfte Lied entspricht dem Schema des Volksklagelieds.

c) Das *Hohelied* (wörtlich „Lied der Lieder") wurde früher oft als einheitliches Werk – als Singspiel oder lyrische Dichtung – angesehen; doch ist es eher eine Sammlung von Liebes- und Hochzeitsliedern, babylonischen und vor allem ägyptischen Texten verwandt. Die im 3. Jahrhundert aufgezeichnete Sammlung kam in die Bibel, weil man die Texte bald von der Liebe zwischen Gott und seinem Volk verstanden hat.

6. Der biblische Kanon

Wie sind all diese Schriften, so verschieden nach Herkunft und Gattung, *ein* Buch geworden? Und wie hat dieses die religiöse Bedeutung erlangt, die es zum „Buch der Bücher" macht?

Die Bibel ist das Ergebnis eines langen Sammel- und Auswahlprozesses, dessen Stufen nur noch undeutlich zu erkennen sind. Nur ein Bruchteil des Gesetzesmaterials hat den Weg in den Pentateuch gefunden, dessen Werden wir kurz skizziert haben. Die biblische Geschichtsüberlieferung verweist selbst immer wieder auf Quellenschriften, die wir nur noch dem Titel nach kennen; ähnlich ist es bei Prophetenworten und Weisheitsschriften gewesen. Was nicht in die Bibel aufgenommen wurde, ist meist verlorengegangen, hat zum Teil jedoch im nachbiblischen Schrifttum der Juden überlebt, ist in den Pseudepigraphen und auch in rabbinischen Texten erhalten (in diesen besonders gesetzliche Traditionen).

a) *Geschichtlich* können wir einige Fixpunkte im Werden der Bibel festhalten. Der Pentateuch muß schon im 4. Jahrhundert das offizielle religiöse Buch des Judentums gewesen sein: die Samaritaner, die sich damals von ihm trennten, haben ihn als Erbe mitgenommen. Jesus Sirach bezeugt in seinem „Lob der Väter" die Anerkennung fast der ganzen biblischen Sammlung für den Beginn des 2. Jahrhunderts (Sir 44-50; vgl. 39,1–3). Allein das chronistische Geschichtswerk scheint er nicht dazuzurechnen; denn anders läßt sich kaum erklären, daß er Esra nicht nennt. Das Buch Daniel kann er noch nicht kennen, da es erst zwanzig Jahre später entstanden ist. Der Enkel von Jesus Sirach, der um 130 in Ägypten lebt, spricht im Vorwort zu dessen Schrift schon deutlich von der dreigeteilten Bibel: Gesetz, Propheten und andere Schriften.

Im 1. Jahrhundert n. Chr. ist der Kanon (griech. *kanōn* „Richtschnur, Norm", hier die Sammlung der als religiöse Norm geltenden Schriften) der Bibel im Prinzip abgeschlossen, auch wenn die Reihenfolge der einzelnen Schriften noch nicht fest ist (wie die abweichende Anordnung in der griechischen Bibelübersetzung bezeugt): das zeigt die Verwendung der Bibel in Qumran und im Neuen Testament. Gegen Ende desselben Jahrhunderts spricht Josephus Flavius von 22, der Verfasser von 4 Esra von 24 heiligen Schriften, während wir 39 zählen: Samuel, Könige, Chronik, Esra und Nehemia, die zwölf kleinen Propheten und manchmal auch Richter und Rut sowie Jeremia und Klagelieder galten als je ein Buch.

Nach verbreiteter Auffassung hat die „Synode von Jabne", die zwischen 90 und 100 n. Chr. datiert wird, den hebräischen Kanon in Abwehr vor allem des Christentums abgeschlossen. Doch ist die antichristliche Tendenz der Periode von Jabne, was den Kanon betrifft, nicht nachzuweisen; auch sind einzelne Schriften auch später noch umstritten gewesen (Hoheslied als Sammlung von Liebesliedern, das Buch der Sprichwörter wegen seiner diesseitigen Einstellung, Kohelet wegen seines skeptischen Pessimismus).

b) Die *Motive der Auswahl* können wir nur vermuten. *Daß* eine Auswahl erwünscht war, ergibt sich schon aus den hohen Herstellungskosten von Schriftrollen sowie aus der wechselvollen Geschichte des Judentums, das auf Flucht und Wanderung nur das Wesentliche mitnehmen konnte. Was in die Sammlung aufgenommen wurde, hing wesentlich von der religiösen Wertung einer Schrift ab, womit politische Tendenzen verknüpft waren: die Einheit Israels war ja vor allem durch die gemeinsame Religion begründet. Daher wurden Texte nicht aufgenommen, die eine abweichende Auffassung des

Religionsgesetzes vertraten. Die Reform des Joschija von 622 hat sich in diesem Auswahlprozeß ebenso niedergeschlagen wie die priesterliche Endredaktion des Pentateuchs. Aus politischen Gründen wurden auch historische Traditionen verdrängt, die inzwischen zu Feinden gewordene ehemalige Stammesbrüder zu positiv beurteilten.

Deutlicher religiös begründet ist die Ausscheidung „falscher Propheten". Auch die Verwendung bestimmter Texte in der Liturgie hat eine große Rolle gespielt (Pentateuch, Propheten, Psalmen, Ester usw.): nicht in der Liturgie verankerte Texte haben meist erst spät einen festen Platz im Kanon gefunden.

Schließlich hat auch das (vermeintliche) Alter der Schriften seinen Einfluß gehabt: die Theorie, daß mit Esra der Geist der Prophetie von Israel gewichen ist, hat späte Schriften disqualifiziert und u.a. dazu geführt, daß das Buch Daniel nicht zu den Propheten, sondern nur zu den weniger wertvollen „Schriften" zählt. Schon Josephus hat seinen Kanon mit dem Alter der Schriften begründet, von denen keine nach Esra entstanden sei: diese These hat sich bis in die Neuzeit halten können.

Was dem Selektionsprozeß standhielt, galt als göttliche Offenbarung und wurde durch diesen religiösen Anspruch zur unveränderlichen Norm, zur Grundverfassung des Judentums, die nicht mehr geändert werden durfte, sondern nur noch durch Deutung adaptiert werden konnte. Dies war eine der wesentlichen Aufgaben der folgenden Generationen.

II. Die Zeit des Übergangs: 200 v.–100 n. Chr.

Christliche Autoren nennen die Jahrhunderte nach dem Abschluß der hebräischen Bibel gerne die „zwischentestamentliche" Zeit, ebenso die in ihr entstandene Literatur: man sieht darin also die Brücke zwischen Altem und Neuem Testament. Der oft verwendete Ausdruck „Spätjudentum" soll diese Periode als eine Zeit der Dekadenz nach der großen biblischen Zeit kennzeichnen. Richtiger sprechen wir von „Frühjudentum", insofern die drei Jahrhunderte von ca. 200 v. bis 100 n. Chr. nicht Ende einer Geschichte, sondern Grundlegung einer Entwicklung sind, die zum rabbinischen Judentum führt.

Dennoch ist diese Periode auch aus jüdischer Sicht als Übergangszeit zu betrachten, die die Zeit der Bibel mit jener des rabbinischen Judentums verknüpft, eine Zeit voll schöpferischer Kraft, die die Voraussetzungen der späteren Entwicklung geschaffen hat, auch wenn die vielfältigen Neuansätze aus geschichtlichen Gründen innerjüdisch nicht voll zum Tragen gekommen sind und das literarische Erbe dieser Epoche jahrhundertelang nur in christlichen Kreisen tradiert wurde.

Wenn die folgende Darstellung die Literatur Palästinas von jener der griechischen Diaspora getrennt bespricht, soll dies nicht die Illusion wecken, daß wir hier scharfe Grenzen ziehen können. Beide Bereiche sind so sehr unter dem Einfluß der damaligen hellenistischen Weltkultur, daß die Unterscheidung zwischen palästinischem und hellenistischem Judentum nur nach den äußeren Kriterien von Herkunftsland und ursprünglicher Sprache einer Schrift zu treffen ist. Immerhin war die konkrete Lage der Diasporajuden von jener der Juden Palästinas so verschieden, daß dies auch in den literarischen Formen der einzelnen Gebiete seinen Ausdruck gefunden hat.

A. Palästina

1. Geschichtlicher Überblick

Palästina, das Alexander der Große 332 den Persern entrissen hatte, gehörte nach seinem Tod zuerst seinen ägyptischen Nachfolgern, den Ptolemäern. Diese waren vor allem auf die regelmäßige Ablieferung der Steuern bedacht, mischten sich hingegen kaum in religiöse und kulturelle Belange ein. Als jedoch 200 der Seleukide Antiochus III. das ägyptische Heer bei Paneas besiegte und sich Palästina aneignen konnte, erhielten die Juden in ihm einen

Oberherrn, der eine aktive Hellenisierungspolitik betrieb, um durch eine gemeinsame Kultur sein gefährdetes Großreich besser zusammenzuhalten. Hellenistisches Gedankengut hatte schon lange die geistige Welt des Judentums Palästinas mehr oder weniger deutlich mitgeprägt. Doch nun kam es zur offenen Konfrontation zwischen Hellenismus und hebräischer Tradition und zur inneren Spaltung des Judentums: auf der einen Seite standen die jüdischen Hellenisten (die Oberschicht einschließlich des Priesteradels), auf der anderen die „Frommen" (hebr. *chasidim),* die sich auf die Tradition der Tora zurückzogen und die Überlegenheit der hellenistischen Kultur nicht anerkennen wollten.

Als unter Antiochus IV. Epiphanes (175–164) Jerusalem, bisher eine Art Tempelstaat, auf Betreiben der jüdischen Hellenisten das griechische Stadtrecht erhielt und 168 der Tempel in ein Zeus-Heiligtum umgewandelt wurde, führte die Priesterfamilie der Makkabäer die „Frommen" in den offenen Aufstand. 164 konnte der Tempel wieder eingeweiht werden. 153 wurde der Makkabäer Jonatan zum Hohenpriester ernannt; 142 wurde er als Nachfolger seines Bruders Simeon auch politischer Führer der Juden. Diese Ämterverbindung blieb mehr als hundert Jahre in der Familie (der Dynastie der „Hasmonäer"), was bald zu Konflikten mit den ehemaligen Bundesgenossen führte.

Aus der priesterlichen Führungsschicht am hasmonäischen Hof entwickelte sich die Partei der *Sadduzäer* (benannt nach ihrem angeblichen Ahnherrn Zadok), die lange Zeit die Mehrheit im obersten Führungsgremium, dem Sanhedrin, hatten: sie waren realpolitisch orientiert, neigten dem Hellenismus zu, dessen Siegeszug der Kampf der Makkabäer nicht hatte beenden können, lehnten jedoch Entwicklungen im religiösen Leben ab.

Die *Pharisäer* (die Bedeutung des Namens ist unsicher) gingen aus den Chasidim hervor, die den makkabäischen Aufstand getragen hatten. Ihr Kampf gegen die Ämterkumulation der Hasmonäer und die daraus erwachsenden Mißbräuche führten zum Bruch mit der Regierung: Alexander Jannai (103–76) verfolgte die Pharisäer blutig. Erst seine Witwe Salome Alexandra (76–67) beendete den Bürgerkrieg und räumte den Pharisäern, deren Basis im einfachen Volk war, fast unbegrenzten Einfluß ein. Besonders die Synagogen (im babylonischen Exil als Ersatz für den Tempel entstanden) und die Schulen sicherten den Kontakt der Pharisäer mit dem Volk, das ihren religiösen Eifer bewunderte und ihren Neuerungen offen gegenüberstand.

Ebenfalls schon zu Beginn der hasmonäischen Herrschaft entstand die Gruppe der *Essener,* die von Priestern geführt wurde, die mit der Führung des Tempelkults in Jerusalem nicht einverstanden waren, einen anderen Festkalender urgierten und den baldigen Anbruch der messianischen Heilszeit erwarteten. Diese Gruppe ist uns dann vor allem durch die Schriften von Qumran bekannt geworden, wohin sich ein großer Teil ihrer Anhänger zurückgezogen hatte.

Im Streit um den Thron riefen die Hasmonäerbrüder Hyrkan II. und Aristobul II. im Jahre 63 v. Chr. Pompejus als Schiedsrichter an. Der Römer nahm Jerusalem ein und ordnete Judäa der neugegründeten Provinz Syrien zu. Von nun an war Palästina ständig im römischen Einflußbereich, wenn auch zuerst noch unter den Hasmonäern, so bald schon unter dem römischen Günstling Herodes, einem Idumäer, der das ihm im Jahre 40 von Rom zugesprochene Reich erst erobern mußte. Seine Regierungszeit (37–4 v. Chr.) war durch hellenistische Städtegründungen einerseits (so Caesarea), den prunkvollen Tempelneubau in Jerusalem andererseits geprägt.

Nach dem Tod des Herodes wurde das Land unter seine Söhne verteilt. Doch schon 6 n. Chr. kam Judäa unter direkte römische Verwaltung und blieb es (ausgenommen die Jahre 41–44 unter Agrippa I.) bis zum Ausbruch des jüdischen Aufstandes gegen Rom im Jahr 66. Träger des Aufstandes waren vor allem die *Zeloten* („Eiferer") und die *Sikarier* („Dolchmänner"), antirömische Extremisten, die schon immer gegen die römische Herrschaft gekämpft hatten und nun endlich auch die breite Bevölkerung für ihre Sache gewinnen konnten. Erst 70 konnte Titus Jerusalem einnehmen; die letzte jüdische Festung, Masada, fiel gar erst im Jahr 73.

Von nun an war Judäa Jahrhunderte lang römische Provinz, Jerusalem ab 135 eine den Juden verbotene Stadt. Der Verlust der letzten Reste jüdischer Selbständigkeit bedeutete das Ende aller Parteien mit Ausnahme der Pharisäer, aus denen die rabbinische Bewegung hervorging. Sie machten die Küstenstadt Jabne zu ihrem Zentrum und konnten sich schon bald als die neuen Führer und Vertreter des jüdischen Volkes profilieren. Unter ihnen konzentrierte sich das Judentum, um zu überleben, ganz auf seine hebräische Tradition; die Zeit der offenen Auseinandersetzung mit der hellenistischen Kultur war zu Ende, die Vielfalt literarischen Schaffens für lange vorüber.

2. Die Apokalypsen

Die bewegte, vielfach unheilvolle Geschichte dieser Jahrhunderte hat in den Kreisen der „Frommen" ein völlig gewandeltes Daseinsverständnis erzeugt, das sich in der Bewegung und Literatur der Apokalyptik niedergeschlagen hat. Das Verhältnis zur Geschichte ist gebrochen: sie kann nicht mehr als Heilsgeschichte verstanden werden; die Erfüllung der prophetischen Heilszusagen ist nicht mehr von der natürlichen Geschichtsentwicklung zu erwarten; eine Besserung ist nur möglich, wenn Gott selbst eingreift, der alles vorherbestimmt hat.

Der Gerechte findet nun im Gedanken Trost, daß das Ende der Welt bevorsteht, dieser schlechten, unter der Sündenlast müde gewordenen Welt eine neue folgt. Gott hat also *zwei* Welten geschaffen, wie auch die Menschen sich in zwei Gruppen teilen, die Guten und die Bösen. Dieser Dualismus ist für die Apokalyptik genauso wesentlich wie die Endzeiterwartung, in der die

Lehren von Auferstehung, Gericht und Weltuntergang eine große Rolle spielen. Der Messias als Wegbereiter der neuen Welt hat hingegen in diesem Denken keinen genau umrissenen Platz.

Der Apokalyptiker ist überzeugt, daß die zukünftige Welt schon jetzt bei Gott existiert. Daher gilt es, sein Leben in Übereinstimmung mit der himmlischen Welt zu gestalten, besonders auch den Kult so zu feiern, wie er im Himmel begangen wird (daher die Bedeutung des Kalenders und allgemein der Sternkunde, da die Gestirne zwischen irdischer und himmlischer Welt vermitteln).

Das Weltverständnis der apokalyptischen Gruppen ist geprägt von einem grundlegenden Pessimismus und einem Dualismus, der alles Irdische und Materielle abwertet; ihr Lebensgefühl ist ein wesentlicher Mutterboden der aufkommenden Gnosis geworden.

Literarisch hat sich die Apokalyptik vor allem in pseudonymen Schriften ausgedrückt. Da nach verbreiteter Auffassung die Prophetie in der Zeit Esras erloschen ist, müssen prophetische Schriften Männern der Vergangenheit zugeeignet werden. Wenn sie erst jetzt (in der Zeit ihrer tatsächlichen Entstehung) bekanntwerden, begründet man dies durch ihren Geheimcharakter. Bewußt dunkel gehaltene Visionen und Auditionen, Himmelfahrten und deutender Kommentar (meist eines Engels) bestimmen das äußere Bild dieser Schriften.

Die einzige apokalyptische Schrift, die in den hebräischen Kanon Eingang gefunden hat, ist das Buch *Daniel.* Es besteht aus zwei Teilen: a) einem Legendenkranz um Daniel und seine Freunde, die am Hof Nebukadnezzars und Belschazzars eine Reihe von Gefährdungen um ihres Glaubens willen zu bestehen haben (Kap. 1–6); b) Visionen Daniels (Kap. 7–12). Diese betreffen vor allem das Verhältnis der Gottesherrschaft zu den geschichtlichen Mächten. Schon Dan 2 führt im Traum von der Statue aus viererlei Metall, welche die vier Weltreiche darstellt, als Grundthema die Geschichte ein, die über festgesetzte Perioden des Unheils dem gottgesetzten Ziel entgegenstrebt. Die Vision der vier Tiere aus dem Meer, die durch die Herrschaft des Menschensohnes abgelöst werden (Dan 7), setzt dasselbe Thema in eine andere Bildsprache um. Auch die Vision vom Widder und Ziegenbock (Dan 8), die Weissagung der siebzig Jahrwochen (Dan 9) und die verschlüsselte Darstellung der Geschichte, die mit dem endzeitlichen Krieg und der Auferstehung schließt (Dan 10–12), zeigt dasselbe Bemühen um ein theologisches Geschichtsverständnis.

Das teils hebräisch, teils aramäisch überlieferte Buch stammt, wie schon früh erkannt wurde, nicht von Daniel und aus der Exilszeit, sondern aus den Tagen der Makkabäer, genauer aus den Jahren zwischen 168 und 164, wie die Geschichtsdarstellung in Dan 11 in ihrer Schilderung des Antiochus IV. Epiphanes deutlich zu erkennen gibt. Gott hat, so will der Verfasser seinem leidgeprüften Volk sagen, es nicht vergessen; auch die Geschichte des Unheils ist von

Gott bestimmt, geht jedoch schon einem von ihm festgesetzten Ende zu, an dem dann Gottes Herrschaft alle irdische Regierung ablöst.

Die griechische Fassung der Schrift enthält eine Reihe von Zusätzen: das Gebet des Asarja und den Gesang der drei Männer im Feuerofen (Dan 3,26–90), sowie die Erzählungen von Bel und dem Drachen (Dan 13) und von Susanna (Dan 14). Diese Zusätze sind im 2. oder 1. Jahrhundert v. Chr. entstanden.

Der in der Bibel nur kurz erwähnte Henoch (Gen. 5,18–24) ist wegen seiner geheimnisvollen Entrückung in den Himmel schon bald Mittelpunkt vieler Legenden geworden. Er gilt als der große Mittler göttlichen Wissens. Unter seinem Namen steht vor allem das *erste Henochbuch* (1 Henoch, auch „äthiopischer Henoch" genannt, da es nur in dieser Sprache vollständig erhalten ist).

Dieses Werk ist eine Sammlung verschiedener Schriften aus verschiedenen Zeiten. Am ältesten ist die vor 170 v. Chr. entstandene *Zehnwochenapokalypse* (93,1–14; 91,12–17), die ähnlich Daniel die Geschichte periodisiert. Der Verfasser lebt in der siebenten Woche, einer Zeit des Abfalls und der Prüfung; für die zehnte Woche erwartet er einen neuen Himmel und das endzeitliche Heil. Ein etwa gleich altes *Noachbuch* ist bruchstückhaft in den verschiedenen Teilen von 1 Henoch überliefert; so bildet es vor allem den Anfang des *Engelbuches* (6–36), das im 2. Jahrhundert v. Chr. entstand und als Ursache allen Übels in der Welt den Fall der Engel ansieht (Gen 6). In einer Vision erfährt Henoch von ihrer Bestrafung; zwei Himmelsreisen führen ihn dann an den Ort ihrer Strafe. Dabei bietet sich die Gelegenheit, alles mögliche Wissen über den Aufbau der Erde, die Gestirne, die Entstehung des Wetters usw. mitzuteilen.

Das gegen Ende des 2. Jahrhunderts v. Chr. entstandene *astronomische Buch* (72–82) läßt die theologische Bedeutung dieses profanen Wissens verstehen: der Lauf der Gestirne und der daraus berechnete Kalender sind die gottgegebene Weltordnung, deren Nichteinhaltung nur Unheil bringt. Die ebenfalls aus dem 2. Jahrhundert stammende *Tiersymbolapokalypse* (83–90) bietet eine verschlüsselte Geschichtsdarstellung bis in die Zeit der Makkabäer, an deren Ende Gericht, Auferstehung und messianisches Reich erwartet werden.

Aus dem 1. Jahrhundert v. Chr. stammen die *Mahnreden* des Henoch (91–105), die als Abschiedsreden stilisiert sind. Am spätesten entstanden die sogenannten *Bilderreden* (37–71), in denen Henoch als der Menschensohn (Dan 7,13) eingesetzt wird und die daher als wichtige Parallele zur Bezeichnung Jesu als Menschensohn gelten. Daß dieser Teil als einziges Stück von 1 Henoch nicht in Qumran belegt ist, legt eine Datierung in der zweiten Hälfte des 1. Jahrhunderts n. Chr. nahe. Der Endredaktor von 1 Henoch hat schließlich das Gesamtwerk mit Mahnreden Henochs gerahmt (1–5; 108).

Der in zwei Fassungen überlieferte, stark christlich bearbeitete *slawische Henoch* (2 Henoch) beschreibt eine Reise Henochs durch die zehn Himmel, wobei der Strafort der gefallenen Engel und das Paradies besonders interessieren. Henoch gibt den Menschen seine Erfahrungen in einer Zukunftsschau und in sittlicher Belehrung weiter. Die griechische Vorlage entstand im 1. Jahrhundert n.Chr. in Ägypten. Der *hebräische Henoch* (3 Henoch) gehört nicht hierher, sondern in die noch zu besprechende Hekhalot-Literatur.

In den letzten Jahren des 1. Jahrhunderts n. Chr. entstanden die miteinander eng verwandten Bücher 4 Esra und 2 Baruch. Beide Schriften versuchen eine Antwort auf die aus der Zerstörung Jerusalems und des Tempels im Jahre 70 sich ergebenden theologischen Probleme.

Das *vierte Buch Esra* (die Zählung stammt aus der Vulgata, die die jüdische Schrift mit christlichen Texten, 5 Esra [Kap. 1–2] und 6 Esra [Kap. 15–16] rahmt; die jüdische Schrift beginnt also mit Kap. 3) wurde ursprünglich hebräisch geschrieben, dann ins Griechische übersetzt und von da ins Lateinische und andere Sprachen übertragen. Allein diese Zweitübersetzungen sind vollständig erhalten.

Das Buch steht unter dem Pseudonym des großen Reformers Esra, der hier mit Salatiel gleichgesetzt wird. Es enthält sieben „Visionen" aus dem Jahr 30 nach der ersten Zerstörung Jerusalems. Die Adlervision, eine verschlüsselte Darstellung der Geschichte, gibt in ihrer Schilderung der römischen Herrschaft den tatsächlichen Ansatzpunkt: Domitian (81–96) ist noch am Leben.

Grundthema der mitgeteilten Zwiegespräche Esras mit dem Engel ist die Theodizee, die Rechtfertigung Gottes angesichts des Bösen in der Welt, genauer die Frage nach seiner Barmherzigkeit. Warum ist Jerusalem zerstört worden, während es den Heiden gutgeht? Die Lösung liegt im kommenden Ende mit Auferstehung, Weltgericht und Heilszeit. Diese wird, im Anschluß an Dan 7, von einem „wie ein Mensch" herbeigeführt, der aus dem Meer emporsteigt, um den endzeitlichen Kampf gegen das Böse zu führen. Die Schrift schließt mit dem Auftrag an Esra, 24 Bücher zur Veröffentlichung (die Bibel) und 70 geheimzuhaltende Schriften niederzuschreiben.

Die *syrische Baruch-Apokalypse* (auch 2 Baruch genannt) steht unter dem Patronat des Sekretärs des Propheten Jeremia. Sie nimmt also wie 4 Esra, von dem sie wohl abhängt, die Zerstörung Jerusalems von 587 als Paradigma für jene des Jahres 70. Gleich dem literarisch höher stehenden 4 Esra besteht 2 Baruch aus sieben Teilen, in denen es um das Problem der Zerstörung Jerusalems, die Bestrafung der Heiden, das künftige Gericht über die Gottlosen und die Auferstehung geht. Die Vision vom Weinstock geht auf die messianische Zeit, während die von der Wolke, aus der es zwölfmal regnet, eine Periodisierung der Geschichte bietet. Dieselben Fragen wie in 4 Esra sind in 2 Baruch abgehandelt, hier jedoch in einer deutlich vom jüdischen Gesetz geprägten Schau.

Nur erwähnt sei die *griechische Baruchapokalypse,* eine gnostisch angehauchte, auch christliche überarbeitete jüdische Schrift, wohl aus dem 2. Jahrhundert, die eine Reise Baruchs durch die fünf (ursprünglich wohl sieben) Himmel schildert.

Die *„Himmelfahrt des Mose“* ist eine lateinisch erhaltene Schrift, die über eine verlorene griechische Version auf ein ebenso nicht erhaltenes hebräisches Original zurückgeht. Dieses ist wohl zu Beginn unserer Zeitrechnung entstanden. Der Text enthält eine Abschiedsrede des sterbenden Mose an seinen Nachfolger Josua. Darin hebt Mose die Bedeutung des Gesetzes hervor und schildert die kommende Geschichte Israels bis in die Zeit der Söhne des Herodes, womit der Verfasser seinen eigenen Standpunkt verrät. Es soll eine Zeit der Drangsal folgen, bevor Gott selbst die endzeitliche Herrschaft antritt. Die Fortsetzung hat wahrscheinlich den Tod des Mose und seine Himmelfahrt geschildert; doch ist dieser Text nicht mehr erhalten – wir wissen davon nur aus Zitaten der Kirchenväter.

Nur in äthiopischer Sprache ist das ursprünglich hebräisch geschriebene *Martyrium des Jesaja“* erhalten, auf das wohl auch das Neue Testament anspielt (Hebr 11,37): es erzählt, wie der Prophet sein Martyrium vorhersagt und später tatsächlich unter König Manasse in einem Baum, in den er sich geflüchtet hatte, zersägt wird. Diese Märtyrerlegende aus der Makkabäerzeit, die in ihrer asketischen Tendenz den Leuten vom Qumran nahesteht, wird zusammen mit zwei anderen Schriften überliefert: die „Himmelfahrt des Jesaja“ dürfte zwar jüdischer Herkunft sein, ist aber christlich überarbeitet worden, während die „Vision des Jesaja“ wohl von Anfang an eine christliche Schrift war.

Das lateinische *„Leben Adams und Evas“* – das hebräische Original ist nicht erhalten – läuft weithin der griechischen *„Apokalypse des Mose“* parallel. Diese Schriften dokumentieren das apokalyptische Interesse an den Anfängen der Welt. Die in den ersten Jahrzehnten unserer Zeitrechnung entstandenen Schriften, die später christlich überarbeitet wurden, setzen mit der Vertreibung der Ureltern aus dem Paradies ein und führen bis zum Tod Adams und Evas, wobei besonders der Wert der Bußübungen hervorgehoben wird. Von Interesse sind auch die als Vorbild dienenden einfachen Begräbnissitten, die Engel an den ersten Menschen vollziehen, und die nach manchen diese Schriften in die Nähe der Auffassungen von Qumran rücken. Echt apokalyptisch ist die hier gebotene Zukunftsschau mit der Betonung des Gerichts und der Auferstehung.

Neben den angeführten Schriften ist uns eine Reihe weiterer Apokalypsen erhalten, von denen die Apokalypsen Abrahams, Elijas, Zefanjas und Ezechiels wenigstens genannt seien.

3. Die Geschichtsschreibung

Neben der Apokalyptik entfalten sich in dieser Übergangsperiode auch andere Denkrichtungen, die die Tradition bejahen, die Welt als gut und die Geschichte als heilbringend betrachten. In diesen Kreisen lebt die biblische Weisheitsliratur weiter, versucht man eine Fortführung der religiösen Dichtung Israels und vor allem auch der Geschichtsschreibung nach biblischen Vorbildern. Die in der biblischen Literatur so zentrale Geschichtsschreibung verliert nun allerdings sehr an Bedeutung. Das nun gebrochene Verhältnis zur Geschichte führt zu einer gewissen Abwertung dieser früher so beliebten Gattung. Wo man sich weiterhin mit Geschichte beschäftigt, erfolgt dies nun meist in einer gewandelten Perspektive.

Das einzige, noch völlig der altisraelitischen Tradition der Geschichtsschreibung verhaftete Werk dieser Zeit ist das *erste Buch der Makkabäer* (1 Makk). Es schildert die für die jüdische Geschichte entscheidenden Jahre von 175–135: es setzt bei der Thronbesteigung des Antiochus IV. Epiphanes ein, beschreibt dessen Maßnahmen gegen die jüdische Religion und den dadurch entfesselten Aufstand der Makkabäer bis zu deren endgültigem Sieg und endet mit dem Tod Simeons, des letzten der aufständischen Brüder. Die Schilderung ist nüchtern und sachlich; der religiöse Charakter des Werkes ist nicht aufdringlich, sondern nur an der steten Ausrichtung am jüdischen Gesetz zu erkennen, wonach die Treue zur Tora zum sicheren Erfolg führt.

Die Schrift ist uns nur in einer griechischen Übersetzung erhalten, die übrigens auch Josephus Flavius schon benützt hat. Ursprünglich war sie jedoch sicher hebräisch verfaßt. Der Name des Autors ist nicht mehr festzustellen, auch wenn manche an den in 1 Makk 8,17 genannten Eupolemos denken, einen Gesandten des Judas nach Rom, den man weiterhin gern mit dem gleichnamigen jüdischen Historiker der Makkabäerzeit gleichsetzt. Manche historische Irrtümer des sonst gut informierten Autors (z.B. Wiedereinweihung des Tempels vor dem Tod des Antiochus: 1 Makk 4–6) legen jedoch einen gewissen Abstand zu den Ereignissen nahe. Das Werk ist demnach wahrscheinlich zu Beginn des 1. Jahrhunderts v. Chr. entstanden (der Tod des Johannes Hyrkan im Jahr 104 scheint schon vorausgesetzt zu sein). Die genaue Ortskenntnis läßt an einen Juden Palästinas als Verfasser denken, dessen Werk der griechische Übersetzer sicher überarbeitet hat.

Ganz anderer Art ist das *zweite Buch der Makkabäer* (2 Makk). Es setzt bei Seleukos, dem Vorgänger von Antiochus IV., somit etwas früher als 1 Makk ein. Auch endet es viel früher als dieses, nämlich mit einem Feldzug des syrischen Generals Nikanor gegen den auch diesmal siegreichen Judas im Jahr 162. Es schließt also vor dem Tod des Judas, dessen Heldensage es erzählt. Somit schildert 2 Makk weithin dieselben Ereignisse wie 1 Makk, jedoch in einem ganz anderen Stil. Dies fällt schon äußerlich auf: das Werk ist von Wundern, Erscheinungen und Wahrträumen erfüllt. Die Grenzen zwischen Himmel und Erde sind durchbrochen, ein *deus ex machina* wirkt stets alles zum Heil seiner Anhänger.

Geschichtlich ist somit die Schrift von geringerer Bedeutung. Sie gehört zur im Hellenismus beliebten Gattung der pathetischen Geschichtsschreibung, in der das Faktum weithin rhetorischen Effekten untergeordnet ist (Bedeutung von Reden und Gebeten!). Religionsgeschichtlich ist die Schrift jedoch durch ihr klares Zeugnis für den Auferstehungsglauben, ihre Aussagen über das Schicksal nach dem Tod, ihre Märtyrertheologie usw. von größter Bedeutung.

Das Werk beginnt mit zwei Briefen an die Juden Ägyptens, deren Echtheit umstritten ist; falls sie authentisch sind, könnten sie auf ein hebräisches Original zurückgehen. 2 Makk 3–15 ist nach Aussage des Verfassers eine Kurzfassung (Epitome: 2,28) eines fünfbändigen Werkes eines sonst unbekannten Jason von Cyrene. Dieser hellenistische Jude hat wohl noch im 2. Jahrhundert v.Chr. sein Werk in griechischer Sprache geschrieben; vielleicht hat er in Palästina gearbeitet, wie die Ausrichtung des Werkes auf Jerusalem und auch die Eigenart der in ihm enthaltenen Volksüberlieferungen nahelegen. Sein Bearbeiter hat die Kurzfassung wohl um die Mitte des 1. Jahrhunderts v.Chr. hergestellt.

Doch hat es nicht nur solche thematische Beschäftigung mit Geschichte gegeben. Sehen wir von der mehrmals in der Literatur genannten, jedoch nicht erhaltenen *Megillat Antiochos,* die wohl wie die gleichnamige nachtalmudische Schrift eine Schilderung des Makkabäeraufstandes bot, und der *Megillat Taanit* (der „Fastenrolle“) ab, deren Grundtext – eine Aufzählung wichtiger Daten der jüdischen Geschichte dieser Zeit – wohl ebenfalls auf die Zeit vor 70 zurückgehen mag, bleiben noch eine ganze Reihe von Texten zu nennen, die Geschichte behandeln, diese jedoch in ganz neuer Weise systematisieren. Das noch zu besprechende, aus dem ägyptischen Raum stammende *Buch der Weisheit* deutet in seinem zweiten Teil z.B. die Geschichte Israels midraschartig, um so systematisch das Wirken Gottes für sein Volk in der Geschichte herauszustellen und die bedeutenden Fakten entsprechend zu überhöhen. Ähnlich hat es schon früher der Verfasser von *Jesus Sirach* gemacht, der in den Kapiteln 44–50, dem „Preis der Väter“, die Höhepunkte der Geschichte Israels in ihren größten Gestalten von Henoch bis zu Nehemia und dem Hohenpriester Simeon II. nacherzählt. Die Betonung des Exemplarischen läßt bei beiden die individuelle Eigenart des jeweiligen Ereignisses zurücktreten; doch bleibt das Geschichtsbild beider durchaus optimistisch.

Auch die *Tiersymbolapokalypse* bietet eine typisch heilsgeschichtliche Darstellung der Vergangenheit (1 Hen 85–90). Herrscht auch derzeit eine Periode der Drangsal (die Verfolgung der Makkabäerzeit), so wird doch Gott sein Volk darüber hinwegretten. Die heilvolle Vergangenheit garantiert eine bessere Zukunft. Ähnlich denkt auch der Verfasser der *Himmelfahrt des Mose* (Kap. 2–10).

Eine Reihe von apokalyptischen Texten bieten hingegen Geschichtssummarien, in denen die Geschichte durchaus nicht mehr als Heilsgeschichte verstanden wird. Schon bei der Darstellung der Apokalypsen wurde auf die in unseren Schriften übliche Periodisierung der Geschichte hingewiesen. Diese Schematisierung dient einem besseren Überblick über die Vielfalt der Ereignisse; der Leser bestimmt so seinen eigenen Standpunkt in der Geschichte und kann die

Nähe des zu erwartenden außergeschichtlichen Heils abschätzen; denn innerhalb eines normalen Geschichtsablaufes erwartet er kaum noch sein Glück.

Hier ist vor allem die sogenannte „*Zehnwochenapokalypse*" (1 Hen 93,3–10; 91,12–17) hervorzuheben, die die ursprüngliche Geschichte der göttlichen Erwählung mit dem Exil ihr Ende finden läßt. Nachher kommt eine Zeit des Abfalls, aus der nur eine kleine Gruppe neu erwählt wird, die „Frommen", die hinter diesem Werk stehen. Dies bedeutet eine klare Absage an die ursprüngliche Konzeption einer kontinuierlichen Geschichte der göttlichen Heilserfüllung. Ähnlich radikal denkt der Verfasser der *Damaskusschrift,* die in den weiteren Umkreis der Qumrantexte gehört: auch er sieht die Verwirklichung des göttlichen Heils nur in einem Neuanfang möglich, in einem neuen Bund, der nicht das ganze Volk, sondern nur eine erwählte Gruppe umfaßt.

4. Die Schriftauslegung

Die Geschichte eines Textes endet nicht mit seiner Niederschrift; vielmehr beginnt dann erst seine Rezeption und Interpretation. Diese setzt schon in den erläuternden Zusätzen späterer Leser ein, ebenso in der Zuordnung einer Schrift zu einem größeren Corpus von Texten. Somit hat auch die Auslegung der Bibel schon in der Bibel selbst eingesetzt, ist aber in der nachbiblischen Zeit immer notwendiger und somit auch ausgeprägter geworden. Schon die früher genannten Geschichtssummarien sind eine Deutung der in der Bibel erzählten Geschichte; ebenso steht es mit Nacherzählung und Übersetzung, die nie ohne Eintragung neuer Vorstellungen und Ergänzung durch mündliche Tradition abgeht. Dieser Deutungsprozeß ist im jüdischen Schrifttum der Zeit zwischen Bibel und rabbinischer Zeit allgegenwärtig; nur jene Schriften der palästinischen Tradition seien hier genannt, die in besonders ausgeprägter Weise die Gattung der Schriftauslegung vertreten.

Das um 100 v. Chr. entstandene, nur äthiopisch erhaltene, jedoch ursprünglich hebräisch geschriebene *Buch der Jubiläen* – hebräische Fragmente sind in Qumran gefunden worden – ist eine kommentierende Nacherzählung von Gen und Ex 1–12; so hat das Werk auch den Namen „kleine Genesis" erhalten. Der Name „Jubiläen" rührt von der Einteilung der Geschichte in 49 Jahrwochen oder „Jubiläen" (Zyklen zu je 49 Jahren).

Nach einer einleitenden Rede Gottes, der dem Mose vor der Gesetzgebung am Sinai trotz des zu erwartenden Ungehorsams des Volkes seine immerwährende Treue verheißt, offenbart ein Engel dem Mose die Geschichte vom Anfang der Welt bis zu seiner eigenen Zeit. Der biblische Text wird im Dienst der Erzählung teils neu formuliert, teils durch neues legendäres Material ergänzt. Der Verfasser lehnt sich vor allem an die priesterschriftliche Quelle an, was sich u. a. in seiner Vorliebe für eine genaue Chronographie äußert. Er teilt nicht nur die Geschichte in feste 49-Jahr-Zyklen ein, sondern vertritt auch einen Sonnenkalender von 364 Tagen, der es ermöglicht, die Feste stets an denselben Wochentagen zu feiern und so den Sabbat durch keine Festhandlungen zu entweihen. In diesem Anliegen berührt sich das Werk mit dem Schrifttum von Qumran, mit dem es wie mit 1 Hen den Sonnenkalender gemeinsam hat. Die Schrift dürfte daher aus derselben geistigen Welt wie die Qumrantexte stammen.

Neben diesem Interesse an Kalenderfragen ist vor allem das Bemühen des Verfassers zu nennen, die im mosaischen Gesetz grundgelegten Feste schon von den Patriarchen feiern zu lassen, wie übrigens Eva auch schon die Gesetzesvorschriften bezüglich der Unreinheit der Frau nach einer Geburt einhält. Somit projeziert der Verfasser das mosaische Gesetz in die Anfänge zurück, um so zu betonen, daß Schöpfungsordnung und geoffenbartes Gesetz aus derselben Wurzel stammen. Seine Nacherzählung von Gen und Ex steht also völlig im Dienst seines eigenen rigorosen Gesetzesverständnisses.

Mit dem Jubiläenbuch nahe verwandt ist das in Qumran entdeckte *Genesis-Apokryphon* (Abkürzung 1Q GenAp). Dieser schlecht erhaltene aramäische Text, der in manchen Punkten von Jubiläen abhängt, stammt aus dem 1. Jahrhundert v.Chr. und ist eine erweiternde Nacherzählung von Genesis. Eine genaue Gattungsbestimmung ist schwierig: einerseits steht die Schrift den späteren aramäischen Bibelübersetzungen (Targumim) nahe, andererseits den rabbinischen Bibelkommentaren (Midraschim). Insgesamt ist die Schrift am ehesten eine freie Bearbeitung biblischer Patriarchenerzählungen, eine Art „rewritten Bible".

Zwei größere Texteinheiten sind erhalten: Spalten 2ff. erzählt Lamech in der ersten Person von Noachs Geburt und seinem Verdacht, dieser sei nicht sein eigener Sohn, sondern ein Kind der gefallenen Engel. Erst Henoch kann seinen Verdacht widerlegen. In der Folge erzählt offenbar Noach von der Sintflut. Die Spalten 19–22 bringen dann eine Bearbeitung von Gen 12,1–15,4, der bekannten Erzählung von der „Gefährdung der Ahnfrau", nämlich Saras Aufnahme in Pharaos Harem und ihrer Errettung. Abram selbst erzählt in erster Person; erst mit Gen 15,1 geht die Erzählung wieder zur dritten Person über. Gegenüber dem biblischen Text ist die Zahl der handelnden Personen vermehrt, die Erzählung durch Reden, Gebete und Träume ausgebaut; durch explizite Begründungen wird der Zusammenhang der Erzählung deutlicher. Eine bestimmte Tendenz der Erzählung ist nicht zu entdecken und damit ist auch ihre Zuordnung zur Gemeinde von Qumran fraglich. Man wird 1Q GenAp also als eine vor allem erbauliche Schrift mit romanhaften Zügen bezeichnen müssen, die dem Leser den biblischen Text durch verschönernde Details schmackhaft zu machen sucht.

Das früher fälschlich Philo von Alexandrien zugeschriebene, daher auch „Pseudo-Philo" genannte „*Buch der biblischen Altertümer*" (Liber Antiquitatum Biblicarum, LAB abgekürzt) ist eine nur lateinisch erhaltene, ursprünglich jedoch hebräisch geschriebene Nacherzählung der Bücher Genesis bis 1 Samuel. Diese Schrift übergeht viel biblisches Material, ergänzt dieses jedoch andererseits mit neuen Erzählungen und Legenden, die vielfach hier erstmals in der jüdischen Literatur erscheinen. Besonders zu erwähnen ist hier die ausführliche Erzählung von der Gefährdung Abrahams im Feuerofen sowie die Ergänzung der Reihe der biblischen Richter durch den sonst unbekannten Kenez, dessen Leben hier beträchtlichen Raum einnimmt. In gewisser Beziehung gleicht das Werk den Büchern der Chronik, deren Bericht übrigens gerade dort einsetzt, wo der Liber Antiquitatum endet. Gleich der Chronik füllt er die biblischen Erzählungen durch Stammbäume, neue Eigennamen, Reden, Gebete und Danklieder auf; anders als der Chronist verwendet er jedoch mehr nach Art des rabbinischen Midrasch viel mehr legendäres und apokalyptisches Material, worin er dem Buch der Jubiläen und dem Genesisapokryphon gleicht. Vielfach übergeht LAB biblische Ereignisse, um sie nachträglich in Form von Rückblenden in den Reden späterer biblischer Helden um so deutlicher als nachzuahmendes Beispiel herauszustellen (z. B. die Opferung Isaaks von Gen 22).

Das abrupte Ende des Buches mit dem Tode Sauls hat gelegentlich vermuten lassen, es sei nicht vollständig erhalten. Wahrscheinlicher ist jedoch die Annahme, der Verfasser habe absichtlich diesen Schluß gewählt: der Leser, der als Fortsetzung die Erzählung von Davids Königtum erwartet, ist dadurch auf den erwarteten Sohn Davids, den Messias verwiesen.

Umstritten ist, ob der Verfasser bloß eine erbauliche Erzählung bieten wollte oder eine bestimmte Lehrtendenz verfolgte (antisamaritanisch, essenisch, gnostisch u. ä.): wenn solche Tendenzen eine Rolle spielten, treten sie jedenfalls kaum einmal deutlich hervor. Ebenfalls unsicher ist die Entstehungszeit der Schrift. Man wird sie auf Grund ihrer Verwandtschaft vor allem mit 4 Esra und 2 Baruch sowie wegen ihrer Nähe zu frühen rabbinischen Vorstellungen am ehesten in die ersten Jahrzehnte nach 70 datieren dürfen, auch wenn das Material z. T. viel älter ist.

Unter den Schriften von Qumran sind neben dem schon erwähnten 1Q GenAp eine Reihe von Schriften zu nennen, die für die frühe jüdische Schriftauslegung von großer Bedeutung sind. Der erst 1956 entdeckte *Targum zu Ijob* ist das früheste bekannte Beispiel der später so verbreiteten aramäischen Bibelparaphrasen. Im Gegensatz zu späteren Beispielen der Gattung ist die Übersetzung noch sehr einfach, wenn auch nicht sklavisch. Selten einmal fügt sie den Sinn nicht verändernde, verschönernde Worte hinzu, so daß der aramäische Text kaum länger als das hebräische Original ist. Daß gerade Ijob, soweit wir wissen, als frühestes Buch der Bibel eine dem Volk verständliche aramäische Bearbeitung erhalten hat, geht sicher auf den sehr schwer verständlichen, vielfach verderbten Text dieser Schrift zurück. Die Handschrift des nur teilweise erhaltenen Werkes stammt aus dem 1. Jahrhundert n. Chr., das Werk selbst dürfte gar ins 2. Jahrhundert v. Chr. zurückgehen.

Die Gemeinde von Qumran, die wir noch ausführlicher darzustellen haben, hat aber auch eine ganz eigene Methode der Schriftauslegung entwickelt, den

Pescher (so genannt, weil nach dem Text des Schriftverses die Erklärung gewöhnlich mit *pischro* „seine Deutung" beginnt). Der Pescher deutet jeden Schriftvers – gewöhnlich handelt es sich um Texte aus den Propheten – womöglich Wort für Wort, dann aber auch wieder recht frei als Anspielung auf das Geschick der Leute von Qumran, was diese Bibelkommentare zu wertvollen zeitgeschichtlichen Dokumenten macht, deren verschlüsselte Sprache jedoch einer unbestreitbaren Deutung im Wege steht. Die Auslegung der Bibel auf Geschehnisse der eigenen Zeit hat ihre Parallele vor allem im Neuen Testament.

Der *Nahum-Pescher* (4QpNah) spiegelt die Ereignisse der Jahre 90–60 v. Chr. aus der Sicht der Qumranleute. Verschlüsselt wird der Prophetentext auf den Kampf der Pharisäer mit Alexander Jannai gedeutet, ihren Hilferuf an Demetrius III. Eukairos und die darauf folgende Rache Jannais, schließlich den Triumph der Pharisäer unter Salome Alexandra und ihre Abrechnung mit den Sadduzäern. Als Hintergrund hebt sich der Einfall der Kittäer, d.h. der Römer unter Pompejus im Jahre 63 v. Chr. ab.

Direkt auf die eigene Geschichte deutet auch der *Habakuk-Pescher* (1QpHab) den Prophetentext. Auch hier ist von der Herrschaft der Kittäer die Rede, die manche Ausleger nach dem früheren jüdischen Sprachgebrauch als die hellenistischen Seleukiden betrachten, während wohl eher die Römer gemeint sind. Der Führer der Gemeinde, der „Lehrer der Gerechtigkeit", wird vom „gottlosen Priester" in Jerusalem verfolgt, nach der Auslegung mancher, die sich allerdings nicht beweisen läßt, sogar hingerichtet. Ebenfalls von der Verfolgung des Lehrers der Gerechtigkeit durch den ruchlosen Priester ist im *Pescher zu Ps 37* (4QpPs37) die Rede.

Diese Deutung der Bibel auf die je eigene Geschichte findet in den Augen der Gemeinde darin ihre Rechtfertigung, daß sie als letzte Generation am Ende der Zeiten zu leben glaubt, auf das hin alle prophetischen Schriften ausgerichtet sind. Die Gegenwart ist nach Auffassung der Qumran-Leute die Endzeit.

Neben diesen eigentlichen Kommentaren hat die Gemeinde von Qumran auch Bibeltexte gesammelt, die ihr für ihre Argumentation als Beweise besonders geeignet schienen, *Testimonia,* wie sie wohl auch den frühchristlichen Predigern zur Verfügung standen, und *Florilegien* (4Qtest, 4Qflor). Die Art der Textauswahl ist in sich schon eine Deutung.

5. Religiöse Dichtung

Wie in der biblischen Literatur ist auch in der hellenistisch-römischen Zeit die Poesie nicht auf bestimmte, ausschließlich dieser Gattung gewidmete Werke beschränkt geblieben. Poetische Stücke finden sich in fast allen bisher genannten Texten, so in den Makkabäerbüchern, 4 Esra, 2 Baruch, LAB. Hier beschränken wir uns auf die Fortführung der Tradition der Psalmendichtung, die sich vor allem in den Psalmen Salomons und verschiedenen Texten von Qumran niedergeschlagen hat.

Die *Psalmen Salomos* – nicht zu verwechseln mit den aus dem frühen 2. Jahrhundert n. Chr. stammenden Oden Salomos, einer christlichen, der Gnosis nahestehenden Schrift – sind eine Sammlung von achtzehn Texten, die der biblischen Psalmendichtung verwandt sind, dieselben literarischen Gattungen und Formen sowie Themen benützen, sich jedoch von den biblischen Psalmen durch die häufige Durchmischung des Textes mit Reflexionen absetzen. Diese Psalmen, die vielleicht auch für liturgische Versammlungen verwendet wurden, sprechen von der Strafe, die das gottlose Jerusalem trifft, das durch die Truppen des Pompejus erobert wird, aber auch von der Vergeltung, die den frevelhaften Eroberer schließlich in Ägypten trifft, wo er schließlich ermordet wird; weithin wecken die Lieder den Eindruck, daß sie an eine schon angebrochene Heilszeit glauben; nur in den beiden letzten Psalmen ist von der Erwartung eines kommenden Messias und einer künftigen Erlösung die Rede.

Die historischen Anspielungen ermöglichen eine recht genaue Datierung der Schrift, die in griechischer und syrischer Sprache überliefert, ursprünglich jedoch sicher hebräisch verfaßt worden ist. Die einzelnen Psalmen sind in der Zeit zwischen 80 und 40 v. Chr. entstanden. Ihr Geist ist der pharisäischen Einstellung nahe (Betonung des Gesetzes, Bejahung des Tempels ohne Überbewertung des Kultes, kritische Stellung zur herrschenden Klasse in Jerusalem), nicht jedoch ohne weiteres mit dieser gleichzusetzen.

Die Frage, ob alle achtzehn Lieder von einem einzigen Verfasser stammen oder verschiedenen Autoren zuzuschreiben sind (besonders Pss 17 und 18 im Unterschied zu 1–16), läßt sich nicht mit Sicherheit entscheiden. Jedenfalls ist die Sammlung, deren Zuschreibung an Salomo – wohl zur Unterscheidung von den Psalmen Davids – einem späteren Herausgeber anzulasten ist, in Palästina, nämlich in Jerusalem entstanden.

Die Funde von Qumran haben in den letzten Jahrzehnten unsere Kenntnis der Dichtung dieser Periode erheblich bereichert. Mehrere Handschriften aus den Höhlen 4 und 11 haben uns nicht nur die ältesten Textzeugen des biblischen Psalters geschenkt, sondern auch eine Reihe von zusätzlichen Psalmen, die zum Teil mit den schon in syrischer Fassung bekannten fünf Psalmen übereinstimmen, sowie mehrere Hymnen, wie etwa einen Hymnus an den Schöpfer, einen anderen an Zion (der voressenisch sein dürfte) und ein Gebet um Errettung. Dazu kommen eine Reihe hymnischer Stücke in den noch zu besprechenden Schriften der Gemeinderegel und der Kriegsrolle. Vor allem sind hier jedoch die „*Loblieder*" (hebr. Hodajot, Sigel 1QH) zu nennen.

Die achtzehn Spalten umfassende, mit einer Reihe von Fragmenten zu ergänzende Handschrift enthält 32 (nach anderen Zählungen bis über sechzig) Lieder, die den beiden Gruppen der „Dankpsalmen" und der „hymnischen Bekenntnislieder" angehören. Die Gedichte folgen im Aufbau, Wort- und Bilderschatz weithin den biblischen Vorbildern: als dichterische Stilmittel dienen vor allem Parallelismus und Chiasmus; ein festes Metrum gibt es hingegen nicht. Die Lieder arbeiten vielfach mit Zitaten vor allem aus den kanonischen Psalmen, noch mehr mit zahlreichen Anspielungen an sie, so daß sie manchmal direkt einem „Mosaik" aus solchen Textfragmenten gleichen. Gegenüber dem alttestamentlichen Psalter tritt in der literarischen Form eine gewisse Verarmung ein, die die Verfasser als Epigonen kennzeichnet.

Die Bekenntnislieder stellen den Lobpreis des Schöpfergottes in den Vordergrund, während seine geschichtlichen Heilstaten (z.B. der Exodus, der Durchzug durch das Rote Meer usw.) im Gegensatz zum biblischen Psalter völlig zurücktreten. Folgen auch die Dankpsalmen weithin dem üblichen Aufbau (Einleitung, Darstellung der Not des Bedrängten, Errettung und Dankversprechen), so sind sie doch stark von Meditationen und Reflexionen durchzogen, die für die Spätzeit der Psalmendichtung üblich sind und die hier völlig auf den Lehren der Gemeinde von Qumran fußen.

Die im Ich-Stil gehaltenen, vielfach sehr individuell klingenden Lieder, die von Not und Errettung sprechen, vom Sündenbewußtsein des Verfolgten und seinem ungebrochenen Vertrauen zu Gott, sind Ausdruck tiefer persönlicher Frömmigkeit. Vielfach schreibt man sie daher einer einzelnen Verfasserpersönlichkeit zu, dem Gründer der Gemeinde von Qumran, dem „Lehrer der Gerechtigkeit". Wahrscheinlicher ist jedoch eine Trennung jener Lieder, die dieser Gründerfigur zuzuschreiben sind und die demnach aus dem 2. Jahrhundert v.Chr. stammen, von den Werken seiner Schüler aus den folgenden Jahrzehnten. Die Lieder des Lehrers selbst zeichnen sich durch ein besonderes Sendungsbewußtsein aus: er ist der geistliche Führer seiner Brüder, ihr Lehrer und der erleuchtete Träger göttlicher Geheimnisse, der jetzt zwar verfolgt ist, doch einst die Vielen erleuchten wird. Ähnlich wie in der Verfasserfrage wird man hinsichtlich der Zweckbestimmung von 1QH differenzieren müssen: mögen einzelne Lieder liturgisch verwendet worden sein, dürften andere dem persönlichen Gebet gedient haben, wieder andere didaktische Zwecke verfolgt haben oder rein lyrische Selbstäußerung gewesen sein. Jedenfalls ist 1QH, mag es auch dichterisch nicht besonders hochstehend sein, ein wertvolles Zeugnis für das Innenleben führender Gestalten der Gemeinde von Qumran.

6. Testamente

Eine im Judentum der hellenistisch-römischen Zeit beliebte Literaturgattung ist die der Testamente oder Abschiedsreden. Schon im Alten Testament gibt es Vorbilder dieser Gattung: so werden dem sterbenden Jakob in Gen 49 Aussagen über die Zukunft der Stämme Israels in den Mund gelegt; ebenso ist der Großteil von Dtn als Abschiedsrede des sterbenden Mose stilisiert. Die Erkenntnis, daß das Buch Dtn nach dem Schema des altorientalischen Bundesformulars aufgebaut ist, hat man daher auch auf die späteren Werke der Gattung

„Testament“ übertragen wollen. Die Dreiteilung (erzählender Abschnitt/ethischer Teil/Segen und Fluch) läßt sich tatsächlich auch in späteren Testamenten, besonders den Testamenten der zwölf Patriarchen, wiederfinden; doch ist dieses Schema zu eng, um alles zu decken, was in der jüdischen Testamentliteratur Raum finden konnte. Besonders die starke Orientierung auf die Zukunft sowie die Himmelsreisen der Sterbenden finden in diesem Schema keine genügende Berücksichtigung.

Die Beliebtheit der Testamente gründet vor allem darin, daß in solcher pseudonymer Zuschreibung an die großen Gestalten der Vergangenheit das Geschriebene größere Autorität erhielt; der Glaube, daß den Sterbenden die himmlische Welt und die Zukunft eröffnet wird, war im Judentum und auch sonst weit verbreitet. Auch bot das Leben der Patriarchen genügend konkrete Anhaltspunkte für sittliche Belehrung. Somit konnte in dieser literarischen Gattung Typisches aus der Apokalyptik mit wesentlichen Elementen der Weisheitsliteratur verbunden werden. Eine genaue Abgrenzung der Gattung ist von daher auch nicht möglich: so wird z.B. die von uns bei den Apokalypsen aufgeführte „Himmelfahrt des Mose“ von anderen als Testament des Mose bezeichnet; Schriften, die insgesamt einer anderen Gattung angehören, können ebenfalls als Teilgattung auch Testamente enthalten (1 Hen, Jub, Abschiedsreden Jesu im Johannesevangelium).

Die bekanntesten aller jüdischen Testamente sind die *Testamente der zwölf Patriarchen* (TestXIIPatr), eine Sammlung von Abschiedsreden der zwölf Söhne Jakobs. Jeder der Zwölf versammelt seine Familie an seinem Sterbebett, um aus seinem Leben zu erzählen und daraus eine Lehre zu ziehen. In diesen Erzählungen, die midraschartig das im Alten Testament über die Patriarchen Berichtete weit ausbauen, betont der Stammvater gewöhnlich den Grundfehler seines Lebens und warnt seine Nachkommen vor ähnlichen Verfehlungen. So erinnert Ruben an seinen Inzest mit der Nebenfrau Jakobs und warnt in der Folge vor unrechtem Umgang mit Frauen und vor jeglicher Unzucht. Auch die Josefsgeschichte wird als Beispiel herangezogen; Juda beklagt seine Verfehlung mit seiner Halbschwester Tamar, die er in Trunkenheit begangen hat, und empfiehlt so Zurückhaltung im Weingenuß usw. Andere wieder, wie Issachar, beteuern ihre Tugendhaftigkeit und stellen ihre Unschuld als Beispiel hin. Das Testament Levi schildert, was in anderen Testamenten häufiger vorkommt, eine Himmelsreise des Sterbenden; dann folgt Levis Einsetzung als Priester. Die Betonung Levis unter seinen Brüdern zeigt die priesterliche Ausrichtung der TestXIIPatr. Mit Ausnahme des Testaments Gads folgt am Schluß immer noch eine Vorhersage der Zukunft: das Volk wird sündigen, ins Exil kommen, später jedoch erlöst werden und zurückkehren dürfen.

Die auch theologiegeschichtlich bedeutsamen TestXIIPatr (Dualismus von Licht und Finsternis, Geisterlehre, Messiasvorstellung, Auferstehungsgedanke) haben eine komplizierte Entstehungsgeschichte, die noch nicht völlig geklärt ist. Der uns vorliegende griechische Text – daneben ist vor allem die armenische Fassung von Bedeutung – ist durch hebräische und aramäische Fragmente aus Qumran zu ergänzen (TestLevi, von dem eine aramäische Fassung schon aus der Geniza von Kairo bekannt war; TestNaftali, von dem auch eine mittelalterliche hebräische Textform vorliegt; TestJuda mit Parallelen im Buch der Jubiläen). Hat man früher auch manchmal das Gesamtwerk als christlich bezeichnen können, ist nun der jüdische Ursprung zumindest des Grundstockes der Schrift garantiert. Die christlichen Stellen sind späterer Bearbeitung zuzuschreiben.

Die ersten Ansätze zu den Testamenten gehen wohl noch in die Makkabäerzeit zurück. Erst langsam haben sich um die TestLevi, Juda und Naftali solche der anderen Jakobssöhne angesammelt. Die TestXIIPatr sind also nicht ein einheitliches Werk, sondern langsam gewachsen. Die Texte sind im 1. Jahrhundert n. Chr. (waren sie damals schon vollständig?) von einem jüdischen Autor ins Griechische übertragen worden und haben dabei eine starke Hellenisierung erfahren, weshalb manche das ganze Werk dem hellenistischen Judentum zuordnen. Weitere Überarbeitungen folgten in den kommenden Jahrzehnten, als das Werk in den christlichen Literaturschatz aufgenommen wurde. Dabei wurde die Schrift in einer Weise christianisiert, daß es heute nicht mehr möglich ist, einzelne Abschnitte als christlich auszuscheiden und so das ursprüngliche jüdische Werk zu erlangen. Dazu ist die Schrift im Lauf der Zeit viel zu organisch gewachsen. Dieser Prozeß ist wohl erst gegen Ende des 2. Jahrhunderts n. Chr. zum Abschluß gekommen.

Das *Testament Abrahams*, das in zwei griechischen Fassungen überliefert ist, jedoch sicher auf einen hebräischen Grundtext zurückgeht, schildert, wie Abraham nicht sterben will. Eine Himmelsreise eröffnet ihm daraufhin einen Einblick in den Himmel und läßt ihn die Erde in ihrer Sündhaftigkeit sehen. Schließlich stirbt er, indem er dem Todesengel die Hand küßt, und seine Seele wird in den Himmel getragen. Das in der Antike sehr beliebte Werk, von dem es zahlreiche alte Übersetzungen gibt, wird manchmal mit einem *Testament Isaaks* und einem *Testament Jakobs* verbunden. Das Testament Isaaks ist wohl jüdischer Herkunft und der Gedankenwelt der Essener nahe, während das Testament Jakobs wahrscheinlich ein spätes christliches Werk ist.

Das *Testament Ijobs*, das griechisch und in anderen Versionen erhalten ist, stellt nach Art der TestXIIPatr dar, wie der sterbende Ijob seine Kinder ruft und ihnen sein Leben erzählt. Er hat einen heidnischen Tempel zerstört, weshalb sich der Satan an ihm rächt und ihn verfolgt. Das Werk, das zahlreiche poetische Texte, Reden und Gebete enthält, empfiehlt in seiner Paränese vor allem Geduld und Nächstenliebe. Zwar halten manche die Schrift für christlich, doch dürfte ihre jüdische Herkunft feststehen. Ob sie ursprünglich griechisch oder in einer semitischen Sprache (wahrscheinlich aramäisch) verfaßt wurde, läßt sich nicht mit Sicherheit beweisen. Das mit dem Gebet des Nabonid aus Qumran verwandte Werk ist wohl zu Beginn unserer Zeitrechnung oder früher entstanden.

Nur genannt seien das syrisch erhaltene *Testament Adams,* das Empfehlungen des sterbenden Adam an seinen Sohn Set enthält, sowie das *Testament Salomos,* beide christliche Überarbeitungen jüdischer Texte, über deren Entstehungsgeschichte sich kaum etwas sagen läßt. Das Testament Salomos interessiert sich sehr für Magie und Astrologie und demonstriert die übergroße Macht des weisen Königs vor allem in von ihm bewirkten Krankenheilungen und Dämonenaustreibungen.

Insgesamt zeigt also die Testamentliteratur innerhalb der gemeinsamen Tendenz, ihre Werke den Großen der biblischen Geschichte in den Mund zu legen, eine große Vielfalt an Formen, die eine genaue Abgrenzung der Gattung erschwert, zugleich jedoch ihre Fruchtbarkeit während eines ziemlich langen Zeitraums erweist.

7. Die Bibliothek von Qumran

Auf den vorangegangenen Seiten wurden schon mehrmals Schriften von Qumran genannt, die Loblieder, das Genesis-Apokryphon und die Bibelkommentare von Qumran kurz dargestellt. Doch gebietet die Bedeutung der Qumranfunde, auf sie zusammenhängend nochmals einzugehen. 1947 haben Beduinen durch Zufall in einer Höhle am Toten Meer Handschriften entdeckt, die sich in der Folge als Bibliothek einer essenischen Gruppe herausstellten, die sich dort im 2. Jahrhundert v. Chr. niedergelassen und bis zum Jahr 68 n. Chr. am Ufer des Toten Meeres gewohnt hat. Die Handschriften aus dieser Höhle, zu der später eine ganze Anzahl von weiteren Höhlen mit Handschriften hinzukamen, die dort wahrscheinlich im römischen Krieg verborgen wurden, sind eine einzigartige Dokumentation: wir sind damit im Besitz der Bibliothek einer bisher nur aus Berichten des Josephus Flavius, Philo von Alexandrien und anderer dürftig bekannt gewesenen Gruppe des Judentums der zwischentestamentlichen Zeit.

Die Veröffentlichung der Handschriften ist noch lange nicht abgeschlossen. Doch schon jetzt ist unsere Kenntnis der Literatur dieser Periode durch Qumran gewaltig bereichert. Die gefundenen Texte lassen sich in drei Gruppen einteilen, von denen die ersten beiden nur kurz genannt seien:

a) In Qumran sind sämtliche *biblische Schriften* mit Ausnahme des Buches Ester belegt, und zwar oft in Fragmenten zahlreicher Handschriften. Es sind die bei weitem ältesten Handschriften der hebräischen Bibel, Jahrhunderte älter als die uns bislang bekannten Manuskripte. Die bedeutendsten dieser Texte sind wohl die beiden Jesaja-Rollen, eine vollständig, die andere nur bruchstückhaft erhalten. Diese Bibel-Handschriften bezeugen die hervorragende handschriftliche Überlieferung des Bibeltextes über die Jahrhunderte hinweg. Zugleich weisen sie den Weg zu einer neuen Beurteilung der Textabweichungen in der griechischen Bibelübersetzung sowie im samaritanischen Pentateuch, die nun vielfach durch Lesarten aus Qumran gedeckt sind. Ebenso werfen die Funde von neuem die Frage des biblischen Kanons auf, der in der Gemeinde vom Toten Meer umfangreicher gewesen zu sein scheint, als dies in der masoretischen Bibel der Fall ist.

b) Die *Apokryphen und Pseudepigraphen,* deren Texte uns bisher im allgemeinen nur in (Zweit-)Übersetzungen bekannt waren und die oft im Verdacht christlicher Überarbeitung standen, sind durch Qumran vielfach, wenn auch fragmentarisch, im Originaltext bekanntgeworden. Hier sind aramäische und hebräische Fragmente aus allen Teilen von 1 Hen mit Ausnahme der Bilderreden zu nennen, Fragmente von Jub, TestXIIPatr, Texte von apokryphen Psalmen usw. Damit ist die zwischentestamentliche Literatur nicht nur textlich besser bezeugt: wir wissen nun auch genauer, in welchen Kreisen diese Texte verbreitet waren, und sehen sie im größeren Zusammenhang der Qumran eigenen Texte mit den dieser Gemeinde besonderen Vorstellungen und Gedanken.

c) Die der Gruppe von *Qumran eigenen Schriften:* Neben den schon besprochenen Texten (Loblieder, Schriftauslegung) sind folgende Schriften die wichtigsten: die Sektenregel, die Kriegsrolle und die Damaskusschrift, außerdem die Tempelrolle, die Kupferrolle und verschiedene Texte über Melchisedek.

Die *Regel* (1QS) war für die Gemeinde von größter Bedeutung, wie schon daraus hervorgeht, daß außer der großen Handschrift Fragmente von einem Dutzend weiterer Handschriften gefunden wurden. Der Text beginnt mit einer Grundsatzerklärung der Gemeinde und den Aufnahmebedingungen und -riten (1,1–3,12). Daran schließt sich das Glaubensbekenntnis der Gruppe (3,13–4,26): demnach ist alles Sein durch Gott vorherbestimmt, der in den Menschen die zwei Geister von Licht und Finsternis, Wahrheit und Verderbnis gesetzt hat. Diese Geister herrschen über den Menschen und bestimmen seine Handlungsweise, bis Gott am Ende alles Böse vernichtet und die Auserwählten mit dem Wasser des Geistes reinigt. 5,1–6,23 bietet dann die eigentliche Lebensregel: die Männer der Gemeinschaft sollen sich von den Bösen absondern, um ein Leben in Gehorsam gegenüber dem Gesetz und nach der Weisung der Priester in der Gruppe zu führen. Gütergemeinschaft und Ehelosigkeit sind vorausgesetzt. Auch die Zusammenkünfte der Gruppe, das gemeinschaftliche Mahl und das gemeinsame Studium des Gesetzes sind genau geregelt, ebenso die Stufen, über die jemand nach und nach Vollmitglied wird. 6,24–7,25 fügt dann eine Bußordnung an, eine Aufzählung von Verfehlungen und Strafen. Nicht eindeutig ist der folgende Abschnitt 8,1–9,26, der wohl als Beschreibung einer Pioniergruppe zu betrachten ist, die das Gemeindeideal vorbildlich vorlebt. Auffällig ist allerdings, daß von ihr nicht mehr als von den übrigen Gemeindemitgliedern verlangt wird. Das Werk schließt mit einer Art Festkalender und einem Hymnus an Gott.

Die Handschrift von 1QS wird in das erste Viertel des 1. Jahrhunderts v. Chr. datiert; das Werk selbst muß älter sein, wie schon die Abweichungen in den anderen Fragmenten und die Parallelüberlieferungen im Text selbst zeigen. Es ist nicht aus einem Guß, sondern aus verschiedenen Schichten zusammengesetzt, muß also über längere Zeit hin gewachsen sein.

Ursprünglich wohl mit der Handschrift von 1QS verbunden, doch verschiedener Art sind zwei weitere Texte. 1QSa ist nach Ansicht mancher ebenfalls eine Gemeinderegel, vielleicht sogar älter als 1QS, und war für eine Gruppe bestimmt, die das Ideal der Qumran-Essener teilte, jedoch nicht so streng verwirklichte. Die Schrift weist viele Parallelen zur Gemeinderegel auf, setzt jedoch im Gegensatz zu dieser voraus, daß die Mitglieder verheiratet sind. Nach anderen ist 1QS nicht eigentlich eine Regel, sondern dürfte eher ein utopischer Entwurf für das Leben der Gemeinde in der Endzeit sein, wie die Teilnahme des Messias am Gemeinschaftsmahl der Gruppe zeigt. 1QSb ist eine Sammlung von Segensformeln zum Gebrauch der Gemeinde.

Schon 1896 hat S. Schechter in der Geniza von Kairo die sogenannte *Damaskusschrift* (CD) entdeckt, die durch Fragmente mehrerer Handschriften nun als zum Kreis von Qumran gehörig erkannt wurde. Allerdings konnte das genauere Verhältnis von CD zu Qumran bisher nicht geklärt werden. Die Schrift besteht im wesentlichen aus zwei Teilen: a) einer *Mahnrede,* die weithin auf eine Geschichte des Abfalls baut (Verfehlungen gegen die Einehe, den Sabbat und den Kalender) und die Vorgeschichte der Gemeinde schildert, in der ein „Lehrer der Gerechtigkeit" (wie in den Qumran-Texten) eine große Rolle spielt. Die Söhne Zadoks haben Jerusalem verlassen und sind nach Damaskus gezogen (Damaskus ist nach den einen ein Deckname für Qumran, nach anderen wörtlich zu nehmen und mit der Eroberung Jerusalems durch Pompejus im Jahr 63 v. Chr. in Verbindung zu bringen); b) einer *Regel* für jene, die sich der Gemeinde anschließen und in ihren Lagern leben wollen. Im Gegensatz zu 1QS sind Ehe und Privateigentum vorgesehen, wie auch in 1QSa; besonderer Wert wird auf die Einhaltung der Sabbat-und Reinheitsvorschriften gelegt. Das Alter der Schrift ist nicht genau anzugeben; es ist mit einer längeren Redaktionszeit zu rechnen. Mag auch manches Gesetzesmaterial in ihr vorqumranisch sein und Parallelstellen in 1QS als Vorlage gedient haben, ist doch die Endredaktion von CD wahrscheinlich später als 1QS anzusetzen.

Ein einzigartiger Text ist die *„Kriegsrolle"* (1QM), die den endzeitlichen Kampf der Söhne des Lichtes gegen die Söhne der Finsternis darstellt. Die Schrift, deren Beliebtheit in Qumran durch eine Reihe von Handschriften bezeugt ist, schildert den Plan für den vierzigjährigen Krieg am Ende der Zeiten und beschreibt die im Kampf zu verwendenden Trompeten mit ihren Aufschriften, ebenso die Aufschriften der Feldzeichen und ihre Anordnung beim Auszug zum Kampf. Weiters wird besprochen, wie sich das Heer zur Schlacht aufstellt, wer daran teilnehmen darf, wie die Reinheit des Lagers, in dem Gottes Engel mitkämpfen, gewahrt wird und welche Rolle die Priester im Kampf einnehmen. Es folgt das Gebet des Hohenpriesters vor dem Kampf, Segen und Fluch sowie der Dankhymnus nach dem erfolgten Sieg. Abschließend werden die sieben Phasen des Entscheidungskampfes gegen die „Kittäer" (wohl die Römer als Typus des endzeitlichen Feindes, der Macht des Bösen) geschildert: drei Angriffen und Gegenangriffen folgt das alles entscheidende Eingreifen Gottes, worauf den Priestern nichts mehr zu tun bleibt, als Dankhymnen anzustimmen.

Dieser Text präsentiert sich also einerseits wie ein Kriegshandbuch, das die römische Kriegstaktik genau zu kennen scheint; auf der anderen Seite hebt es den Endkampf aus der darstellbaren Wirklichkeit heraus, wenn es ihn einer Liturgie gleichstellt, in der die Priester mit ihren Gebeten die Hauptrolle spielen. Insgesamt ist diese utopische Auffassung des Krieges der Endzeit den Vorstellungen des biblischen Chronisten nahe, der ebenfalls das Leben des Gottesvolkes als einzige große Liturgie schildert.

Das Werk ist sicher nicht als einheitlicher Wurf entstanden. Zumindest die Gebete und Hymnen dürften auf eine frühere Zeit als der Rest der Schrift zurückgehen und vielleicht sogar in die makkabäische Zeit reichen. Eine Hypothese, die viel für sich hat, unterscheidet weiter zwischen einer ursprünglichen apokalyptischen Schrift über den Kampf zwischen Gog und Magog vor der Erlösung (2. Jh. v. Chr.) und einer späteren Redaktion, die in eine Beschreibung des vierzigjährigen Krieges der Endzeit eingebaut wurde. Die Endredaktion ist wohl auf die zweite Hälfte des 1. Jahrhunderts v. Chr. anzusetzen.

In diesem Zusammenhang ist auch die in einer Höhle von Qumran gefundene *Kupferrolle* zu nennen, die in zwölf Spalten eine Reihe von Orten aufzählt, an denen immense Schätze verborgen seien. Die Verstecke liegen im Gebiet von Jerusalem, bei Jericho und am Toten Meer (die Identifikation der Ortsangaben ist oft unsicher). Zwei Thesen stehen einander gegenüber: nach der einen handelt es sich um ein Verzeichnis wirklicher Schätze, sei es der Tempelschatz, der während der Belagerung Jerusalems durch Titus evakuiert wurde, um damit letzte Kriegsanstrengungen zu finanzieren oder den erhofften Wiederaufbau des Tempels zu ermöglichen, oder sei es ein Versteck des Staatsschatzes in der Bar-Kokhba-Zeit (132–135). Wahrscheinlicher ist hingegen die Annahme, es handle sich um einen imaginären Schatz, eine allgemein jüdische folkloristische Überlieferung (nur der Fundort legt eine Beziehung des Textes zu Qumran nahe) oder vielleicht die fiktive Finanzierung für den erwarteten Kampf der Söhne des Lichtes gegen die Söhne der Finsternis. Gegen ein fiktives Verzeichnis spricht vor allem das teure Schreibmaterial; dafür jedoch die unwahrscheinlich hohen Summen, die angeführt werden. Eine sichere Entscheidung ist nicht möglich.

Noch nicht veröffentlicht ist die 1967 bekanntgewordene *Tempelrolle* von Qumran, der längste bisher am Toten Meer gefundene Text. Die wohl noch im 1. Jahrhundert v. Chr. entstandene Schrift, von der 66 Spalten erhalten sind, bringt zuerst eine Reihe von oft über den Pentateuch hinausgehenden religiösen Gesetzen, die Gott selbst in der ersten Person sprechend erläßt. Es folgt eine Aufzählung der Opfer zu den Festen des Jahres, wobei vor allem die Darstellung des Laubhüttenfestes von bisher bekannten Schilderungen abweicht. Gut die Hälfte der Schrift ist schließlich eine Art Bauanweisung für den Tempel, die sich ebenfalls nicht mit den anderen einschlägigen Texten deckt. Reinheitsvorschriften nehmen hier wie im ersten Teil großen Raum ein. Das Werk endet mit Anweisungen für die Mobilmachung, wenn fremde Mächte Israel bedrohen. Eine nähere Einordnung des Textes wird erst bei seiner Veröffentlichung möglich sein; immerhin ist das Interesse am Tempel mit den Qumrantexten über das neue Jerusalem sowie zur himmlischen Liturgie in Zusammenhang zu setzen. Auch die Berührungen mit der Kriegsrolle sind auffällig.

Abschließend sei noch ein kurzer, jedoch religionsgeschichtlich bedeutender Text erwähnt, eine Art Pescher, der nicht einen fortlaufenden Bibeltext, sondern verschiedene Bibelstellen über die endzeitliche Erlösung kommentiert. Man hat ihn nach Melchisedek benannt (11QMelch), der in diesem Text eine große Rolle spielt. Melchisedek gilt in dieser Schrift, sei es nun als himmlische Gestalt gleich Michael, wie man vorgeschlagen hat, oder als irdische Figur, gleichsam eine Reinkarnation des biblischen Melchisedek, als der Erlöser und Befreier, der Belial und die Mächte des Bösen im endzeitlichen Kampf besiegt. Die Nähe zu Vorstellungen des Hebräerbriefes ist nicht zu übersehen.

Eine Reihe weiterer Texte aus Qumran sind schon veröffentlicht worden, die Veröffentlichung anderer steht noch aus. Zwar stehen manche dieser Texte, rein literarisch betrachtet, nicht sehr hoch; dennoch kann die Bedeutung der Qumranfunde für die jüdische Literaturgeschichte der zwischentestamentlichen Zeit kaum überschätzt werden, insofern sie uns zeigen, welcher Lesestoff in einer jüdischen Gruppe dieser Periode tatsächlich verbreitet war.

B. Die griechische Welt

1. Die hellenistische Diaspora

Die *Anfänge der Diaspora*, d.h. der jüdischen Siedlung außerhalb von Palästina, gehen auf den Untergang des Reiches Juda zu Beginn des 6. Jahrhunderts v. Chr. zurück. Schon ehe ein Großteil der jüdischen Oberschicht nach Babylonien deportiert wurde und so den Grundstein für die babylonische Diaspora bildete, zogen jüdische Söldner nach Ägypten, um auf der Seite Psammetichs II. (594–589) zu kämpfen: auf sie geht die durch Papyri reich dokumentierte Militärkolonie von Jeb (= Elephantine) im Oberägypten zurück. Zahlreiche andere Juden flohen vor den Babyloniern in den Westen. Doch war die so entstandene westliche Diaspora zahlenmäßig und auch als innerjüdischer Kulturfaktor ohne größere Bedeutung.

Wichtig wurde dieses Judentum erst in der hellenistischen Zeit. Ob man dem Bericht des Josephus, daß Alexander der Große selbst zahlreiche Juden durch besondere Privilegien in seine Neugründung Alexandrien gebracht hat, Glauben schenkt oder nicht, sind die Juden jedenfalls kurz nach Alexander in Ägypten eine unübersehbare Größe. Nach dem Bericht des Aristeas soll Ptolemaios I. (304–282) zahlreiche jüdische Kriegsgefangene nach Ägypten gebracht und teils versklavt, teils als Söldner eingesetzt haben; sein Sohn Ptolemaios II. (282–246) habe ihnen dann die Freiheit geschenkt. Es ist nicht daran zu zweifeln, daß in der Ptolemäerzeit viele Juden nach Ägypten verschleppt wurden. Viele andere sind freiwillig als Söldner gekommen, wie auch die syrischen Seleukiden sich jüdischer Söldner bedienten. Dazu kamen jüdische Händler und Handwerker, die in kurzer Zeit die ganze griechischsprechende Welt überfluteten. Philo von Alexandrien kann so von einer Million Juden in Ägypten sprechen; der Anteil der Juden an der Gesamtbevölkerung des römischen Reiches wird im 1. Jahrhundert nach Christus auf 7–10% geschätzt.

Wir beschränken uns hier im wesentlichen auf Ägypten, das wichtigste Land der hellenistischen Diaspora. Doch dürfen wir nicht vergessen, daß diese den gesamten Mittelmeerraum umfaßte, insbesondere die Küstenstädte Kleinasiens, wohin Antiochus III. (242–187) zweitausend jüdische Familien aus Babylonien brachte, aber auch Libyen, die Cyrenaika und Zypern sowie Rom selbst. In den Oracula Sibyllina III 271 heißt es um die Mitte des 2. Jahrhunderts v. Chr. von den Juden: „Jedes Land und jedes Meer wird von dir voll sein. Alle Welt wird an deinen Sitten Anstoß nehmen."

Mit Beginn des 2. Jahrhunderts v. Chr. begann für die *Juden Ägyptens* und besonders Alexandriens eine Blütezeit, die über zweihundert Jahre anhielt. Ptolemaios VI. (180–145) begünstigte die Juden, hatte eine Reihe jüdischer Generäle in seiner Armee und war mit dem jüdischen Schriftsteller Aristobul persönlich befreundet. Onias IV., Sohn des 175 von Jason verdrängten Hohenpriesters Onias III., gründete für die von ihm geleitete jüdische Militärkolonie von Leontopolis im Bezirk Heliopolis einen Tempel, der mit jenem Jerusalems rivalisierte, ohne jedoch zentrale Bedeutung für die Juden Ägyptens zu erlangen. Die Eroberung Ägyptens durch die Römer (30 v. Chr.) brachte den Juden, die sich als römerfreundlich erwiesen hatten, vorerst keine Verschlechterung ihrer Lage.

In ihrem wichtigsten Zentrum, der Weltstadt Alexandrien, bewohnten die Juden nach dem Zeugnis Philos zwei von fünf Stadtteilen, ihre Synagogen waren über die ganze Stadt zerstreut. Die Konzentration auf bestimmte Wohnbezirke war freiwillig und hing mit der Selbstverwaltung zusammen, die ihnen zugleich mit der Duldung ihrer Religion zugestanden wurde. Somit waren die Juden von der unfreien Bevölkerung durch ihre Privilegien abgehoben; einzelne waren zugleich Vollmitglieder der griechischen Polis und hatten somit Zutritt in die allgemeine Verwaltung.

Die Juden Ägyptens versuchten, ihrer Religion treu zu bleiben, gleichzeitig jedoch griechische Bildung anzunehmen, wesentliche Voraussetzung für eine Gleichstellung mit den „Griechen" zum Unterschied von den Fellachen. Wie sehr vielen Juden die Aneignung der griechischen Kultur gelungen ist, bezeugt ein bei Josephus überlieferter Text des Aristoteles-Schülers Klearch von Soli, der von einer (fiktiven) Begegnung zwischen Aristoteles und einem jüdischen Philosophen in Kleinasien erzählt, der „Grieche nicht nur der Sprache nach, sondern auch in seiner Seele" war. Diesen Hellenisierungsprozeß bezeugen die durchwegs griechischen Synagogeninschriften Ägyptens und vor allem die hier zu besprechende Literatur des alexandrinischen Judentums. Deutliches Beispiel für das Bemühen der ägyptischen Juden, sich ihrem Gastland anzupassen und doch ihrem biblischen Glauben treu zu bleiben, sind die Synagogen (Bauplan heidnischer Tempel, in den Vorhallen Widmungsinschriften an die ptolemäischen Herrscher).

Rege Kontakte zum Mutterland hielten die religiösen Traditionen wach. Die Juden hatten das Privileg, die Tempelsteuer nach Jerusalem abliefern zu dürfen. Später erneuerte die römische Regierung dieses Privileg und stellte diese Gelder unter besonderen rechtlichen Schutz. Außerdem reisten ägyptische Juden regelmäßig zu den Pilgerfesten nach Jerusalem; vornehme Juden Palästinas wiederum kamen wohl zum Studium an die berühmten Schulen Alexandriens.

Die Weltoffenheit des alexandrinischen Judentums machte ihre Religion auch in der Umwelt bekannt und beliebt; es kam zu Konversionen (Proselyten), häufiger noch zur Übernahme wenigstens des jüdischen Eingottglaubens und einiger wesentlicher Gebote, ausgenommen die Beschneidung („Gottesfürchtige"). Diese Bewegung zum Judentum dürfte wohl die Verluste durch Assimilation ausgeglichen haben.

So gut die römische Herrschaft für die Juden Ägyptens begann, führte sie doch bald zu einer Verschlechterung. Im palästinischen Judentum nahmen immer mehr die Kräfte überhand, die den Glauben durch strenge Absonderung zu sichern strebten. Solche Tendenzen geboten auch in Ägypten dem Proselytismus Einhalt und weckten in der Bevölkerung eine immer stärkere antijüdische Stimmung. Die gleichzeitigen Versuche vieler Juden Alexandriens, das volle griechische Bürgerrecht zu erlangen, stießen auf heftigen Widerstand. Unter Caligula (37–41) kam es zu einem großen Judenmassaker und der Kaiser, dem die Juden die von ihm verlangte göttliche Verehrung verweigerten, tat nichts zu ihrem Schutz; eine jüdische Delegation unter Leitung Philos hatte in Rom keinen Erfolg. Erst Claudius (41–54) setzte die Juden wieder in ihre Rechte ein, nicht ohne sie zugleich scharf in die Schranken zu weisen. Doch sollte sich das Klima für die Juden in den folgenden Jahrzehnten nicht mehr verbessern. Als dann während des Partherfeldzuges Trajans die Juden Ägyptens, der Cyrenaika und Zyperns sich erhoben (115–117) – offenbar im Glauben, die messianische Zeit sei gekommen –, wurden sie nach langen

Kämpfen von den Römern blutig niedergeschlagen. Dies bedeutete das physische Ende der griechischen Diaspora auf lange Zeit hinaus; das Ende ihres kulturellen Einflusses innerhalb des Judentums war schon früher gekommen, als mit der Niederlage des Jahres 70 die Juden Palästinas sich immer mehr auf ihre hebräischen Traditionen zurückzogen.

2. Die biblische Tradition

a) *Die griechische Bibelübersetzung*

Das Grunddokument des hellenistischen Judentums ist die griechische Übersetzung der Bibel, nach ihrer Entstehungslegende Septuaginta (LXX, die Übersetzung der „Siebzig") genannt.

Der *Aristeas-Brief*, angeblich zu Lebzeiten des Ptolemaios II. (282–246) von Aristeas an seinen Bruder Philokrates geschrieben, erzählt vom Wunsch des Ptolemaios, die jüdische Tora in Umschrift und Übersetzung in seiner berühmten Bibliothek zu haben. Aristeas, der vom König die Freilassung der jüdischen Sklaven in Ägypten erreicht, nimmt im Auftrag des Ptolemaios an einer Gesandtschaft nach Jerusalem teil, die vom Hohenpriester Eleasar 72 Männer – sechs von jedem Stamm Israels – erbittet; diese kommen nach Ägypten und übersetzen auf der Insel Pharos in 72 Tagen die Tora. Anschließend ruft der König die jüdische Gemeinde von Alexandrien zusammen, die die Übersetzung approbiert, als endgültig erklärt und jeden verflucht, der etwas daran ändern möchte.

In diese Grunderzählung sind verschiedene Stücke eingefügt: eine Beschreibung der Geschenke des Königs an den Hohenpriester, eine Beschreibung Jerusalems und Israels, ein Gespräch mit dem Hohenpriester über den Sinn der Speisegesetze und vor allem die Tischgespräche der 72 mit dem König während eines siebentägigen Gastmahls. Diese umfassen etwa ein Drittel des Werkes und sollen die Überlegenheit der jüdischen Weisheit gegenüber der griechischen Philosophie zeigen.

Die Schrift ist ein Tendenzroman in Briefform, der im 2. Jahrhundert v. Chr. (wahrscheinlich gegen dessen Ende) entstanden ist. Josephus Flavius und vielleicht auch schon Philo haben den Aristeasbrief gekannt und als historischen Bericht aufgefaßt. Historische Nachrichten vor allem über die Ansiedlung der Juden in Ägypten hat der Verfasser sicher benützt, ebenso eine Schrift „über das Königtum" sowie andere literarische Vorbilder. Nach manchen beabsichtigt er eine Apologie des Judentums für Nichtjuden; eher wendet er sich jedoch an seine eigenen Glaubensgenossen, die er im Stolz auf ihre Tradition bestärken und denen er die LXX als die offizielle Übersetzung der Bibel gegenüber anderen Übersetzungsversuchen nahelegen will.

Hat man früher den Aristeas-Brief oft als völlig unhistorisch abgetan, erkennt man ihm neuerdings doch wieder einen gewissen Wert auch als Geschichtszeugnis zu. Die Anfänge der *Septuaginta* gehen tatsächlich in das frühe 3. Jahrhundert v. Chr. zurück, als die Tora von einer Gruppe von Übersetzern ins Griechische übertragen wurde, nachdem Umschriften des hebräischen Textes in griechischer Schrift und erste Übersetzungsversuche schon vorausgegangen waren. Bald folgte die Übersetzung der übrigen biblischen Schriften. Nach 133 v. Chr. bezeugt Ben Sira in seinem Prolog bereits die griechische Übersetzung der dreigeteilten Bibel.

Laut Pseudo-Aristeas hat Ptolemaios II. die Übersetzung veranlaßt. In Wirklichkeit waren es jedoch sicher die Bedürfnisse der jüdischen Gemeinde selbst, die dazu geführt haben. Schon bald konnte ein großer Teil der alexandrinischen Juden nicht mehr genug Hebräisch, um der Schriftlesung in der Synagoge folgen zu können. Sollte dieser Teil nicht jegliche Kenntnis der überlieferten Religion verlieren und nach und nach dem Judentum völlig verlorengehen, mußte man ihm mit einem griechischen Gottesdienst entgegenkommen. Dies schließt nicht aus, daß die Bibelübersetzung zusätzlich durch Rücksicht auf die nichtjüdische Umwelt bestimmt war; der griechische Bibeltext könnte Voraussetzung für eine offizielle Anerkennung der jüdischen Religion gewesen sein (insofern könnte Aristeas recht behalten); zugleich eröffnete er interessierten Nichtjuden den Zugang zur jüdischen Religion.

Die Qualität der Übersetzung ist recht verschieden. Manche biblische Schriften sind getreu übertragen worden (Tora), andere sklavisch wörtlich (z.B. Kohelet), wieder andere sehr frei (z.B. Daniel). Allerdings ist mancher Text, den man bisher als Beispiel für freie oder auch fehlerhafte Übersetzung herangezogen hat, durch neue hebräische Textfunde, besonders aus Qumran, inzwischen rehabilitiert worden, so daß die Beurteilung der LXX vielfach zu überprüfen ist.

Eine Übersetzung ist nie bloße Wiedergabe eines Werkes in einer anderen Sprache, sondern prägt ihm mit der neuen Sprache stets auch die Eigenart der mit ihr verbundenen Denkweise auf. So hat auch die LXX, so treu sie dem Urtext sein wollte, biblisches mit griechischem Denken verbunden. Ein typisches Beispiel ist die Selbstbezeichnung Gottes in Ex 3,13 als Jahwe, was die LXX gut griechisch wiedergibt: „Ich bin der Seiende" (egō eimi ho ōn). Auch hat die LXX vielfach im griechischen Raum anstößige Anthropomorphismen getilgt, auch sonst den Text logischer gestaltet, so z. B. in Gen 4 eine Erklärung hinzugefügt, warum Kains Opfer Gott nicht wohlgefällig war.

Die LXX hat somit für das hellenistische Judentum unabschätzbare Bedeutung gewonnen, nicht nur als Wahrerin der religiösen Tradition und als Öffnung zur nichtjüdischen Welt, sondern vor allem auch als Lehrerin der jüdischen Gemeinde: sie ist wohl auch als Schulbuch verwendet worden und war so Mittlerin griechischer Sprache und griechischen Denkens für das alexandrinische Judentum, zugleich inspirierende Quelle für den Großteil des jüdisch-hellenistischen Schrifttums.

Wie Funde von LXX-Texten in Qumran belegen, hat die griechische Bibelübersetzung auch ins Mutterland zurückgewirkt. Dort hat man sich offenbar um eine Revision des Textes anhand der hebräischen Bibel bemüht (1. Jh. n. Chr.), eine Aufgabe, der sich im 2. Jahrhundert n. Chr. Aquila, Theodotion und Symmachus stellten. Damals war die LXX jedoch schon völlig von der christlichen Kirche übernommen worden, so daß das Judentum auf das größte Werk seiner hellenistischen Tradition bald fast ganz verzichtete.

b) Die Erweiterung der griechischen Bibel

Die LXX weist gegenüber der hebräischen Bibel zusätzliches Textmaterial auf, das man unter dem Namen „Apokryphen" zusammenfaßt; der Großteil davon findet sich in der katholischen Bibel als „Deuterokanonika". Einzelne dieser Werke haben wir schon besprochen (1 und 2 Makk) bzw. erwähnt (Jesus Sirach, Weisheit). Dazu kommen 3 Esra (etwas erweiterte Auszüge aus dem chronistischen Werk), Erweiterungen zu den biblischen Büchern Daniel und Ester, das im 2. oder 1. Jahrhundert v. Chr. entstandene, ursprünglich sicher hebräisch geschriebene Buch Baruch und die beiden kleinen romanhaften Erzählungen Tobit und Judit, die aus dem 2. Jahrhundert v. Chr. stammen und ursprünglich hebräisch geschrieben waren (Tobit vielleicht aramäisch), schließlich noch 3 und 4 Makk. Hier sei nur kurz auf vier dieser Schriften eingegangen: Jesus Sirach, Weisheit, 3 und 4 Makk.

Die biblische Weisheitsliteratur wird in der LXX durch Jesus Sirach und das Buch der Weisheit ergänzt. *Jesus Sirach* (auch Ben Sira genannt) gehört eigentlich der jüdischen Literatur Palästinas an. Der Verfasser hat um 180 v. Chr. in Israel geschrieben und in der Tradition der Weisheitsliteratur Maßregeln über das rechte Verhalten gegenüber Eltern, Frau, Sklaven und Armen aufgestellt, seine Spruchsammlung jedoch mit einer Vielfalt an dichterischen Formen bereichert (Hymnen an die Weisheit und den Schöpfergott, aber auch, was in der Weisheitsliteratur neu ist, über historische Gestalten im „Lobpreis der Väter"). In Auseinandersetzung mit den jüdischen Hellenisten seiner Heimat sucht Jesus Sirach die Willensfreiheit des Menschen zu betonen, die Zweckmäßigkeit der Schöpfung und die Tatsache der göttlichen Vorsehung herauszustellen. Trotz seiner konservativen Einstellung entgeht er selbst nicht dem Einfluß hellenistischer Popularphilosophie, nimmt also in der Kontroverse auch einiges vom Gegner an. Sein Enkel hat die hebräische Schrift – etwa zwei Drittel des hebräischen Textes wurden gegen Ende des vorigen Jahrhunderts in der Geniza von Kairo wiederentdeckt, wozu jetzt auch Texte aus Qumran kommen – kurz nach 133 v. Chr. in Ägypten ins Griechische übertragen, offenbar in der Meinung, damit den Glauben der hellenistischen Juden Ägyptens zu stärken.

Auch das Salomo zugeschriebene *Buch der Weisheit* will den jüdischen Glauben gegenüber hellenistischen Vorstellungen verteidigen, versucht dies jedoch im Gegensatz zu Jesus Sirach mit den Waffen des Gegners. Das Buch wurde im 1. Jahrhundert v. Chr. in Alexandrien in griechischer Sprache verfaßt, auch wenn neuerdings ein aramäisches, aus Syrien stammendes Original vorgeschlagen wurde; möglich ist eventuell eine hebräische Vorlage des ersten oder auch des zweiten Teils der Schrift. Der erste Teil betont die Übermacht des Frommen in seiner Weisheit über den Gottlosen (1–5), der zweite ist ein Loblied auf die Weisheit und ein Gebet um sie (6–9), während der dritte und längste Teil das Wirken der Weisheit in der Geschichte Israels besingt.

Anders als die traditionellen Weisheitsschriften ist dieses Werk keine Sammlung von nur locker verbundenen Einzelsprüchen, sondern behandelt seine Themen in festem Zusammenhang, fast durchweg in poetischer Form. Der Verfasser, ein hellenistisch gebildeter, doch strenggläubiger Jude, beherrscht nicht nur die griechische Sprache tadellos, er paßt auch sein Denken seiner Umgebung an. So schildert er die personifizierte Weisheit gleich dem griechischen Logos: sie ist auch die Lehrerin der griechischen Kardinaltugenden. Auch die Auffassung von der Schöpfung aus formloser Materie (11, 17), die ziemlich negative Einstellung zur leiblichen Existenz des Menschen und überhaupt der Pessimismus gegenüber dem irdischen Dasein zeigen, wie „griechisch" ein treuer Jude denken konnte.

Ganz anderer Art ist das *dritte Buch der Makkabäer*, das nichts mit dem Makkabäeraufstand zu tun hat, sondern im Stil der pathetischen Geschichtsschreibung (gleich 2 Makk) von der Errettung der Juden Ägyptens aus einer von Ptolemaios IV. (221–204) angeordneten Vernichtung erzählt. Die trunken gemachten Elefanten, die die in der Arena zusammengetriebenen Juden zerstampfen sollen, wenden sich statt dessen, von Engeln aufgeschreckt, gegen die Zuschauer. Die so wunderbar erretteten Juden töten die vom Glauben Abgefallenen und beschließen ein jährliches Gedenkfest (darin gleicht der Aufbau des Buches dem von Ester). Wahrscheinlich hat der Verfasser, ein ägyptischer Jude des 1. Jahrhunderts v. Chr., Ereignisse unter Ptolemaios VII. Euergetes II. (146–117) gewaltig übersteigert in frühere Zeit zurückverlegt. Eines seiner größten Anliegen scheint es zu sein, seine Glaubensgenossen ein rechtes Verhältnis zu den nicht-jüdischen Nachbarn zu lehren, einen Mittelweg zwischen Assimilation und völliger Abschließung.

Das *vierte Buch der Makkabäer*, nicht nur in der LXX überliefert, sondern oft auch zusammen mit den Josephus-Schriften, ist hingegen ein philosophisch-theologischer Traktat in Redeform, der an Beispielen aus dem Alten Testament, besonders jedoch aus der Makkabäerzeit (die sieben Märtyrerbrüder) zeigt, wie das jüdische Gesetz es ermöglicht, die vier stoischen Kardinaltugenden zu verwirklichen. Trotz des hellenistischen Gepräges ist der Verfasser, der im 1. Jahrhundert vor oder nach Chr. in Alexandrien (wohl eher als in Antiochien) gelebt hat, im wesentlichen antihellenistisch, zieht sich auf die Tora zurück und meint, der wahre Jude sei der ideale Philosoph.

Somit sind alle bisher genannten Schriften aus der Auseinandersetzung des

Judentums mit der hellenistischen Welt zu verstehen, wobei die Stufen der Annahme des Hellenismus verschieden sind, stets jedoch der feste Wille durchscheint, treu zum Judentum zu stehen.

c) Anfänge der allegorischen Bibelauslegung: Aristobul

Das Werk Aristobuls, des ersten Vertreters der hellenistischen Bibelauslegung, ist uns leider nur in einigen Fragmenten bei Eusebius von Caesarea überliefert. Immerhin ist auch daraus die Kühnheit seines Denkens erkennbar. Er verfaßte eine umfangreiche Schrift, in der er die Tora als die wahre Philosophie zu deuten versucht. Der Ratgeber des Ptolemaios VI. Philometor (180–145), dem er auch seine Schrift gewidmet hat (manche halten dies allerdings für eine literarische Fiktion), erweist sich als Eklektiker, der Vorstellungen der verschiedenen griechischen Philosophenschulen verwertet, sie alle als von der Bibel abhängig erklärt und dieser unterlegen findet.

Das wahre Verständnis der Bibel und ihrer Gesetze ist nach ihm nicht durch Kleben am Buchstaben zu gewinnen, sondern durch allegorische Deutung, ähnlich der alexandrinischen Homerexegese und der Deutung der alten Mythen. Die Speisegesetze hat etwas später auch Pseudo-Aristeas allegorisch verstanden. Aristobul geht ihm darin voraus und wendet das Prinzip allgemein an. So deutet er alle Anthropomorphismen allegorisch: die Hand Gottes ist seine Macht, sein Herabsteigen auf den Sinai nicht örtlich zu verstehen, da Gott allgegenwärtig ist usw. Vor allem versucht er jedoch, biblische Schöpfungsvorstellungen und griechischen Kosmosbegriff zu verbinden: universales Strukturprinzip ist dabei, wie im Pythagoräismus, die Siebenzahl, wie Aristobul bei der Erklärung des Sabbat betont. Kosmischem Interesse dürften auch seine astronomischen Überlegungen über den Zeitpunkt des Osterfestes entspringen. Die sieben Schöpfungstage bringt er mit der griechischen Vorstellung vom zeitlosen Wirken Gottes in Einklang, indem er sie nur für die Welt gelten läßt: die Zeit ist der Schöpfung eigen und besonders die Festzeiten sind Symbol der göttlichen Ordnung in der Welt, während Gott selbst jeder Zeit enthoben ist. Insgesamt versteht also Aristobul die Bibel auf dem Hintergrund griechischen Denkens, wie dies später vor allem Philo getan hat.

3. Die Bejahung des Hellenismus

a) Die Geschichtsschreibung

Neben den bisher genannten Schriften, die neben anderem auch historische Informationen bieten, hat das hellenistische Judentum eine Reihe von Werken hervorgebracht, die ganz bewußt jüdische Geschichte in hellenistischem Kleid darbieten. Sie alle sind verlorengegangen; doch hat sie der eifrige Sammler Alexander Polyhistor im 1. Jahrhundert v. Chr. in einer ebenfalls verlorenen, damals vielgelesenen Schrift „Über die Juden" auszugsweise zusammengefaßt, von der Zitate vor allem im Werk des Bischofs Eusebius von Caesarea erhalten sind.

Demetrios, ein ägyptischer Jude des 3. Jahrhunderts v. Chr. – Josephus Flavius setzt ihn offenbar mit dem Heiden Demetrios von Phaleron, dem berühmten Bibliothekar Alexandriens, gleich – versuchte in seinem Werk „Über die Könige in Judäa" den historischen Wert der Bibel zu erweisen. Ihn interessiert fast nur eine exakte Chronologie der Vätergeschichte. Gern verwendet er in seiner historischen Erklärung des Bibeltextes die damals beliebte Aporie, d. h. er stellt ein Problem heraus, das er dann beantwortet. Die erhaltenen Fragmente (über das Leben Jakobs, die Flucht des Mose nach Midian und die Szene vom Bitterwasser beim Wüstenzug der Israeliten) erweisen Demetrios als einen sehr mäßigen Schriftsteller. Gleich einem *Aristeas,* von dem wir einen Text kennen, in dem er die Geschichtlichkeit des Buches Ijob zu beweisen sucht, beherrscht er die griechische Sprache mehr schlecht als recht; auch ist er eher als Chronist denn als Historiker zu bezeichnen.

„Über die Könige in Judäa" hat auch *Eupolemos* geschrieben, der vielleicht mit dem Mann gleichzusetzen ist, den der Makkabäer Judas nach Rom gesandt hat (1 Makk 8,17). Er zeichnet Mose als den ersten Weisen, der nicht nur das Gesetz gegeben, sondern auch das Alphabet erfunden und die Phöniker gelehrt hat, die es dann an die Griechen weitergaben. Mose gilt also implizit als der Vater aller Literatur und Wissenschaft. Aus demselben Interesse, Israel als den Anfang aller Weisheit hinzustellen, datiert Eupolemos auch den Auszug aus Ägypten beträchtlich vor. Nach der Biographie Davids wendet er sich dem Reich Salomos und der Pracht seines Tempelbaus zu, die biblischen Berichte freizügig verarbeitend und mit einem fingierten Briefwechsel zwischen Salomo und dem Pharao sowie dem König von Tyrus bereichernd. Den Synkretismus des sprachlich ungewandten Historikers sehen wir daran, daß nach ihm Salomo dem König von Tyrus eine goldene Säule für den Zeustempel schenkt. Fast noch weiter geht ein zu Unrecht mit Eupolemos gleichgesetzter *Anonymus,* wohl ein Samaritaner, nach dem Noach mit Kronos, Bel und Nimrod identisch ist und Babylon und seinen Turm erbaut hat; Abraham hat nach ihm die von Henoch erfundene Astrologie nach Ägypten gebracht. Auch hier ist der Grundgedanke, daß alle Kultur geschichtlich von den Juden stammt.

Der wohl etwas spätere, nicht genau zu datierende *Artapanos* (ein Pseudonym?), ein Alexandriner, läßt in seinen verschiedenen Werken über die Juden gar jegliche Kenntnis der Ägypter von den Juden stammen: Abraham hat sie die Astrologie gelehrt; der freiwillig nach Ägypten gekommene Josef hat die Landvermessung eingeführt, Tempel und Klerus organisiert; Mose schließlich, mit Hermes und Thot gleichgesetzt, ist Lehrer des Orpheus, Erfinder von Zahl, Geometrie, Schrift und Philosophie; er hat die ägyptischen Waffen, Transportmaschinen und Bewässerungsanlagen entwickelt und sogar jedem Bezirk Ägyptens die je eigene Form des Tierkultes bestimmt. Uns mag dies alles wie engstirniger Chauvinismus vorkommen: für das damalige Judentum bezeugt es vielmehr eine früher ungeahnte Weltoffenheit, die sogar in den heidnischen Kulten noch etwas Gutes findet, das für sich zu beanspruchen sich lohnt. Die Behauptung, alles erfunden zu haben, ist lediglich eine Umprägung des Absolutheitsanspruches der Offenbarung in der jüdischen Religion, die keiner weltlichen Weisheit unterlegen ist.

b) Der Roman

Die Schriften Ester, Judit und Tobit gehören schon irgendwie zur Gattung des hellenistischen Romans, wie auch das uns bekannte Exzerpt aus Artapanos über Mose als biblischer Roman zu bezeichnen ist und der Aristeas-Brief ein Briefroman genannt werden kann. Hier seien zwei Werke genannt, von denen allerdings nur das zweite direkt der jüdisch-hellenistischen Romanliteratur angehört.

Die *Erzählung vom weisen Achiqar*, verbunden mit seiner Weisheitslehre, war in der Antike im Mittelmeerraum allgemein verbreitet. Sie berichtet von Achiqar, dem mächtigen Großwesir Sanheribs in Ninive, der seinen Neffen adoptiert und ihn durch Weisheitslehre zu seinem Nachfolger ausbilden will. Dieser erweist sich jedoch als unwürdig und verleumdet seinen Wohltäter beim König, so daß Achiqar nur mit Glück der Hinrichtung entgeht. Doch schließlich kommt die Wahrheit ans Licht, Achiqar erhält seine frühere Würde wieder und der Missetäter wird eingesperrt. Wenn immer nun Achiqar am Gefängnis seines Neffen vorbeigeht, erzählt er ihm Tierfabeln, die die Bestrafung der Bösen illustrieren.

Dieses Werk, das eine Romanhandlung mit einer Weisheitsschrift verbindet, stammt wohl aus dem 6. Jahrhundert v. Chr. Jüdische Herkunft läßt sich nicht nachweisen. Doch haben es Juden schnell übernommen, wie der Fund aramäischer Teile des Werkes aus dem 5. Jahrhundert v. Chr. in der jüdischen Militärkolonie von Elephantine beweist. Das Buch Tobit hat Elemente der Achiqar-Erzählung übernommen, ebenso die spätere jüdische Literatur. Die wohl in Ägypten, vielleicht im 1. Jahrhundert v. Chr. entstandene griechische Fassung der Schrift, deren Text im „Leben Äsops“ überliefert ist, dürfte einen Juden zum Verfasser haben.

Für die jüdische Literaturgeschichte viel bedeutsamer ist „*Josef und Asenet*“, eine im 1. Jahrhundert n. Chr. in Ägypten entstandene Schrift, die der Gattung des hellenistischen Unterhaltungsromans angehört und das älteste ganz erhaltene Beispiel dieser vor allem im 2. und 3. Jahrhundert n. Chr. beliebten Gattung ist, ein beredtes Zeugnis, wie weit die jüdisch-hellenistische Symbiose gehen konnte. Mit Aufbauelementen, die im Amor-Psyche-Roman des Apuleius ihre nächsten Parallelen haben, schildert der Verfasser, wie die männerscheue ägyptische Priestertochter Asenet sich in Josef, der schon Statthalter von Ägypten ist, verliebt, ihn aber erst nach ihrer Bekehrung zum jüdischen

Gott heiraten kann. Ein zweiter Teil erzählt von der Zeit nach der Hochzeit. Der Erstgeborene Pharaos verliebt sich in Josefs Frau und will sie entführen, was Josefs Brüder verhindern können. Im Geschehen kommt der Kronprinz um, so daß Josef selbst 48 Jahre lang als ägyptischer König herrscht.

Die Erzählung folgt dem hellenistischen Romanschema in Stoff und Aufbau; jüdisch ist sie hingegen durch die Sprache (das Griechisch der LXX) und vor allem durch die Wahl der Hauptpersonen. Theologisch ist sie vor allem wegen des hier behandelten Problems der Mischehe interessant, das nur durch die Konversion des nicht-jüdischen Partners zu lösen ist. So ist der Roman zugleich Aufforderung zur Konversion, mithin ein Stück Missionsliteratur, Tendenzroman, auch wenn Unterhaltung im Vordergrund steht. Die Schilderung der Bekehrung Asenets könnte Aufschluß über entsprechende Sitten zur Entstehungszeit der Schrift geben, die in dieser Hinsicht jedoch noch weithin unerforscht ist.

c) Dichtung und Drama

Nur bruchstückhaft in Zitaten bei Eusebius und Clemens von Alexandrien, die diese wiederum aus dem Sammelwerk des Alexander Polyhistor geschöpft haben, sind uns drei Zeugen der jüdisch-hellenistischen Dichtung erhalten.

Philo der Ältere hat ein Epos „Über Jerusalem" geschrieben, dessen 24 uns erhaltene Hexameter alles andere als ein dichterisches Talent verraten. Dazu schreibt Philo, den man um 200 v. Chr. datiert und der vielleicht in Jerusalem gelebt hat, so rätselhaft dunkel, daß die Überreste seines Werkes nicht sicher zu deuten sind. Neben einer Stelle über das Isaaksopfer und einem Text über die Traumdeutung des Josef interessiert vor allem seine begeisterte Beschreibung der Wasserversorgung Jerusalems. Darin trifft er sich mit *Theodotos,* wohl einem Samaritaner, der etwas später gelebt hat und von dessen „Über die Juden" benanntem Werk 47 Hexameter erhalten sind. Darin beschreibt er unter anderem die Wasserversorgung Sichems, der „heiligen" Stadt; man könnte also fast an ein Konkurrenzwerk zu Philos „Über Jerusalem" denken und hat es auch entsprechend „Über Sichem" benannt. Andere wollen hingegen als Hauptthema des gut geschriebenen, an Homer orientierten Epos eher „Die Vergewaltigung Dinas" sehen, da die Ereignisse von Gen 33–34 im Mittelpunkt stehen: die Ankunft Jakobs in Sichem, die Vergewaltigung Dinas und die Rache ihrer Brüder Simeon und Levi.

Etwa um dieselbe Zeit schrieb *Ezechiel der Tragiker.* Seinem Beinamen nach hat er wohl mehrere Dramen geschrieben; erhalten ist uns nur ein Teil seines Exodusdramas, der ältesten uns bekannten Dramatisierung eines biblischen Stoffes. Die in jambischen Trimetern geschriebenen Verse sind schlicht, doch gut griechisch und in deutlichem Anklang an Euripides verfaßt. In den erhaltenen Stücken erzählt Mose von der Ankunft Jakobs in Ägypten und seiner eigenen Errettung aus dem Wasser, von seiner Erziehung und seiner Flucht nach Midian. Weitere Fragmente schildern die Begegnung Moses mit Zippora und einen Traum, der ihm jegliche Weisheit (Astrologie!) offenbart. Am Dornbusch kündigt Gott Mose die ägyptischen Plagen und die Befreiung an. In der nächsten Szene tritt ein der Katastrophe am Roten Meer entronnener Ägypter auf, der das dort Geschehene berichtet. In einer anderen Szene beschreibt ein israelitischer Kundschafter die Quellen von Elim und den dort entdeckten Vogel Phönix.

Manchmal wird als Heimat Ezechiels Palästina genannt, da seine Kenntnis Ägyptens schlecht sei, näherhin dann Samaria, da es in Judäa erst unter Herodes Theater gegeben habe; wahrscheinlicher war er jedoch in Alexandrien zu Hause. Fraglich ist auch, ob das Werk Ezechiels zur Aufführung oder – wie es später im Hellenismus üblich wurde – nur zur Lektüre gedacht war, außerdem, ob er sein Publikum in der jüdischen Gemeinde oder auch in nicht-jüdischen Kreisen suchte, die er missionieren wollte. Die spärliche Überlieferung der jüdisch-hellenistischen Literatur läßt schließlich auch kein Urteil zu, ob Ezechiel als jüdischer Dramatiker eine Ausnahme war. Jedenfalls dauert es viele Jahrhunderte, bis wir wieder jüdischen Dramen begegnen.

d) Die Übernahme griechischer Namen

Das Bemühen, zu zeigen, daß schon die großen griechischen Dichter dem Judentum positiv gegenübergestanden sind und mit seinem Glauben sympathisiert haben, führt im hellenistischen Judentum dazu, heidnischen Autoren projüdische Werke zu unterschieben. Die Freiheit im Umgang mit Verfassernamen der eigenen Tradition, die aus einem unterentwickelten Bewußtsein von geistigem Eigentum und schriftstellerischer Persönlichkeit stammt, erleichterte dieses Vorgehen.

Geringen Umfangs sind gefälschte *Klassikerzitate* zur Demonstration der veritas judaica. Besonders Aischylos, Sophokles und Menander werden in diesem Zusammenhang zitiert.

Von größerer Bedeutung ist die *Phokylides*, einem griechischen Dichter des 6. Jahrhunderts v. Chr. zugeschriebene Spruchsammlung, ein moralisierendes Lehrgedicht in Hexametern, das ganz den Geist der biblischen Weisheitsliteratur atmet, spezifisch biblische Gesetze zitiert, sonst jedoch kaum exklusiv Jüdisches enthält und so auch eine Darstellung des Judentums und seiner ethischen Ausrichtung für Heiden sein könnte. Der lange Zeit als Schulbuch verwendete Text ist wohl im 1. Jahrhundert n. Chr. in Ägypten entstanden.

Orpheus war ein dem Judentum wichtiger Zeuge. Nach jüdischer Apologetik soll er aus der Bibel gelernt haben (nach Artapanos war Mose der Lehrer des Orpheus). Gerne stellt man David in den Zügen des Orpheus dar, so in einem in Qumran entdeckten apokryphen Psalm und in der spätantiken Synagogenkunst (Dura Europos, Gaza). So verwundert es nicht, bei Clemens von Alexandrien einen Orpheus zugeschriebenen jüdischen Hymnus an Gott zu finden.

Ebenso wird Orpheus ein „Testament" unterschoben, in dem er, der Vater des Polytheimus, sterbend diesen Irrtum bereut und sich vor seinem Sohn Musaios (d.h. Mose) zum wahren Gott bekennt. Deutlicher kann der Wahrheitsanspruch der jüdischen Religion kaum ausgedrückt werden.

Hekataios von Abdera, der unter Alexander dem Großen und Ptolemaios I. in seiner Darstellung Ägyptens freundlich der Juden gedenkt, wird von einem ägyptischen Juden des 2. Jahrhunderts v. Chr. mit einem Werk „Über Abraham" bzw. „Über die Juden" bedacht. Josephus Flavius verwertet das Werk in seiner Schrift „Gegen Apion". Der Verfasser schildert die Bewunderung Alexanders des Großen für die Juden, die ihrem Glauben treu sich nicht zur Mitarbeit am Wiederaufbau des Beltempels in Babylon zwingen ließen. In seiner Bewunderung habe er ihnen Samaria als steuerfreies Land gegeben und ihnen als zuverlässigen Soldaten eine Reihe von Festungen anvertraut. Schon Pseudo-Aristeas (der anders als die hier genannten Autoren sein Werk nicht einem berühmten Heiden unterschiebt, sondern es einfach von einem Nichtjuden stammen läßt) hat Pseudo-Hekataios verwendet.

Die nachhaltigste Wirkung all dieser „Fälschungen" haben jedoch ohne Zweifel die *Oracula Sibyllina* erlangt. Diese Gattung von Weissagungen, im Mittelmeerraum seit der frühen hellenistischen Zeit allgemein verbreitet, erwies sich für eine jüdische Übernahme besonders geeignet. Sie verlangte keine Bejahung heidnischen Orakelwesens, da die Sibylle als direkt von der göttlichen Welt inspiriert galt. Der Inhalt der Sibyllina entsprach weithin dem Schema jüdisch-apokalyptischer Texte, die man nur in hellenistische Form gießen mußte, vor allem durch den diesen Orakeln eigenen „heroischen Hexameter". Die Übernahme dieser Gattung war schließlich auch wegen ihres allgemeinen Ansehens besonders erfolgverheißend: tatsächlich hat die jüdische Sibylle bis ins Mittelalter christliche Kreise beeinflußt.

Ältester Teil der jüdischen Sibylle ist das dritte Buch (ab Vers 97), das griechische Vorlagen benützt und sie in eine relativ einheitliche Komposition einbaut. In der typischen Form der vaticinia ex eventu bietet der Text nach Darstellung des Turmbaus und des Titanenkampfes eine Weissagung der jüdischen Geschichte von Mose bis in die Gegenwart des Verfassers, verbunden mit Gerichtsdrohungen gegen die Völker, vor allem die Griechen, und endet mit einer Schilderung der messianischen Zeit und der Zeichen des naheliegenden Endes der Zeiten. Meist datiert man Sib 3 in die Makkabäerzeit; doch hat man neuerdings gute Argumente für eine Entstehung nach der Ermordung Caesars, also in der zweiten Hälfte des 1. Jahrhunderts v. Chr. geltend gemacht. Als Entstehungsland ist jedenfalls Ägypten anzunehmen.

Der Erfolg von Sib 3 rief nach einer Fortsetzung des Unterfangens. So entstand, ebenfalls unter Verwendung heidnischer Vorlagen, in jüdischen Täuferkreisen Sib 4, eine genau zu datierende Schrift: die Eroberung Jerusalems und der große Vesuvausbruch des Jahres 79 sind schon bekannt, nicht jedoch der Tod des Titus im Jahr 81. Die Verse 119–124,138–139 bringen die

Nerolegende, er sei nicht gestorben und werde gewaltsam wiederkommen: tatsächlich sind in den zwei Jahrzehnten nach dem Tod Neros eine Reihe falscher Neros aufgetreten.

Auch Sib 5 ist im wesentlichen jüdischer Herkunft. Die in diesem Abschnitt enthaltenen historischen Angaben erlauben eine Datierung in die Jahre vor dem Bar-Kokhba-Aufstand: Hadrian ist noch äußerst positiv gezeichnet. Manche möchten allerdings die Verse 5,52ff. früher, in die Zeit Domitians, ansetzen, was jedoch nicht beweisbar ist.

Der Vergleich der drei jüdischen sibyllinischen Bücher untereinander zeigt besonders die zunehmend negative Einstellung Rom gegenüber, dessen Untergang der Verfasser von Sib 5 erwartet. Alle jüdisch-sibyllinischen Texte deuten die Geschichte in der Perspektive des nahen Weltgerichts und des kommenden Heils.

4. Philo und Josephus

Aus dem jüdisch-hellenistischen Schrifttum ragen zwei Namen schon durch den Umfang der mit ihnen verbundenen Texte heraus: der Philosoph Philo von Alexandrien und der Historiker Josephus Flavius. Sie allein, deren Werk den Umfang der gesamten übrigen jüdisch-hellenistischen Literatur um ein Mehrfaches übertrifft, werden als Einzelpersönlichkeiten näher greifbar.

Philo stammte aus einer angesehenen, reichen jüdischen Familie Alexandriens. Sein Bruder Alexander war römischer Generalsteuerpächter; dessen Sohn Tiberius Julius Alexander brachte es gar zum Präfekten von Ägypten und Oberkommandierenden der römischen Streitkräfte im Jüdischen Krieg der Jahre 66–70. Während das Leben dieser beiden Männer wohl bekannt ist, können wir das Philos nur aus seinen eigenen Schriften erschließen. Im Jahre 40 leitete er, seiner eigenen Aussage nach ein „alter Mann“ (d.h. nach damaliger Auffassung als 50- bis 60jähriger), eine jüdische Gesandtschaft nach Rom, um bei Caligula für die angegriffene jüdische Gemeinde Alexandriens einzutreten. Demnach dürfte er wohl von 20–10 v. Chr. bis etwa 50 n. Chr. gelebt haben. Seine Schriften weisen ihn als in der klassischen Literatur und Philosophie hochgebildeten Mann aus, der eine Synthese von Judentum und Hellenismus versuchte. Philos erhaltene Werke können wir in drei Gruppen gliedern: philosophische Schriften, Pentateuch-Auslegung, historisch-apologetische Texte.

a) Nur bruchstückhaft überliefert sind uns Philos *philosophische Werke:* eine Abhandlung „Über die Ewigkeit der Welt“, in der der Teil mit den Gegenargumenten fehlt; ein Traktat „Über die Vorsehung“, die Philo mit den Argumenten der Stoa verteidigt (in armenischer Sprache nur teilweise erhalten); weiters eine Schrift über die Freiheit des Rechtschaffenen, die als Beispiel für die These u.a. die Essener anführt. Diese z.T. in Dialogform gehaltenen

Schriften, in denen der jüdische Standpunkt des Verfassers sehr zurücktritt, galten früher oft als unecht; doch sind es wohl Jugendwerke Philos.

b) Zentral in Philos Werk ist seine *Pentateuchauslegung*, die er in drei verschieden orientierten Schriften vorlegt. Eine erste Kommentarserie müht sich um den *Pentateuch als Gesetz*. Bewußt leitet Philo das Werk mit einem Traktat „Über die Erschaffung der Welt" ein, um die Übereinstimmung von geoffenbartem Gesetz und Naturgesetz zu zeigen. Dasselbe Anliegen bestimmt die Traktate über die Patriarchen (erhalten sind nur „Über Abraham" und „Über Josef"), deren Biographie sie als Wahrer des Gesetzes schon vor dessen Offenbarung an Mose zeichnet. Auch die Schrift über Mose darf man hier dazuzählen: sie ist allerdings an ein weiteres, auch heidnisches Publikum gerichtet. Sie stellt Mose als Gesetzgeber, Priester und Prophet dar. Erst dann kommt Philo auf den Dekalog zu sprechen, dem er in der langen Schrift „Über die Einzelgesetze" alle biblischen Vorschriften zuordnet. Dabei fällt sein Festhalten an einer wörtlichen Erfüllung der Gebote auf, auch wenn sie in Wirklichkeit nur Bilder einer höheren Realität sind. Ein Traktat „Über Lohn und Strafen" schließt dieses große Werk ab.

Eine zweite Form der Auslegung bieten die achtzehn Traktate von *De legum allegoria*, die im Anschluß an Gen 1–17 eine Fülle an philosophischen und biblisch-jüdischen Traditionen zusammentragen, ohne als geschlossenes Ganzes zu wirken; nach manchen handelt es sich um eine Sammlung von Synagogenpredigten. Die Grundidee ist ein an Plato orientierter Dualismus, der die untere, sinnliche Welt der oberen Welt gegenüberstellt, in der allein es Wahrheit geben kann. In seinem Streben nach wahrer Erkenntnis muß der Mensch in allegorischer Deutung die oberflächliche Aussage der Schrift überwinden, um zur wahren Erkenntnis Gottes zu gelangen. Diese ist allerdings wegen der Transzendenz und Unerkennbarkeit Gottes nur bedingt erreichbar: sei es in Gottes Mächten, die zwischen Gott und Welt vermitteln, sei es in mystischer Erfahrung der Gottheit, die in die Seele hinabsteigt bzw. zu der die Seele aufzusteigen sich müht.

Schließlich hat Philo in den *Quaestiones et solutiones* (nur zu Gen und Ex und nur in armenischer Sprache erhalten), deren Aufbau sich nach dem in der hellenistischen Literatur und besonders in der Homerexegese beliebten Schema von Problem und Lösung richtet, einen Doppelkommentar geliefert: eine kurze Auslegung des Wortsinns, wertvoll wegen vieler exegetischer Traditionen des frühen Judentums, und eine ausführliche allegorische Deutung.

c) Die dritte Gruppe der Schriften Philos umfaßt *„An Flaccus"* (den römischen Statthalter in Ägypten) und die *„Gesandtschaft an Gaius"* (d.h. Caligula). Beide Schriften versuchen bei der römischen Obrigkeit, die Philo ganz bejaht, für die Belange der Juden einzutreten, als es 38 n.Chr. zu einem regelrechten Pogrom in Alexandrien kam, dem weitere Ausschreitungen folgten, als sich die Juden gegen den Erlaß Caligulas wehrten, daß sein Standbild in den Synagogen aufgestellt werde. In diesen Texten kommt das literarische

Talent Philos besonders zum Tragen. Eusebius weiß außerdem von einer verlorengegangenen Apologie der Juden durch Philo.

Die Beurteilung Philos in der gegenwärtigen Forschung ist zwiespältig. Bewundert man auch seinen reichen griechischen Wortschatz, so stört doch sein pompöser, überladener Stil. Nach manchen ein genialer Philosoph, von dem alle spätere Philosophie abhängt, beurteilen ihn andere als mittelmäßigen Sammler verschiedenster Schultraditionen vor allem in seinem allegorischen Pentateuchkommentar, der daher nicht als Quelle seines eigenen Denkens zu verwerten sei. Manche betonen so sehr die Uneinheitlichkeit seines Werkes, daß sie seine Schriften als schlecht geordnete Bibliothek unter dem Namen Philos ansehen.

Schließlich ist auch Philos jüdische Bildung umstritten. Hat er die hebräische Sprache beherrscht? Wahrscheinlich nicht. Wie weit kennt er das in Palästina weiterentwickelte jüdische Religionsgesetz? Woher stammt seine Kenntnis jüdischer Auslegungstraditionen? Sehen die einen übertreibend in ihm einen gewiegten Kenner palästinisch-jüdischer Traditionen, so betonen andere, wohl ebenso übertreibend, seine Bibelkenntnis sei kaum über den Pentateuch hinausgegangen, seine jüdischen Kenntnisse habe er sich allein durch Anhören von Synagogenpredigten angeeignet und die Bibel sei für ihn nur ein Aufhänger für die Darbietung seiner hellenistischen Schulbildung gewesen.

Offen ist auch die Stellung Philos innerhalb der jüdischen Gemeinde von Alexandrien. War er ihr wahrer Repräsentant, der die bei Aristobul und anderen grundgelegten Tendenzen des hellenistischen, doch bibeltreuen Judentums ihrem Höhepunkt zuführt, oder ein Einzelgänger, ein Vertreter etwa eines mystisch ausgerichteten Judentums? Eine entscheidende Antwort auf viele dieser Fragen hätte die jüdische Umwelt Philos geben können; diese hat jedoch das Werk des Alexandriners wegen ihrer Selbstbegrenzung auf die hebräische Tradition nach dem Fall Jerusalems nicht weitergegeben und mit dem blutigen Aufstand der ägyptischen Juden in den Jahren 115–117 ist auch die geistige Welt, aus der ein Philo entstehen konnte, zusammengebrochen. Allein die christliche Kirche, vor allem die Schule von Caesarea, hat Philos Andenken der Nachwelt bewahrt.

Ein Mann völlig anderen Charakters als Philo tritt uns in *Josephus Flavius* entgegen. 37/38 n. Chr. in Jerusalem aus einer Priesterfamilie geboren, mütterlicherseits mit den Hasmonäern verwandt, genoß Josephus eine hervorragende jüdische Ausbildung, lernte jedoch auch Griechisch, so daß er als 24jähriger an einer Gesandtschaft nach Rom teilnehmen durfte, die erfolgreich um die Freilassung jüdischer Priester verhandelte. Bei Ausbruch des Jüdischen Krieges zum Kommandanten Galiläas ernannt, erwies er sich als absolut unfähig; als seine Festung Jotapata den Römern in die Hand fiel, verriet er seine Kampfgefährten und lief zum Feind über. Vespasian verhieß er die Kaiserwürde. Als sich diese Vorhersage bewahrheitete, wurde er freigelassen und nahm den Beinamen seines Gönners, Flavius, an. Die Schlußphasen des Jüdischen

Kriegs erlebte er als Augenzeuge mit; dann kam er nach Rom, wo er im kaiserlichen Palast als Hofgeschichtsschreiber der Flavier ein materiell sorgenfreies Leben führte. Um 100 n. Chr. ist er in Rom gestorben.

Sein erstes großes Werk, eine Darstellung des „*Jüdischen Kriegs*", schrieb er in offiziellem Auftrag zuerst in aramäischer Sprache. Es war für die römische Propaganda bestimmt und sollte die Juden im Bereich der Parther von einem Aufstand gegen Rom abhalten. Die Zerstörung Jerusalems durch Titus wurde ihnen als abschreckendes Beispiel gezeigt. In diesem Werk erzählt Josephus zuerst die Vorgeschichte des Aufstandes, wobei er bis in die Zeit der Makkabäer zurückgreift. Die Darstellung des Kriegsgeschehens selbst kann Josephus weithin aus eigenem Erleben schreiben; auch konnte er gefangene Juden befragen und sich offizieller römischer Quellen bedienen, die natürlich propagandistisch gefärbt waren. Selbstverständlich bemüht sich Josephus, sein eigenes Verhalten zu beschönigen, ebenso, das militärische Verhalten der Römer als äußerst human zu schildern: so heißt es z.B., der Tempel sei gegen den ausdrücklichen Befehl des Titus in Brand gesteckt worden. Überhaupt stellt Josephus die jüdische Beteiligung am Krieg nicht richtig dar, wenn er den Aufstand als Sache einiger weniger Räuber schildert, die das Volk in das Unheil mitgerissen hätten. Später hat Josephus das Werk mit Hilfe griechischer Assistenten in einer überarbeiteten griechischen Fassung herausgebracht, um den Ruhm der Flavier auch im Innern des Reiches zu verbreiten. Dieser Text wurde zwischen 75 und 79 vollendet und von Vespasian selbst approbiert.

In einem zweiten Werk, den „*Jüdischen Altertümern*", versuchte Josephus später der Judenfeindschaft in römischen Kreisen mit dem Nachweis des hohen Alters des Judentums entgegenzutreten. Dem Beispiel des Dionysos von Halikarnass folgend, der unter Augustus die „Römischen Altertümer" in zwanzig Büchern geschrieben hatte, verfaßte er – ebenfalls in zwanzig Büchern – seine „Jüdischen Altertümer", in denen er für die biblische Zeit einfach den Bibeltext in hellenistischem Kleid nacherzählt und durch allerlei haggadische Stoffe bereichert. Als Bibeltext verwendet er die LXX, wohl auch, um sich über Schwierigkeiten mit der griechischen Sprache hinwegzuhelfen. Für die persische Zeit scheint er eine samaritanische Quelle verwendet zu haben, während er für die Zeit der Ptolemäer fast gar keine Informationen hat und sich daher hauptsächlich auf den Aristeasbrief stützt. Besser steht es wieder mit der Hasmonäerzeit. Für die Regierung des Herodes ist er durch dessen Hofhistoriker Nikolaus von Damaskus reichlich informiert, ebenso für die Zeit von Agrippa I. durch Justus von Tiberias, der im Auftrag Agrippas II. schrieb und übrigens ein verschworener Feind des Josephus war. Von Justus selbst ist leider gar nichts erhalten geblieben. Die letzten Jahre konnte Josephus dann als Augenzeuge schildern. Die „Altertümer", die dem Historiker Josephus nicht das beste Zeugnis ausstellen – dazu ist er viel zu unkritisch –, sind vor allem durch das überlieferte Material wertvoll, palästinische Auslegungstraditionen, eine Reihe von Dokumenten über das Diasporajudentum, zu denen man nun wieder viel mehr Vertrauen als früher hat, als sie pauschal als literarische Fälschung abgetan wurden, schließlich reiche Exzerpte aus uns verlorenen Schriftstellern. Somit bleibt Josephus trotz seiner Schwächen für die Geschichte des nachbiblischen Judentums unsere wichtigste Quelle.

Die Angriffe des Justus von Tiberias gegen ihn und sein Verhalten im Jüdischen Krieg zwangen Josephus zur Verteidigung. So schrieb er als Anhang zu den um 93/94 erschienenen Antiquitates (nach anderen zu einer zweiten Auflage um das Jahr 100) seine *Vita*, eine völlig seiner Rechtfertigung gewidmete Biographie, die jedoch kritisch gelesen Josephus durch ihre tendenziöse Darstellung und Verschleierung der Fakten eher be- als entlastet.

Als letztes Werk verfaßte Josephus um 96 die Schrift „*Gegen Apion*", auch „Über das hohe Alter der Juden" genannt. Den antijüdischen Angriffen seiner Zeit sucht er durch eine Sammlung von positiven Zeugnissen heidnischer Schriftsteller über das Judentum entgegenzutreten, wobei er sich weithin auf Alexander Polyhistor stützt, einzelne Werke jedoch auch im Original gelesen haben könnte.

Diese Verteidigung des Judentums hat Josephus in der jüdischen Gemeinde Roms nicht beliebter gemacht. Er blieb weiterhin als Verräter an der jüdischen Sache verfemt. Seine Werke wurden in jüdischen Kreisen nicht gelesen und erst im 10. Jahrhundert in hebräischer Bearbeitung (Josippon) rezipiert. Auch heute noch ist seine Beurteilung als Jude zwiespältig. Nach den einen ein Apostat, ist er nach anderen zwar ein charakterlich schwacher, doch stets seinem Glauben treugebliebener Jude, dessen Verhalten im Jüdischen Krieg nur die letzte Konsequenz seiner pharisäischen Einstellung war.

Auch die schriftstellerische Leistung des Josephus, dessen Hellenismus nicht durchdachtes System wie bei Philo, sondern weithin an der Oberfläche bleibende Übernahme literarischer Formen ist, wird nicht einhellig beurteilt. In den „Altertümern", die er wohl ohne Hilfe griechischer Assistenten oder zumindest ohne deren gründliche Revision geschrieben hat, zeigt er sich den Feinheiten der griechischen Sprache nicht ganz gewachsen und ist auch sein Wortschatz eher dürftig; der „Jüdische Krieg" hingegen ist literarisch als Meisterwerk der hellenistischen Geschichtsschreibung einzustufen, das ihn als eine der großen schriftstellerischen Begabungen seiner Zeit ausweist; ähnlich positiv ist seine Schrift „Gegen Apion" zu beurteilen.

5. Das Neue Testament als jüdische Schrift

Eine Darstellung der jüdischen Literatur darf das Neue Testament nicht unerwähnt lassen, auch wenn Jahrhunderte einer vornehmlich christlich beherrschten Geschichte es in jüdischen Kreisen tabu gemacht haben und erst in diesem Jahrhundert das Judentum es wieder als Teil seines eigenen literarischen Erbes reklamiert hat.

Das Neue Testament ist voll und ganz aus dem Judentum des 1. und beginnenden 2. Jahrhunderts erwachsen, steht in der reichen jüdischen Tradition und ist in ständigem Gespräch mit ihr auch dort, wo es von ihr abweicht. Seine Einzelschriften vertreten die verschiedenen literarischen Gattungen des hellenistischen Judentums, wenn auch in spezifischer Weiterentwicklung. Darüber hinaus sind manche Schriften des Neuen Testaments immer wieder nicht nur aus der jüdischen Tradition verstanden worden, sondern als christliche Bearbeitungen jüdischer Textvorlagen (Jakobusbrief, Teile der Offenbarung des Johannes), und werden die Adressaten solcher Texte oft im Judentum gesucht (Hebräerbrief).

Somit ist nicht nur das Neue Testament aus jüdischer Tradition zu verstehen, auch das Judentum des 1. Jahrhunderts erhält von ihm her neues Licht. Die Erkenntnis dieser wechselseitigen Abhängigkeit hat zu vielfältigen Vergleichen des Neuen Testaments mit den verschiedenen Zweigen der jüdischen Literatur geführt. P. Billerbeck's großem „Kommentar zum Neuen Testament aus Talmud und Midrasch" sind zahlreiche Einzeluntersuchungen zum rabbinischen Hintergrund der neutestamentlichen Schriften gefolgt; andere haben die Parallelen zu den Pseudepigraphen, zum Schrifttum von Qumran und zu den Targumim herausgestellt. Das Neue Testament wiederum ist eine wertvolle Geschichtsquelle für das Judentum des 1. Jahrhunderts, besonders seine verschiedenen religiösen Gruppen. Auch sind viele in rabbinischen Texten erst viel später bezeugte religiöse Vorstellungen schon im Neuen Testament belegt und von diesem her genauer datierbar. Allerdings ist das Neue Testament als relativer Fixpunkt innerhalb der jüdischen Religionsgeschichte bisher viel weniger verwertet worden als umgekehrt die jüdische Literatur als geistiger Hintergrund des Neuen Testaments. Hier wie dort ist noch viel Arbeit zu leisten.

III. Die talmudische Zeit

1. Geschichtlicher Rahmen – Voraussetzungen

Die Zerstörung Jerusalems im Jahre 70 bedeutet einen entscheidenden Wendepunkt in der jüdischen Geschichte. Aus der Vielzahl jüdischer Gruppen des 1. Jahrhunderts überlebte nur die der Pharisäer das endgültige Ende der jüdischen Eigenstaatlichkeit, da die Pharisäer es schon früher gelernt hatten, auch ohne den Tempel zu leben und jüdische Eigenart von politischer Unabhängigkeit zu trennen.

Die Tradition verbindet den Neuanfang nach 70 mit Jochanan ben Zakkai, der unter nicht mehr näher zu klärenden Umständen Jerusalem während des Aufstandes verließ und in die mehrheitlich nichtjüdische Küstenstadt Jabne (= Jamnia) kam, wo er einen Jüngerkreis um sich scharte und in den Jahren nach 70 das oberste jüdische Religionsgericht, den Sanhedrin, zu ersetzen suchte. Gegen Ende des Jahrhunderts, unter Jochanans Nachfolger Gamaliel II., dürften die Römer die Schule von Jabne mehr oder minder offiziell als Vertretung des Judentums anerkannt haben.

Die sich anbahnende Neuformierung des Judentums erfuhr jedoch bald eine gewaltsame Unterbrechung: unter der Führung Bar Kokhbas, den sogar führende Rabbinen als Messias betrachteten, erhoben sich die Juden erneut gegen Rom (132–135); die nach langem Kampf siegreichen Römer verboten daraufhin die öffentliche Ausübung der jüdischen Religion, vor allem die Beschneidung, die Einhaltung des Sabbats, Studium und Lehre der jüdischen Tradition und die Festsetzung des Kalenders. Erst unter Hadrians Nachfolger Antoninus Pius (138–161) gelang es wieder, das jüdische Leben öffentlich zu organisieren, von neuem einen Sanhedrin einzurichten und für einen geordneten Lehrbetrieb zu sorgen.

Durch den Bar-Kokhba-Aufstand rückte der Schwerpunkt der jüdischen Siedlung in Palästina nach Galiläa, da die Ortschaften Judäas zum Großteil im Aufstand zerstört und nicht wieder besiedelt wurden. So wurde auch der Sanhedrin nicht in Jabne wiedererrichtet, sondern im kleinen galiläischen Ort Uscha, der der folgenden Periode seinen Namen gab. Es folgte unter den Antoninen eine Zeit der besten Beziehungen zur römischen Regierung; der Führer des Lehrhauses von Uscha, der „Patriarch", galt offiziell als Vertreter der Juden vor der römischen Behörde. Die Verhältnisse waren so weit gefestigt, daß sich die Juden zwischen 135 und 351 nie mehr gegen Rom erhoben: sie fügten sich in den Verlust des eigenen Staates und verlegten die messianische Hoffnung in eine menschlich nicht berechenbare Zukunft.

Jehuda ha-Nasi, auch einfach Rabbi genannt (Mitte 2. Jh. bis ? 217), bedeutet den Höhepunkt der Entwicklung sowohl in der jüdischen Gelehrsamkeit wie auch in seiner politischen Macht. Von nun an ist die Patriarchenwürde, schon bisher de facto in der Familie erblich, reiner Familienbesitz, was sich in der Zukunft als verhängnisvoll erweisen sollte, als Rabbis Nachfolger geistig nicht seine Höhe halten konnten, ihr Amt ausschließlich politisch sahen und den Kontakt zum Volk wie zu den jüdischen Gelehrten verloren.

Der Patriarchensitz, von Rabbi von Uscha nach Sepphoris verlegt, kam in der zweiten Hälfte des 3. Jahrhunderts nach Tiberias, wohin schon früher die rabbinische Schule gezogen war. Nach außen hin eine Glanzzeit, trug diese Periode schon den Keim des Verfalls in sich, offenkundig geworden durch die Erklärung des Christentums zur religio licita im Jahr 313. Das Christentum breitete sich in Palästina immer mehr aus; den Juden wurden verschiedenste Einschränkungen auferlegt und mit Gamaliel VI. erlosch um 425 das Patriarchat. Die Blüte des rabbinischen Judentums in Palästina war damit vorbei. Freudig akzeptierten die Juden 614 die Herrschaft des Persers Chosroes; als nach kurzer Rückkehr des Kaisers Heraklius zur Macht (629) ab 634 der Islam die Herrschaft über Palästina erlangte, war dies für das palästinische Judentum schon keine entscheidende Wende mehr.

Das zweite Zentrum des rabbinischen Judentums war Babylonien. Über die frühe Geschichte der babylonischen Juden ist wenig bekannt. Nach dem babylonischen Exil, 538 durch das Edikt des Cyrus beendet, waren viele Juden im Land geblieben und wurden wohl zum Großteil im Lauf der Zeit assimiliert. Immerhin pilgerten, solange noch der Tempel stand, zahlreiche babylonische Juden nach Jerusalem und leisteten auch regelmäßig die Tempelsteuer. Zwar heißt es, daß der große Gelehrte Hillel (1. Jh. v.–1. Jh. n. Chr.) aus Babylonien stammte, wo er seine Ausbildung in der jüdischen Tradition erhalten hat, doch läßt sich über ein jüdisches Schulsystem in Babylonien nichts nachweisen.

Dem Jüdischen Krieg der Jahre 66–70 standen die babylonischen Juden untätig gegenüber, ebenso dem Bar-Kokhba-Aufstand. Doch beteiligten sie sich am großen Aufstand des Diasporajudentums während des Partherfeldzugs Trajans (115–117) zusammen mit den Juden Ägyptens, der Cyrenaika und Zyperns. Der Bar-Kokhba-Aufstand war insofern eine Wende für das babylonische Judentum, als damals die Schüler Jischmaels und Aqibas, der beiden großen palästinischen Gelehrten jener Zeit, nach Babylon flüchteten. Manche Schüler Jischmaels blieben auch nach Beruhigung der Lage in Palästina in Babylonien und begründeten dort eine rabbinische Lehrtradition. Dabei unterstützte sie offenbar der Exilarch, der politische Repräsentant des babylonischen Judentums, der um diese Zeit erstmals nachweisbar ist. In der Folgezeit blieben die babylonischen Juden trotz eigener Schulen stets von Palästina abhängig: nicht nur fixierte der Patriarch zentral den Festkalender (bis in die Mitte des 4. Jh.), er ließ die Diaspora auch visitieren und dort Abgaben einheben. Auch gab es ein ständiges Hin und Her von rabbinischen Gelehrten zwischen Babylonien und Palästina parallel zu einem regen Handelsverkehr, den vor allem die Juden organisierten.

Die den Juden Palästinas an Gelehrsamkeit lange unterlegenen babylonischen Juden hatten bis in die zweite Hälfte des 5. Jahrhunderts kaum ernsthafte Schwierigkeiten und Verfolgungen zu erleiden, so daß sich der Schwerpunkt des jüdischen Lebens langsam nach Babylonien verlagerte und die dortigen Lehrer (große Akademien sind trotz Traditionen für Sura, Nehardea und Pumbedita in dieser Periode nicht nachzuweisen) immer größeren Einfluß erlangten. Nach den düsteren Jahren zwischen 450 und 520, in denen zeitweise das Torastudium und die Beobachtung des Sabbats verboten war und es auch zu bewaffneten Auseinandersetzungen mit der persischen Regierung kam, konsolidierte sich das babylonische Judentum wieder und überstand problemlos den Übergang in die Ära des Islam.

Die *Voraussetzungen* der rabbinischen Zeit, deren Nachleben weit über das 7. Jahrhundert reicht, gehen in das babylonische Exil zurück. Die Geistigkeit der Pharisäer mit ihrer Betonung der zweifachen Offenbarung, der schriftlichen und der mündlichen Tora, wurzelt in der Besinnung auf die religiösen Traditionen Israels in der Zeit nach der Zerstörung Jerusalems durch Nebukadnezzar. Die Sammlung um die Tradition in einer Zeit ohne eigenen Staat und ohne Tempel war paradigmatisch für die Zeit nach 70; eines ihrer Ergebnisse war die Entstehung des Standes der Schriftgelehrten und die Ausbildung der Geistigkeit der „Frommen" der vormakkabäischen Zeit, aus denen dann die Pharisäer hervorgingen.

Die Zeit nach 70 brachte das im Pharisäismus Grundgelegte zur Reife; der pharisäische Gelehrte, der „Rabbi", gibt der folgenden Periode ihren Namen. Bedeutet die Einengung des jüdischen Lebens auf die pharisäische Komponente und der Rückzug auf die eigene geistige Tradition auch eine gewisse, zeitbedingte Verarmung der jüdischen Kultur, z.B. auch den Verlust der hellenistischen Tradition, so kommt es doch nicht zu einem monolithischen „normativen" Judentum. Andere Strömungen leben weiter, wenn auch geschwächt und vielfach unter der Oberfläche. Nicht nur haben die Rabbinen viel Gedankengut der unterlegenen jüdischen Gruppen absorbiert; auch der Kontakt mit dem Hellenismus ist keineswegs so abrupt abgebrochen, wie es scheinen möchte. Die Mystik lebte im Judentum ebenso weiter wie die Aufgeschlossenheit gegenüber der Kunst der Zeit, wie die Entdeckungen der letzten Jahrzehnte zutage gebracht haben. Nur so ist erklärlich, daß aus dem scheinbar so einseitigen rabbinischen Judentum später eine so vielfältige Saat aufgegangen ist.

Die rabbinische Zeit ist durch ihr Verhältnis zur religiösen Tradition geprägt. So kommt es, daß von diesem Verhältnis her auch diese ganze Zeit periodisiert wird: die Jahrzehnte bis etwa 200 n. Chr., abgeschlossen mit Rabbi, gelten als die Zeit der *Tannaiten* (*tanna* vom hebr. *schana*, wiederholen, lehren). Sie gilt als die grundlegende Zeit, deren Bibelauslegung und vor allem Religionsgesetz *(Halakha,* Regel, von hebr. *halakh* gehen) später normatives Vorbild ist. Die folgende Periode der *Amoräer* (*amar* sagen; ca. 200–500) ist die Zeit des schöpferischen Kommentars zum Erbe der Tannaiten, die Zeit der Sammlung und Ordnung der Tradition, während die *Saboräer* (*sabar* meinen; 6. Jahrh.) sich vor allem um die abschließende Redaktion bemühen, wobei ihr Anteil allerdings größer ist, als traditionell behauptet wird.

2. Mischna und Tosefta

a) Die Mischna

Das Jahr 70 bedeutet für das Judentum den endgültigen Abschied vom eigenen Staat, aber auch vom sichtbaren Mittelpunkt seiner Religion, dem Tempel. Die Reorganisation des Judentums in Jabne unter der Vorherrschaft der Pharisäer hatte daher unter ganz anderen Voraussetzungen zu erfolgen; ähnlich wie im babylonischen Exil rückte die biblische Tradition, deren Umfang in den folgenden Jahrzehnten genauer abgegrenzt werden sollte, ganz in den Mittelpunkt. Das Studium des göttlichen Willens, konzentriert in der „mündlichen Tora", gewann nun elementare Bedeutung. Beides war nicht an sich, sondern nur in seinem Gesamtheitsanspruch neu.

Der Kreis um Jochanan ben Zakkai und seine Nachfolger verstand sich als Fortführung des Jerusalemer Sanhedrin und mußte daher religionsgesetzliche Entscheidungen treffen, die Halakha in Übereinstimmung mit der Tradition oder neuschaffend, gestützt auf die Bibel oder nachträglich von ihr aus die Entscheidung begründend, festsetzen. Die Halakha gewann nun primäre Bedeutung (was nicht heißt, daß sich der Anspruch der Rabbinen im Volk sofort durchsetzte!). Das Ergebnis des in Jabne einsetzenden Sammel-, Sichtungs- und Entscheidungsprozesses haben wir in der Mischna vor uns.

Das Wort *Mischna* (von hebr. *schana,* wiederholen, durch Wiederholung lernen) bedeutet „Lehre, Studium", und zwar ausdrücklich Lehre der *mündlichen* Tradition im Gegensatz zum Bibelstudium. Der Begriff drückt also Inhalt und Methode des Studiums gleichermaßen aus. Mischna kann ein einzelner Lehrsatz sein, die Lehre eines bestimmten Meisters, doch im technischen Sinn bedeutet das Wort stets das im wesentlichen im 2. Jahrhundert entstandene Corpus des jüdischen Religionsgesetzes, dessen Endredaktion Rabbi zugeschrieben wird.

Das Werk umfaßt sechs „Ordnungen" (hebr. *Sedarim,* Einzahl *Seder*), die wiederum in Traktate (*Massekhtot,* Einzahl, *Massekhet* oder *Massekhta*) unterteilt sind. Name und Inhalt der Ordnungen in der jetzt üblichen Reihenfolge:

1. *Zeraim* („Samen") enthält alle Gesetze, die mit der Landwirtschaft zusammenhängen, besonders Vorschriften über die Verzehntung, über verschie-

dene Abgaben, das Sabbatjahr, wann das Land brachliegen muß usw. Da verschiedene Segenssprüche besonders vor dem Essen von Früchten und anderen landwirtschaftlichen Produkten vorgeschrieben sind, beginnt die Ordnung Zeraim mit einem ausführlichen Traktat über das Gebet insgesamt und die verschiedenen liturgischen Vorschriften.

2. *Moed* („Festzeit") enthält zuerst eine ausführliche Regelung der Sabbatruhe und der am Sabbat erlaubten Arbeiten, außerdem liturgische Vorschriften für Ostern, den Versöhnungstag, das Laubhüttenfest, Festtage und Halbfesttage, Neujahr und Fasttage. Dazwischen kommt ein eigener Traktat über die Tempelabgaben, die den Gottesdienst im Tempel zu finanzieren hatten.

3. *Naschim* („Frauen") regelt die Rechtslage kinderloser Witwen, die Schwagerehe, sowie das gesamte Heirats- und Scheidungsrecht einschließlich der Vermögensfragen und des Erbrechts. Da die Geltung von Gelübden bei Frauen, die nicht voll über sich verfügen können, besondere Probleme aufwirft, wird die gesamte Problematik der Gelübde, auch solcher, die nur Männer ablegen können, hier behandelt.

4. *Neziqin* („Schaden, Unrecht") umfaßt das Schadens- und Strafrecht, Bestimmungen über Gerichte, Strafen, Schwur und Zeugenschaft sowie Folgen irriger Rechtsentscheidungen. Doch auch die Bestimmungen über den Götzendienst und den Umgang mit Heiden sind hier eingereiht, sowie, was noch auffälliger ist, der einzige nicht-gesetzliche Traktat der Mischna, *Pirqe Abot* („Kapitel der Väter") genannt, der den Zusammenhang der rabbinischen Tradition von Mose bis zur Zeit der Mischna aufzeigen will.

5. *Qodaschim* („Heiliges") behandelt die Vorschriften bezüglich der verschiedenen Opfer, das Schlachten nicht zum Opfer bestimmter Tiere, die Ablieferung der Erstgeburten beim Vieh an die Priester, Ersatzleistungen für Gelübde, Mißbrauch geheiligten Guts; außerdem enthält diese Ordnung auch einen Traktat über Maße und Einrichtung des Tempels.

6. *Toharot* („Reinheiten") umfaßt die komplexen Vorschriften, wodurch etwas rituell unrein wird, welche Unreinheit die Frau während ihrer Regel und nach der Geburt trifft, die Unreinheit durch Aussatz (im weiten Sinn: eine Vielzahl von Hautkrankheiten) und Geschlechtskrankheiten, ebenso die Bestimmungen über das zur Reinigung bestimmte Tauchbad.

Wie diese kurze Zusammenfassung zeigt, kann man nur bedingt von einer sachlichen Ordnung sprechen. Die Feststellung eines Ordnungsprinzips wird dadurch erschwert, daß die Anordnung der jetzt 63, ursprünglich 60 Traktate (von denen einige weiter unterteilt wurden) anfangs nicht feststand und variieren konnte. Jedenfalls wird die sachliche Ordnung immer wieder unterbrochen, wenn durch Assoziation von Vorstellungen und Themen ganze Texteinheiten in einen Zusammenhang gezogen werden, in den nur ein Teil davon paßt (wie schon bei Gebet und Gelübden betont wurde).

Wie gesagt, gilt Rabbi als der Mann, der der Mischna die endgültige Gestalt gegeben hat. Diese ist demnach um 200 entstanden. Doch ist zu betonen, daß er nicht als „Verfasser" der Mischna gilt. Hat schon das Judentum vor 70 selten und fast nur im hellenistischen Bereich die individuelle Schriftstellerpersönlichkeit hervorgehoben, so tritt nach 70 der einzelne völlig gegenüber dem Prozeß der Traditionsweitergabe und -fortbildung zurück, auch wenn der Satz des Lehrers gewöhnlich mit seinem Namen tradiert wird. Die Rabbinen sind nicht Schriftsteller, sondern primär Lehrer innerhalb einer Tradition. Das Hauptwerk der tannaitischen Periode, die Mischna, ist somit nicht das Werk eines einzelnen oder einer Gruppe von Autoren, sondern kollektive Leistung der Tannaiten.

So betont denn auch die jüdische Tradition, hierin vielfach durch die Analyse des Mischnatextes selbst bestätigt, daß Rabbi auf vorliegendes Material zurückgegriffen, sein Werk gesammelt und redigiert, nicht aber selbständig geschaffen hat: er ist, wie es im Talmud heißt, lediglich „das Ende der Mischna" (Mischna ist hier wohl als die für die Tannaiten spezifische Umgangsweise mit der Tradition zu verstehen).

Die talmudische Überlieferung weiß von mehreren Vorstufen der Mischna: das anonyme Material soll von R. Meir stammen (Blütezeit nach dem Bar-Kokhba-Aufstand); auch ist öfter von einer „Mischna des R. Aqiba" die Rede (dieser ist um 135 von den Römern hingerichtet worden), stets im Gegensatz zu einer „ersten Mischna". Da jedoch in den Belegstellen „Mischna" stets „Lehrsatz" bedeuten kann und nicht notwendig eine eigene Schrift bezeichnet, ist eine schriftliche Fassung der Mischna zur Zeit Jabnes oder gar schon früher, etwa vor 70, von hier aus nicht zu beweisen. Zwar kann es als gesichert gelten, daß einzelne Gruppierungen von Gesetzen in die Zeit des Tempels zurückgehen, vielleicht auch in schriftlicher Fassung vorlagen, und im Lauf des nächsten Jahrhunderts ständig bereichert und bearbeitet wurden. Doch ist unsere Kenntnis der Entstehungsphasen der Mischna noch nicht genügend vorangeschritten, um Definitives aussagen zu können.

Ungesichert ist auch die Bedeutung der Aussage, daß Rabbi der Redaktor der Mischna ist, ebenso, welchen Zweck er mit dem Werk verfolgt hat. Nach der einen Auffassung hat er lediglich das ihm vorliegende Gesetzesmaterial zusammengestellt, ohne den Stoff zu ändern, zu kürzen oder auch nur umzustellen. Zweck einer solchen Sammlung konnte es nur sein, Quellen zu weiterem Studium vorzulegen. Gestützt wird diese Meinung durch häufige Wiederholungen und innere Widersprüche im Text. Wiederholungen können allerdings auch auf ein uns nicht näher durchschaubares Ordnungsprinzip zurückgehen, die Widersprüche als ungenügend verwischte Spuren disparater Vorlagen gedeutet werden.

Eine zweite Richtung vertritt die Ansicht, Rabbi habe einen Gesetzeskodex schaffen wollen oder zumindest ein Lehrbuch für Gesetzesentscheidungen vorgelegt. Sprechen die regelmäßigen Diskussionen der Halakha in der Mischna gegen ihr Verständnis als Gesetzbuch, zumindest in unserer modernen Auffassung, so passen sie hingegen in ein Lehrbuch, das nicht nur die

Entscheidungen berichtet, sondern auch den Prozeß mitteilt, wie es zu diesen Entscheidungen gekommen ist, und sie somit überprüfbar und nachvollziehbar macht. Vertreter dieser Richtung sehen die Gesetzesentscheidung stets im anonymen Text, während die Vertreter anderer Auffassungen namentlich angeführt werden.

Die Zusammenfassung des Inhalts der Mischna hat gezeigt, daß sie sehr viele Gesetze enthält, die in der tannaitischen Zeit keine praktische Bedeutung mehr hatten. Dies gilt vor allem von den Opfervorschriften, weithin aber auch für die Priesterabgaben (auch wenn einzelne auch nach 70 aufrecht blieben), ja auch von vielen Reinheitsvorschriften usw. Diese Abschnitte behandeln nicht geltendes Recht, sondern sind Rekonstruktion früherer Verhältnisse, die bestenfalls auf die erhoffte Wiederherstellung des Tempels und des Staates Israel vorbereiten. Doch ist ihnen insofern positive Bedeutung zugekommen, als das Studium der Opfervorschriften als dem tatsächlichen Vollzug des Opfers gleichwertig galt.

Eine glatte Entscheidung zugunsten der einen oder anderen These zur Mischna ist nicht möglich. Doch ist die Geschichte der Mischna nicht mit Rabbi abgeschlossen. Rabbi selbst, sein Tod, aber auch spätere Rabbinen wie z. B. sein Enkel Jehuda Nesia werden in der Mischna genannt. Diese ist demnach noch längere Zeit gewachsen und ist auch aus anderen tannaitischen Werken ergänzt worden. Dieser Prozeß ist im großen und ganzen in der zweiten Hälfte des 3. Jahrhunderts abgeschlossen, und um diese Zeit erhält die Sammlung auch eindeutig Gesetzesgeltung, wird normatives Recht.

b) Die Tosefta

Die Tosefta („Zusatz, Ergänzung") ist eine zur Mischna in Inhalt und Aufbau weithin parallele Schrift, gleich ihr in sechs Ordnungen gegliedert; zu allen Traktaten der Mischna mit Ausnahme von vieren gibt es in der Tosefta ein Gegenstück. Innerhalb der einzelnen Traktate gibt es viel zusätzliches Material in der Tosefta; vor allem die Diskussionen, die den religionsgesetzlichen Entscheidungen vorausgingen, kommen hier viel ausführlicher. Auch nichtgesetzlicher Stoff nimmt einen viel größeren Raum als in der Mischna ein, so daß der Gesamtumfang der Tosefta viermal so groß ist wie der der Mischna. In den Teilen, wo beide Werke einander parallel sind, ist die Anordnung des Materials manchmal völlig gleich, dann wieder sehr verschieden; Gesetze stimmen wörtlich oder zumindest dem Sinn nach miteinander überein, dann wieder widersprechen sie einander.

Diese Beobachtungen sind der Ausgangspunkt für die Beurteilung der Tosefta, die fast nie selbständig, sondern meist in Beziehung zu ihrer Schwesterschrift untersucht wird. Die traditionelle These, die schon R. Scherira Gaon (10. Jh.) vorgetragen hat, gestützt auf wenige, außerdem fragwürdige Talmudaussagen, lautet: die Tosefta ist das Werk des R. Chijja bar Abba, eines Schülers und Freundes Rabbis. Knapp nach der Mischna entstanden, ist sie ein Supplement zu dieser. Wie die Mischna greift auch sie auf Vorformen zurück, und zwar auf ein Werk Nechemias, eines Zeitgenossen Meirs. Zweck der Tosefta ist es nach dieser Auffassung, das in die Mischna nicht aufgenommene Material nicht verlorengehen zu lassen, vielmehr damit einen Kommentar zur Mischna zu bieten.

Neben diese These sind seit dem vorigen Jahrhundert eine ganze Reihe anderer Vorschläge getreten, wobei das Verhältnis der Tosefta zur Mischna stets den Ausgangspunkt bildet. Nach den einen ist die Tosefta in Wirklichkeit die eigentliche palästinische Mischna, unsere jetzige Mischna hingegen ihre babylonische Neufassung. Andere sehen in der Tosefta ein Werk, das nicht die Mischna ergänzt, sondern von Chijja als selbständige Mischna beabsichtigt war. Wieder andere betrachten die Tosefta als Kompilation der Randglossen, die man im Lauf der Zeit zur Mischna gemacht hat. Diese letzte These muß mit zu vielen unbewiesenen Annahmen arbeiten, um wahrscheinlich zu sein; dasselbe gilt vom erstgenannten Vorschlag. Aber auch die Verbindung der Tosefta mit R. Chijja bar Abba ist vielleicht schon ein Mißverständnis des Talmudtextes.

Eine ganz andere Theorie verlegt die Redaktion der Tosefta ins 5. Jahrhundert und behauptet, das Werk sei in den Talmudim nie zitiert, was bei einem früheren Entstehungsdatum unverständlich wäre. Vielmehr habe der Verfasser der Tosefta eine Sammlung von Baraitot (tannaitischen Sätzen, die in der Mischna nicht aufgenommen wurden) veranstaltet, wobei er sich vor allem auf die Talmudim gestützt habe. Seine Texte habe er dann nach dem Vorbild der Mischna geordnet.

Für diese Spätdatierung sprechen eindeutig späte Passagen im Text. Diese können allerdings auch, ähnlich wie bei der Mischna, auf ein weiteres lebendiges Wachstum des Werkes nach seiner vorläufigen Endredaktion verweisen, auf spätere Ergänzungen (etwa die Stellen, wo Chijja selbst genannt wird), sowie auf das Eindringen von Randglossen. Nach Ausscheiden dieser Zutaten hätten wir dann trotzdem ein tannaitisches Werk vor uns (wie ja auch die These, die Tosefta sei eine späte Sammlung von Baraitot, das in ihr enthaltene Material der tannaitischen Zeit zuteilt und nur die literarische Form des Gesamtwerkes spät ansetzt).

Eine klare Entscheidung für eine bestimmte These fällt um so schwerer, als der Vergleich der beiden Werke von Traktat zu Traktat verschiedene Ergebnisse bringt. Hier erscheint die Tosefta von der Mischna unabhängig, ihr gegenüber oft sogar älter, dort wieder wie ein Kommentar zur Mischna. Nach wie vor hat die traditionelle These viel für sich, wenn wir die Namen Chijjas und Nechemias eher als Zeit- denn als Verfasserangaben auffassen und auch ein späteres Wachstum der Schrift berücksichtigen. Die Tosefta ist demnach im wesentlichen als ein Werk der tannaitischen Zeit zu betrachten.

3. Die beiden Talmudim

Die Redaktion der Mischna, die selbst schon nicht auf einen bestimmten Zeitpunkt fixierbar ist, sondern noch längere Zeit für Ergänzung und Bearbeitung offenbleibt, ist nicht das Ende der rabbinischen Traditionsbildung, sondern vielmehr ein neuer fruchtbarer Ansatz. Zwar wird die Mischna bald als Kodifikation des traditionellen Religionsgesetzes anerkannt, sei dieses nun aus der Bibel abgeleitet, nachträglich mit der Bibel verbunden oder völlig ohne biblische Stütze. Diese Anerkennung heißt jedoch nicht, daß das Gesetz nicht mehr diskutiert wird: das Gespräch geht weiter, jetzt nicht mehr allein als Kommentar zu Bibel und außerbiblischer Tradition, sondern auch als Deutung der Mischna. Diese Kommentierung erfolgt in den kommenden Jahrhunderten, der amoräischen Zeit (3.–5. Jahrhundert), in den Schulen Palästinas und Babyloniens, wo der Mischnatext schon bald nach seiner Entstehung bekannt war. Das Ergebnis dieser kollektiven Arbeit liegt uns in der *Gemara* (der „Vollendung" der Mischna) vor, die zusammen mit dem Mischnatext den *Talmud* („Studium, Lehre", im engeren Sinn: der amoräische Kommentar zur Mischna Rabbis) bildet, der uns in zweifacher Gestalt vorliegt, in der Fassung Palästinas und in jener Babyloniens.

a) Der palästinische Talmud

Der palästinische Talmud – die schon sehr früh verbreitete Bezeichnung „Jerusalemer Talmud" ist irreführend, da das Werk nicht in Jerusalem entstand, Jerusalem vielmehr in talmudischer Zeit den Juden verbotenes Gebiet war – ist das Ergebnis der Arbeit der palästinischen Gelehrten von über zwei Jahrhunderten an der Mischna. Eine erst vor kurzem entdeckte lange Mosaikinschrift bei Bet Schean, die in der ersten Hälfte des 7. Jahrhunderts entstanden ist und Gesetze zum Sabbatjahr sowie über den Zehnten enthält, ist das bis jetzt früheste Zeugnis für seinen Text.

Wie gesagt, ist der Talmud im wesentlichen ein Kommentar zur Mischna. Doch nicht alle Traktate der Mischna haben eine Gemara: nur 39 von insgesamt 63 Traktaten sind kommentiert; außerdem fehlt zu einzelnen Kapiteln von sonst besprochenen Traktaten ebenfalls die Gemara. Die beiden letzten Ordnungen der Mischna, Qodaschim und Toharot, die die Opfer- und Reinheitsgesetze betreffen, sind nicht besprochen. Nach Meinung mancher existierte auch zu diesen Teilen ursprünglich ein Kommentar, der jedoch später durch die widrigen Zeitumstände verlorengeangen ist. Doch schon die frühesten Ausleger des Talmuds im Mittelalter wissen nichts davon. Daher ist es naheliegend, daß diese Traktate nie einen Kommentar besaßen, vielleicht deshalb, weil die Verhältnisse zu einem raschen Abschluß des Werkes gedrängt haben.

Die Bezeichnung der Gemara als eines Kommentars zur Mischna läßt nicht die Fülle des Materials erkennen, das im Talmud enthalten ist. Natürlich überwiegt die Diskussion des religionsgesetzlichen Stoffes, der Halakha. Neben dieser enthält die Gemara aber auch eine Vielfalt an nichtgesetzlichem Stoff, kurz unter dem Stichwort *Haggada* zusammengefaßt (auch Aggada: wörtlich „Erzählung"): diese ist hier zwar nicht so umfangreich wie im babylonischen Talmud, da die palästinischen Gelehrten für diesen Stoff eine eigene Literaturgattung, den haggadischen Midrasch, entwickelten; doch umfaßt die Haggada auch hier immerhin ein Sechstel des Gesamttextes. Diese Haggada drückt sich in den verschiedensten literarischen Formen aus; sie umfaßt nichtgesetzliche Bibelauslegungen ebenso wie Erzählungen aus dem Leben der rabbinischen Gelehrten, Legenden und Volkstraditionen, aber auch viel historisches Material, ist also auch eine zum Großteil noch nicht hinreichend verwertete Geschichtsquelle.

Nach der Tradition hat R. Jochanan bar Nappacha (2. Hälfte des 3. Jh.) den palästinischen Talmud redigiert. In der Einleitung zu seinem Mischnakommentar sagt Mose ben Maimon (gest. 1204): „R. Jochanan verfaßte den Jerusalemer Talmud in Israel etwa 300 Jahre nach der Zerstörung des Tempels." Die beiden Angaben widersprechen einander, ist doch Jochanan laut der Überlieferung bei Scherira Gaon im Jahre 279, also nicht 300 Jahre nach Zerstörung des Tempels gestorben. Es hat nicht an Harmonisierungsversuchen gefehlt: Jochanan habe das Werk begonnen, das jedoch erst hundert Jahre später vollendet worden sei. Doch ist auch dieses zweite Datum unmöglich; denn die letzten im Werk genannten Lehrer haben in der ersten Hälfte des 5. Jahrhunderts gelebt. Demnach hat das Werk wohl im wesentlichen seine Endgestalt um 450 erhalten. Die damaligen Umstände erklären auch, warum das Werk nicht zu Ende geführt worden ist und warum nicht alle Teile der Mischna gleichmäßig kommentiert wurden: um 425 ist Gamaliel VI. als letzter Patriarch gestorben; die oströmische Regierung erlaubte nicht mehr, einen Nachfolger zu ernennen. In der Folge ist auch der rabbinische Schulbetrieb in Tiberias erlegen.

Daß der palästinische Talmud voreilig abgeschlossen worden ist, geht nicht nur aus den fehlenden Traktaten hervor, sondern auch aus dem Fehlen einer durchdachten Redaktion. Freilich dürfen wir ein solches Traditionswerk nicht mit modernen Maßstäben messen; manches, was uns als Unvollkommenheit erscheint, mag beabsichtigt gewesen sein. Das gilt vor allem für die zahlreichen Wiederholungen innerhalb des Werkes, die oft mehrere Seiten umfassen. Oft hat man Texte – vielfach auch ohne die dabei notwendigen Änderungen – von einer Stelle an eine andere übernommen, auch wenn nur ein Bruchteil des Textes dort in den Zusammenhang paßt. Offenbar hat der Redaktor darauf Wert gelegt, bestehende Texteinheiten beisammenzulassen; wo wir es mit einem Verweis auf die Parallelstelle oder mit der Zitierung eines einzelnen Satzes bewenden ließen, bringt er immer den Text in seinem vollen Zusammenhang – wohl auch deshalb, weil vollständige Handschriften des umfangreichen Werkes kaum sehr verbreitet gewesen sein konnten. Doch wenn wir auch von den Wiederholungen absehen, bleibt noch manches (etwa die vielen inneren Widersprüche), was auf einen verfrühten Abschluß des Werkes hinweist.

Der palästinische Talmud ist also nicht das Ergebnis einer einheitlichen Redaktion, sondern eine Kompilation der Traditionen der verschiedenen rabbinischen Schulen in Israel, vornehmlich Tiberias, wo das Werk vollendet wurde, aber auch Sepphoris und Caesarea. Eine genaue Analyse, woher die einzelnen Teile stammen und welcher Zeit sie angehören, steht noch aus. Immerhin hat S. Lieberman es wahrscheinlich gemacht, daß die Ordnung Neziqin, also das Schadens- und Strafrecht, in Caesarea entstanden ist. Dafür sprechen die in diesem Text genannten Rabbinen, die vornehmlich der Schule von Caesarea angehören, aber auch die Sprache: dieser Teil des Talmuds ist besonders reich an griechischen Lehnwörtern – Griechisch war die Umgangssprache im römischen Verwaltungszentrum Caesarea: das hat auch das Aramäisch der dort wirkenden jüdischen Gelehrten beeinflußt. Als Sitz der Gerichte und Behörden zog Caesarea zahlreiche jüdische Rechtsanwälte an, die sich im römischen Recht auskennen mußten; von den religionsgesetzlichen Entscheidungen der Rabbinen hatten sie hingegen meist nicht viel Ahnung. Für sie war die Zusammenstellung der Ordnung Neziqin bestimmt, eine Art Lehrbuch für jene Sparten des jüdischen Rechts, die sie besonders brauchten. Diese Schrift, der älteste größere Bestandteil des palästinischen Talmuds, dürfte um 350 entstanden sein, während das Gesamtwerk etwa siebzig bis hundert Jahre später abgeschlossen wurde.

Lange Zeit in Palästina, Ägypten und Nordafrika in Geltung, ist der palästinische Talmud im 10. bis 11. Jahrhundert immer mehr vom babylonischen Talmud verdrängt worden. Der Verlust der religiösen Geltung hat eine Vernachlässigung des Textes mit sich gebracht: in den folgenden Jahrhunderten wurde er nur sehr wenig studiert, worunter auch die handschriftliche Überlieferung sehr gelitten hat, so daß der Text in der jetzigen Gestalt an manchen Stellen kaum noch verständlich ist.

b) Der babylonische Talmud

Der babylonische Talmud ist später als der palästinische fertiggestellt worden und auch viel umfangreicher als dieser, obwohl er weniger Traktate der Mischna kommentiert (36½). Im Druck umfaßt sein in babylonischem Aramäisch geschriebener Text etwa sechstausend Folio-Seiten. Dieser größere Umfang ist nicht nur durch das längere Wachstum der babylonischen Tradition begründet, sondern vor allem auf ihren enzyklopädischen Charakter zurückzuführen. Zwei Drittel des Stoffes sind nicht gesetzlich, sondern Haggada. Die babylonischen Gelehrten haben die Schriftauslegung nicht zu einer eigenständigen Literaturgattung erhoben. Was man in Palästina in Midraschim sammelt, kommt hier in den Talmud. Megilla 15b–17a ist z.B. ein Midrasch zu Ester, der seine Parallele im palästinischen Ester Rabba hat; die Traditionen über die beiden großen Aufstände der Jahre 66–70 und 132–135, in Palästina vornehmlich im Midrasch zu den Klageliedern gesammelt, finden wir im babylonischen Talmud in Gittin 55b–58a.

Alles, was in den rabbinischen Schulen gelehrt wurde und als erhaltenswert galt, fand seinen Weg in den Talmud: neben den religionsgesetzlichen Diskussionen vielerlei Legenden (etwa über Totenerscheinungen), Anekdoten über die großen Meister und ihre oft bescheidenen Anfänge, historische Erinnerungen, das gesammelte Wissen aus Medizin, Biologie, Mathematik, Astronomie und Astrologie usw. (die Kenntnis dieser Disziplinen war aus religiösen Gründen notwendig, diente der Ausbildung des Schächters und der Festsetzung, was koscher ist; Mathematik und Astronomie waren die Grundlage für die Berechnung des liturgischen Kalenders).

Keine Gemara gibt es im babylonischen Talmud zur Ordnung Zeraim, ausgenommen den Traktat Berakhot (über die Gebete), offenbar, weil die mit der Landwirtschaft zusammenhängenden Gesetze nur in Palästina galten. Ebenso fehlt die Gemara zur Ordnung Toharot (ausgenommen Nidda, der Traktat über „die menstruierende Frau"), wohl ebenfalls aus dem Grund, daß man diese Gesetze in Babylonien nicht beachtete. Andererseits ist die Ordnung Qodaschim (über den Tempeldienst) in Babylonien bearbeitet worden, obwohl sie nur theoretische Bedeutung hatte: dies deshalb, weil die Beschäftigung mit den Vorschriften für den Tempeldienst als Ersatz für dessen tatsächlichen Vollzug galt.

Die Entstehung des babylonischen Talmuds zog sich über drei Jahrhunderte hin. Nach der Tradition, deren Hauptzeuge ein Brief des Rabbi Scherira vom Ende des 10. Jahrhunderts ist, kam der Talmud unter Rab Aschi und Rabina zum Abschluß. Von Aschi, der 424 (nach einer anderen Fassung des Briefes 427) gestorben sein soll, heißt es, er sei sechzig Jahre lang Leiter der rabbinischen Akademie gewesen und habe so seinen Talmud in den jährlichen, „Kalla" benannten Studienmonaten insgesamt zweimal durchnehmen können. In den Jahrzehnten nach ihm ist die von ihm grundgelegte Arbeit vollendet worden. Rabina (um 500 gestorben) ist nach einem schwer zu deutenden Satz des Talmuds (Baba Metsia 86a) das Ende der *Horaa*, der „Lehre"; mit ihm schließt die amoräische Periode. Die den Amoräern folgenden Saboräer, die nach Scherira nur kurz wirkten, sollen nur sehr wenig zum Talmud beigetragen und ihm praktisch nur den letzten Schliff gegeben haben.

Etwas später vertritt Abraham Ibn Daud dieselbe These: R. Aschi begann die Niederschrift des Talmud, der 73 Jahre nach seinem Tod versiegelt wurde. Die spätere Forschung zum Talmud hat weithin nichts anderes getan, als diese Daten zu übernehmen und sie mit zusätzlichen Informationen aufzufüllen. Doch stellt sich die Frage nach der Zuverlässigkeit dieser Aussage, die erstmals fünfhundert Jahre nach den geschilderten Ereignissen schriftlich niedergelegt wurde. Wie wir gesehen haben, ist die Entstehung der Septuaginta schon nach einem viel kürzeren Zeitraum in einer Legende, dem Aristeas-Brief, dargestellt worden, dessen zeitlicher Ansatz zwar stimmt, dessen Details jedoch reine Tendenzerzählung sind. Das läßt auch die Tradition über die Entstehung des Talmuds kritisch betrachten.

Eine inhaltliche Untersuchung des babylonischen Talmuds erweist, wiewohl eine solche erst in Ansätzen vorliegt, daß die Zeit Aschis und Rabinas tatsächlich ein Schwerpunkt der Redaktion des Talmuds gewesen ist. Die von der Tradition geschilderte Art der Talmudredaktion in jährlichen Studientagungen an den großen Akademien von Sura, Nehardea und Pumbedita scheint hingegen eine grobe Vereinfachung zu sein, die aus der anachronistischen Rückdatierung der eigenen Verhältnisse in der Zeit der Geonim (Plural von Gaon, Schuloberhaupt; Zeit vom 7. bis 11. Jh.) in jene der Amoräer stammt. Ob damals diese großen Schulen schon bestanden haben, ist äußerst fraglich.

Weithin ungeklärt sind auch noch die Vorstufen des babylonischen Talmuds, dessen Anfänge in die Zeit der Redaktion der Mischna zurückgehen. Damals begann der Kommentar und die Kritik am Werk der Tannaiten, die Sammlung der Parallelstellen aus der tannaitischen Zeit (der Baraitot) sowie die Anpassung der Gesetze an die sich stets wandelnden Verhältnisse, eine Kombination von theoretisch-historischer Deutung und steter Aktualisierung. Nicht überall hat man sich mit allem beschäftigt: einzelne haben sich auf bestimmte Themenkreise spezialisiert; ganze Zentren rabbinischer Gelehrsamkeit und geschlossene Jüngerkreise haben sich oft ausschließlich oder doch mit Vorliebe mit bestimmten Mischna-Traktaten beschäftigt. So kommt es, daß die Sprache der einzelnen Talmudtraktate variiert und die genannten Gelehrten oft von Traktat zu Traktat andere sind. Das heißt nicht unbedingt, daß die Endredaktoren des Talmuds einfach geschlossene Materialblöcke fertig übernommen und in das Gesamtwerk eingebaut haben, zumindest jedoch, daß das Grundmaterial aus oft sehr verschiedenen Kreisen gekommen ist.

Ein besonderes Problem ist das Verhältnis der beiden Talmudim zueinander. Haben die Redaktoren des babylonischen Talmuds den palästinischen gekannt und verwendet bzw. auf dessen Ergebnisse reagiert? Die vielfachen Angleichungen des palästinischen an den babylonischen Talmud im Lauf der Jahrhunderte erschweren die Beantwortung der Frage. Die endgültige Fassung des palästinischen Talmuds hat den babylonischen Gelehrten sicher nicht vorgelegen. Doch haben sie wohl seinen Inhalt gekannt und auf einzelne Teile davon auch reagiert. Die Verbindung mit Palästina war ja stets lebendig; viele Gelehrte Palästinas haben einen Teil ihres Lebens in Babylonien verbracht, ebenso babylonische Rabbinen in Palästina. Manche waren ständig auf Wanderschaft zwischen den beiden Ländern. Auch dürfen wir nicht vergessen, daß mehrere Rabbinen als Brotberuf den Fernhandel ausübten und so für ständige Kontakte sorgten, die von Gegend zu Gegend verschieden stark waren, nirgends jedoch völlig fehlten.

Aus dem „Meer des Talmuds“ ragen einige Traktate durch ihren von den übrigen abweichenden Stil heraus (Nedarim, Nazir, Meila, Keritot, Tamid), was zu verschiedenen Theorien Anlaß gegeben hat. Diese nach dem Zeugnis der Geonim in den Schulen nicht vorgetragenen Traktate sind nach den einen in Schulen Palästinas überarbeitet worden, nach anderen stellen sie die ursprüngliche Form der in Babylonien erarbeiteten Traktate dar, während die ständig gelehrten Stücke stets der Zeit und ihrem Sprachstil angepaßt wurden. Eine globale Antwort ist nicht möglich. Die meisten Teile dieser sogenannten „außergewöhnlichen“ Traktate scheinen bedeutend älter als der Rest des Talmuds zu sein, andere wieder sind offenbar erst späte Zusätze.

Nach Auffassung der Tradition haben die Saboräer nur sehr kurze Zeit gewirkt und eine recht sekundäre Rolle gespielt. Wir dürfen wohl annehmen, daß die Kompilation des babylonischen Talmuds ähnlich wie die des palästinischen durch eine Verschlechterung der politischen Lage beschleunigt wurde: eine solche trat für die babylonischen Juden ab Mitte des 5. Jahrhunderts ein. Diese „Katastrophentheorie“ ist zwar nicht strikt beweisbar, hat jedoch große Wahrscheinlichkeit für sich. Nach Beruhigung der Lage im frühen 6. Jahrhundert konnten die rabbinischen Gelehrten an eine Revision des Werkes denken. Diese hat wohl beträchtliche Zeit in Anspruch genommen, wenn schon eine eigene Periode danach benannt worden ist. Ihr (vorläufiger) Abschluß fiel mit der arabischen Eroberung Babyloniens zusammen (634).

Die Arbeit der Saboräer beschränkte sich nicht darauf, einzelne Bibelverse als Belege einzufügen oder anzumerken, nach wessen These die Halakha geht; vielmehr sind ganze Abschnitte *(Sugijot)* von ihnen eingefügt worden. Das Wachstum des babylonischen Talmuds ist jedoch auch nach den Saboräern in gewissem Umfang weitergegangen: so wissen wir z. B. aus den Handschriften und aus dem Zeugnis der mittelalterlichen Gelehrten, daß Jehudai Gaon allein im Traktat Baba Metsia dreißig Zusätze gemacht hat. Auch später sind noch immer Randglossen in den Text geraten, die jedoch im allgemeinen durch den Vergleich der Handschriften leicht zu identifizieren sind.

In den gedruckten Talmudausgaben finden sich als Anhang zur Ordnung Neziqin eine Reihe sogenannter „außerkanonischer“ oder „kleiner Traktate“, die in zwei Gruppen zu teilen sind: neben sieben thematischen Sammlungen talmudischen Materials zu bestimmten Themenkreisen (z. B. Proselyten, Sklaven, Vorschriften für das Schreiben der Torarollen usw.) stehen sieben selbständige Traktate, unter denen in der letzten Zeit besonders Abot de Rabbi Natan und Semachot („Freuden“, ein Euphemismus für „Trauerfälle“) Aufmerksamkeit gewonnen haben. Die traditionelle Datierung dieser Schriften verlegt ihre Entstehung in nachtalmudische Zeit. Dies mag für die thematischen Sammlungen stimmen, die nichts anderes tun, als ein System in die äußerst unsystematische Anordnung des Talmuds zu bringen, ist jedoch bei den anderen Traktaten äußerst fragwürdig, da diese fast ausschließlich tannaitisches Material enthalten. Die Annahme, sonst nicht berücksichtigte tannaitische Aussagen seien über die Jahrhunderte hinweg in den rabbinischen Schulen bewahrt worden, bevor man sie in eine literarische Form gegossen hat, ist recht unwahrscheinlich; auch die These der Pseudepigraphie kommt kaum in Frage. Dies ist besonders in den vielstudierten Abot de Rabbi Natan deutlich, die uns in zwei Fassungen vorliegen und eine Art Tosefta oder Gemara zum Mischnatraktat Abot sind, aber auch in Semachot. Beide Traktate dürften schon im 3. Jahrhundert entstanden sein.

Der babylonische Talmud hat bald große Autorität erlangt und ist zur Norm des traditionsbewußten Judentums geworden und bis heute geblieben. Schon im 11. Jahrhundert hat er den palästinischen Talmud aus dessen Geltungsbereich verdrängt, so daß er bald *der* Talmud schlechthin wurde. So wurde bald nur noch der babylonische Talmud studiert, dessen geläufigere Sprache dann auch die wenigen Abschriften des palästinischen Talmuds beeinflußt hat, so daß die Wiederherstellung der ursprünglichen Textform palästinischer Schriften und ihre vom babylonischen Talmud unbeeinflußte Deutung heute eine dringliche und schwierige Aufgabe ist.

4. Die Bibelauslegung

Wie in der hellenistischen Periode nimmt die Bibelauslegung auch in der rabbinischen Zeit einen hervorragenden Platz im jüdischen Schrifttum ein. Viele Texte in Mischna, Tosefta und Talmudim stützen sich ausdrücklich auf Bibeltexte und Teile des babylonischen Talmuds gehören überhaupt in die Gattung des Bibelkommentars. Hier haben wir uns mit zwei ausschließlich der Bibel gewidmeten Schriftengruppen zu befassen, mit den Targumim und den Midraschim.

a) Der Targum

Targum (= Tg) heißt wörtlich „Übersetzung“ und bezeichnet als Fachausdruck schon seit rabbinischer Zeit die für den liturgischen Gebrauch in der Synagoge bestimmten aramäischen Bibelübersetzungen. Die Notwendigkeit solcher Übersetzungen ergab sich wohl schon im Exil, als immer mehr die ungebildete jüdische Bevölkerung ihre hebräische Muttersprache mit der aramäischen Umgangssprache des neuen Wohnsitzes vertauschte. Auch die unter Cyrus ermöglichte Heimkehr nach Palästina machte den einmal begonnenen Trend zum Aramäischen nicht mehr rückgängig, auch wenn erst in amoräischer Zeit, also ab dem 3. Jahrhundert, Aramäisch die allgemeine Umgangssprache der Juden Palästinas wurde.

Als Folge dieser sprachlichen Verschiebung mußten die in der Synagoge gelesenen Bibeltexte dem Volk übersetzt werden, auch wenn die Übersetzung das hebräische Original nie verdrängte. Um den Unterschied zwischen dem geoffenbarten Bibeltext und der Übersetzung als einem menschlichen Werk zu betonen, mußten Vorleser und Übersetzer (Meturgeman) zwei verschiedene Personen sein; auch durfte der Übersetzer den aramäischen Text nicht lesen, sondern mußte ihn frei vortragen, während der Vorleser aus der Schriftrolle lesen mußte, auch wenn er seine Lesung auswendig konnte. In der Praxis kam es dazu, daß der Text des Pentateuchs Vers für Vers verlesen und sogleich übersetzt wurde, während bei den weniger bedeutenden Propheten eine Übersetzung nach je drei Versen genügte.

Wir wissen nicht, wieweit diese Form der Bibelübersetzung zurückgeht, auch wenn Neh 8,8 mit der Verlesung des Gesetzes in der Volksversammlung unter Esra als erster Beleg dafür gilt. Hat man früher eine Niederschrift der Targumim erst in relativ später Zeit angenommen, weil man das Verbot, schriftliche Targumim in den Synagogen zu verwenden und vor allem auch das Verbot, gesetzliche Texte aufzuzeichnen, zu strikt und wörtlich ausgelegt hat, so haben Textfunde der jüngsten Zeit, vor allem TgIjob und die Fragmente eines TgLev in Qumran, aber auch die Wiederentdeckung des anschließend zu besprechenden Codex Neophyti die Existenz schriftlicher Targumim schon in vorrabbinischer Zeit bewiesen.

Wie schon zur LXX betont wurde, ist jede Übersetzung zugleich Deutung. Rabbi Jehuda (2. Jh.) sagt vom Targum: „Wer einen Vers wörtlich übersetzt, ist ein Fälscher; wer etwas hinzufügt, ist ein Gotteslästerer" (*Qidduschin* 49 a). Der Übersetzer war in seiner Aufgabe ziemlich frei: seine Möglichkeiten gingen von einer fast wörtlichen Übertragung über eine freie Paraphrase bis zur Hinzufügung längerer haggadischer Abschnitte zum Bibeltext; manchmal ist die Grenze zum Midrasch, dessen Methode der Bibeldeutung und Aktualisierung ja auch der Targum verwendet, kaum noch zu erkennen (etwa im TgEster). Der Meturgeman hatte somit reiche Möglichkeiten, seine eigenen religiösen Auffassungen zu verbreiten. Somit ist auch der Targum nicht einfach eine Übersetzung, sondern ein wichtiges literarisches Zeugnis der religiösen Auffassungen in der rabbinischen Zeit.

Da die Übersetzer besonders in den kleinen jüdischen Gemeinden nicht immer geschulte Exegeten und Theologen waren, kristallisierten sich bald schriftliche Targumim heraus, die zur Vorbereitung der Übersetzung in der Synagoge dienten und zugleich die theologische Freiheit des einzelnen in bestimmte Bahnen lenkten.

Zum *Pentateuch* sind mehrere Targumim erhalten. Von diesen hat der Targum *Onqelos* schon früh im Judentum offizielle Geltung erlangt. Der Name Onqelos ist offenbar eine Anpassung von Aquila, der uns als Verfasser einer extrem wörtlichen griechischen Bibelübersetzung bekannt ist. Dieser Proselyt der ersten Hälfte des 2. Jahrhunderts ist später als der Verfasser der gleichfalls recht buchstäblichen aramäischen Übersetzung der Bibel angesehen worden. Diese Übersetzung dürfte in ihren frühesten Vorformen auf den Beginn der christlichen Zeitrechnung zurückgehen, wie die in Qumran entdeckten Fragmente von TgLev nahelegen. Ihre schriftliche Redaktion ist in das 2. Jahrhundert zu datieren: das erklärt den deutlichen Einfluß der Schule Aqibas. Spätestens zu Beginn des 3. Jahrhunderts ist der in Palästina entstandene, dort jedoch wegen seines literarischen Aramäisch in den Synagogen nur beschränkt verwendbare Text nach Babylonien gelangt, wo er als die offizielle aramäische Bibelübersetzung einer ständigen internen Kontrolle ausgesetzt war: nicht nur mußte seine Halakha dem jeweiligen Stand des rabbinischen Denkens entsprechen, sondern auch sein Bibeltext hatte genau mit dem offiziellen Text übereinzustimmen. Das führte zu ständigen Revisionen des Targum-Textes.

Trotz der streng wörtlichen Entsprechung des Tg Onqelos zum hebräischen Bibeltext blieb genügend Raum für die Interpretation. Ähnlich wie in der LXX bemühten sich die Übersetzer und Revisoren, die Aussagen über Gott ihrem verfeinerten Gottesverständnis anzupassen, vor allem jeglichen Anthropomorphismus zu vermeiden, und allgemein anstößige Stellen schonend zu umschreiben sowie in gesetzlichen Abschnitten die geltende Halakha zu berücksichtigen. Größere Freiheit herrschte in poetischen, schwerer verständlichen Texten (z. B. Gen 49).

Der Targum *Jeruschalmi I* (TgJI), irrtümlich Jonatan ben Uzziel (2. Jh.) zugeschrieben und daher auch Pseudo-Jonatan genannt, ist bedeutend umfangreicher als Tg Onqelos. Der im galiläischen Aramäisch verfaßte Text geht mit der biblischen Vorlage äußerst frei um und fügt sehr viel Material aus den religiösen Anschauungen und Legenden seiner Zeit ein und ist somit eine wertvolle Quelle für die jüdische Religionsgeschichte. Der später an manchen Stellen in Anpassung an Onqelos revidierte Text ist nicht, wie früher gern angenommen wurde, ein spätes Werk des 7. oder 8. Jahrhunderts, sondern geht in viel frühere Zeit zurück. Zur Spätdatierung hat vor allem die Nennung von Fatima und Aischa (oder Khadija), also der Tochter und der Frauen Mohammeds, in der Übertragung von Gen 21,21 Anlaß gegeben, wo von den Frauen Ischmaels die Rede ist. Doch handelt es sich hier um eine späte Zufügung, wie allgemein viele spätere Zutaten, auch viele Randglossen, in den Text des Targums geraten sind.

Nur fragmentarisch erhalten, daher auch *Fragmententargum* (oder Jeruschalmi II: TgJII) genannt, ist ein weiterer palästinischer Targum, von dem etwa 860 Verse vorliegen. Als der Tg Onqelos sich als offizieller Targum durchsetzte, wollte man offenbar zumindest zu wichtigen Versen die Tradition eines verdrängten Targums bewahren. Nun hat 1956 A. Diez-Macho die Vatikan-Handschrift *Neophyti 1* als einen frühen palästinischen Pentateuch-Targum identifiziert (Targum Neophyti, auch in der italienischen Form Neofiti geschrieben: Tg N), in dessen Tradition die schon bisher bekannten Fragmente gehören. Soweit bisher feststeht, ist dies – abgesehen von den Qumrantexten – der früheste erhaltene Targum. Er dürfte im 1. oder 2. Jahrhundert n. Chr. entstanden sein und hat im Gegensatz zu den anderen Targumim keine (bzw. nur wenige) spätere Zufügungen erfahren. Sein hohes Alter ist durch seine Sprache belegt, die reich an griechischen und lateinischen Worten ist, vor allem jedoch durch seine Halakha, die vielfach jener der Mischna widerspricht, also offenbar vor deren endgültiger Redaktion und Anerkennung niedergelegt worden ist. Im allgemeinen nicht so paraphrastisch wie TgJI, manchmal ganz eng dem hebräischen Text folgend (vor allem in Lev), enthält auch dieser Targum eine Fülle an alten palästinischen Auslegungstraditionen, die für die Geschichte der jüdischen Religion, aber auch für den Vergleich mit dem Neuen Testament von großer Bedeutung sind.

Der Targum zu den *Propheten* wird im Talmud Jonatan ben Uzziel zugeschrieben; Jonatan ist vielleicht nur die Übersetzung des Namens Theodotion – dieser war der Verfasser einer griechischen Bibelübersetzung; „Propheten" gilt hier im weiten hebräischen Sinn, der Targum umfaßt also auch die „historischen" Bücher der Bibel. Der früh in Palästina als Werk vieler entstandene Targum, der Onqelos kennt und benützt, gibt den hebräischen Text sehr frei wieder, besonders in den schwierigen poetischen Texten und ganz allgemein bei den eigentlichen Propheten. Auch dieser Targum kam früh nach Babylonien, wo er eine sorgfältige einheitliche Redaktion erfahren hat.

Auch zu den „Schriften" sind Targumim erhalten. Diese sind im allgemeinen jüngeren Datums – in der alten Synagoge wurden die Hagiographen mit Ausnahme von Ester nicht gelesen! –, gehen jedoch zum Teil auf altes Material zurück und sind gewöhnlich palästinischer Herkunft. TgIjob und TgPss gehören zusammen: beide bieten zwei voneinander wohl unabhängige Übersetzungen nebeneinander, wovon die eine recht wörtlich, die andere ziemlich frei ist. Sehr textgetreu ist der Targum zur Chronik, ebenso der mit der syrischen Bibelübersetzung (der „Peschitta") eng verwandte Targum zu Sprichwörter. Von den Targumim zu den fünf „Schriftrollen" ist jener zu Ester eine wörtliche Übertragung; doch gibt es zu Ester einen zweiten, sehr freien Targum, der schon eher ein Midrasch ist. Der verbreiteten Auslegungstradition folgt der Targum zum Hohenlied, wenn er dieses allegorisch auf die Beziehung zwischen Gott und seinem Volk deutet.

b) Die tannaitischen Midraschim

Midrasch (abgeleitet vom hebr. Verb *darasch* „untersuchen, erforschen"; Objekt ist vor allem die Bibel) ist das rabbinische Studium, vor allem die Erforschung der Bibel, dann auch ihr Ergebnis, der Bibelkommentar, der den Bibeltext für die Gegenwart des Lesers auslegt, ihn aktualisiert, aber kaum einmal nach dem ursprünglichen Sinn des Textes fragt. Der Haupttendenz des Kommentars nach unterscheiden wir halakhische, also gesetzlich orientierte sowie haggadische, erbauliche Midraschim, wobei die halakhischen Midraschim wegen ihrer Entstehung in der tannaitischen Zeit auch tannaitische Midraschim genannt werden. Sie sind Auslegungsmidraschim, die dem Text der Bibel Vers für Vers folgen, zum Unterschied zu den später zu besprechenden Homilien-Midraschim, die Predigten zu den biblischen Leseabschnitten des Synagogengottesdienstes bieten. Alle Midraschim sind in Israel entstanden (ausgenommen sehr späte Texte), während in Babylonien die Schriftauslegung direkt in den Talmud einbezogen wurde bzw. in den Targumim ihren Niederschlag fand.

Schon im vergangenen Jahrhundert hat D. Hoffmann erkannt, daß in den tannaitischen Midraschim durch exegetische Methoden, Fachvokabular und die jeweils genannten Rabbinen zwei Gruppen unterschieden werden können, die er der Schule des R. Aqiba und jener seines Zeitgenossen Jischmael zuordnete. Haben auch nachfolgende Untersuchungen diese Zuteilung zu Schulen relativiert, besonders was den haggadischen Teil der halakhischen Midraschim betrifft, ist sie doch aus praktischen Gründen noch sehr brauchbar und kann als Arbeitshypothese beibehalten werden.

Die frühesten rabbinischen Auslegungsversuche gelten dem Pentateuch, ausgenommen das für die Halakha unbedeutende Buch Genesis.

Zu Exodus liegen uns zwei tannaitische Kommentare vor, die *Mekhilta* (wörtlich „Meßschnur, Kanon“) *deRabbi Jischmael* und die *Mekhilta deR. Schim'on bar Jochai.* Die bekanntere Mekhilta deR. Jischmael, auch Mekhilta schlechthin genannt, setzt bei Ex 12,1 ein, übergeht also den erzählenden Teil Ex 1–11, und bespricht Ex 12,1–23,19; 31,12–17 und 35,1–3. Innerhalb der behandelten Kapitel bespricht die Mekhilta jedoch auch die erzählenden Teile, so daß sich insgesamt Halakha und Haggada die Waage halten.

Die Zuschreibung des Werkes an R. Jischmael ist erst im Mittelalter belegt (R. Nissim von Kairowan) und geht wohl, wie bei Midraschim üblich, darauf zurück, daß R. Jischmael gleich zu Beginn des Kommentars genannt wird. Daß die Schrift der nach ihm benannten „Schule“ angehört, erhellt vor allem aus den in ihr angewandten Auslegungsregeln. Primär ist der Grundsatz, daß die Bibel nach Menschenart spricht und daher z.B. rein stilistische Verdoppelungen im Ausdruck (z. B. Ex 19,12 *mot jumat:* „er muß des Todes sterben“) nicht besonders zu interpretieren sind. Die genannten Rabbinen sind durchwegs Tannaiten; auch die Sprache des Textes verweist in diese Zeit. So ist gegen verschiedene Versuche, die schriftliche Niederlegung des Werkes deshalb, weil es im Talmud nicht genannt sei, in das 5. Jahrhundert oder gar erst ins 8. Jahrhundert zu datieren und es als tannaitisches Pseudepigraph zu betrachten, an der traditionellen Frühdatierung festzuhalten: die Schrift, durch verschiedene innere Kriterien als Verarbeitung mehrerer Quellen zu erweisen, ist in ihrem Grundstock im 2. Jahrhundert entstanden und im 3. Jahrhundert endredigiert worden.

Das Parallelwerk, die *Mekhilta deR. Schim'on bar Jochai* (so nach dem zu Beginn des Kommentars genannten Rabbi aus der Mitte des 2. Jh. bezeichnet), ist nur fragmentarisch erhalten: die Textausgaben sind eine Rekonstruktion aus wenigen handschriftlichen Stücken, vor allem aus der Geniza von Kairo, und den Zitaten im späten Sammelwerk Midrasch ha-gadol. Die Zugehörigkeit zur Schule Aqibas, deretwegen der Text im Mittelalter auch als Mekhilta deR. Aqiba zitiert wird, ist wiederum vor allem durch die Auslegungsmethode erwiesen: nach dem Grundsatz Aqibas ist kein Wort der Bibel umsonst gesagt; auch rein stilistische Verdoppelungen haben etwas zu bedeuten, ebenso jedes Wort, das grammatikalisch nicht absolut notwendig ist.

Die Mekhilta deR. Schim'on bar Jochai, deren erhaltene Fragmente schon bei Ex 3 einsetzen, ist in der Haggada der anderen Mekhilta sehr nahe. In den haggadischen Teilen verwischen sich auch die Auslegungsregeln, was auf die einheitliche Entstehung der Haggada außerhalb der Schulen und ihrer Kontroversen verweist. Die Schrift stützt sich auf die Mekhilta deR. Jischmael und dürfte insgesamt einer der späteren tannaitischen Midraschim, aber doch wohl noch im 3. oder 4. Jahrhundert anzusetzen sein.

Der tannaitische Kommentar zu Lev heißt *Sifra*, „*das* Buch", wohl deshalb, weil Lev schon in frühester Zeit als erstes Schulbuch verwendet wurde. Statt des in Babylonien üblichen Namens Sifra verwendete man in Palästina die Bezeichnung *Torat Kohanim*, „Priestergesetz". Der Kommentar bespricht das ganze Buch Lev und enthält dessen Inhalt gemäß fast ausschließlich Halakha. Die noch wenig untersuchte Schrift gehört der Schule des R. Aqiba an. Die anonymen Sätze in ihr stammen der Tradition gemäß von R. Jehuda (Mitte 2. Jh.); R. Chijja gilt als Endredaktor (Anfang 3. Jh.). Eine Reihe von Passagen, die der Auslegungstradition Jischmaels angehören, sind durch Vergleich der Handschriften als spätere Zufügungen zu erkennen; auch aus den beiden Talmudim ist manches in den Text von Sifra gedrungen, dessen genaue Datierung so erschwert wird. Die Datierungsvorschläge reichen vom 3. Jahrhundert der traditionellen Angaben über das 4. bis zum 6. Jahrhundert. Eine Entscheidung ist derzeit kaum zu treffen, auch wenn die tannaitische Herkunft des Grundmaterials von Sifra als gesichert gelten darf.

Sifre („die Bücher"), ursprünglich Bezeichnung aller tannaitischen Pentateuchkommentare, ist seit dem Mittelalter Name der Kommentare zu Num und Dtn. Der zusammenfassende Name darf nicht darüber hinwegtäuschen, daß wir zwei völlig verschiedenartige Werke vor uns haben.

Sifre Numeri stammt aus der Schule des R. Jischmael, wie schon der Vergleich mit der Mekhilta zeigt: hier wie dort stehen dieselben Tannaiten im Vordergrund (vor allem R. Jischmael selbst); durchgehend gilt auch hier der Grundsatz, die Bibel rede nach Menschenart, sei daher nicht überzuinterpretieren; auch die Anwendung logischer Ableitungsregeln ist sehr zurückhaltend. Im allgemeinen beschränkt sich SifreNum auf die Auslegung der halakhischen Teile des Buches (Num 5–12; 15; 18–19; 25,1–13; 26,52–31,24), übergeht jedoch im Kapitelzusammenhang nicht die haggadischen Abschnitte. Ein langes haggadisches Stück (§§ 78–106) erweist sich durch die darin zitierten Rabbinen und die verwendete Terminologie als Fremdkörper; ähnlich wie in den haggadischen Abschnitten der Mekhilta sind die Unterschiede der beiden

Lehrhäuser verwischt. Daneben gibt es auch kürzere Stellen, die aus der Schule Aqibas stammen. Die Schrift ist also insgesamt eine Verbindung verschiedener Quellen. Dies verweist auf einen längeren Wachstumsprozeß, auch wenn der Grundstock des Werkes auch hier als tannaitisch gelten darf.

Nur fragmentarisch überliefert ist uns ein weiterer Kommentar zu Num, *Sifre Zutta* (die „kleinen Sifre"), den man wiederum vor allem aus Zitaten im Midrasch ha-gadol rekonstruiert hat. Dieser halakhische Midrasch, der wohl wie SifreNum bei Num 5,1 eingesetzt hat, gehört einer Nebenform der Schule Aqibas an. Wie S. Lieberman nachzuweisen versucht hat, ist die Schrift von Bar Qappara zu Beginn des 3. Jahrhunderts in Lydda redigiert worden. Wenn dies zutrifft, ist Sifre Zutta der älteste halakhische Midrasch.

Sifre Dtn ist ein uneinheitliches Werk. Der überwiegend haggadische Abschnitt §§ 1–54 (Dtn 1,1–30; 3,23–29; 6,4–9) gehört der Schule Jischmaels an bzw. steht ihr nahe; dasselbe gilt vom Schlußteil §§ 304–357 (Dtn 31,14; 32–34), dessen verschiedene Quellen eine Mischterminologie zur Folge haben. Für diese beiden Abschnitte gilt das dritte Jahrhundert als wahrscheinliche Entstehungszeit.

Der umfangreiche Mittelteil §§ 55–303 (Dtn 11,29–26,15) zum Gesetzesteil von Dtn stammt hingegen aus der Schule Aqibas, wie schon die vielen Parallelen zu Sifra nahelegen, vor allem jedoch wieder die Auslegungsmethode zeigt, die jede Kleinigkeit des Textes zu interpretieren sucht (z. B. den bestimmten Artikel, so etwa in Dtn 18,3, wonach man dem Priester „die" Keule des Opfertieres zu geben hat, was als „die rechte Keule" verstanden wird). Doch auch dieser Abschnitt des Buches ist nicht rein erhalten: zahlreiche spätere Zufügungen ergänzen den Text mit den abweichenden Meinungen des R. Jischmael und seiner Schule. Auch bei dieser Schrift ist also die Arbeit nicht mit der Redaktion zum Abschluß gekommen, sondern hat noch erhebliche Zeit angedauert.

Wiederum aus Zitaten im Midrasch ha-gadol sowie aus einzelnen Fragmenten hat D. Hoffmann einen weiteren Midrasch zu Dtn ediert, den *Midrasch Tannaim*, der der Schule des R. Jischmael angehört, wie die Parallelen zur Mekhilta zeigen; Terminologie und Namen der Rabbinen weisen in dieselbe Richtung. Die Datierung dieses Midrasch ist wegen der freien Zitationsweise des Midrasch ha-gadol schwierig; ebenso ist die Zugehörigkeit nicht aller Zitate zu diesem tannaitischen Midrasch gleichermaßen gesichert.

Dieser kurze Überblick zeigt, daß die exegetischen Traditionen Palästinas und seiner verschiedenen tannaitischen Schulen eine komplizierte Überlieferungsgeschichte haben, die ein Gesamturteil sehr erschwert. Offenbar haben beide Schulen, die nicht hermetisch voneinander getrennt waren, sondern zwischen denen vielfach Studenten hin- und herzogen, eine durchgehende Auslegung aller Bücher von Ex bis Dtn erarbeitet; im Lauf der Zeit hat sich je eine Auslegung eines biblischen Buches durchgesetzt. Die andere, vernachlässigt und immer seltener handschriftlich tradiert, hat auf dem Weg über Randglossen und längere Einschübe den siegreichen Kommentar kontaminiert, ein Prozeß, der um so leichter war, als die Haggada von vornherein nicht exklusive Lehre einer einzelnen Schule war und somit die Brücke zwischen beiden Schulen herstellte.

c) Der Midrasch Rabba

Der *Midrasch Rabba* (wörtlich „der große Midrasch") umfaßt rabbinische Kommentare zum Pentateuch und den Megillot, d. h. den fünf „Schriftrollen" Rut, Est, Hld, Klgl und Koh. Die Sammelbezeichnung kann jedoch nicht die Tatsache verdecken, daß die darunter zusammengefaßten Midraschim nicht nur aus den verschiedensten Zeiten von der amoräischen bis zur nachrabbinischen Zeit stammen, sondern auch verschiedenen Gattungen der Midrasch-Literatur angehören (Auslegungs- und Homilienmidraschim). Die Darstellung folgt nicht der Reihenfolge der biblischen Bücher, sondern dem Alter der Kommentare bzw. ihres jeweiligen Hauptteils; allerdings ist zu betonen, daß die Datierung – besonders die Spätdatierung – verschiedener Schriften äußerst problematisch ist.

An erster Stelle ist *GenRabba* zu nennen. Als einziger Teil des Pentateuchs hat Genesis keinen tannaitischen Kommentar erhalten, da das Buch nicht gesetzlichen Inhalts ist und außerdem sein Beginn, das „Schöpfungswerk", als wesentlicher Bestandteil der mystischen Geheimlehre nicht öffentlich unterrichtet werden durfte. Es ist möglich, daß ursprünglich allein dieser Midrasch den Beinamen Rabba führte, der von ihm auf die ganze Sammlung übergegangen ist. Der gewöhnlich in hundert Abschnitte („Paraschen") eingeteilte Kommentar legt das Buch Genesis Vers für Vers, oft sogar Wort für Wort aus.

Typisch für die amoräischen Midraschim ist die Einleitung der Paraschen durch ein oder mehrere *Proömien* (hebr. *Petichot*). In der klassischen Form des Proömiums, das man als Einführung zur Predigt über den jeweiligen Bibelabschnitt der Woche bezeichnen kann – nach anderen ist es in sich eine geschlossene kurze Predigt als Hinführung zu dem nachher verlesenen Bibeltext –, beginnt der Redner mit einem Bibelvers aus einem Bibelteil, dem die Lesung nicht angehört (in GenRabba als einem Torakommentar z. B. gewöhnlich aus den „Schriften", seltener aus den Propheten), um von da kunstvoll den Zusammenhang mit dem kommentierten Bibeltext herzustellen. Der festen Regeln folgende Aufbau erlaubt nicht nur die Unterscheidung des klassischen Proömiums von späteren Nachahmungen; die Verteilung der Proömien über GenRabba hilft auch, dessen ursprüngliche Struktur zu erkennen.

Nach Meinung des Maimonides ist R. Oschaja, ein Schüler Rabbis, der Verfasser des Kommentars. Diese im Mittelalter verbreitete Ansicht beruht darauf, daß Oschaja gleich zu Beginn des Midrasch genannt wird. Gegen seine Verfasserschaft spricht die häufige Nennung späterer Gelehrter und auch historischer Ereignisse späterer Zeit: so ist Diokletian erwähnt, nach Meinung mancher auch schon das Scheitern des Wiederaufbaus des Tempels unter Julian (363) vorausgesetzt. Der Vergleich mit Parallelen und Zitaten aus anderen rabbinischen Texten legt eine Entstehung dieses haggadischen Midrasch zu Gen zu Beginn des 5. Jahrhunderts nahe, etwa gleichzeitig mit dem palästinischen Talmud. Die vielen Berührungen nicht nur mit Philo und Josephus, sondern auch mit den Pseudepigraphen legen nahe, daß diese offiziell seit Jabne aus dem rabbinischem Judentum verdrängte Literatur doch noch irgendwie weitergelebt hat und bezeugen so die Bandbreite auch des rabbinischen Judentums. Später hat GenRabba eine Reihe von Kürzungen, zum Teil auch Erweiterungen erfahren. Besonders die letzten Paraschen wurden zum Teil wörtlich aus dem noch zu besprechenden Midrasch Tanchuma übernommen.

LevRabba ist kaum jünger als das vorgenannte Werk. Es ist der älteste homiletische Midrasch und besteht aus 37 Predigten, die dem in Palästinas Synagogen üblichen dreijährigen Lesezyklus folgen (auch wenn dies im Detail in der jetzigen Ordnung des Midrasch nicht mehr überall stimmt). In Babylonien las man die Tora innerhalb eines Jahres; dieser Brauch hat sich später allgemein durchgesetzt und so auch die Einteilung der Midraschim sekundär beeinflußt. Die Predigten von LevRabba sind gewöhnlich dreigegliedert: Proömien leiten die eigentliche Predigt ein, welche mit einer Peroratio endet; diese ist eschatologisch orientiert und soll die Hoffnung auf die kommende Erlösung wachhalten.

LevRabba steht in enger Beziehung zum palästinischen Talmud, ohne, soweit bei der komplexen Sachlage erkennbar ist, direkt von ihm abhängig zu sein; vielmehr scheinen Vorformen des Talmuds wie auch von LevRabba auf die jeweiligen Endredaktionen eingewirkt zu haben. Unklar ist auch das Verhältnis zur Pesiqta de Rab Kahana, mit der LevRabba fünf Kapitel gemeinsam hat und aus der auch die eine oder andere der Homilien stammen dürfte, wenn LevRabba zwei Predigten zum selben Text aufweist. Die Abschreiber dieser beiden Midraschim, die im ständigen liturgischen Gebrauch der Synagoge standen, haben sich offenbar frei genug gefühlt, die einander eng verwandten Predigtsammlungen nach Bedarf gegenseitig zu ergänzen. Als Entstehungszeit für diesen neben GenRabba wichtigsten amoräischen Midrasch, der auch eine bedeutende Geschichtsquelle ist, können wir den Anfang des 5. Jahrhunderts annehmen. Sicher ist die Schrift in Palästina entstanden, wie das Lokalkolorit der Erzählungen, die Orts- und Rabbinennamen und auch die Sprache nahelegen. Vielleicht dürfen wir näher an Tiberias denken, das große Zentrum der palästinischen Amoräer, in dem auch der palästinische Talmud seine Endgestalt annahm.

Ebenfalls sehr alt ist *KlageliederRabba.* Das hängt mit dem rabbinischen Brauch zusammen, den Jahrestag der Zerstörung des Tempels, den 9. Ab, mit Lesung und Auslegung der Klagelieder zu begehen. Dieser, gleich der biblischen Schrift in fünf Kapitel geteilte Midrasch sammelt u. a. zahlreiche Traditionen und Legenden über die beiden jüdischen Aufstände gegen Rom und ist daher für die jüdische Sicht der Ereignisse wichtig. Interessant ist auch die im thematischen Zusammenhang naheliegende Darstellung des Martyriums der sieben „makkabäischen" Brüder, die sich mit 2 und 4 Makk berührt. Von manchen wegen einer textkritisch nicht haltbaren Anspielung auf die Araberherrschaft ins 7. Jahrhundert datiert, wird der Text von anderen gleich nach den halakhischen Midraschim angesetzt. Da Lev Rabba offenbar schon unsere Schrift zitiert und KlglRabba seinerseits wieder die gesamte tannaitische Literatur verwendet, wohl auch GenRabba kennt und auf eine mit dem palästinischen Talmud gemeinsame Vorlage zurückgreift (eher als diesen selbst zu zitieren), legt sich der Beginn des 5. Jahrhunderts als Datum der Redaktion nahe. Wie andere Schriften, so hat auch der Midrasch zu Klagelieder später Zufügungen erhalten, ist aber sonst sicherlich das Werk einer einheitlichen Redaktion.

Etwas später ist der Midrasch Rabba zum *Hohenlied* anzusetzen, das traditionell zu Ostern in der Synagoge gelesen wird und zu dem es eine ganze Reihe von Midraschim gibt. Der mit vier klassischen Proömien eingeleitete Midrasch HldRabba enthält viel altes Material, besonders auch zur jüdisch-christlichen Kontroverse der ersten Jahrhunderte. Abgesehen von einzelnen späteren Zufügungen ist er wohl in die Mitte des 6. Jahrhunderts zu datieren, auch wenn manche an das 7. oder 8. Jahrhundert denken (wegen angeblicher Anspielungen an den Persereinfall von 614 und die darauffolgenden Ereignisse); doch kann der Midrasch auf eine lange Auslegungstradition zurückgreifen, was einst zur These geführt hat, HldRabba sei nichts anderes als eine Sammlung solcher Einzelauslegungen aus früherer Zeit.

Eine solche Kompilation aus verschiedensten Quellen scheint *RutRabba* zu sein, das wegen seiner literarischen Abhängigkeiten auf das 6. Jahrhundert oder später zu datieren ist. Etwa aus derselben Zeit stammt der erste Teil von *EstRabba* (ein Kommentar zu Est 1–2, dessen ursprüngliche Fortsetzung vielleicht verlorengegangen ist), während der zweite Teil (zu Est 3–8) bedeutend später ist und sogar den hebräischen Josippon (10. Jahrhundert) schon zu verwenden scheint. Erst im 12. oder 13. Jahrhundert hat man beide Stücke miteinander verbunden. *KohRabba* wird in seiner Endredaktion ins 8. Jahrhundert datiert (aufgrund literarischer Abhängigkeiten), verwendet jedoch altes Material, das zum Teil in die tannaitische Zeit zurückgeht.

Sehr spät werden gewöhnlich die drei verbleibenden Kommentare zum Pentateuch angesetzt, auch wenn hier große Vorsicht am Platz ist. *DtnRabba,* ein homiletischer Midrasch zu Dtn, ist in zwei Rezensionen erhalten, die besonders zu Beginn stark voneinander abweichen. Der Aufbau der einzelnen Predigten ist dem des Midrasch Tanchuma vergleichbar: sie setzen regelmäßig mit der Formel ein: „Halakha. Ein Mann aus Israel ..."; die eigentliche Predigt besteht aus einem halakhischen und einem haggadischen Teil; als Abschluß kommt meist ein Ausblick auf die erwartete endzeitliche Erlösung. Gewöhnlich setzt man die Redaktion des Midrasch auf die Zeit um 900 an; doch ist auch ein früheres Datum in Erwägung zu ziehen.

ExRabba besteht aus zwei verschiedenartigen Teilen. Der erste Teil ist ein exegetischer Kommentar zu Ex 1–10; ganz nach der Art von GenRabba geschrieben, könnte diese Auslegung ursprünglich dessen Kommentar bis zum Einsatz der Mekhilta in Ex 12 fortgeführt haben (Ex 11 fehlt in ExRabba). Der zweite Teil (zu Ex 12–40) ist ein homiletischer Midrasch, der dem dreijährigen Lesezyklus Palästinas folgt und gewöhnlich nur den Anfang der jeweiligen Schriftlesung kommentiert. Welcher der beiden Teile älter ist, ist schwer auszumachen. Die übliche Datierung des Gesamtwerkes (11. oder 12. Jh.) ist nur als terminus ante quem zu verwenden; doch stehen genauere Untersuchungen noch aus.

Ebenfalls aus zwei Teilen ist *NumRabba* zusammengesetzt. Die ersten vierzehn Paraschen bieten einen exegetischen Kommentar zu Num 1–8; Num 9–36 hingegen wird in den Paraschen 15–23 sehr kursorisch besprochen. Anstelle eines Auslegungsmidrasch haben wir es hier mit einer homiletischen Bearbeitung nach Art des Tanchuma zu tun. Manche sehen das ganze Werk als Schrift des Mosche ha-Darschan (11. Jh., Narbonne) an, bzw. als in seiner Schule erfolgte Bearbeitung eines früheren Textes; nach anderen stammt nur der erste Teil aus seiner Schule, in der besonders das Studium der Pseudepigraphen sehr gepflegt wurde; der zweite Teil hingegen ist nach dieser Ansicht älter, etwa aus dem 9. Jahrhundert, und später mit Erweiterungen aus der Schule des Mosche ha-Darschan ergänzt worden. Auch hier ist der Umfang der Bearbeitung eventueller früher Vorlagen in der Schule von Narbonne erst näher zu untersuchen und das vorgeschlagene Datum der Endredaktion (um 1300) nur mit Vorsicht zu übernehmen.

d) Predigtsammlungen: Pesiqta und Tanchuma

Eine wesentliche Aufgabe des Midrasch ist die Schrifterklärung im Gottesdienst der Synagoge, sei es für die Sabbatlesungen im dreijährigen Zyklus Palästinas, sei es für den Jahresfestkreis. In LevRabba sind wir schon einem solchen homiletischen Midrasch begegnet, desgleichen in Teilen anderer Rabbot. Hier seien im folgenden die wichtigsten Predigtsammlungen besprochen, die beiden Pesiqtot und der Midrasch Tanchuma in seinen beiden Fassungen.

Die *Pesiqta de Rab Kahana* (PRK), auch kurz Pesiqta genannt, ist ein homiletischer Midrasch, der die Lesungen der Festtage und der „ausgezeichneten Sabbate" bespricht (drei Sabbate vor dem 9. Ab, dem Jahrestag der Zerstörung des Tempels, sieben Trostsabbate nachher und die beiden Sabbate nach Neujahr). Die an diesen Sabbaten kommentierte Lesung ist die jeweilige *Haftara*, der Abschnitt aus den Propheten. L. Zunz hat ursprünglich die Existenz und den Aufbau des Werkes aus mittelalterlichen Zitaten erschlossen

(1832); die Entdeckung von Handschriften mehr als dreißig Jahre später hat seine Rekonstruktion fast völlig bestätigt.

Der Name Pesiqta bedeutet „Abschnitt, Entscheidung“, hier den „Wochenabschnitt der Schriftlesung“. Die Erwähnung R. Kahanas (3. Jahrhundert) im Titel verweist nicht auf den Verfasser, wiewohl dies gelegentlich so verstanden wird, sondern rührt daher, daß in der ursprünglichen Anordnung des Werkes dieser Rabbi gleich zu Beginn genannt wurde, nämlich zu Neujahr. Durch die Beifügung des Namens Kahanas soll dieses Werk von anderen Schriften desselben Namens unterschieden werden.

Die Entstehungszeit der Sammlung, die wie praktisch alle Midraschim palästinischer Herkunft ist, hängt von der Beurteilung ihres Verhältnisses zur eng verwandten Schrift LevRabba ab, mit der sie, wie schon erwähnt, fünf Paraschen gemeinsam hat. Die Annahme, daß beide Werke vom selben Verfasser stammen, der mehrere Kapitel doppelt verwendet habe, ist nicht beweisbar. Eher hat die Pesiqta LevRabba verwendet als umgekehrt. Die Frühdatierung in die Zeit des R. Kahana ist ebensowenig gerechtfertigt wie die Spätdatierung von Zunz, der die Schrift um 700 ansetzt. Am wahrscheinlichsten ist eine Entstehung um die Mitte des 5. Jahrhunderts. Doch sind später eine Reihe von Kapiteln in verschiedene Handschriften eingedrungen: so eine Predigt zu Simchat Tora, dem Fest zum Abschluß des einjährigen babylonischen Lesezyklus, ebenso eine Homilie zum zweiten Tag des Laubhüttenfestes (die Feier eines zweiten Tages zu den großen Festen war ursprünglich nur außerhalb Palästinas üblich). Die uneinheitliche Zahl von Kapiteln in den verschiedenen Handschriften geht darauf zurück, daß die Pesiqta primär nicht ein literarisches Werk war, sondern ein Buch zum regelmäßigen Gebrauch bei liturgischen Handlungen, das man nach Bedarf mit anderen passenden Materialien ergänzt hat.

Die zum Unterschied von der Pesiqta de Rab Kahana *Pesiqta Rabbati* (PesR) genannte Schrift, die ihre Vorgängerin eine Zeitlang fast völlig verdrängt hat, ist ebenfalls eine Homiliensammlung zu den Festtagen und den ausgezeichneten Sabbaten. Die Kapiteleinteilung der Ausgaben (47 Kapitel) stimmt nicht mit den Abgrenzungen der Homilien überein, die zahlreicher sind. Auch ist die Sammlung nicht vollständig: die Lesung zum Laubhüttenfest fehlt.

Das Werk ist nicht einheitlich, sondern aus verschiedenen Quellen zusammengesetzt: manche Kapitel stammen aus der Pesiqta de Rab Kahana (14 ist teilweise PRK 4; 15–18 = PRK 5–8; 32 = PRK 18); andere sind aus einer mit dem Midrasch Tanchuma verwandten Quelle übernommen (erkenntlich an der Einleitungsformel: „So eröffnete R. Tanchuma“ oder ähnlich, weiters am Beginn der Predigt mit einer halakhischen Frage: PesR 1–14; 39–45; 47); auch die Kapitel 20–24 sind als getrenntes, durch seinen Stil und Aufbau selbständiges Werk zu betrachten, das im Mittelalter auch als „Midrasch der Toraverleihung“ bekannt war; schließlich dürften auch die Kapitel 26–28 und 34–37 aus anderen Quellen stammen.

Diese Zusammensetzung aus verschiedensten Materialien macht eine Datierung des Gesamtwerkes schwierig. Jedenfalls darf man nicht aus einer einzelnen Stelle auf das ganze Werk schließen, wie dies L. Zunz getan hat, der eine Bemerkung im ersten Kapitel, seit der Tempelzerstörung seien 777 Jahre vergangen, als einen Hinweis auf die Abfassung des Werkes nach 845 verstand. Ebenso kann die Datierung in die Zeit nach 355 (777 Jahre seit der Zerstörung des ersten Tempels durch die Babylonier gemäß rabbinischer Zeitrechnung) nicht für das Gesamtwerk gelten. Am ehesten ist die Redaktion des Werkes in das 6. oder 7. Jahrhundert zu datieren; die Einzelkapitel sind hingegen zum Teil bedeutend älter. Andere Abschnitte sind hingegen ähnlich wie bei der PRK später mit dieser liturgischen Sammlung verbunden worden. Als Entstehungsland hat entgegen früheren Auffassungen nicht Griechenland oder Süditalien, sondern Palästina zu gelten.

Ein weiterer Homilien-Midrasch bzw. eine ganze Gruppe solcher Midraschim steht unter dem Namen *Tanchuma* oder auch *Jelamdenu* („es belehre uns" unser Lehrer: so beginnen viele Abschnitte in diesen Midraschim; der erste Name geht darauf zurück, daß R. Tanchuma bar Abba, ein palästinischer Rabbine gegen Ende des 4. Jahrhunderts, in diesen Werken sehr häufig vorkommt und später für deren Verfasser gehalten wurde). Die Beurteilung dieser Midraschim ist durch die Vielfalt des Textmaterials besonders schwierig: es gibt nicht nur zwei auf weite Strecken divergierende Ausgaben des Tanchuma; auch DtnRabba gehört in diese Textfamilie, ebenso der zweite Teil von ExRabba und NumRabba und Teile aus der PesR; dazu kommen immer neue Handschriften, die beweisen, wie populär der Midrasch Tanchuma einst gewesen sein muß.

Diese Midrasch-Gruppe, deren einzelne Textzeugen den gesamten Pentateuch oder Teile davon dem dreijährigen palästinischen Lesezyklus folgend homiletisch auslegen, hat neben der häufigen Nennung von R. Tanchuma die Verbindung von Halakha und Haggada gemeinsam. Die formelhaft eingeleitete halakhische Frage scheint vielfach nur noch rein rhetorisch zu sein; die Antwort ist dem Fragesteller schon bekannt. Ursprünglich dürfte jedoch das echte Bemühen dahinterstehen, die Predigt mit einem kurz dargestellten, allgemein verständlichen halakhischen Problem einzuleiten, bevor der Redner zum leichter faßlichen haggadischen Teil überging. Erst später ist dieses Bemühen um eine Unterweisung des Volkes in den Grundelementen der Halakha verflacht.

Es ist nicht möglich, eine genaue Datierung der Schriften vorzunehmen. Die Verwendung der gesamten tannaitischen Literatur, des palästinischen Talmuds und vieler Midraschim läßt eine Datierung auch der ältesten bestehenden Sammlungen nicht vor dem 9. Jahrhundert zu.

Früher wurde die Frage viel diskutiert, ob Tanchuma und Jelamdenu identisch oder nur zwei einander sehr ähnliche Werke seien. Mittelalterliche Gelehrte haben wohl beide Namen abwechselnd verwendet. Gleichzeitig tritt jedoch in manchen dieser Midraschim der Name Tanchumas mehr hervor, während in anderen die halakhische Einleitungsfrage charakteristischer ist. Mag auch am Anfang ein gemeinsamer Prototyp dieser Midraschim gestanden haben, so haben sich diese doch sehr schnell nach den jeweiligen zeitlichen und örtlichen Gegebenheiten und den Interessen des jeweiligen Abschreibers und Bearbeiters diversifiziert, so daß die Wiederentdeckung der Urform wohl unerfüllbarer Wunschtraum ist. Gerade die homiletischen Midraschim waren ja primär für den regelmäßigen Gebrauch in der Synagoge gedacht; sie waren Arbeitsbücher, die der einzelne bzw. die Gemeinde ihren Bedürfnissen ständig anpaßte; sie lebten und waren nicht einem engen Begriff von „geistigem Eigentum" unterworfen.

e) Pirqe de Rabbi Elieser – Späte Midraschim

Pirqe de Rabbi Elieser („Die Kapitel des R. Elieser" PRE) gehört nicht mehr in die Welt der klassischen Midraschim, sondern, ähnlich dem Buch der Jubiläen und dem Genesis-Apokryphon von Qumran, in die Gattung der „rewritten Bible". Das Buch kommentiert nicht einen bestimmten biblischen Text, sondern erzählt die biblische Geschichte von neuem, füllt sie mit viel Material aus der Midrasch-Literatur, den Targumim und dem palästinischen Talmud auf und erzeugt so eine völlig neue Erzählung.

In der uns vorliegenden Gestalt hat das Buch 54 Kapitel, ist jedoch offenbar nicht vollständig überliefert worden. Da aber von einer Fortsetzung keine Spuren zu finden sind, ist der zweite Teil wohl nicht verlorengegangen, sondern hat der Verfasser das Werk eher nicht vollenden können. Die ersten zwei Kapitel erzählen aus dem Leben des R. Elieser ben Hyrkanos (Beginn 2. Jh.), die nächsten neun das Schöpfungswerk; es folgen Abhandlungen über den ersten Menschen und seine Nachkommen, über die Patriarchen, Mose, den Exodus und die Sünde mit dem Goldenen Kalb. Mit dem Aussatz Mirjams, der Schwester des Mose (Num 12), bricht die Erzählung ab. Daß sie weitergehen sollte, ist dadurch beweisbar, daß von den angekündigten zehn Abstiegen Gottes zur Welt nur acht gebracht werden; weiters sind die Kapitel 27ff. mit den Benediktionen des Achtzehngebets verbunden, vielleicht ein bewußter Midrasch dazu. Doch kommt das Werk nur bis zur achten Benediktion, dem Gebet um Gesundheit. Es ist anzunehmen, daß das Werk bis zum Tod des Mose geplant war, also den ganzen Pentateuch nacherzählen wollte.

Die Zuschreibung des Werkes an R. Elieser ist haltlos. Hat der Verfasser bewußt seine Schrift unter das Patronat des berühmten Rabbi gestellt, also ein pseudepigraphes Werk verfaßt, wie auch andere Züge der Schrift, vor allem die Vertrautheit mit der Tradition der Pseudepigraphen, nahelegen? Besonders die Nähe zum Buch der Jubiläen fällt auf, gleich dem der Verfasser nicht nur die biblischen Gesetze, sondern auch rabbinische Halakhot und Bräuche in die Zeit der Patriarchen zurückverlegt. Andererseits kann die Zuschreibung an R.

Elieser auch später erfolgt sein, weil das Werk mit der Schilderung von dessen Leben beginnt. Allerdings enthalten manche Handschriften diese Kapitel nicht; sie scheinen demnach erst später dem Werk vorangestellt worden zu sein (ähnliche Verbindungen heterogener Werke sind häufig).

Die innere Analyse der Schrift spricht für eine Datierung in das 8. oder 9. Jahrhundert. Das Werk, das manche Ähnlichkeiten mit arabischen Bibelerzählungen aufweist, spielt mehrfach auf die arabische Herrschaft an (besonders im Kapitel 30 über Abrahams Sohn Jischmael, von dem nach jüdischer Auffassung die Araber stammen); als Frauen Jischmaels werden Aischa und Fatima – die Frau und die Tochter Mohammeds – genannt; auch die Omarmoschee auf dem Tempelplatz ist schon bekannt. Ein Text in Kap. 28 scheint die messianische Zeit für das Jahr 729 zu erwarten, doch ein anderer Text (Kap. 30) spielt offenbar auf die gleichzeitige Herrschaft der beiden Söhne Harun al Raschids (809–813) an. Erst eine genauere Textanalyse und vor allem dessen kritische Ausgabe können hier weiterhelfen. Sicher müssen wir auch in PRE mit Interpolationen rechnen; insgesamt ist jedoch das Werk, wiewohl es sich auf eine Fülle älterer Traditionen stützt, vielleicht auch ganze Kapitel ziemlich unverändert aus anderen Quellen übernommen hat (etwa die drei astronomischen Kapitel 6–8), nicht ein Sammelwerk wie andere Midraschim, sondern als die Leistung einer Schriftstellerpersönlichkeit anzusehen. Darin wie auch in der Gesamtanlage als biblischer Erzählung und nicht als Kommentar gleicht PRE dem vielleicht etwas späteren Midrasch vom Tod des Mose *(Midrasch Petirat Mosche)* wie auch der mittelalterlichen Moselegende, der „Chronik des Mose".

In dieser späten Periode der Midraschliteratur entstanden eine Fülle weiterer, meist kleiner Werke, aus denen nur die wichtigsten genannt werden können. Der umfangreiche *Midrasch zu den Psalmen,* ein homiletisch-haggadischer Midrasch, ist eine Kompilation verschiedener Teile, die aus verschiedenen Zeiten stammen. Die handschriftliche Überlieferung zeigt, daß die ursprüngliche Sammlung nur bis Ps 118 reichte. Innere Kriterien und Anspielungen auf die islamische Herrschaft legen das 9. Jahrhundert als Zeit der Redaktion nahe. Doch sind Teile bedeutend älter und könnten gar ins 3. Jahrhundert zurückgehen (für diese Zeit weiß die rabbinische Literatur von einem Psalmenkommentar). Vermutungen, daß die Entstehung des Midrasch mit der Lesung der Psalmen in einem dreijährigen Zyklus zusammenhängt, lassen sich nicht beweisen. Doch deuten viele Anspielungen auf die römische Herrschaft und ähnliche Indizien auf eine relativ frühe Zeit mancher Teile. Der zweite Teil des Midrasch zu Ps 119–150 ist später entstanden und stammt vielleicht aus dem 11. Jahrhundert. Die Endredaktion des Gesamtwerkes ist um 1300 anzusetzen.

Ein Midrasch zum Buch der *Sprichwörter* ist im 8. oder 9. Jahrhundert entstanden. Die vielen Entlehnungen aus dem babylonischen Talmud scheinen für eine Entstehung in Babylonien zu sprechen, was in der Midraschliteratur eine Ausnahme wäre. Als einzige Schrift der „historischen" Bücher der Bibel sind die beiden Bücher *Samuel* zu einem Midrasch gekommen. Midrasch Samuel, ein homiletischer Kommentar, der viel aus früheren Werken kompiliert, enthält zwar manchen alten Stoff (auch aus tannaitischer Zeit), doch seine Endgestalt ist spät (um 1000). Die Prophetenbücher haben gar keinen vollständigen Midrasch erhalten (nur die Pesiqta behandelt die Leseabschnitte der ausgezeichneten Sabbate; andere Prophetentexte sind an verstreuten Stellen kommentiert worden). Die gesamte Midrasch-Literatur konzentriert sich vor allem auf den Pentateuch und die Megillot.

f) Midrasch ha-gadol und Jalqut: Sammelwerke

Das Ende des Zeitalters der Geonim ist auch der Abschluß der eigentlichen Midrasch-Periode. Was nachher kommt, ist einerseits eine Zeit des Sammelns der alten Traditionen, gleichzeitig auch einer Neubesinnung der rabbinischen Schriftauslegung. Diese Verbindung von Sammlergeist und Hinwendung zur Erforschung des Wortsinnes der Bibel, die dann für Raschi so grundlegend geworden ist, findet sich bei zwei europäischen Gelehrten des 11. Jahrhunderts. *Mosche ha-Darschan* (d. h. der „Exeget" oder „Prediger"), ein fruchtbarer Schrifterklärer und Begründer einer eigenen Schule in Narbonne, die auch für die Bearbeitung des zweiten Teils von NumRabba verantwortlich ist, hat vor allem einen Genesiskommentar verfaßt, *Bereschit Rabbati*, in dem er eine Fülle von Zitaten aus der Tradition mit seinen eigenen Bemerkungen verbindet. Ähnlich geht sein etwas jüngerer Zeitgenosse, der aus Mainz stammende *Tobia ben Elieser*, in seinem Werk *Leqach Tob* („gute Lehre": mit diesen Worten aus Spr 4,2 beginnt das Werk) vor, einem Kommentar zum Pentateuch und den fünf Megillot.

Die größte aller Midrasch-Sammlungen stammt aus Jemen. *David ben Amram* von Aden, ein Gelehrter des 13. Jahrhunderts, gilt heute fast allgemein als der Verfasser des *Midrasch ha-gadol* (des „großen Midrasch " MHG); die Zuschreibung an Abraham, den Sohn des Maimonides, ist nur äußerst schwach bezeugt. Der MHG ist ein Kommentar zum gesamten Pentateuch, den der Verfasser nach dem in Babylonien üblichen einjährigen Lesezyklus eingeteilt hat. Er beginnt jede Parasche mit einem gereimten zweistrophigen Proömium, das zum Anfang des zu kommentierenden Abschnitts hinführt; jede Parasche endet mit einem Ausblick auf die kommende Erlösung und die Heimkehr nach Israel. Dazwischen sammelt er zu jedem einzelnen Vers die Auslegungen der gesamten Midrasch-Tradition, der beiden Talmudim, vieler Schriften der Geonim und vor allem auch des Maimonides, besonders seines Mischnakommentars.

Die große Bedeutung der Sammlung liegt in der Überlieferung vieler Texte, die inzwischen verlorengegangen sind. Die Mekhilta de R. Schim'on bar Jochai, Sifre Zutta und der Midrasch Tannaim sind zum Großteil aus dem MHG rekonstruiert worden. Dies ist allerdings nicht unproblematisch, wie der Vergleich des MHG mit manchen seiner Vorlagen, die in der Geniza zu Kairo wiederentdeckt wurden, zeigt. Wie seine Vorgänger Mosche ha-Darschan und Tobia ben Elieser zitiert der Verfasser seine Quellen nicht. Geht er auch nicht so frei wie diese mit ihnen um, so ist er doch nicht nur Sammler, sondern auch Schriftsteller: er zerlegt seine Vorlagen in kleinste Einheiten, korrigiert vielfach die Halakha der tannaitischen Midraschim nach dem Wortlaut der Mischna, ergänzt aus dem Talmud und anderen Schriften und fügt schließlich auch eigene erklärende Glossen ein: somit entsteht, gleich einem Mosaik aus vielen kleinen Steinen, schließlich ein ganz neues Werk, dessen Vorlagen zu rekonstruieren oft nicht mehr möglich ist.

Anders steht es mit dem *Jalqut* (der „Blütenlese"), zur Unterscheidung von ähnlichen Sammlungen Jalqut Schim'oni genannt: Schim'on von Frankfurt, der spätestens im 13. Jahrhundert gelebt hat (die früheste Handschrift des Werkes datiert von 1308), ist sein Verfasser. In seinem Werk, einer Sammlung von Zitaten aus der Midrasch- und sonstigen Traditionsliteratur zur gesamten Bibel, gibt er gewöhnlich seine Quellen an. Oft fehlen jedoch die Quellenangaben bzw. sind sie verderbt. Die Schrift, wie der MHG eine wertvolle Fundgrube nicht nur von verlorenen Texten, sondern auch richtiger Lesarten bekannter Schriften, geht mit ihren Vorlagen nicht immer sehr genau um. Der Kompilator fühlt sich frei, zu ändern und zu kürzen; spätere Herausgeber handelten seinem Text gegenüber genauso. Im Unterschied zu David von Aden bringt Schim'on von Frankfurt meist größere Texteinheiten im Zusammenhang, auch wenn er auf diese Art gelegentlich vom zu kommentierenden Bibeltext abschweift. Sein Werk ist in etwa zweitausend „Hinweise" (*remazim*) unterteilt; diese dürften jedoch dem Verfasser nicht als eigentliche Einteilung gedient haben – dafür sind sie zu ungleichmäßig lang –, sondern als inneres Verweissystem. Später (ab dem 15. Jh.) ist die Schrift so beliebt geworden, daß sie nicht nur die Kenntnis der Midrasch-Tradition verbreitete, sondern gleichzeitig dazu beitrug, daß die Originalschriften immer mehr vernachlässigt wurden und zum Teil verlorengegangen sind. Eine ähnliche Wirkung hatte der MHG in seinem Verbreitungsgebiet.

Nur erwähnt sei der *Jalqut ha-Makhiri,* der Makhir b. Abba Mari zugeschrieben wird. Das nur teilweise erhaltene Werk wollte offenbar nicht die gesamte Bibel kommentieren und zumindest den Pentateuch ausklammern. Die Schrift ist wahrscheinlich im 14. Jahrhundert in Spanien entstanden.

5. Die Anfänge der liturgischen Dichtung

Mit der Zerstörung des Tempels ist, wie es scheint, auch die dichterische Tradition der Psalmen untergegangen. Zwar zeichnen sich auch die ältesten Gebete der jüdischen Liturgie, deren Alter und Herkunft nicht genau zu bestimmen ist, die jedoch gewiß in die talmudische Zeit zurückreichen, durch eine gehobene feierliche Sprache aus; doch kann man von einer eigentlichen liturgischen Dichtung nicht sprechen. Offenbar haben die Rabbinen vor allem darauf geachtet, die Liturgie auch für das einfache Volk verständlich zu gestalten und daher eine gehobene Prosa für die Gebete vorgezogen, deren Wortlaut übrigens noch lange Zeit nicht festgelegt war.

Die wenigen poetischen Texte, die uns die Talmudim überliefert haben, sind profane Texte, vor allem eine Reihe von Trauerliedern im Traktat Moed Qatan des babylonischen Talmuds. Professionelle Sänger, deren Namen uns nicht bekannt sind, haben sie vor allem beim Tod von Rabbinen vorgetragen. Andere Texte sind für Hochzeiten und Beschneidungen bestimmt oder sind Abschiedslieder. Diese Gedichte haben sich in der Form schon von der biblischen Tradition gelöst. Sie stützen sich nicht mehr auf den Parallelismus; auch ihr Wort- und grammatischer Formenschatz geht über die biblische Tradition hinaus. Diese Gedichte sind noch ungereimt, entwickeln jedoch verschiedene feste Rhythmen. Gedichte kommen auch in den Targumim vor: in aramäischer Sprache verfaßt, lehnen sie sich an die Haggada zum jeweiligen Bibeltext an.

Zu einer liturgischen Dichtung kommt es erst in der byzantinischen und arabischen Zeit. Die zu einem großen Teil noch unveröffentlichten Texte, die man gegen Ende des vergangenen Jahrhunderts in der Geniza von Kairo gefunden hat, haben unser Bild der Frühzeit der liturgischen Dichtung erheblich geändert und ergänzen es noch immer. Erst durch sie ist es möglich geworden, Genaueres über die anonyme Phase dieser Dichtung zu sagen und die namentlich bekannten Dichter annähernd zu datieren, ihre Heimat zu erkennen und den Reichtum ihres Schaffens zu erahnen.

Die liturgische Dichtung wird als *Pijjut* bezeichnet (vom griech. Wort *poiētria;* der Dichter heißt *Paitan* nach dem griech. *poiētes*). In der frühen, anonymen Periode ist es die Aufgabe des Pijjut, die sich langsam verfestigenden Gebetsformen zu ersetzen und den Gottesdienst feierlicher zu gestalten; als später eine starre Gebetsordnung dies unmöglich machte, traten die Pijjutim neben die feststehenden Gebete und verschönerten so die Liturgie. Die Gedichte wurden nie vom Volk gemeinsam rezitiert, sondern waren dem Vorbeter vorbehalten, in dessen Ehrgeiz es lag, stets neue Gedichte zu den Festen und auch zu den gewöhnlichen Sabbaten vorzutragen. Das Volk beschränkte sich auf die Wiederholung eines Kehrverses oder war überhaupt passiv. Je nach dem Platz des Gedichts in der Liturgie haben sich verschiedene Formen mit je eigenen Strukturen entwickelt, in denen der Einfluß der profanen Dichtung dieser Zeit deutlich erkennbar ist.

Die beiden Grundformen des Pijjut sind die Qeroba und der Jotser, wovon die erste Form besonders in der Frühzeit überragende Bedeutung hatte, die zweite sich später immer mehr verbreitete. Die *Qeroba* gehört in das Achtzehngebet, das zum Grundbestand der gesamten jüdischen Liturgie zählt. Je nach Bedeutung des jeweiligen Tages nimmt die Qeroba die verschiedensten Formen an, ob es sich nun um gewöhnliche Tage handelt oder um solche, an denen ein Zusatzgebet zu verrichten ist; an Sabbaten und Feiertagen, an denen in das Achtzehngebet eine besondere Formel zur Heiligung des Tages (Qeduscha) eingefügt wird, erscheint die Qeroba in der Form der *Qeduschta,* zu Neujahr als *Teqia* (so nach dem Blasen des Schofar, des Widderhorns, an diesem Tage benannt); sehr beliebt ist schon von Anfang an die *Aboda* (der „Gottesdienst", näherhin die Beschreibung des Dienstes, den der Hohepriester am Versöhnungstag im Tempel verrichtet); dazu kommen *Qinot* (Klagelieder) am 9. Ab wegen der Zerstörung des Tempels, Bußgesänge *(Selichot)* an Festtagen und Jubellieder (*Hoschanna*-Lieder) zu den Prozessionen des Laubhüttenfestes.

Die zweite Grundform des Pijjut, der *Jotser* („Schöpferhymnus", benannt nach der Segensformel: „Der du das Licht bildest (*jotser*) und die Dunkelheit erschaffst"), ist eine dichterische Bearbeitung der Segenssprüche vor und nach dem *Schema* („Höre", Israel ..., neben dem Achtzehngebet das wichtigste Gebet der jüdischen Liturgie, beginnend mit Dtn 6,4–9). Der Jotser ist vor allem im Morgengebet beheimatet, später dann und seltener auch in das Abendgebet gekommen.

Die ersten namentlich bekannten Paitanim sind Jose ben Jose, Jannai, Elieser ha-Qallir, Schim'on bar Megas ha-Kohen, Jose beR. Nissan und andere. Sie alle haben in der byzantinischen Periode gelebt; in den Werken der spätesten von ihnen schlagen sich deutlich die Wirren der letzten Jahre vor der arabischen Eroberung nieder. Früher hat man diese Dichter um Jahrhunderte später angesetzt und sie vielfach nach Italien und Byzanz verlegt, während die neuen Funde nicht nur ihre Frühdatierung, sondern auch Israel als ihre Heimat gesichert haben.

Jose ben Jose mit dem Beinamen *ha-Jatom* („die Waise", wohl daraus abgeleitet, daß er den Namen seines Vaters trägt) hat wahrscheinlich im 4. oder 5. Jahrhundert gelebt. In seinen Gedichten verwendet er als gestaltendes Element vor allem das Alphabet, wie dies schon in der Psalmendichtung beliebt war: die Zeilen beginnen der Reihe nach mit den Buchstaben in der Ordnung des Alphabets; diese Reihenfolge kann auch umgekehrt oder sonst in ihrer Anordnung abgewandelt werden. Jose liebt die Alliteration, während der in der biblischen Poesie fast unbekannte Reim auch weiterhin sehr selten bleibt. Am Ende einer Strophe faßt der Dichter gerne deren Thema in ein oder zwei Worten zusammen.

Von Jose ben Jose sind uns vor allem einige Abodot erhalten; die Aboda gehört ja zu den am frühesten verbreiteten Gedichtformen. Eines dieser Werke zeigt deutlich die Vorliebe des Künstlers für die epische Form, wenn er das Wirken Gottes in der Geschichte darstellt: Jose setzt bei der Erschaffung der Welt ein und schildert die Höhepunkte der biblischen Geschichte unter Verwendung der Haggada seiner Zeit bis hin zur Einsetzung Aarons als Hoherpriester. Damit erst kommt er zum eigentlichen Thema der Aboda, der Schilderung des Gottesdienstes im Tempel am Versöhnungstag, den schon Ben Sira so begeistert dargestellt hat. Eine andere, erst vor kurzem veröffentlichte Aboda Joses, die ausnahmsweise gereimt ist, enthält gewissermaßen seinen „Werkkatalog“: jede der zehn Strophen endet mit der Anfangszeile einer anderen Aboda, die Jose verfaßt hat.

Jannai, ebenfalls erst durch die Geniza von Kairo richtig bekannt geworden, hat in den Jahrhunderten vor der arabischen Eroberung gelebt; eine nähere Datierung ist derzeit nicht möglich: die Vorschläge reichen vom 4. bis zum 7. Jahrhundert. Die Entwicklung zwischen Jose ben Jose und ihm läßt einen längeren Abstand wahrscheinlich scheinen. Jannai hat Qerobot für die Sabbate des ganzen Jahres geschrieben, wobei er dem dreijährigen palästinischen Lesezyklus folgt. Die schon in der anonymen Dichtung festgestellte Tendenz zur Neubildung von Formen und Worten ohne feste Regel mag ein Absinken der Sprache bedeuten, wie manche meinen. Jedenfalls ist Jannai in der dichterischen Gestaltung seines Stoffes, in dem er die Haggada mit halakhischen Themen vermengt, lange Zeit vorbildhaft geblieben, auch wenn die vielen Anspielungen an seinerzeit sicher geläufigen Midrasch-Stoff manchmal das Verständnis seines Werkes erschweren. Neben dem Akrostichon – der Angabe seines Namens durch die Anfangsbuchstaben der Verse – verwendet Jannai auch schon gerne den Reim; dieser ist sicher eine Bereicherung der hebräischen Dichtung gewesen, auch wenn er in der Folgezeit zu einem oft rein mechanisch verwendeten Gestaltungsmittel geworden ist.

Eleasar ha-Qallir ist als Dichter schnell berühmt geworden; eine ganze Schule hat sich nach ihm gebildet – Gedichte in seinem Stil nannte man „*Qalliri*“. So haben bald Legenden seine Gestalt umrankt. Demnach sei er der Schüler Jannais gewesen, der ihn später aus Eifersucht ermordet habe, indem er einen Skorpion in die Sandale ha-Qallirs gelegt habe. Wann er wirklich gelebt hat, ist aus seinen Gedichten zu erschließen: Ende des 6. oder zu Beginn des 7. Jahrhunderts, jedenfalls vor 638, da er sich nur über Edom, die christliche Regierung, nicht jedoch über Jischmael, d.h. die Araber beklagt.

Qallir hat Pijjutim für alle Festtage, ausgezeichnete Sabbate und Fasttage geschaffen. Er stützt sich dabei sehr stark auf dieHaggada und ist für manche von deren Vorstellungen der früheste oder gar einzige Zeuge. Gerne baut er auch ganze Bibelverse in seine Gedichte ein. Wie alle Paitanim ist er vor allem ein religiöser Dichter; das Lied für den achten Tag des Laubhüttenfestes (*Schemini Atseret*), wo um Regen gebetet wird, zeigt ihn jedoch auch offen für die Schönheit der Natur, was in der Dichtung dieser Zeit ausgesprochen selten ist.

Als dichterische Gestaltungsmittel verwendet ha-Qallir wie seine Vorgänger das Akrostichon, um seinen Namen mitzuteilen, ganz allgemein das Alphabet sowie die Alliteration. Außerdem verwendet er auch den Reim viel mehr als die Früheren: manchmal reimt er sogar jedes Wortpaar innerhalb einer Strophe. Äußerst kühn als Wortschöpfer, ist er später oft nicht mehr recht verstanden worden; auch die vielen haggadischen Anspielungen haben dazu beigetragen, sein Werk schwer verständlich zu machen. Viele Fehler der Abschreiber haben die Rätselhaftigkeit seiner Texte verstärkt, so daß schon ab dem 11. Jahrhundert ein Kommentar zu seinen Gedichten notwendig war. Nachdem Gedichte in der Art des Qallir in Mode waren, sind sie später von den spanisch-jüdischen Dichtern scharf kritisiert worden, als die Rückkehr zur reinen biblischen Sprache das höchste Ziel des Dichters wurde.

6. Die frühe Mystik

Eine Darstellung der rabbinischen Literatur ohne Erwähnung der mystischen Tradition würde das Bild der Periode einseitig durch die Beschäftigung mit Religionsgesetz und Bibelauslegung geprägt sein lassen. Wie bedeutend daneben die mystischen Strömungen gewesen sind, hat die Forschung der letzten Jahrzehnte (*G. Scholem*) gezeigt. Die Anfänge dieser mystischen Richtung sind in der apokalyptischen Literatur sowie in Qumran erkenntlich. Besonders die Henochliteratur mit ihren Himmelsreisen ist hier von Bedeutung, aber auch verschiedene magische und astrologische Texte von Qumran sowie die dortige himmlische Liturgie sind zu nennen. Wie weit diese Strömung von persischem Gedankengut, durch den Hellenismus oder den allgemeinen orientalischen Synkretismus der ausgehenden Antike bestimmt ist, läßt sich im einzelnen schwer sagen. Diese Einflüsse sind nicht zu leugnen; doch sind vor allem die innerjüdischen Triebkräfte zu betonen, die sicher auch ihren Anteil an der Ausbildung der Gnosis gehabt haben. Jahrhunderte lang besteht ein Spannungsverhältnis zwischen Gnosis und jüdischer Mystik, eine gegenseitige Beeinflussung, aber auch jüdischerseits stets Versuche einer klaren Abgrenzung.

Die Mystik war stets in Gefahr, vom jüdischen Glauben abzuweichen. Die in der rabbinischen Literatur oft genannten *Minim* waren sicher nicht nur Judenchristen, sondern vor allem zur Gnosis neigende jüdische Mystiker. Dies war ein Grund, die mystischen Lehren nicht öffentlich vorzutragen, sondern nur unter bestimmten Umständen weiterzugeben. Die beiden Grundtexte der Mystik, der Schöpfungsbericht von Gen 1 und die Vision des himmlischen Thronwagens in Ez 1, waren daher für die öffentliche Auslegung nicht geeignet. Doch wäre es falsch, in der Mystik nur eine Bewegung am Rand des Judentums zu sehen: die großen Tannaiten werden mit mystischen Lehren in Verbindung gebracht; dies gilt vor allem vom Kreis um Jochanan ben Zakkai, Rabbi Aqiba und seinen Zeitgenossen Jischmael. Die beiden Talmudim und die Midraschim haben vielfältige Zeugnisse der frühen Mystik überliefert, ebenso auch die Pijjutim des Eleasar ha-Qallir und die PRE. Daneben hat sich diese Strömung auch in einer Reihe selbständiger Schriften niedergeschlagen, die teilweise schon lange bekannt sind, zum Teil in der Geniza von Kairo gefunden wurden.

Der *Sefer Jetsira* (das „Buch der Schöpfung"), der in zwei Fassungen überliefert ist, entstand in den Jahrhunderten vor der arabischen Eroberung Palästinas. In äußerst knapper Sprache stellt die Schrift, ohne Erklärungen oder Beweise zu versuchen, Entstehung und Konstitution der Welt dar, verbindet also Kosmogonie und Kosmologie und gehört damit dem ersten Themenkreis der mystischen Spekulation, den *Maase Bereschit* (dem „Schöpfungswerk") an. Die „32 Pfade der Weisheit", durch die Gott die Welt geschaffen hat, sind die zehn *Sefirot* und die 22 Buchstaben des hebräischen Alphabets. In der Lehre der Sefirot (der Grundzahlen) zeigen sich deutlich pythagoräische Einflüsse: diese „Zahlen" sind die Grundprinzipien der Welt, der göttliche Geist, der Äther, das Wasser und das Feuer, also die vier Grundelemente, sowie die sechs Dimensionen des Raums. Die Auffassung des göttlichen Geistes ist eine Weiterentwicklung der Gestalt der personifizierten Weisheit (Spr 8, Weish 7); doch lehrt der Sefer Jetsira im Gegensatz zu seinen späteren Kommentaren keine Emanation der Sefirot aus Gott, sondern lediglich der Sefirot auseinander.

Wie sich die Sefirot zu den *Buchstaben* verhalten, ist nicht näher gesagt. Die Bedeutung der Buchstaben geht hier weiter über den Gebrauch des Alphabets als Gestaltungselement der Dichtung hinaus. Die Buchstaben tragen die ganze Schöpfung: vielleicht ist diese Vorstellung aus dem Gedanken entwickelt, daß die Welt durch die Weisheit oder Tora erschaffen wurde; die Tora als die schriftliche Niederlegung des göttlichen Willens ist zugleich Gottes Weltenplan, durch den die Welt auch Bestand hat. Doch ist die Buchstabenspekulation allgemeiner belegt (z. B. in der Stoa). Die Schrift teilt die Buchstaben in drei Gruppen auf: a) die drei „Mütter" (Alef, Mem, Schin) entsprechen Luft, Feuer und Wasser sowie den drei Teilen des Körpers (Kopf, Rumpf, Gliedmaßen); b) die sieben „doppelten" (zweifach auszusprechenden) Buchstaben (b, g, d, k, p, r, t) entsprechen den sieben Planeten, den sieben Himmeln, den sieben Wochentagen sowie den sieben Öffnungen im menschlichen Körper; c) die zwölf verbleibenden Buchstaben sind dem Tierkreis, den Monaten, den Gliedern des menschlichen Leibes sowie den Tätigkeiten des Menschen zugeordnet. Durchwegs entspricht sich also Kosmos und Mensch. Alles Seiende existiert durch die Kombination dieser Buchstaben: dies hat zur Auffassung der Buchstaben als magischer Kräfte geführt, deren Kenntnis dem Menschen Schöpferkraft verleiht und ihn befähigt, den Golem zu erschaffen.

Der Sefer Jetsira war durch Jahrhunderte ein äußerst beliebtes Buch, von dem etwa hundert Handschriften erhalten sind. Seit dem 10. Jahrhundert (Saadia Gaon) häufen sich die Kommentare zum schwer verständlichen Buch, das nach späterer Auffassung Abraham, der nach jüdischer Tradition Vater der Sternkunde und der Magie ist, oder zumindest Rabbi Aqiba zum Verfasser haben soll.

Bedeutend umfangreicher als die Literatur über das „Schöpfungswerk" ist jene über die *Maase Merkaba*, das „Thronwagenwerk". Die hierher gehörigen

Schriften suchen in Anschluß an Ez 1 eine Anleitung zum Aufstieg des Menschen zur Vision des göttlichen Thronwagens und zum Anblick dessen zu ermöglichen, der „einem Menschen gleich" (Ez 1,26) auf diesem Thron sitzt. Daß dieser Aufstieg in die himmlische Welt in der tannaitischen Periode weithin angestrebt wurde, zeigt die berühmte Erzählung von den vier Rabbinen, die den Aufstieg wagten und von denen allein Aqiba heil zurückkehrte.

Die Literatur, die den Aufstieg vorbereiten bzw. später ihn nur noch schildern will, ohne direkt eine Gebrauchsanweisung zu sein, ist uns nur teilweise erhalten, weithin auch noch unveröffentlicht. Die bekanntesten Texte sind die Traktate *Hekhalot Rabbati* (die „großen Thronhallen" oder „Paläste"), *Hekhalot Zutrati* (die „kleine" Schrift von den „Thronhallen") sowie das fälschlich als 3 Henoch bezeichnete „Buch der Thronhallen" (*Sefer Hekhalot*), in dem der mit dem himmlischen Metatron identische Henoch im Mittelpunkt steht. In Hekhalot Zutrati hat R. Aqiba die Hauptrolle inne, während Hekhalot Rabbati seinem Zeitgenossen R. Jischmael zugeschrieben wird. Diese Pseudepigraphie ist für mystische Texte typisch. Wer diese in Israel entstandenen Schriften tatsächlich verfaßt hat und wann innerhalb der talmudischen Zeit sie geschrieben wurden, läßt sich nicht festlegen.

Diese zum Teil nur schwer verständlichen Texte (besonders Hekhalot Zutrati) beschreiben den Aufstieg durch die sieben Himmel und die sieben Thronhallen im siebenten Himmel, bis der Mystiker vor dem göttlichen Thron steht. Der Weg zu diesem unendlich fernen Gott ist voller Gefahren, die nur der überwinden kann, der die rechten Formeln weiß, die stark an griechische Zauberpapyri erinnern. Wie diese Zaubertexte auf semitische Formen zurückgreifen, verwenden die Hekhalotschriften mit Vorliebe griechische Worte oder ganze Stücke in Griechisch (vor dem Eintritt in den sechsten Palast).

Ein großer Teil der Hekhalottexte ist der himmlischen Liturgie gewidmet. Sie zitieren Hymnen, welche die Engel bzw. die vier Lebewesen singen, die den göttlichen Thron tragen. Diese Lieder enden gewöhnlich mit dem dreifachen Heilig von Jes 6,3, das auch in den Pijjutim seinen festen Platz hat. Die Hymnen, deren feierliche und zugleiche monotone Einförmigkeit sicher auch die Ekstase fördern soll, stehen mit der liturgischen Dichtung ihrer Zeit im engsten Zusammenhang und beweisen, daß die Mystiker nicht am Rand der jüdischen Gemeinde gestanden sind, sondern aktiv und schöpferisch an ihrem Leben teilgenommen haben, vielfach wohl in der Funktion des Vorbeters und Paitan im Synagogengottesdienst. Auch die Betonung der Askese und der Halakha wie überhaupt des Studiums der gesamten jüdischen Tradition als Vorbereitung zu einem sicheren Aufstieg darf als Beweis für die Verankerung dieser Mystiker inmitten der zentralen Gruppen des rabbinischen Judentums gelten.

Das in den bisher besprochenen Schriften vorhandene magische Element wird im erst vor kurzem aus einem Geniza-Text sowie verschiedenen Handschriften rekonstruierten *Sefer ha-Razim* („Buch der Geheimnisse") zentral.

Dieses nicht näher datierbare, vielleicht im 3. oder 4. Jahrhundert in Palästina entstandene Werk verwendet ein fast reines schönes Hebräisch, jedoch mit vielen griechischen Ausdrücken und enthält sogar einen griechischen Hymnus an Helios. Wie die Hekhalot-Texte schildert es die sieben Himmel, teilt die Namen der Engel in ihnen mit (über 700) und endet mit einem hymnischen Gotteslob. Charakteristisch für die Schrift ist jedoch die innerhalb der jüdischen Literatur einzigartige Behandlung der Zauberei, die ihre nächste Parallele in den griechischen Zauberpapyri hat, die zum Großteil im Alexandrien der ersten Jahrhunderte n. Chr. entstanden sind. Oft ist der hebräische Text nur durch diese Parallelen verständlich. Das Buch bietet ein magisches Rezept für jede Lage, zur Traumdeutung und Erkenntnis der Zukunft, zu Heilung und Überwindung der Feinde usw. Diese heidnischen Einflüssen und gnostischen Tendenzen offene Schrift, die oft die Grenzen der Rechtgläubigkeit überschreitet, ist für die jüdische Mystik der Zeit nicht typisch, zeigt jedoch, wohin die konsequente Verfolgung gewisser ihrer Züge führen kann.

IV. Zwischen Christentum und Islam: Das jüdische Mittelalter

1. Charakteristik der Periode

Das jüdische Mittelalter läßt sich nicht ohne weiteres abgrenzen. Als Anfang mag die arabische Expansion im 7. Jahrhundert gelten, auch wenn in gewisser Beziehung schon die Christianisierung des römischen Reiches ab Konstantin das jüdische Mittelalter vorbereitet, besonders was die Rechtsstellung der Juden betrifft. Das Ende des Mittelalters, allgemein mit der Entdeckung Amerikas angesetzt, kommt im Judentum viel später und regional verschieden. Ansätze zu einem Umschwung sind schon in der italienischen Renaissance gegeben, werden dann aber besonders im 17. Jahrhundert deutlich (Spinoza, die messianische Bewegung des Schabbetai Zwi und der polnische Kosakenaufstand unter Chmielnicky im Jahr 1648); ein endgültiges Ende des jüdischen Mittelalters kommt aber erst ein Jahrhundert später, mit Moses Mendelssohn und seinen Schülern.

Ein Teil der im dritten Kapitel dargestellten Literatur ist innerhalb des zeitlichen Rahmens des Mittelalters entstanden, wie andererseits auch Vorläufer der Neuzeit noch tief im allgemeinen jüdischen Mittelalter gewirkt haben. Was ist dann für das Mittelalter charakteristisch, vor allem in Hinsicht auf die in dieser Zeit entstandene Literatur? In erster Linie ist es das Verhältnis zur Tradition. Zur göttlichen Offenbarung in der Bibel tritt nun als zweite Autorität die rabbinische Literatur, erhält wie die Bibel unanfechtbare Geltung im religiösen Leben und wird somit Gegenstand der Auslegung. Die jüdische Religionsphilosophie dieser Zeit ist weithin als eine geistige Aufarbeitung dieses Anspruchs der „beiden Offenbarungsquellen" (um einen christlichen Ausdruck zu verwenden) zu verstehen. Dazu kommen zwei äußere Merkmale: die Symbiose mit der arabischen Welt und die jüdische Mittlerposition zwischen arabischer und christlicher Kultur.

Schon in der rabbinischen Periode war die jüdische Welt geteilt, standen einander römischer und persischer Bereich gegenüber. Im Mittelalter verläuft die Grenze zwischen christlicher und islamischer Welt, wobei in der ersten Hälfte der Periode (bis ins 13. Jh.) das Schwergewicht im islamischen Raum liegt und sich dann ins christliche Europa verschiebt.

Die *arabische Eroberung*, die 638 Jerusalem erreichte, 712 schon ganz Nordafrika und die Iberische Halbinsel einerseits, den Großteil Asiens bis zum Indischen Ozean auf der anderen Seite überschwemmt hatte, vereinte nicht nur die beiden bisher politisch getrennten jüdischen Zentren Palästina und Babylonien, sondern brachte nach modernen Schätzungen mehr als neunzig Prozent des Weltjudentums unter eine (relativ kurzfristig) einheitliche Regierung und eine einheitliche Kultur unter der arabischen Sprache.

Die Entwicklung des Judentums in der islamischen Welt hängt weitgehend mit der Stellung des Islam zur jüdischen Religion zusammen. Weitaus toleranter als das Christentum, hat der Islam die Juden als Buchreligion anerkannt und ihnen unter bestimmten Bedingungen, die Omar I. 637 erlassen haben soll, die zum größten Teil jedoch sicher jünger sind, ein freies Leben gewährt. Zwar gab es zahlreiche Benachteiligungen der Juden gegenüber den Moslems (vor allem steuerlicher Art) und kam es gelegentlich sogar zu Judenverfolgungen. Doch haben diese den Aufstieg begabter Juden in mächtige Ämter nie verhindern können. Die spanischen Juden haben eine ganze Reihe hervorragender Führerpersönlichkeiten hervorgebracht, z. B. Chasdai Ibn Schaprut im 10., Samuel ha-Nagid im 11. Jahrhundert. Als sich die Lage in Spanien verschlechterte, konnte immerhin der von dort stammende Mose ben Maimon in Ägypten Hofarzt des Kalifen werden und großen politischen Einfluß erlangen. Die dermaßen arrivierten spanischen Juden hielten sich einen regelrechten Hof, an dem sie Dichter und Philosophen förderten; somit waren sie für die Entwicklung der jüdischen Literatur von größter Bedeutung.

In Babylonien konnten die Juden die in rabbinischer Zeit schon entwickelten oder zumindest grundgelegten Formen der Selbstverwaltung weiterpflegen. Der Exilarch als politischer Vertreter der Juden war am Kalifenhof zu Bagdad offiziell anerkannt; die Führer der beiden rabbinischen Schulen von Sura und Pumbedita, die Geonim (Einzahl Gaon), galten im ganzen islamischen Raum als die geistigen Oberhäupter der jüdischen Gemeinden, denen sie in zahlreichen Sendschreiben und talmudischen Rechtsgutachten (Responsen) ihre Auffassungen mitteilten. Erst mit ihrem Niedergang zu Beginn des 11. Jahrhunderts verschob sich das Schwergewicht der jüdischen Kultur endgültig nach Spanien und Nordafrika. Palästina hat in der ersten Hälfte des jüdischen Mittelalters eine Reihe von Midraschim und anderen Schriften hervorgebracht und großen Einfluß besonders auf die Juden Süditaliens ausgeübt, jedoch nie mehr den Glanz der talmudischen Zeit erreicht.

Der Islam hat zusammen mit dem Christentum den Juden in eine Umwelt versetzt, die durchaus monotheistisch war. Zu dieser religiösen Einheitlichkeit kommt in der islamischen Welt die Einheit der arabischen Sprache. Haben die Geonim noch Jahrhunderte zumindest für den internen Gebrauch an der aramäischen Sprache festgehalten, so verschwindet diese ab dem 10. Jahrhundert schlagartig zugunsten des Arabischen: die Übernahme der arabischen Sprache, welche die Anhänger Mohammeds als *die* heilige Sprache und den Inbegriff jeglicher Kultur betrachteten, ist für den Juden mehr als eine praktische Notwendigkeit gewesen; sie bedeutete die Annahme der Herausforderung durch den Islam, die Bereitschaft, sich mit dem religiösen Gegner auf dessen ureigenem Boden zu schlagen, was nur im Bewußtsein der Überlegenheit der eigenen Tradition möglich war. So wurde eine weitgehende kulturelle Symbiose zwischen Juden und Arabern möglich, wie sie erst wieder dem deutschen Judentum gelingen sollte.

Das Ende dieser kulturell so fruchtbaren Zusammenarbeit kam mit dem Niedergang der islamischen Macht, mit der Kreuzzugsbewegung und der christlichen Rückeroberung der Iberischen Halbinsel im 12. bis 15. Jahrhundert. Die Reconquista hat dem spanischen Judentum für einige Zeit noch neuen Lebensraum offengelassen, endete jedoch letzthin mit der Vertreibung der Juden aus Spanien (1492) und Portugal (1497). Die glanzvolle spanisch-jüdische (= sefardische) Kultur erlebte noch einige späte Höhepunkte in den Niederlanden, in Nordafrika und in Palästina, wohin viele spanische Juden ausgewandert waren; das kulturelle Zentrum des Judentums lag nun aber endgültig im christlichen Raum.

In der *christlichen Welt* waren die Juden zu Beginn des Mittelalters eine kleine Minderheit, deren Zentren Byzanz, Griechenland, vor allem jedoch Süditalien waren, das mit Palästina in reger Verbindung stand. Erst später (ab dem 8. Jh.) entwickelten sich bedeutendere jüdische Siedlungsgebiete in der Provence, in Nordfrankreich und am Rhein sowie in England, dessen jüdische Gemeinde, 1290 schon wieder aus dem Land vertrieben, kulturell bedeutungslos blieb. In ihrer ersten Blütezeit haben sich die aschkenasischen (d.h. deutsch-französischen) Juden vor allem in Bibel- und Talmudauslegung hervorgetan, später auch in der liturgischen Dichtung. Ihre Literatur ist viel stärker als die ihrer Brüder im arabischen Raum traditionsgebunden geblieben; nie hat sie dieselbe Offenheit und Größe erreicht, was aus der relativen kulturellen Rückständigkeit Europas und der viel geringeren Zahl der Juden wie auch ihrer viel gefährdeteren Lage in der christlichen Welt zu verstehen ist.

Die europäischen Juden, rechtlich durch die Judengesetzgebung des Codex Theodosianus (438) und des Codex Justinianus (534) benachteiligt, die die Grundlage aller späteren Judengesetze wurden, haben sich, ähnlich wie im arabischen Raum, vor allem in den Städten niedergelassen, da ihnen die Landwirtschaft aus verschiedenen Gründen verwehrt war; diese Konzentration der Juden in den städtischen Gemeinden erklärt zum Teil ihren übergroßen Anteil am kulturellen Leben ihrer Gastländer. Ihren Lebensunterhalt erwarben sie vor allem durch den Handel, in geringerem Umfang durch Handwerk; die Abdrängung in das Geld- und Pfandleihgeschäft erfolgte erst mit den Kreuzzügen.

Der erste Kreuzzug (1096) bedeutete einen schweren Einschnitt in der ohnedies stets prekären Situation der Juden. Es folgte eine Zeit immer wiederkehrender Judenverfolgungen und -vertreibungen aus verschiedenen Ländern, eine deutliche Verschlechterung der rechtlichen Lage der Juden im Mainzer Reichslandfrieden von 1103 und dann in der Kammerknechtschaft (1236) und eine immer steigende Judenfeindschaft im Volk, die in verschiedenen Beschuldigungen (Ritualmord, Hostienraub, Brunnenvergiftung) ihren Ausdruck fand und zu weiteren Judenverfolgungen führte. Das Ergebnis ist nach außen eine ständige Wanderung des Judentums nach Osten, vor allem nach Polen, nach innen eine um so stärkere Treue zur Tradition, eine von den Martyrien geprägte Geschichtsbetrachtung und eine tiefe Neigung zur Mystik. Erst die Reformation brachte eine Besserung; mit dem steigenden kulturellen Niveau Deutschlands nahm die jüdische Wanderung wieder die Richtung in den Westen, was zugleich zur Loslösung von der mittelalterlichen Tradition mit ihrer total religiösen Bindung führen sollte.

Die kulturelle Bedeutung des mittelalterlichen Judentums liegt zu einem großen Teil in seiner Brückenfunktion zwischen den beiden Kulturräumen, in denen es zuhause war, und drückt sich in einer reichen Übersetzertätigkeit aus. Diese beginnt mit dem 12. Jahrhundert, als immer mehr spanische Juden nach Frankreich, Italien und Deutschland ziehen und dort als Übersetzer arbeiten. Ihre Übersetzungen sind vor allem aus dem Arabischen in das Hebräische erfolgt, also für die jüdischen Gemeinden bestimmt gewesen, denen es so möglich wird, den kulturellen Vorsprung der Juden aus dem islamischen Raum irgendwie auszugleichen. Unter den frühen Übersetzungen ins Hebräische befinden sich vor allem die Werke des Maimonides und andere jüdische Klassiker, jedoch auch arabische Philosophen wie al-Farabi (ca. 870–950) und Ibn Ruschd (= Averroes, 1126–1198) mit ihrer Aristotelesdeutung, die Werke des Aristoteles selbst, aber auch medizinische, mathematische und astronomische Schriften, schließlich auch „schöne" Literatur, wie die Erzählungen von Sindbad dem Seefahrer oder Kallila und Dimna.

Die großen wissenschaftlichen Texte der Araber wurden dann oft sofort vom Hebräischen ins Lateinische weiterübersetzt, ebenso auch die philosophischen Schriften, auch wenn bei diesen häufig christliche Gelehrte unter Mitwirkung jüdischer Dolmetscher die lateinische Übersetzung direkt aus dem Arabischen erarbeiteten: Zentrum dieser Tätigkeit war vor allem Palermo unter Roger II. und Friedrich II. Auf diesem Weg lernte Europa nicht nur die kulturellen Errungenschaften der arabischen Welt kennen, sondern kam auch wieder in Kontakt mit den fast vergessenen Klassikern der griechischen Philosophie, ehe im 15. Jahrhundert die Originaltexte in das lateinische Abendland kamen. Bedeutete die Übersetzungstätigkeit für das Judentum vor allem eine Vereinheitlichung seiner Kultur und eine Bereicherung seiner hebräischen Sprache, deren philosophische Terminologie in diesem Prozeß geprägt wurde, jedoch auch die Stellung des unentbehrlichen Mittlers zwischen den Kulturen, so brachte sie der christlichen Welt die Voraussetzungen nicht nur für die Hochscholastik, sondern auch schon für die Renaissance.

2. Bibel- und Talmudauslegung

Die *Bibel* nimmt im jüdischen Mittelalter wie in der gesamten Geschichte des Judentums einen besonderen Platz ein. Wie das jüdisch-hellenistische Zeitalter erst mit der LXX so richtig einsetzt, steht am Anfang der arabisch-jüdischen Symbiose die arabische Bibelübersetzung. Versuche solcher Übersetzungen hat es schon früher gegeben; doch erst jene von *Saadia ben Josef Gaon* (882–942) gewann allgemeine Anerkennung und Verbreitung sogar in christlichen Kreisen. Saadia, der aus Ägypten stammt und ab 928 die berühmte Schule zu Sura zu neuer Blüte brachte, hat seine Übersetzung durch mehrere grammatische Schriften vorbereitet. Die Untersuchung der Grammatik in der jüdischen Literatur geht direkt auf den Einfluß der Araber und deren Verehrung für ihre Sprache zurück; die Konzentration auf sie hat wesentlich dazu beigetragen, die vor allem homiletisch-allegorische Auslegung der Bibel im Midrasch zu überwinden und sich dem Wortsinn der Bibel zuzuwenden, wozu auch die traditionsfeindliche Einstellung der jüdischen Sekte der Karäer drängte. Neben einem zweiteiligen Lexikon zum Gebrauch der Dichter (der erste Teil ist nach den Anfangsbuchstaben geordnet, um die Bildung von Akrosticha zu erleichtern; der zweite Teil ist rückläufig angeordnet, um Reime zu finden) und einer Erklärung der Wörter, die in der Bibel nur einmal vorkommen, hat Saadia die erste hebräische Grammatik verfaßt. So vorbereitet, schrieb er eine Übersetzung der Bibel mit ausführlichem Kommentar für die Gebildeten; Teile davon sind in der Geniza von Kairo wiedergefunden worden und bezeugen Saadias Bemühen, die Bibel als Offenbarung in Übereinstimmung mit der Tradition, vor allem jedoch gemäß der Vernunft auszulegen. Er schrieb ausführliche Einleitungen zu den verschiedenen biblischen Büchern und versuchte, sämtliche Widersprüche innerhalb der Bibel beizulegen. Für das einfache Volk schrieb er eine zweite, zu einem großen Teil erhaltene Übersetzung, die er Tafsir nennt: der arabische Name deutet schon an, daß die Übersetzung zugleich ein Kommentar ist, nicht eine Paraphrase, doch eine Erläuterung des Textes durch Hinzufügung oft auch nur einzelner Worte, Änderung in der Satzstellung usw. Ähnlich der LXX ist auch Saadia bestrebt, die Anthropomorphismen der Bibel auszumerzen.

In den folgenden Jahrzehnten sind viele jüdische Gelehrte Babyloniens, Nordafrikas und Spaniens dieser vor allem philologischen, aber auch schon philosophischen Auslegung Saadias gefolgt. Im aschkenasischen Raum entstand inzwischen eine eigene Schule der Exegese, beeinflußt von den grammatikalischen Errungenschaften der Juden der arabischen Welt (soweit diese hebräisch schrieben: besonders Menachem ben Jakob ibn Saruq und sein Gegner Dunasch ben Labrat), viel mehr jedoch noch von der alten Midraschtradition bestimmt. Gründer dieser Schule ist Rabbi Salomo ben Isaak, kurz *Raschi* genannt (1040–1105). Aus einer Gelehrtenfamilie in Troyes stammend, hat Raschi in den damals bedeutenden jüdischen Zentren Mainz und Worms studiert und dann in Troyes unterrichtet. Von ihm stammt ein Kommentar zu fast allen Büchern der Bibel (der ihm zugeschriebene Kommentar zu Esra, Nehemia und Chronik sowie zum letzten Teil von Ijob ist allerdings erst nach seinem Tod entstanden).

Wie sein etwas früherer Landsmann Mosche ha-Darschan war Raschi vor allem von der rabbinischen Tradition beeinflußt, legte jedoch im Unterschied zu dieser den Hauptakzent auf den Wortsinn. Vielfach übernahm Raschi einfach die Midrasch-Auslegung, besonders wenn diese dem Wortsinn nahekommt, formulierte sie jedoch in eigenen, äußerst knappen Worten; wie schon Saadia, benützte auch Raschi gerne die Targumim. Raschi selbst trug vor allem philologische Glossen bei, wobei er auch gerne die französische Sprache seiner Zeit, aber auch deutsche Ausdrücke heranzog.

Raschis Kommentar ist äußerst populär geworden und auch heute noch von Bedeutung. 1475 als erstes hebräisches Werk gedruckt, bildet sein Kommentar noch immer einen festen Bestandteil der rabbinischen Bibeln. Raschis Schwiegersöhne und Enkel – besonders Raschbam und Rabbenu Tam – haben sein Werk fortgesetzt und selbst wieder kommentiert: so sind über zweihundert Superkommentare zu Raschi entstanden. Auch auf die christliche Welt hatte Raschi großen Einfluß, besonders auf Nikolaus von Lyra (ca. 1270–1349); so ist sein Werk mehrmals übersetzt und viel gelesen worden.

In späteren Zeiten fast so populär wie Raschi war *Abraham Ibn Esra* (1089–1164), der, in Spanien geboren, den Großteil seines Lebens auf Wanderschaft verbracht hat. Dennoch konnte er eine große Zahl von Schriften (nach einer Tradition 108) in einer Vielfalt von Wissensgebieten verfassen, wobei seine Bibelkommentare von besonderer Bedeutung sind. Während die arabische Schule neben ihrer philologischen Neigung besonders die philosophische Auslegung der Bibel liebte und, ähnlich Philo von Alexandrien, in allen Bibeltexten tiefe philosophische Gedanken fand – ähnlich war im Islam die philosophische Koran-Auslegung verbreitet –, wehrte sich Ibn Esra gegen eine solche Neigung zur Allegorie. Gleichzeitig lehnte er die traditionsfeindliche Auslegung der Karäer ab, ebenso aber auch eine völlige Abhängigkeit vom Midrasch. Er wollte nichts als den Wortsinn bieten, und weithin ist ihm dies auch gelungen; er, der die jüdischen Gemeinden Italiens mit Traktaten zur hebräischen Grammatik versorgt hatte, interessierte sich auch in seiner Bibelauslegung vornehmlich für sprachliche Probleme. Seine Kommentare umfaßten die ganze Bibel; den Pentateuch legte er zweimal aus, das zweitemal bedeutend ausführlicher.

Ibn Esras nur teilweise erhaltenes Werk zeigt ihn als eine zwiespältige Persönlichkeit: einerseits konservativ, ja zum Aberglauben und zur Astrologie neigend, ist er andererseits ein Neuerer, der in manchen Punkten die moderne Bibelwissenschaft vorwegnimmt. So hält er Jes 40–66 für eine Schrift aus der Zeit des Exils, nimmt eine spätere Entstehung eines Teils der Psalmen an und läßt sogar den Pentateuch in seiner jetzigen Gestalt nicht von Mose stammen. Doch hat er offenbar Angst, solche Gedanken klar zu sagen; er hüllt sie vielmehr in geheimnisvolle Andeutungen, die sein Werk oft schwer verständlich machen.

Josef Qimchi (ca. 1105–1170) ist gleich Ibn Esra aus Spanien gekommen und hat seine Glaubensbrüder in der christlichen Welt mit den Fortschritten der arabisch-jüdischen Grammatik vertraut gemacht. In Narbonne verfaßte er neben grammatischen Traktaten eine Reihe von Bibelkommentaren, die nur teilweise erhalten sind. In ihnen zeigt er sich dem Wortsinn verpflichtet, auch wenn seine Auslegung des Buches der Sprichwörter sehr moralisiert.

Josefs Söhne *Mose Qimchi* (gest. ca. 1190) und *David Qimchi* (ca. 1160–1235) sind ihrem Vater als Grammatiker und Bibelausleger nachgefolgt. Die Kommentare Moses zu Sprichwörter, Esra und Nehemia sind unter dem Namen Ibn Esra gedruckt, dessen Methode und Terminologie er übernommen hat. Der berühmteste Sproß der Familie ist jedoch David, dessen hebräisches Lexikon und dessen Grammatik großen Einfluß auf die christlichen Hebraisten ausgeübt hat. Auch er betont in seinen Kommentaren den Wortsinn, fügt jedoch viel haggadisches Material hinzu und ist als Anhänger des Maimonides auch philosophischen Auslegungen nicht abgeneigt.

In Spanien führte *Mose ben Nachman* (1194–1270) die exegetische Tradition fort. Nachmanides, Arzt von Beruf, lehnte die Philosophie ziemlich ab und bevorzugte die aufkommende Kabbala, deren Auslegung er oft nach der Meinung Raschis, Ibn Esras und der Midraschim als die eigentliche Wahrheit (hebr. *sod*, eigentl. „Geheimnis“) darbietet. In seinem Pentateuchkommentar, den er in Palästina gegen Ende seines Lebens fertiggestellt hat, lehnt er Ibn Esras Meinung ab, Mose habe nicht den ganzen Pentateuch geschrieben. Nachmanides verfolgt eine synthetische Methode: zwar zieht er den Wortsinn als primär vor, läßt ihm jedoch oft, vom mehrfachen Schriftsinn überzeugt, eine haggadische Auslegung folgen, bleibt als frommer Jude aber stets bemüht, keine gegen die Halakha gerichtete Auslegung vorzutragen.

Als letzter Repräsentant der jüdischen Bibelauslegung im Mittelalter sei *Don Isaak Abrabanel* (1437–1509) genannt, der neben verschiedenen Funktionen an den Höfen Portugals, Kastiliens und Neapels Zeit fand, Kommentare zu fast allen biblischen Büchern zu verfassen. Durch seine staatsmännische Erfahrung glaubte er sich für die Auslegung der geschichtlichen Bücher der Bibel besonders geeignet. Ihn interessierten vor allem die politisch-sozialen Zustände der Bibel im Vergleich mit seiner eigenen Zeit. Seine wortreichen Kommentare hängen fast völlig von seinen Vorgängern ab, besonders von Levi ben Gerschom (1288–1340). Seine Bedeutung liegt vor allem im Platz, den er den Einleitungsfragen zu den einzelnen biblischen Schriften einräumt, auch wenn er sogar hier kaum einmal die für *uns* wesentlichen Probleme bespricht.

Parallel zur Erklärung der Bibel zieht sich eine umfangreiche Kommentierung und Bearbeitung der *rabbinischen Literatur*, besonders des babylonischen Talmuds, durch die ganze Periode . Die erste Kommentararbeit am Talmud in der Periode der Saboraim und der Geonim ist als letzte Redaktionsschicht direkt in den Text selbst eingegangen. In der frühen gaonäischen Zeit beschränkt sich ansonsten die Arbeit auf die Beantwortung von Anfragen aus den verschiedenen jüdischen Gemeinden, die vielfach noch keinen Talmudtext besaßen. Dies ist der Anfang der *Responsenliteratur*, die sich über ein Jahrtausend erstreckt und zu der fast alle rabbinischen Gelehrten beigetragen haben. Diese zu Tausenden erhaltenen Anfragen und Antworten betreffen nicht nur Fragen des religiösen Gesetzes, sondern auch allgemeine religiöse Probleme, historische Fragen usw. Sie sind ein lebendiges Spiegelbild des Lebens der jüdischen Gemeinden und damit auch eine wertvolle Geschichtsquelle.

Die Verbreitung des Talmudtextes in der ganzen jüdischen Welt und der stets wachsende Abstand von Zeit und Welt seiner Entstehung erfordert jedoch bald ein Schrifttum, das das Verständnis des Talmuds fördert und seine Anwendung auf das tägliche Leben ermöglicht.

Eine Reihe von Schriften behandelt sogenannte „*Einleitungsfragen*". Schon der 884 entstandene *Seder Tannaim we-Amoraim*, dessen Autor nicht sicher festzustellen ist, versucht nicht nur, wie der Name besagt, die Reihenfolge der talmudischen Gelehrten festzustellen, sondern auch das Verhältnis der Mischna zur Baraita und den tannaitischen Midraschim zu bestimmen und Regeln für die Ableitung der geltenden Halakha aufzustellen. Auf eine Anfrage der nordafrikanischen Gemeinde von Kairowan hin behandelt Scherira, Gaon von Pumbedita (ca. 906–1006), in einem Brief, der berühmten *Iggeret Rab Scherira Gaon* (987), die Fragen, wann Mischna, Tosefta und Talmud entstanden seien und wer diese Schriften redigiert habe. Bis in die Gegenwart bestimmen die Antworten Scheriras weithin die wissenschaftliche Diskussion und gelten die von ihm gebotenen Lebensdaten vieler Rabbinen als Fixpunkte.

Neben diesem Klassiker ist das viel umfangreichere Werk seines Zeitgenossen, des Gaons von Sura, vernachlässigt und erst jetzt in der Geniza von Kairo zum Teil wiederentdeckt worden. Es handelt sich um die 142 lange Kapitel umfassende Einführung in den Talmud von *Samuel ben Hofni* (gest. 1013), die einem ähnlichen Werk des *Samuel ha-Nagid* (993–1055) als Grundlage diente: dem Wesir von Granada geht es darin vor allem um eine Klärung der talmudischen Begriffe und die Festsetzung der Halakha.

Die eigentlichen *Kommentare zum Talmud* beginnen mit *Saadia Gaon;* doch ist davon nichts erhalten – ein ihm zugeschriebener arabischer Kommentar zum Traktat Berakhot stammt nicht von ihm. Ebenso gingen die Kommentare Scheriras verloren; von seinem Sohn *Hai Gaon* (939–1038), der ihm als Gaon von Pumbedita nachfolgte, sind Fragmente eines Kommentars zum Seder Toharot der Mischna sowie zu einzelnen Talmudtraktaten erhalten. Sie sind für die arabisch-jüdische Neigung zu Grammatik und Lexikographie typisch; sonst bemüht sich Hai vor allem um die Halakha. Ähnlich geht *Hananel ben Chuschiel* von Kairowan (gest. 1055/56) vor, der den ganzen Talmud kommentiert hat; einzelne Traktate sind erhalten. Hananel zieht als erster ausführlich den palästinischen Talmud, die Tosefta und die halakhischen Midraschim bei schwierigen Stellen zum Vergleich heran, ähnlich wie sein Landsmann und Zeitgenosse Nissim ben Jakob. Das Werk Hananels fand auch im christlichen Europa weite Verbreitung und verband so die dortigen jüdischen Gemeinden, die vor allem von Palästina beeinflußt waren, mit der babylonischen Tradition.

Der Höhepunkt der lexikographischen Tradition kam nicht, wie zu erwarten wäre, im arabischen Raum, sondern in Rom, wo *Natan ben Jechiel* im 11. Jahrhundert den *Arukh,* ein Talmudlexikon, verfaßte. Das Werk, das auf früheren Arbeiten aufbaut, zitiert zu den einzelnen Stichworten viele Belegtexte aus heute oft verlorenen Schriften. Zu vielen Stellen bietet der auch textkritisch für die rabbinische Literatur wichtige Arukh einen Kommentar; gerne führt er die rabbinischen Ausdrücke auf ihre (vermeintliche) Herkunft im Griechischen, Lateinischen, Persischen usw. zurück. Er ist ein unentbehrliches Handbuch für die kommenden Jahrhunderte geworden und hat die Arbeit an rabbinischen Lexika bis in die Gegenwart beeinflußt.

Gerschom ben Jehuda (960–1028) mit dem Ehrentitel *Maor ha-Gola* („Licht der Diaspora"), der aus Frankreich stammt, doch als Lehrer in Mainz berühmt geworden ist, hat selbst keinen Talmudkommentar geschrieben und sein Interesse vor allem der Erstellung eines korrekten Talmudtextes zugewendet. Doch sind Kommentare zu neun Traktaten des Talmuds erhalten, die auf Vorlesungsmitschriften seiner Schüler zurückgehen und, ständig erweitert, zu Beginn des 12. Jahrhunderts redigiert wurden. Aus der von Gerschom begründeten Schule kommt nicht nur der Verfasser des Arukh, sondern auch der größte Talmudkommentator, Raschi.

Raschi hat fast den ganzen Talmud kommentiert, hat jedoch diese schon in seiner Mainzer Studienzeit begonnene Arbeit nicht ganz vollenden können. Zwar stark von seinen Vorgängern abhängig, hat er doch ein Werk geschaffen, das unverkenntlich seinen Stil trägt. Sein Kommentar ist eine Reihe kurzer Notizen, in denen er vor allem ungeläufige Worte erklärt, den Gang der talmudischen Diskussion anzeigt, Bräuche erklärt, geographische und historische Angaben bringt. In äußerst knappen Worten faßt er das zum Verständnis des Textes Wesentliche zusammen. Schon bald wurde sein Kommentar den Handschriften des Talmuds beigegeben und auch schon in der Erstausgabe des Talmuds (Venedig 1521–1523) mitgedruckt, wie es bis heute üblich geblieben ist. Die als Raschi-Kommentar gedruckten Traktate Taanit, Nedarim, Nazir, Horaiot und Moed Qatan stammen allerdings nicht von ihm selbst; die Traktate Pesachim, Baba Batra und Makkot wurden von seinen Schülern vollendet.

Die Schüler Raschis, vornehmlich seine Schwiegersöhne und Enkel, setzten das Werk Raschis im deutsch-französischen Raum in den beiden folgenden Jahrhunderten fort. Die Bemühungen dieser sogenannten „*Tosafisten*" („Ergänzer"), die vor allem die inneren Widersprüche im Talmud durch den *Pilpul* (wörtlich „Pfefferung": eine scharfe Logik, die später zur Denkakrobatik ausartete) zu entfernen und in scholastischer Weise Halakhot für immer neue Umstände zu erschließen suchten, sind als kollektives Werk erhalten, das zusammen mit Raschis Kommentar in fast allen Talmudausgaben mitgedruckt wird. Im spanischen Raum hat *Mose ben Nachman* diese französisch-deutsche Methode verbreitet und mit seinen *Chidduschim* (= „Neuerungen"), ausführlichen Diskussionen nicht des gesamten Textes, sondern nur ausgewählter Stellen, einen neuen Trend in der Talmudauslegung eingeführt.

Rabbi Obadia von Bertinoro (ca. 1450–1516) hat einen Mischna-Kommentar verfaßt, der alle Qualitäten des Kommentars Raschis zum Talmud aufweist. Das in Israel vollendete Werk, das stark von seinen Vorgängern, vor allem Raschi abhängig ist, wurde 1548/1549 in Venedig gedruckt und ist seither der Standardkommentar zur Mischna geblieben.

Neben den Kommentaren gibt es von Anfang an *Codices*. Ihr Zweck ist nicht eine Erleichterung der Talmudlektüre, sondern letztlich ein Ersatz des Talmuds, indem sie die halakhischen Entscheidungen zusammenfassen, ohne die für unnötig gehaltene Diskussion mitzugeben. Das früheste Zeugnis dieser Literaturgattung ist der fragmentarisch in der Kairoer Geniza wiedergefundene *Sefer ha-Maasim li-Bne-Erets Jisrael* („das Buch der Taten der Söhne Israels"); das Werk ist gegen Ende der byzantinischen oder zu Beginn der islamischen Periode entstanden.

Aus dem Babylonien des 8. Jahrhunderts stammen drei ähnliche Schriften: die *Scheiltot* („Probleme") des R. Acha (680–782), eine in Palästina vollendete Darstellung der Halakha nach der Ordnung des Pentateuchs; das nach Meinung mancher aus Sabbat-Vorträgen entstandene Werk, das nur unvollständig erhalten ist, hat wohl frühere Vorlagen verwendet. Von den Scheiltot hängen die umfangreicheren *Halakhot Pesuqot* („die entschiedenen Religionsgesetze") von Jehudai Gaon (gest. ? 761) oder seinen Schülern und die *Halakhot Gedolot* („die großen Halakhot") ab, in denen die erste Liste der 613 Gebote und Verbote des Judentums vorliegt. Diese beiden nach der Anordnung des Talmuds gegliederten Werke enthalten nur die für die Praxis relevanten Gesetze, nicht hingegen die seit Zerstörung des Tempels unbedeutend gewordenen Opfervorschriften usw.

Ein erster Höhepunkt dieser Kodifikationstätigkeit ist das Werk des um 1013 geborenen *Isaak ben Jakob Alfasi* (benannt nach seinem Geburtsort Fez), der neben Hunderten von meist arabischen Responsen im *Sefer ha-Halakhot* das gesamte geltende Gesetz des babylonischen Talmuds mit einer Kurzfassung dieses Werkes selbst verbindet. Dieses meist einfach Alfasi genannte Werk, das auf den Halakhot Gedolot aufbaut, jedoch auch Hananels Kommentar viel benützt und auch haggadischen Stoff einschließt, drohte einige Zeit tatsächlich das Studium des Talmuds zu verdrängen. Vielfach Gegenstand von Bearbeitungen und Kommentaren, ist es schon 1509 erstmals in Konstantinopel gedruckt worden.

Etwa um dieselbe Zeit wie Alfasis Werk entstand in der Schule Raschis der *Machsor Vitry* (der nach der französischen Stadt benannte „Jahreskreis", eine Art liturgisches Jahrbuch): das Werk enthält eine Sammlung der Pijjutim und Gebete zu den einzelnen Festen, verbunden mit den einschlägigen Halakhot, vor allem solchen, die das Fest betreffen, aber auch Sabbatgebote, Vorschriften zur Eheschließung, Halakhot für den Schächter usw.

Viel einflußreicher wurde jedoch das Werk *Mischne Tora* des *Maimonides,* der nach seinem Vorwort damit erreichen wollte, daß man in Fragen des jüdischen Gesetzes kein anderes Buch mehr nötig habe. Dieses Jugendwerk Rambams, wie R. Mose ben Maimon nach seinen Initialen auch genannt wird (1135–1204), ist ein systematischer Kommentar zur Mischna, deren gültige Gesetze (manchmal auch das nicht mehr geltende Recht und allgemeine ethisch-theologische Fragen) er in ein logisches Gebäude zusammenfaßt. Nach einer allgemeinen Einleitung über das mündliche Gesetz, die Traditionskette und die Ordnung der Mischna behandelt er die Gesetze in vier Gruppen: das Verhalten des Menschen vor Gott, die Lebensphasen des Menschen (Familie, Feste usw.), Gesetze, die den Besitz Israels voraussetzen, und schließlich das Zivil- und Strafrecht.

Ascher ben Jechiel (ca. 1250–1327), der aus Deutschland geflüchtet Rabbi von Toledo wurde, unternahm eine Neubearbeitung Alfasis, den er mit viel zusätzlichem Material, vor allem auch durch Hinzufügung der im Sefer Halakhot fehlenden Quellenangaben ergänzte. Sein Sohn R. *Jakob ben Ascher* vollendete das Werk im *Sefer ha-Turim* („Buch der Reihen", in vier Teile gegliedert, daher auch *Arbaa Turim* genannt). Diese Schrift kommentierte *Josef Karo* (1488–1575) im *Bet Josef,* dessen Kurzfassung, der *Schulchan Arukh* (der „gedeckte Tisch") 1554 in Safed in Palästina vollendet wurde. Dieses in leicht verständlicher Form und in schönem rabbinischen Hebräisch geschriebene Werk wurde sofort der offizielle Codex der Juden im islamischen Raum. Nachdem der polnische Gelehrte Mose Isserles (1520–1572) es in der *Mappat ha-Schulchan* (dem „Tischtuch") mit den Bräuchen der aschkenasischen Juden ergänzt hatte, wurde es von allen Juden der Welt als geltendes Recht angenommen.

3. Die jüdischen Religionsphilosophen

Mit Ausnahme des hellenistischen Judentums, vornehmlich Philos, gibt es keine nennenswerte philosophische Tradition bei den Juden der vorislamischen Zeit. Erst die besonderen Voraussetzungen der islamischen Welt, an deren Leben die Juden voller als sonst in ihren Gastländern teilnahmen, hat eine blühende jüdische Philosophie ermöglicht. Diese ist weithin von der arabischen Philosophie abhängig, die wiederum auf dem griechischen Erbe aufbaut: die Ausbreitung des Islam brachte ja auch die philosophischen Schulen des Orients, vor allem Edessa und Nisibis, in seinen Bereich; die dort gelehrten Schriften Platos und des Aristoteles mit ihren spätantiken Kommentaren wurden von nestorianischen Christen ins Arabische übersetzt (meist auf dem Umweg über das Syrische). Die in der Spätantike übliche Harmonisierung der beiden Philosophen fand u.a. auch darin ihren Ausdruck, daß Platos

Staatslehre die Politik des Aristoteles in dessen Werken ersetzte; sonst fand neben dem bevorzugten Aristoteles besonders Platos Timaios Verbreitung, aber auch die neuplatonischen Schriften (Auszüge aus Plotins Enneaden und aus einem Werk des Proclus, „Elemente der Theologie" oder „Liber de causis") wurden übersetzt. Jüdische Übersetzer haben diese Werke später der christlichen Theologie nahegebracht, bevor die griechischen Originale in den Westen kamen.

Ansatz der philosophischen Bemühungen der Araber war die Theologie. Das Nebeneinander von drei Offenbarungsreligionen, noch mehr jedoch die verworrenen Kämpfe um die Nachfolge Mohammeds, die stets auch mit theologischen Argumenten ausgetragen wurden, führten zu Skepsis und radikaler Religionskritik unter Berufung auf die Vernunft. Die Verteidiger der Religion konnten sich nicht auf die Offenbarung zurückziehen, sondern mußten sich der Methode ihrer Gegner, des Vernunftarguments, bedienen. So entstand die Schule der Mutaziliten (der „Neutralen" im Parteienkampf), die in der arabischen Religionsphilosophie (*Kalam*) die einflußreichste Richtung wurde. Ihr Hauptbemühen galt dem Nachweis der Einheit Gottes sowie seiner Gerechtigkeit, näherhin der Erschaffung der Welt und der Willensfreiheit; diese zwei Probleme dienten auch als Einteilung ihrer Schriften.

Im jüdischen Raum war die Religion ebenfalls in die Verteidigung gedrängt worden. *Saadia Gaon* sah sich daher gezwungen, im Gefolge der Mutaziliten für sie einzutreten. Von seiner Schrift gegen Chiwi al Balkh, einen persisch-afghanischen Juden des 9. Jahrhunderts, der zweihundert Einwände gegen die Bibel zusammengetragen hatte, sind Fragmente in der Geniza von Kairo wiedergefunden worden. Bedeutender ist jedoch sein arabisches, doch bald schon ins Hebräische übersetzte „Buch der Meinungen und Glaubenslehren". Nach Art der Mutaziliten teilt er es in zwei Abschnitte über Einheit und Gerechtigkeit Gottes ein, denen er eine erkenntnistheoretische Einleitung vorausschickt, in der er Zweifel, Glaube und Irrtum analysiert und vier Quellen der Erkenntnis bejaht: evidente Prinzipien, Sinneswahrnehmung, Schlußfolgerung und Tradition.

Der Abschnitt über die Einheit Gottes beginnt mit Beweisen für das Geschaffensein der Welt (sie ist räumlich begrenzt, zusammengesetzt, veränderlich; die Zeit ist nicht unendlich) und widerlegt die These von der Ewigkeit der Welt. Die Schöpfung setzt den Schöpfer voraus, dessen Einheit aus der seines Werkes hervorgeht. Die vielen Attribute Gottes sprechen nicht gegen seine Einheit, sondern sind nur verschiedene Ausdrücke für seine menschlich nicht erfaßbare Natur (die Grenze zur neuplatonischen Auffassung, die alle positiven Attribute Gottes leugnet, ist sehr unklar, auch wenn Saadia sie mit den Mutaziliten ablehnt).

Das Verhältnis von Offenbarung und Vernunft kommt beim göttlichen Gesetz zur Sprache: Gott beglaubigt die Propheten als Träger seiner Offenbarung durch Wunder; doch auch diese beweisen nicht die Echtheit der Offenbarung, wenn ihre Aussagen der Vernunft widersprechen. Die gottgegebenen Gesetze sind entweder aus der Vernunft abzuleiten – die Offenbarung hat dann primär pädagogische Funktion –, oder sie sind einfach gesetzt, tradtitionell, dann aber auch wieder in einem größeren Zusammenhang durch die Vernunft zu begründen.

Die göttliche Gerechtigkeit erweist sich an der Willensfreiheit des Menschen und in der Vergeltungslehre: wenn der Gerechte in der Welt leidet, gleicht dies die künftige Welt aus. So ist Saadia für die Lösung des Vergeltungsproblems auf die Lehre vom Jenseits verwiesen, die er völlig traditionell darstellt. Dies führt zu manchen Unstimmigkeiten im Denken des an der Bibel und der rabbinischen Tradition ebenso wie an der griechisch-arabischen Philosophie orientierten Saadia. Dennoch ist er ein eindrucksvoller Wegbahner der jüdischen Philosophie des Mittelalters geworden und Jahrhunderte lang höchst einflußreich geblieben.

Eine weniger an die religiöse Tradition und den Koran gebundene Richtung der arabischen Philosophie war der Neuplatonismus, den auf jüdischer Seite schon der Arzt Isaak Israeli aus Kairowan (ca. 850–950) übernommen hatte. Der große Dichter *Salomo Ibn Gabirol* (ca. 1021–1058) brachte ihn zur Vollendung. Das Grundproblem des spanischen Philosophen ist der Zusammenhang zwischen dem einen Gott und der vielfältigen Schöpfung, wenn doch nach neuplatonischer Lehre aus dem Einen nur Eines und nicht Vielfältiges hervorgeht. Er löst die Frage mit seinem Materie-Begriff, wobei er die aristotelische Lehre von Materie und Form entsprechend abwandelt. Alles Sein außer Gott besteht aus Materie als dem tragenden Prinzip, das durch die Form spezifiziert wird; während Plotin intelligible und sinnliche Materie völlig trennt, sind sie nach Ibn Gabirol eins. Die Materie als das Allgemeine ist das Primäre und Bleibende, und nicht die Form als das Diversifizierende.

Problematisch ist die Verbindung dieser These vom Primat der Materie mit einer hierarchischen Ordnung in der Emanationslehre Ibn Gabirols, wobei der Autor in seinen verschiedenen Schriften auch nicht völlig konsequent ist. Ausgangspunkt ist der völlig transzendente, nur in Negationen erkennbare Gott, die substantia prima, aus der der göttliche Wille bzw. der Logos, die Weisheit, hervorgeht, die wiederum Prinzip der universalen Materie und Form ist; von diesen gehen Intellekt, Seele und Natur aus, die im Mikrokosmos der anima rationalis, animalis und vegetativa entsprechen. Am unteren Ende der Skala schließlich steht die wahrnehmbare Welt. Ziel des menschlichen Lebens ist es, der Seele durch rechtes Verhalten und Erkenntnis den Aufstieg in die geistige Welt zu ermöglichen.

Ibn Gabirol hat seine Lehre in seinem Werk *Meqor Chajjim* („Quelle des Lebens") sowie im philosophischen Gedicht *Keter Malkhut* („die Königskrone") und in der kleinen Schrift *Tiqqun Middot ha-Nefesch* („Verbesserung der sittlichen Eigenschaften") niedergelegt. Die „Lebensquelle", die wichtigste dieser Schriften, ist im arabischen Original nicht erhalten, sondern nur in hebräischen Fragmenten und einer lateinischen Übersetzung (Fons Vitae) überliefert. Dies ist für die Rezeption dieses bedeutenden Philosophen bezeichnend: die im Judentum kaum beachtete „Lebensquelle" war in christlichen Kreisen sehr beliebt. Da die Schrift ein rein metaphysischer Traktat ohne biblische oder rabbinische Zitate ist, konnte man ihren Verfasser für einen Moslem oder gar einen arabischen Christen halten. Erst die Entdeckung der hebräischen Fragmente im vorigen Jahrhundert hat gezeigt, daß dieser Avicebron der lateinischen Tradition der Dichter Ibn Gabirol ist.

Nach Ibn Gabirol waren besonders zwei spanisch-jüdische Autoren vom Neuplatonismus bestimmt; beide bewegen sich an der Grenze zwischen Philosophie und Ethik: Bachia Ibn Paquda und Abraham bar Chijja. *Bachia Ibn Paquda* (Ende 11. Jahrh.) verfaßte in arabischer Sprache das „Buch der Anleitung zu den Herzenspflichten", dessen hebräische Übersetzung durch Jehuda Ibn Tibbon (1161) es bis in die Neuzeit zu einem beliebten Führer zum geistlichen Leben werden ließ. Nach Art der arabischen Ethiker stellt Bachia den „Pflichten der Glieder", die man durch äußere Handlungen erfüllt, die seiner Ansicht nach vernachlässigten „Herzenspflichten" gegenüber, die inneren Einstellungen, die der Seele „Pforten" des Aufstiegs zu Gott sind. Er vertritt die neuplatonische Lehre, daß die Seele eine geistige Substanz ist, die Gott in den Körper gelegt hat und die nun wieder zu ihrem göttlichen Ursprung zurück muß. Den Weg dazu bahnt ihr die Erfüllung der Herzenspflichten, wozu der Mensch gewisse theologische Kenntnisse haben muß. Darum setzt Bachia bei den Gottesbeweisen ein, wobei er sich auf Saadia und allgemein den Kalam stützt: die Welt ist geschaffen, wie aus ihrer Zusammengesetztheit hervorgeht; vor der Vielheit muß jedoch die Einheit stehen. Die Mehrzahl der göttlichen Attribute kann die Einheit Gottes nicht gefährden, da alle in Wirklichkeit nur das Wesen Gottes aussagen, und zwar immer nur in negativer Weise. Letztlich ist Gott nur in seinem Werk erkennbar, aus dem ich die göttliche Güte und Weisheit erschließe und in Dankbarkeit und Vertrauen Gott diene. Die weiteren Stufen des Aufstiegs sind Aufrichtigkeit, Demut, Reue, Selbstprüfung, Enthaltsamkeit und Gottesliebe. Dabei betont Bachia besonders die nötige Distanz zur materiellen Welt und predigt eine gemäßigte Askese. Endziel ist die Vereinigung der Seele mit dem göttlichen Licht, wenn auch diese mystische Tendenz nicht voll zum Tragen kommt.

Abraham bar Chijja, der am herzoglichen Hof von Barcelona lebte und vor allem als Mathematiker und Astronom, aber auch als Astrologe bekannt geworden ist (gest. um 1136), hat seine Philosophie in der „Betrachtung der traurigen Seele" und in der eschatologischen „Schrift des Enthüllers" niedergelegt. Er verbindet die neuplatonische Emanationslehre mit der aristotelischen Terminologie von Materie und Form. Den üblichen drei Stufen der intelligiblen Welt (Natur – Seele – Intellekt) fügt er zwei höhere hinzu: Herrschaft und Licht. Sie alle sind Offenbarungen des göttlichen Lichtes und entsprechen den Stufen der Offenbarung und auch des jenseitigen Glücks. In ihnen gibt es keine Materie, da allein die Form der körperlichen Welt der Ergänzung durch die Materie bedarf.

Interessant ist die Verbindung dieser Kosmologie mit einer dem Neuplatonismus wesensfremden Geschichtstheorie und einer theologisch orientierten Anthropologie, die der christlichen Erbsündenlehre nahekommt, aber auch andere Elemente aufnimmt. Die Geschichtsbetrachtung, von Bischof Isidor von Sevilla abhängig, ist von der Messiaserwartung bestimmt: dem Reich des Messias gehen, den sechs Schöpfungstagen entsprechend, sechs Geschichtsperioden voraus, in denen der Verfasser seinen eigenen Standort erforscht und die messianische Erlösung für das Jahr 1383 berechnet.

Gott schuf den Menschen mit einer rationalen Seele, die von den beiden niederen Seelenteilen (anima vegetativa und animalis) unabhängig war, durch die Sünde jedoch unter ihren Einfluß kam. Nach der Sintflut hat Gott die anima rationalis von der Herrschaft der vegetativen Seele befreit, die Freiheit von der anima animalis jedoch nur einem Menschen in jeder Generation geschenkt, bis Jakobs Vollkommenheit sie jedem seiner Nachkommen erwarb. In dieser Anthropologie, die eigentlich nur den Erwählungsgedanken Israels umprägt, sind nur die Israeliten befähigt, das höchste Ziel des Menschen, die Erkenntnis Gottes, zu erreichen; doch davon hängt das Schicksal nach dem Tode ab: nur die Seele, die geistige und sittliche Vollendung erreicht hat, darf in die geistige Welt eintreten; fehlt ihr nur die sittliche Vollendung, wird sie in der Welt unter der Sonne von deren Hitze gereinigt, fehlt ihr hingegen die geistige Vollendung, muß sie in einen anderen Körper übergehen, bis sie das Ziel erreicht. Wer weder geistig noch sittlich vollendet ist, dessen Seele geht mit dem Leib zugrunde. Ist schon diese Kombination verschiedenster Vorstellungen logisch nicht nachvollziehbar, so wird die Verwirrung vollkommen, wenn die messianische Schrift bar Chijjas der sittlichen Vollendung vor der geistigen den Vorrang einräumt und die Lehre der Auferstehung vertritt.

Als Religionsphilosoph viel bedeutender ist der große Dichter *Jehuda Halevi* (vor 1075–1141), der in Spanien als Arzt lebte, bevor er sich in seinem Alter auf dem Weg nach Palästina machte, das er jedoch nicht mehr erreichte, da er in Ägypten starb. Sein arabisch geschriebenes philosophisches Werk, das Jehuda Ibn Tibbon bald ins Hebräische übersetzte, heißt „Buch der Begründung und des Beweises zur Verteidigung des mißachteten Glaubens", wurde jedoch als „*Kuzari*" bekannt, da die Bekehrung des Khazarenkönigs zum Judentum seinen literarischen Rahmen bildet.

Auf der Suche nach der wahren Religion diskutiert der König mit einem Aristoteliker, mit einem Moslem und mit einem Christen. Sie können ihn nicht überzeugen; da jedoch der Moslem und der Christ sich auf das Judentum als ihre Grundlage berufen, läßt der König einen Juden kommen, der ihm die Richtigkeit des jüdischen Glaubens zeigt und ihm dessen Lehren erklärt. So vorbereitet, kann der König im letzten Teil des Werkes den Meinungen des Philosophen entgegentreten.

Diese literarische Einkleidung erlaubt es Jehuda Halevi, den jüdischen Glauben zu verteidigen und zugleich auch mit den jüdischen Rationalisten abzurechnen. Er anerkennt die Leistungen der Aristoteliker, läßt ihre Methode der Deduktion jedoch nur für die Physik gelten, nicht jedoch für die Metaphysik. Der Streit der philosophischen Schulen in metaphysischen Fragen beweist allein schon ihre Unzuständigkeit, argumentiert Halevi mit dem arabischen Philosophen Gazali. Doch lehnt er deshalb die Philosophie nicht ab, sondern nimmt sogar ihre Gottesbeweise an. Doch ist die Philosophie nicht imstande, das Verhältnis zwischen Gott und Welt zu erklären, also auch nicht die Tatsache der Erschaffung der Welt zu beweisen. Zwar sieht die Philosophie die Erkenntnis Gottes als ihr Ziel; doch bringt sie nur Wissen über Gott – und auch das nur begrenzt –, während allein die Religion zum Leben mit Gott führt.

In Abwandlung der These bar Chijjas von der rationalen Seele behauptet Halevi, Adam habe ein religiöses Vermögen gehabt, das die Gemeinschaft mit Gott ermöglichte, durch die Sünde habe er es dann verloren und seither wurde es nur je einem Menschen jeder Generation zuteil, bis Jakob kam, dessen Nachkommen alle diese religiöse Anlage erhielten. Zwar schwächt Halevi diesen religiösen Nationalismus ab, indem er sagt, alle Völker hätten das Sittengesetz erhalten und könnten Lohn oder Strafe erwerben, so bleibt doch dem Judentum allein die wahre Gemeinschaft mit Gott vorbehalten: die Proselyten können zwar daran teilhaben, jedoch nicht ihre höchste Stufe, die Prophetie, erreichen, die dem Volk Israel zuteil wurde, als es am Sinai öffentlich das göttliche Gesetz geoffenbart erhielt (Christentum und Islam können sich hingegen nicht auf eine solche öffentliche Offenbarung berufen). Das Leiden Israels in der Welt widerspricht nicht seiner Erwählung, sondern ist ein Baustein der Geschichte, die schließlich die ganze Menschheit zur Anerkennung des wahren Gottes führt. Israel ist wie ein Same, der in der Erde sterben muß, damit aus ihm neues Leben kommt. Die Lehren Halevis haben auf Kabbala, Chasidismus und sogar noch auf die jüdische Philosophie der Neuzeit (Franz Rosenzweig) größten Einfluß ausgeübt.

Der spanische Jude *Abraham Ibn Daud* (ca. 1110–1180) übernimmt als erster jüdischer Philosoph ganz die aristotelische Richtung der arabischen Philosophie (Hauptvertreter Ibn Sina = Avicenna). Unberührt von der Kritik Jehuda Halevis am aristotelischen System erklärt er in seinem arabisch geschriebenen, jedoch nur hebräisch erhaltenen Werk *Ha-Emuna ha-Rama* („Der erhabene Glaube") die völlige Übereinstimmung von Judentum und wahrer, d.h. aristotelischer Philosophie: was die Wissenschaft erst durch langes Forschen erarbeitet hat, war dem Juden von Anfang an geoffenbart. Zwar betont Ibn Daud eingangs die Willensfreiheit als sein Hauptthema, doch kommt dieses im Werk selbst kaum zum Tragen. Vielmehr setzt er mit der aristotelischen Physik und Metaphysik ein, um damit die Gottesbeweise grundzulegen. Dabei verbindet er den aristotelischen Gedanken vom ersten

Beweger mit dem Argument Ibn Sinas, das mögliche Sein der Dinge setze ein notwendiges Wesen voraus. Gott setzt also nicht nur eine vorhandene Welt in Bewegung, sondern ruft sie überhaupt erst aus der Möglichkeit ins Dasein. Durch dieses Argument beweist er dann auch die Einzigkeit Gottes. Die These einer allgemeinen Emanation, die so völlig der biblischen Lehre der Schöpfung als eines willentlichen, nicht notwendigen Aktes Gottes widerspricht, lehnt er ab, nicht weil sie falsch, sondern weil sie unbeweisbar ist und somit die Kompetenz der Philosophie überschreitet.

Auch in der Seelenlehre ist Ibn Daud über Ibn Sina völlig von Aristoteles abhängig. Die Seele gilt als Entelechie eines natürlichen organischen Körpers. Die These ihrer Präexistenz lehnt er mit der neuplatonischen Auffassung der Einzelseele als Teil der Universalseele ab; ihre Unsterblichkeit erschließt er hingegen aus ihrer Immaterialität, die sie vom Körper unabhängig macht: daß die Seele als Form an sich nicht ohne Materie existieren und daher im aristotelischen Rahmen nicht unsterblich sein kann, bedenkt er nicht weiter.

Die vielen Probleme, die sich aus der Verbindung der aristotelischen Philosophie mit dem jüdischen Glauben ergeben und denen Ibn Daud ausweicht, hat der größte jüdische Philosoph des Mittelalters in Angriff genommen, *Mose ben Maimon* (1135–1204), der im klaren Wissen um die Schwierigkeiten eine Synthese versucht. Diese legt er im um 1190 arabisch geschriebenen und in seinem Auftrag von Samuel Ibn Tibbon ins Hebräische übersetzten (1204) Werk *More Nebukhim* („Führer der Unschlüssigen") nieder. Für die Bedeutung des Werks spricht, daß es bald eine zweite, freiere Übersetzung ins Hebräische durch den Dichter Jehuda al-Charisi erlebte: die darauf beruhende lateinische Fassung hat die Lehrer der Hochscholastik, Albert den Großen und Thomas von Aquin ebenso wie die Franziskaner Alexander von Hales und Duns Scotus, tief beeinflußt und so die aristotelische Prägung der Scholastik mitbestimmt.

Die metaphysischen Lehren, die Maimonides im „Führer" vorträgt, setzt er mit der mystischen Lehre vom „Werk des Thronwagens" gleich; nach rabbinischer Tradition darf man diese nicht öffentlich vortragen, sondern immer nur einen einzelnen lehren, der zudem selbst schon ein Wissender ist. So widmet Rambam die Schrift seinem Lieblingsschüler Josef Ibn Schamun, dem er sie kapitelweise nach Bagdad sendet. Ein klarer Aufbau der Schrift ist nicht erkennbar. Sie setzt beim Gottesbild der Bibel ein, das man philosophisch deuten muß, und geht dann über die Themen von Prophetie und Vorsehung zur Bedeutung der Gesetze über. Ziel der Schrift ist eine Synthese von Philosophie und Glauben durch ein philosophisches Verständnis der Bibel, um so dem Menschen zu helfen, der zwar in seinem Glauben feststeht, ihn jedoch nicht mit den philosophischen Erkenntnissen vereinbaren kann.

Die anthropomorphe Darstellung Gottes in der Bibel könnte schließen lassen, er sei körperlich und vielfältig, doch ist trotz der vielen Attribute Gottes in der Bibel an seiner Einheit festzuhalten. Das Dasein Gottes beweist Rambam mit Ibn Daud (Gott als erster Beweger und einziges notwendiges Sein), den Gottesbeweis des Kalam aus der Zeitlichkeit der Welt lehnt er hingegen ab. Die Geschaffenheit der Welt ist zwar wahrscheinlicher als die von Aristoteles angenommene Ewigkeit, jedoch nicht endgültig beweisbar; der Gottesbeweis muß daher auch bei Annahme einer ewigen Welt bestehen können. Da die Argumente für Geschaffensein und Ewigkeit der Welt einander die Waage halten, entscheidet sich Rambam aus religiösen Gründen für die creatio ex nihilo.

Im Gottesbild ist der Aristotelismus schon bei den arabischen Philosophen neuplatonisch umgeprägt. So lehrt auch Rambam, daß man Gott keine positiven Attribute zuschreiben kann; die einzigen positiven Aussagen über Gott sind aus seinem Wirken abzuleiten, wie auch die sittlichen Eigenschaften Gottes Aussagen über sein Wirken sind. Diese Sublimierung des biblischen Gottesbildes ist nach Maimonides religiöse Pflicht.

Die Frage nach der Ewigkeit der Welt ist bei Maimonides strikt theologisch: geht die Welt notwendig aus Gott hervor oder ist sie in Freiheit geschaffen? Die Bejahung der freien Schöpfung läßt weiter nach dem Sinn der Schöpfung fragen: sicher ist es nicht der Mensch, der vieles in der Schöpfung nicht braucht. Alles Seiende hat vielmehr eine innere Zweckmäßigkeit, das Dasein an sich ist ein Gut; ein letzter Zweck kann jedenfalls nicht angegeben werden.

Maimonides bekämpft die These, alles sei nur dem Zufall überlassen und es gebe nur eine allgemeine Vorsehung; ebenso stellt er sich gegen die im Islam verbreitete Auffassung einer Vorsehung, die dem freien Willen des Menschen keinen Raum läßt. Gottes Vorsehung, die den freien Willen nicht beschneidet, waltet über dem einzelnen in dem Maß, als dessen Intellekt entwickelt ist.

Dieselbe Ausrichtung auf den Intellekt des Menschen finden wir in Rambams Verständnis der Prophetie wieder. Diese beeinflußt sowohl die intellektuellen Fähigkeiten des Menschen wie auch seine Vorstellungskraft. Der Prophet ist dem Philosophen vergleichbar; er ist der beste Staatsmann, der dem Menschen das Gesetz bringt (daher gilt Mose als der ideale Prophet) oder ihn dazu anhält. Offenbarung und Vernunft sind miteinander im Grunde identisch: die Prophetie ist demnach eine allen Menschen offene Gabe, die Gott allerdings manchen vorenthält, wie Maimonides sagt, um die Eigenart der biblischen Sendungsprophetie zu wahren.

Es entspricht der Wertung der Vernunft bei Rambam, daß auch das Gesetz primär nicht auf das äußere Wohl des Menschen, sondern auf die Erleuchtung der Vernunft gerichtet ist. Mit Saadia und dessen arabischen Vorgängern unterscheidet er zwischen vernunftgemäßen und traditionellen Gesetzen: diese sind zwar gelegentlich nicht näher erklärbar; Gott will sie einfach. Oft sind sie jedoch aus dem geschichtlichen Zusammenhang zu verstehen, in dem sie erlassen wurden (z.B. die Opfergesetze). Jedes Gesetz soll letztlich den Menschen von der Herrschaft der Sinne befreien und ihn in der Erkenntnis Gottes die höchste Vollkommenheit und die Unsterblichkeit finden lassen.

Die Erkenntnis als Voraussetzung der Unsterblichkeit tritt so anstelle der primär ethischen Konzeption des biblischen Judentums. Das bedeutet aber auch, daß jedem Juden der Weg zum notwendigen Minimum dieser Erkenntnis offenstehen muß. Darum formuliert Maimonides in seinem für das Volk bestimmten Werk Mischne Tora dreizehn Glaubensartikel als Voraussetzung der Teilnahme am ewigen Leben. Diese Dogmatisierung der jüdischen Religion hat großen Einfluß gehabt. Doch hat der Versuch des Maimonides, Glaube und Philosophie zu versöhnen, auch zu schweren innerjüdischen Auseinandersetzungen geführt, die besonders in Frankreich und Spanien bis ins 14. Jahrhundert getobt haben, da die Gegner Rambams in seinen Lehren eine Untergrabung der religiösen Praxis sahen. Dennoch ist sein Werk Ausgangspunkt aller weiteren jüdischen Philosophie geworden und hat auch nach der Aufklärungsbewegung der Haskala noch weitergewirkt.

Der konsequenteste Verteidiger des Aristoteles in der jüdischen Philosophie ist der vielseitige (Talmudist, Mathematiker und Astronom) *Levi ben Gerschom* (1288–1344) aus der Provence. In seinen „Gotteskämpfen" *(Milchamot Adonai)*, einem zwischen 1317 und 1329 entstandenen Werk, versucht er in Auseinandersetzung mit Averroes, dessen Denken Maimonides noch nicht berücksichtigt hatte, zu einer neuen Synthese von Philosophie und Theologie zu kommen. Das Werk behandelt in sechs Büchern die Unsterblichkeit der Seele, Traum, Wahrsagerei und Prophetie, das göttliche Wissen, die Vorsehung, die Himmelssphären und ihr Verhältnis zu Gott (der lange astronomische Teil ist nur lateinisch erhalten) sowie die Erschaffung der Welt. Ben Gerschom hat übrigens auch Averroes übersetzt und kommentiert und auch in seinen biblischen Schriften viel Philosophisches eingefügt.

Mit Averroes kehrt Ben Gerschom zum eigentlich aristotelischen Gottesbegriff zurück, wonach positive Attribute der Einheit Gottes nicht widersprechen. Gott ist das oberste Denken und nicht der persönliche Gott der Bibel. Daß er die Welt erschaffen hat und diese nicht ewig ist, geht aus ihrer Zweckmäßigkeit hervor, die einen Planer voraussetzt. Doch erschuf Gott die Welt nicht aus dem Nichts: er ist nur das allgemeine Formprinzip, dessen Wirken eine präexistente Materie als Substrat des Werdens voraussetzt. Daraus folgt, daß Gott nur die allgemeine Formordnung kennt, nicht jedoch die Einzeldinge, was übrigens auch die Freiheit des Menschen garantiert. Wie ist dann allerdings die Prophetie zu erklären, insofern diese sich auf Einzelfakten bezieht? Nach Ben Gerschom läßt die prophetische Eingebung nur den allgemeinen, in den Sternen festgelegten Zusammenhang der Zukunft erkennen, die der Prophet selbst erst deuten muß; ebenso kann die göttliche Vorhersehung nur allgemein sein, und auch die Wunder sind nicht Einzeleingriffe Gottes, sondern entsprechen allgemeinen Voraussetzungen, die schon im Schöpfungsplan festgelegt sind. Die Unsterblichkeit schließlich ist auf den erworbenen Intellekt beschränkt, der zwar das individuelle Überleben sichert, jedoch das Gefühlsleben nicht einschließt.

Diese streng auf den Intellekt ausgerichtete, viel stärker von Aristoteles als vom jüdischen Erbe geprägte Philosophie ist in den jüdischen Gemeinden sofort auf großen Widerstand gestoßen. So kam es zu einer Reaktion gegen die Philosophie und besonders gegen den Aristotelismus. Doch gerade die Kritik des Aristoteles ist nur philosophisch zu bewältigen und hat so das letzte große Werk der jüdischen Philosophie des Mittelalters hervorgebracht: *Or Adonai* („das Gotteslicht"), das Hauptwerk des um 1412 gestorbenen *Chasdai Crescas,* der der Führer der Juden Aragons war und im christlichen Spanien hohe Staatsämter bekleidete. Die vier Bücher seines Werkes betreffen 1. die Wurzeln der Tora, 2. ihre Fundamente, 3. andere verpflichtende Glaubenslehren und 4. nicht verpflichtende Vorstellungen. Eine geplante halakhische Fortsetzung konnte Crescas nicht mehr verwirklichen; diese sollte das Gegenstück zu Rambams Mischne Tora werden, wie Or Adonai den More Nebukhim ersetzen sollte.

Im ersten Teil untersucht Crescas die 25 angeblich unbestreitbaren aristotelischen Thesen, die Maimonides zur Voraussetzung von Gottes Dasein, Einheit und Unkörperlichkeit gemacht hatte. Er findet sie alle unhaltbar: vor allem lehnt er die Auffassung ab, ein unendlicher Raum, eine unendliche Zeit und endlose Kausalreihen seien unmöglich. Der einzige verbleibende Gottesbeweis ist somit der, daß die Aktualisierung des nur potentiell Seienden ein notwendiges Sein voraussetzt. Die Einheit Gottes ist nicht logisch, sondern nur aus der Bibel zu beweisen und seine Unkörperlichkeit ist eine Folge der Einheit.

Die „Fundamente der Tora" sind Voraussetzungen für die These, daß die Proklamation der Tora eine willentliche Handlung Gottes war. Dazu muß Gott alles a priori wissen, sich in seiner Vorsehung um alles kümmern, Macht haben und mit den Menschen in der Prophetie verbunden sein. Schließlich setzt die These die Sinnhaftigkeit der Tora und die Willensfreiheit des Menschen voraus, die jedoch einen Determinismus durch die Lebensumstände des einzelnen nicht ausschließt. Beherrschendes Motiv in der Philosophie des Crescas ist nicht das Wissen, sondern die Liebe (sie ist die Grundlage für die Vorsehung, aber auch für die Prophetie, die als Höhepunkt der Liebe – nicht der Philosophie! – gilt). Die Liebe ist das höchste Ziel des Menschen. Auch die Unsterblichkeit hängt nicht vom Intellekt ab: nicht der erworbene Intellekt überlebt, sondern die als einfache Substanz unsterbliche Seele. Das Denken des Crescas hat die jüdische Mystik und auch christliche Denker wie Pico della Mirandola stark beeinflußt, aber auch Giordano Bruno und sogar Spinoza mitgeprägt.

Josef Albo (ca. 1360–1444), ein Schüler des Chasdai Crescas, hat in seinem *Sefer ha-Iqqarim* („Buch der Grundlehren") eine philosophische Systematik der jüdischen Religion versucht, die zwar weit verbreitet wurde (schon 1485 erstmals gedruckt), der es jedoch an Originalität mangelt. Als Eklektiker übernahm Albo viel von Rambam und Crescas, aber auch aus christlichen Schriften wie der Summa theologica des Thomas von Aquin. Er stellt zuerst als

Grundlehren des jüdischen Glaubens das Dasein Gottes, die Offenbarung sowie Lohn und Strafe heraus, die er in den folgenden Kapiteln näher analysiert und denen er insgesamt acht „Wurzeln" und sechs Dogmen (Erschaffung der Welt, Vorrang des Mose usw.) zuteilt. Die „Wurzeln" sind Einheit, Unkörperlichkeit, Zeitlosigkeit und Vollkommenheit Gottes, Gottes Wissen, die Prophetie und die Echtheit der Propheten sowie schließlich die individuelle Vorsehung.

Als letzter jüdischer Philosoph des Mittelalters sei *Isaak Abrabanel* (1437–1509) genannt, der seine Anschauungen vor allem in verschiedenen Kommentaren zur Bibel wie auch zu Rambams „Führer der Unschlüssigen" dargestellt hat. Abrabanel ist zwar äußerst belesen, doch fehlt ihm jegliche Originalität. Er übernimmt das meiste von Rambam und Crescas, schwächt jedoch deren philosophische Argumentation stets ab, wo sie den Glauben gefährden könnte. Bei ihm ist die Philosophie scholastisch erstarrt, die Kraft des selbständigen Denkens seiner Vorgänger erschöpft.

4. Ethisches Schrifttum

Viele der besprochenen philosophischen Schriften sind zugleich ethische Traktate: dies gilt von Saadia ebenso wie von Ibn Gabirol, Bachia Ibn Paquda oder Maimonides. Doch hat das Mittelalter auch eine reiche, spezifisch ethische Literatur hervorgebracht, die für das breite Volk bestimmt war und diesem eine Anleitung zu einem religiösen Leben jenseits der engen Grenzen der Halakha sein wollte. Diese Schriften gehören nicht zur großen Literatur, sind dafür jedoch ein um so gültigeres Zeugnis des wirklichen Lebens der jüdischen Gemeinden und zugleich das meistgelesene jüdische Schrifttum der Zeit.

An erster Stelle ist der *Sefer Chasidim* („das Buch der Frommen") zu nennen. Jehuda ben Samuel he-Chasid von Regensburg (gest. 1217) zugeschrieben, ist es in Wirklichkeit ein Sammelwerk, in dem diesem nur die wichtigste Rolle zukam, an dem jedoch auch sein Vater Samuel he-Chasid, sein Schüler Eleasar von Worms und andere beteiligt waren. Es ist in zwei Fassungen überliefert, deren Vergleich seine komplizierte Entstehungsgeschichte beleuchtet. Das Werk ist das wichtigste Zeugnis der religiösen Bewegung der *Chaside Aschkenas,* die aus den Wirren der Kreuzzüge entstand und das unphilosophische deutsche Judentum Jahrhunderte lang mit einer pietistischen, zur Mystik neigenden Frömmigkeit geprägt hat. Viel in dieser Strömung hat Parallelen in den Idealen des christlichen Mönchtums dieser Zeit, und nicht umsonst hat man Jehuda he-Chasid mit seinem Zeitgenossen Franz von Assisi verglichen, dessen schlichter Frömmigkeit der Sefer Chasidim sehr nahesteht.

Literarisch völlig anspruchslos und ohne wohlgegliederten Aufbau, weithin eine Aneinanderreihung von sittlichen Leitsprüchen und dazu passenden Beispielerzählungen, ist der Sefer Chasidim eine wertvolle Quelle für die jüdische Geschichte zur Zeit der Kreuzzüge, deren Judenverfolgungen er oft als Beispiel heranzieht, wie sich der Jude in Zeiten der Gefahr zu verhalten hat. Es ist verständlich, daß die Bereitschaft zum Martyrium hier besondere Bedeutung erhält. Diese Bereitschaft erwächst aus der Gottesliebe, die das höchste Ideal des Menschen ist. Obwohl die Verfasser des Buches selbst den Tosafisten nahestehen, warnen sie vor einseitiger Betonung der talmudischen Gelehrsamkeit. Zwar gilt das Studium viel und zählt daher das Verleihen von Büchern als religiöse Pflicht; doch ist der Fromme höher als der Gelehrte einzuschätzen und gilt der gute Wille mehr als die bloße Ausrichtung nach der Halakha, die nur Gebildeten erreichbar ist. So spricht das Buch für das einfache Volk, dessen Aberglaube und Hexenwahn übrigens auch weiten Raum einnimmt. Scharf gegen soziale Ungerechtigkeit (Betrug im Handel, Spekulation mit Getreidepreisen, Zinsennehmen), zugleich verhältnismäßig tolerant gegenüber den Christen, von denen die Juden damals soviel zu erleiden hatten, ist das Buch ein wertvolles Zeugnis dafür, wie das Judentum die Notzeit der Kreuzzüge religiös verarbeitet hat.

Der in Frankreich ausgebildete Spanier *Jona ben Abraham Gerondi* (ca. 1200–1263) hat sicher auch die Bewegung der Chaside Aschkenas kennengelernt, sich jedoch in seinen ethischen Schriften, vor allem den „Toren der Buße“ (*Schaare Teschuba*) viel stärker als diese an der Halakha orientiert. Die Schrift, in der er zuerst die Buße analysiert, dann die Selbstprüfung als Weg zu ihr aufzeigt, die Gebote klassifiziert, die Strafen für ihre Übertretung und die Voraussetzungen der Vergebung bespricht, betont vor allem die soziale Gerechtigkeit und wendet sich gegen die Übergriffe der reichen Juden, vor allem der Gemeindeleiter, an deren Stelle er eine breitere Beteiligung in Gemeindeangelegenheiten proklamiert.

Bachia ben Ascher, auch er ein spanischer Jude des 13. Jahrhunderts, bekannt vor allem durch seinen Pentateuchkommentar, der seine Neigung zur Mystik zeigt, hat in *Kad ha-Qemach* („Mehlkrug“) eine ethische Schrift vorgelegt, in der die verschiedenen Themen, darunter auch rein theologische, alphabetisch angeordnet sind. Er nimmt die These der talmudischen Zeit wieder auf, Zweck der Diaspora sei, durch das Beispiel der Juden der Welt den Weg zum wahren Gott zu zeigen und so die Erlösung herbeizuführen.

Nicht sicher ist, wer den *Sefer ha-Jaschar* („das Buch des Aufrechten“) verfaßt hat. Nach den neuesten Vermutungen soll der eben genannte Jona Gerondi sein Verfasser sein. Meist datiert man jedoch das Buch in das 14. Jahrhundert. Die kleine, im Mittelalter sehr verbreitete Schrift schildert in 18 Kapiteln die allgemeinen ethischen Auffassungen der Zeit, gibt ihnen allerdings eine tiefere philosophische Begründung, als in Schriften dieser Art üblich war. Zwar warnt sie vor unsachgemäßer Beschäftigung mit der Philosophie, zieht jedoch den Beweis aus der Vernunft jenem aus der Bibel vor und hält die rechte Erkenntnis für den Weg zur Unsterblichkeit. Von Interesse ist besonders das erste Kapitel des Buches, das das Geheimnis der Weltschöpfung als Voraussetzung aller Sittlichkeit bezeichnet. Der dem Menschen unerkennbare Gott hat die Welt zu seinem Dienst und zu seiner Ehre geschaffen und darum gelangt auch der Mensch durch das Tun des Schöpferwillens zu seiner eigenen Vollendung. Im Verlauf der Schöpfung sind jedoch ungewollt auch die Bösen entstanden, die eine Entweihung des Namens Gottes sind, weil sie das Schöpfungswerk unvollkommen machen. Somit ist das Problem des Bösen gestellt; doch versucht das Buch keine Antwort darauf. Gelegentlich bringt man die Schrift mit Chasidismus und Kabbala in Verbindung, was sich jedoch nicht beweisen läßt.

Zwei Schriften des 14. Jahrhunderts tragen den Titel *Menorat ha-Maor* („Leuchter des Lichts"); beide sind in Spanien entstanden; ihr Verhältnis zueinander ist ungeklärt. Die unbekanntere der beiden Schriften stammt von Israel Ibn al-Naqawa aus Toledo, der in der Verfolgung von 1391 den Freitod wählte. Nach einem einleitenden Gedicht zum Lob der Tora stellt er in zwanzig Kapiteln die jüdische Ethik dar, wobei er sein Material der rabbinischen Literatur und späteren Schriften wie dem Zohar entnimmt.

Viel verbreiteter wurde die gleichnamige Schrift des sonst unbekannten Isaak Aboab, die ein richtiges Volksbuch wurde, wie der Verfasser beabsichtigte. Nach dem siebenarmigen Leuchter im Tempel in sieben „Kerzen" gegliedert, enthält das Buch in sieben Teilen zuerst eine Darstellung schlechter Eigenschaften (Genußsucht, sündhafte Rede), dann eine positive Schilderung der Gebote, des Torastudiums, der Buße, Friedfertigkeit und Nächstenliebe sowie der Bescheidenheit. Wie das mittlere Licht der Menora die Sonne darstellt, ist hier das vierte Kapitel (über das Torastudium) das wichtigste, dem symmetrisch je drei andere zugeordnet sind. Gleich der parallelen Schrift ist auch hier das Material der rabbinischen und mittelalterlichen Literatur entnommen, so daß beide Werke neben ihrem Eigenwert auch wichtige Fundstätten für Zitate aus verlorengegangenen Schriften sind.

Die in der hellenistischen Periode beliebte *Testamentliteratur* gelangt im Mittelalter zu neuer Blüte. Nach dem Vorbild der TestXIIPatr und ähnlicher Schriften, auch den alten Weisheitsschriften verwandt, die die Erfahrung des Vaters an den Sohn weitergeben wollen, entstehen besonders in Europa ab dem 11. Jahrhundert zahllose „geistliche Testamente". In seltenen Fällen sind es wirkliche Testamente, die ein sterbender Lehrer hinterläßt; meist jedoch ist es lediglich eine literarische Fassung kleinerer ethischer Schriften, die ohne philosophische Grundlegung praktische Anweisungen zur Übung bestimmter Tugenden geben. Viele davon sind pseudepigraphisch bekannten Meistern unterschoben, so die dem Elieser ben Hyrkan (2. Jh.) zugeschriebene Schrift *Orchot Chajjim* („Lebenspfade") oder das pseudonyme Testament des Maimonides.

Sind diese Schriften vor allem Zeugnisse für die Religiosität ihrer Entstehungszeit, so sind manche davon auch wertvolle geschichtliche Dokumente. Dazu gehören vor allem das Schreiben des Jehuda Ibn Tibbon an seinen Sohn

Samuel (um 1190) sowie das Testament des 1349 gestorbenen Jehuda ben Ascher: dieses schildert die Familiengeschichte von der Zeit des Großvaters Jechiel ben Ascher an, der aus Deutschland fliehen mußte, zeichnet dann sein eigenes, von der Wohltätigkeit der jüdischen Gemeinde von Toledo abhängiges Gelehrtenleben, mahnt seinen Sohn zum Studium bestimmter Schriften und endet mit einem tatsächlichen Testament. Von großem Interesse ist auch die Schrift, die der berühmte Gaon von Wilna (1720–1797) an seine Söhne richtete, als er zu seiner Reise nach Palästina aufbrach, die ihn übrigens nicht ans Ziel führte. Die Schrift zeugt von der intensiven, aller Öffentlichkeit abholden, strengen Frömmigkeit der Gegner der Chasidim. Ein Zug, der vielen dieser Schriften gemeinsam ist und wohl nicht nur Gelehrtenfamilien eignete, ist die stete Ermahnung zu einer rechten Erziehung der Kinder, einer guten religiösen Ausbildung, ohne vor deren Kosten zurückzuschrecken, sowie zur Lektüre bestimmter Schriften: darin zeigt sich einer der Wesenszüge des „Volkes des Buches".

5. Die Mystik

Ab dem 11. Jahrhundert ersteht im aschkenasischen Judentum eine mystische Bewegung, die auf verschiedene Quellen zurückgeht, in Deutschland vor allem auf die mystischen Traditionen der rabbinischen Zeit, die über Italien aus Palästina vermittelt wurden, in Frankreich stärker unter dem Einfluß der islamischen Mystiker des Sufismus, der verschiedene neuplatonische jüdische Denker stark bestimmt hatte. Dazu kommen in beiden Ländern Einflüsse aus christlichen asketischen Kreisen.

Im deutschen Raum sind es die *Chaside Aschkenas,* die wir im Zusammenhang mit dem Sefer Chasidim schon erwähnt haben. Dieser war die für alle bestimmte ethische Lehre der Gruppe, während die mystische Lehre, vorgetragen durch die verschiedenen Vertreter der Kalonymus-Familie, einem kleinen Kreis vorbehalten war. Die Autoren selbst behaupten den Ursprung ihrer Lehren aus italienischer Tradition. Am meisten erhalten, wenn auch zum Teil noch nicht veröffentlicht, ist von Eleasar ben Jehuda aus Worms (1165-1230), dessen Hauptwerk *Sode Razajja* („Geheimnisse der Geheimnisse") die mystische Tradition der Chaside Aschkenas zusammenfaßt und ihre direkte Abhängigkeit von der Mystik der talmudischen Zeit erkennen läßt. Die fünf Teile dieser Schrift behandeln zuerst das „Schöpfungswerk", das Gott mit den 22 Buchstaben des hebräischen Alphabets bewirkt hat, dann das „Thronwagenwerk", in dem es um die geheimen Namen der Engel, den himmlischen Thron und seinen Wagen sowie die göttliche Offenbarung geht. Der dritte Teil bietet eine Erklärung der Namen Gottes, der vierte ist ein psychologischer Traktat, der fünfte ein Kommentar zum Sefer Jetsira, dessen Studium zur Vision des Golem, zur Erschaffung eines menschlichen Wesens durch die magische Kraft des Alphabets führen soll.

Unbekannt ist der Verfasser des um 1200 in Frankreich entstandenen *Sefer ha-Chajjim* („Buch des Lebens"), der sich stark an Saadia und noch mehr an Abraham Ibn Esra anlehnt, innerhalb der Literatur der Chaside Aschkenas jedoch ziemlich einzigartig ist. Als theologischer Unterbau für die anschließend behandelte ethische Lehre spricht das Buch vom Wesen Gottes, das von seiner *Kabod* („Ehre") zu unterscheiden ist, die allein sich auf dem göttlichen Thron offenbart, weiters von Gottes heiligen Namen und Mächten, und der Verbindung zwischen der göttlichen Seele im Menschen und der Gottheit. In der ethischen Lehre stimmt das „Buch des Lebens" mit den Chaside Aschkenas überein, weicht von diesen jedoch in theologischen Fragen wie dem Verständnis der göttlichen Kabod und in der Emanationslehre ab und bildet hierin ein Bindeglied zur Kabbala.

Die *Kabbala* (hebr. „Tradition") ist die in Südfrankreich etwa gleichzeitig mit den Chaside Aschkenas entstandene Form der Mystik, die vor allem auf zwei Quellen zurückgeht: den Neuplatonismus der jüdischen Philosophen wie Jehuda Halevi, Abraham bar Chijja und Abraham Ibn Esra, sowie auf gnostische Vorstellungen, deren Wurzeln in Palästina und allgemein im östlichen Mittelmeerraum liegen. Diese haben ihren wichtigsten Ausdruck im Buch *Bahir* („Glanz") erhalten. Der im 12. Jahrhundert verfaßte kurze Text wird pseudepigraphisch talmudischen Gelehrten, u.a. einem gleich eingangs genannten R. Nechemia unterschoben, weshalb das Werk auch den Namen „Midrasch des R. Nechemia" erhielt und später in der spanischen Kabbala als Werk der talmudischen Mystiker angesehen wurde. Das Buch, dem ein systematischer Aufbau fehlt, bietet unter dem Namen verschiedener, auch völlig erfundener Rabbinen (z.B. Rabbi Amora) Auslegungen von Bibelversen, wobei die Form der Buchstaben und die Vokalzeichen mystisch gedeutet wurden, um vor allem eine kosmogonische Lehre zu formulieren. Die Schrift ist nicht in einem Wurf entstanden, sondern hat eine längere Entwicklung durchgemacht, wobei der nicht vollständig erhaltene Text in größte Unordnung geraten ist. Als wesentliche Grundschichten sind eine Bearbeitung des Sefer Jetsira sowie eine Darstellung der zehn Sefirot (hier nur einmal so, gewöhnlich jedoch Maamarot oder Logoi genannt) zu betrachten. Bedeutsam ist das Buch vor allem durch seine gnostische Gottesvorstellung, die eng mit seiner Lehre von den göttlichen Attributen oder Maamarot, den Äonen der Gnostiker, zusammenhängt. Die Sefirot, im Sefer Jetsira in Entsprechung zu den zehn Grundzahlen betrachtet, gelten im Bahir als die am Schöpfungswerk beteiligten Mächte, die schon in der Bibel erwähnt sind, wenn auch unter verschiedenen Namen. Zusammen stellen sie den „Weltenbaum" dar, von dem alle Seelen ausgehen. Nicht deutlich ist, ob Gott vom höchsten Äon, der „höchsten Krone", zu unterscheiden ist oder nicht, womit er selbst als der gnostische Urmensch betrachtet wäre. Beachtlich ist auch die hier als selbstverständlich vorausgesetzte Lehre von der Seelenwanderung, gegen die später die jüdische Philosophie ankämpft. Das später viel kommentierte Buch wird manchmal

Isaak dem Blinden (gest. um 1235 in Narbonne) zugeschrieben, ist jedoch früher entstanden. Isaak, der verschiedene Werke seinen Schülern diktierte, wovon vor allem sein Jetsira-Kommentar erhalten ist, greift darauf in seiner Sefirotlehre zurück.

Aus der Provence drang die Bewegung der Kabbala nach *Spanien* vor, wo besonders Gerona ein wichtiges Zentrum der Mystik wurde. Hier gelang ihr auch der Durchbruch aus dem intimen Kreis in eine breitere Öffentlichkeit, was besonders das Verdienst des *Mose ben Nachman* (ca. 1194–1270) war, dessen allgemein anerkannte Autorität auf dem Gebiet von Halakha und Schriftauslegung auch die Rechtgläubigkeit der Kabbala garantieren konnte. Er vertrat die Anschauungen der Kabbala in seinem Jetsira-Kommentar, vor allem jedoch in seiner Pentateuchauslegung, in der er immer wieder auf den „wahren Weg" der Mystik anspielt.

Neben der Schule von Gerona, in der sich gnostische und neuplatonische Vorstellungen die Waage hielten, brachte das spanische Judentum eine Reihe mehr oder weniger unabhängiger Kabbalisten hervor. Hier ist besonders *Abraham Abulafia* (1240–nach 1292) zu nennen, der stark von Maimonides abhängig ist, jedoch im Gegensatz zu diesem das Fortdauern der Prophetie auch für die Gegenwart annimmt und selbst eine ganze Reihe prophetischer Schriften verfaßt hat. Über zwanzig seiner theoretischen Schriften zur Kabbala sind erhalten, die er als Handbücher der Meditation sieht, die den Weg zur Prophetie lehren soll. Diese Veröffentlichung der kabbalistischen Methoden hat ihn zwar sehr populär gemacht, ihm jedoch auch viele Gegner zugezogen.

Etwa gleichzeitig wirkte *Isaak ben Jakob ha-Kohen,* ein Hauptvertreter einer mehr gnostischen Richtung, in der die dann im Zohar ausgearbeitete These von der *sitra achera* (dem „anderen Geheimnis") aufkam, einer „linken", negativen und dämonischen Emanationsreihe, die genau den zehn Sefirot entspricht. Die beiden Seiten, göttliche und dämonische Welt, stehen einander von Anbeginn der Schöpfung her gegenüber. Gemeinsam mit der Gnosis ist auch die Vervielfältigung der Emanationen und ebenso typisch für diese Richtung ist die These, daß alles in der oberen Welt sein Gegenstück in der irdischen Welt habe.

Das umfang- und einflußreichste Werk der spanischen Kabbala ist der *Zohar* („Lichtglanz"), eine pseudepigraphisch Rabbi Schim'on bar Jochai (2. Jh.) und seinem Kreis zugeschriebene Schrift (daher auch Mekhilta oder Midrasch des R. Schim'on bar Jochai genannt), die eine Synthese der philosophisch orientierten Kabbala von Gerona mit der gnostischen Richtung darstellt. Schon bald nach Veröffentlichung des Werkes erkannten manche seine zahlreichen Anachronismen: an sich will die Schrift Traditionen über den Kreis um R. Schim'on bieten, verwechselt jedoch diese Tannaiten oft mit gleichnamigen späteren Lehrern; da der Verfasser die Geographie Palästinas nur aus der Literatur kennt, erfindet er gelegentlich aus dem Mißverständnis seiner Quellen Orte, die nie existiert haben. Er zitiert fiktive Quellen, um seine tatsächlichen Quellen von der rabbinischen Literatur bis zu den kabbalistischen Texten des 13. Jahrhunderts zu verdecken. Religiöses Brauchtum, Gesetze und Liturgie sind die Spaniens im 13. Jahrhundert. Somit verdächtigt man schon bald den angeblichen Abschreiber der alten Schrift, *Mose ben Schem Tob von Leon* (gest. 1305), der das Werk ab 1280 in Lieferungen veröffentlicht hatte, als seinen eigentlichen Autor. Die dazu befragte Witwe Moses gab dies auch ausdrücklich zu. Das von seinem Verfasser teils hebräisch, teils jedoch in einem künstlichen Aramäisch geschriebene Werk – die Sprache sollte das Alter der Schrift erweisen – entstand im wesentlichen zwischen 1280 und 1286, wurde jedoch nach dem Tod des Verfassers überarbeitet und durch verschiedene Zutaten im 14. Jahrhundert ergänzt.

Der Zohar umfaßt verschiedene ineinander verarbeitete Werke, wovon das wichtigste ein kabbalistischer Kommentar zu den Wochenabschnitten der Tora ist, der meist als Auslegung des Schim'on bar Jochai und seiner Gefährten auf ihren Wanderungen dargeboten wird. Weiters sind zu nennen: der *Midrasch Neelam* („der verborgene Midrasch") zu Tora, Hohes Lied und Rut, dessen hauptsächliche Themen die Schöpfung, die kommende Welt und die mystische Bedeutung der Gebote sind; eine Auslegung der Thronvision von Ez 1; *Idra Rabba* („die große Versammlung"), die Darstellung einer Zusammenkunft von Schim'on bar Jochai und seinen Gefährten, die gemeinsam das Geheimnis des Urmenschen auslegen, wonach drei Teilnehmer in Ekstase sterben; *Idra Zutta* („die kleine Versammlung") schildert die Abschiedsworte Schim'ons und seinen Tod; *Hekhalot* schließlich bespricht die sieben himmlischen Paläste.

In den gewöhnlich fünfbändigen Ausgaben des Zohar umfassen die ersten drei Bände den Zohar zum Pentateuch, Band 4 die *Tiqqune Zohar* („Verbesserungen zum Zohar"), Band 5 den *Zohar Chadasch* (den „neuen Zohar"). Die beiden wichtigsten späteren Zufügungen zum Zohar sind die Tiqqune Zohar sowie der *Raaja Meheimna* („der treue Hirte"), eine mystische Auslegung der Gebote, die auch als eigene Schrift zirkulierte, im Zohar jedoch über das ganze Werk aufgeteilt ist.

Der Zohar faßt die Lehren der Kabbala zusammen und entwickelt sie weiter. Dem unerkennbaren Dunkel Gottes, des *En Sof* (des „Unendlichen"), entspricht in dynamischer Verbindung die Lichtwelt seiner Attribute, der zehn Sefirot, in denen Gott erkennbar ist. Die Sefirot sind nicht Zwischenstufen zwischen Gott und der sinnlichen Welt wie im Neuplatonismus die Emanationen, sondern „Stufen" in Gott selbst, „Kronen" Gottes, seine „Gewänder", die zusammen den heiligen Baum und den Urmenschen ausmachen, auf den sich die Anthropomorphismen der Bibel beziehen. Die innergöttlichen Beziehungen, besonders zwischen Gott und der Schekhina, dem weiblichen Prinzip in Gott, schildert der Zohar gern in sexuellen Bildern. Doch ist diese Vereinigung der Gottheit durch das Böse gestört, durch die Verselbständigung des richtenden Urteils Gottes, der *sitra achera.* Das Böse ist somit nicht primär Sünde des Menschen, sondern Zerstörung der Zusammenhänge, die der Mensch durch Gebet und Befolgung der Tora ausgleichen kann. Somit wird also der Mensch, dessen oberste Seele, die *neschama,* ein göttlicher Lichtfunken ist (den nur der Kabbalist erwerben kann), in engster Verbindung mit der Gottheit selbst gesehen, wie ja überhaupt der Zohar, wie allgemein die Kabbala und jede Mystik, nur mit Mühe dem Pantheismus entgeht, sind doch für den Zohar Theogonie und Kosmogonie im Prinzip nur zwei Aspekte desselben Vorgangs. Die Schöpfung ist nicht eine creatio ex nihilo, sondern eine natürliche Entwicklung der in Gott tätigen Kräfte.

Trotz mancher Gegner ist der Zohar sehr schnell zum grundlegenden Buch der Kabbala geworden, das man immer wieder kommentierte. Im 16. Jahrhundert wurde er, nicht ohne Widerstand sowohl der Kabbala feindlicher Rabbiner wie auch vieler auf Geheimhaltung bedachter Mystiker, gleichzeitig in Mantua und Cremona gedruckt (1558–1560) und erlebte seither zahlreiche Neuausgaben.

Ein anderes sehr einflußreiches Werk der frühen Kabbala ist die später oft kommentierte *Maarekhet ha-Elohut* („die Ordnung der Gottheit"), deren anonymer Autor um 1400 den Gottesbegriff der Kabbala systematisch darstellt und die mythischen Elemente darin weithin ausmerzt. Ausgehend von der These eines persönlichen Gottes, der sich um die Weltordnung kümmert, dem jedoch jegliche Änderung fremd ist, unterscheidet er zwischen dem nur Eingeweihten irgendwie zugänglichen *En Sof* und der Gesamtheit der zehn Sefirot, von der allein Bibel und Talmud sprechen. Wenn die Kabbala von dynamischen Beziehungen der Sefirot zueinander spricht, ist dies ebenso wie die anthropomorphe Darstellung Gottes in der Bibel nur als Anpassung an die menschliche Ausdrucksweise zu verstehen. Das Hervorgehen der Sefirot aus dem *En Sof* ist keine Veränderung, sondern lediglich eine Offenbarung des Verborgenen.

Im 14. Jahrhundert breitete sich die Kabbala nach Italien aus. Einen völlig neuen Anstoß erlebte sie jedoch erst im 16. Jahrhundert, nachdem 1492 die Juden aus Spanien vertrieben wurden und viele Kabbalisten sich in Palästina niederließen. Damals wurde die Kabbala zu einer historischen Bewegung von großem Einfluß, als sie durch apokalyptisch-messianische Züge neu geprägt wurde.

Josef Karo (1488–1575), berühmt als Verfasser des Schulchan Arukh, war auch ein bedeutender Mystiker, um den sich in Safed zahlreiche Schüler scharten. Seine mystischen Erfahrungen hat er im *Maggid Mescharim* niedergelegt. Der Maggid (wörtlich „Sprecher, Prediger") ist ein Offenbarungsengel, wie ihn viele Mystiker jener Zeit für sich beanspruchten. Etwa fünfzig Jahre lang empfing Karo die Offenbarungen dieses himmlischen Führers, den er mit der *Schekhina* (der Wesensgegenwart Gottes bzw. einer der Sefirot) gleichsetzte und den er vor allem durch das Studium der Mischna herbeirief. Der Maggid äußerte sich in einer Art „automatischer Rede", den Umstehenden vernehmlich, durch Karos eigenem Mund.

Die tagebuchartig niedergeschriebenen Offenbarungen, die erst der Herausgeber sekundär als Kommentar zum Pentateuch angeordnet hat, betreffen das persönliche Leben Karos, bestimmen ihn z. B. zur Übersiedlung aus der Türkei nach Palästina, sind jedoch zum größten Teil kabbalistischen Lehren, vor allem dem Verhältnis zwischen Gott und den Sefirot sowie der Schekhina gewidmet. Die im Maggid vorgetragenen Lehren sind zwar wenig originell, doch ist das Buch ein bedeutendes Zeugnis für die mystischen Erfahrungen eines großen jüdischen Lehrers und ein wertvolles Beispiel für die Vereinbarkeit halakhischer Gelehrsamkeit mit mystischen Tendenzen (deren behauptete Unverträglichkeit dazu geführt hat, daß man Karo oft die Autorschaft des Maggid abgesprochen hat).

Einer der wichtigsten Schüler Karos war *Mose Cordovero* (1522–1570), der neben einem ausführlichen Kommentar zum Zohar zwei systematische Werke zur Kabbala verfaßt hat, die Jugendschrift *Pardes Rimmonim* („der Granatapfelgarten", 1548) und *Elima Rabbati* (1558; der Titel stammt aus Ex 15,27: „So kamen sie nach Elima. Dort gab es zwölf Quellen und siebzig Palmen"). Im ersten Werk versucht Cordovero eine Systematisierung des Zohar, vor allem seines Gottesbegriffs, wobei er die verschiedenen Auffassungen des Zohar und seiner späteren Ergänzungen miteinander auszugleichen versucht und sich dabei stark auf die jüdischen Philosophen, vor allem Maimonides, stützt. Nach einer Darstellung der Verbindung zwischen Gott und den Sefirot, deren Emanation und Aufbau sowie der geschaffenen Welt bietet er eine Art Wörterbuch der kabbalistischen Grundbegriffe, eine Darstellung der himmlischen Paläste, der Mächte des Bösen und der Sitra Achera, eine Auslegung der Buchstaben und Vokalzeichen sowie eine psychologische Lehre. Im Gegensatz zu seinem späteren Werk Elima Rabbati zitiert er hier ausführlich seine Quellen und diskutiert abweichende Meinungen von Philosophen und anderen Kabbalisten.

Das Grundproblem Cordoveros ist das Verhältnis des transzendenten Gottes (En Sof) zur Welt auf dem Weg über die Sefirot. Diese gehören zu Gottes Substanz und sind doch nur seine Werkzeuge, aus ihm nicht notwendig emaniert, sondern durch einen Willensakt Gottes hervorgegangen. Der Wille gilt als die erste Sefira, die schon außerhalb der göttlichen Substanz steht und nur eine Annäherung an die Gottheit ist. So versucht Cordovero eine Grenze zwischen Gott und den Sefirot zu ziehen und jede pantheistisch klingende Vorstellung zu vermeiden.

Die Emanationen versteht er als Stufen des göttlichen Denkens und einen dialektischen Prozeß: Gott verbirgt sich, um offenbar zu werden, und dabei entstehen die Sefirot in einer doppelten Bewegung des „direkten Lichts", durch das die Emanationen sich nach unten hin entfalten, und des „reflektierten Lichts", das diese Entfaltung nach oben spiegelt.

Der hervorragendste Kabbalist von Safed war *Isaak Luria* (1534–1572), auch *Ari* („der Löwe" genannt). Als heiligmäßiger Mann verehrt, um den sich schon bald nach seinem Tod Legenden rankten, hat Luria sein kabbalistisches System nicht niedergeschrieben und sich auch sonst gegen eine größere Verbreitung seiner Lehre gewehrt. Einzig ein Kommentar zum Anfang des Zohar, dem *Sifra ha-Tseniuta* („Buch der Verborgenheit"), stammt von ihm. Die anderen als seine Schriften bezeichneten Werke gehen auf seine Schüler, vor allem *Chajjim Vital* (1543–1620) zurück, dessen in acht Pforten unterteilte Schrift *Ets Chajjim* („Lebensbau") das wichtigste Dokument der lurianischen Kabbala ist.

Luria hat, ausgehend von Cordoveros Lehren, etwas völlig Neues geschaffen, eine äußerst gnostisch anmutende Mystik, deren drei hervorstechende Thesen der *Tsimtsum,* die *Schebirat ha Kelim* (der „Bruch der Gefäße") und der *Tiqqun* sind.

Der *Tsimtsum* besagt bei Luria, daß der überall gegenwärtige Gott durch seinen eigenen „Rückzug" Raum für eine Schöpfung freigeben mußte. Gott zog sich in sich selbst zurück, um in den so frei werdenden Raum sein Licht ausstrahlen zu lassen. Dieses Licht gestaltete sich zum „Urmenschen", aus dessen Körperöffnungen das Licht der Sefirot ausstrahlt. Gefäße sollten dieses Licht auffangen, doch zerbrachen alle, ausgenommen jene der drei obersten Sefirot. Dieser „Unfall" hatte jedoch reinigende Wirkung, wurden doch dadurch die „Schalen" oder "Rinden" des Bösen aus dem Urmenschen ausgeschieden. Die an den Scherben klebenden Lichtfunken wurden in dämonische Welten eingefangen: Im *Tiqqun* (der „Berichtigung") muß Gott nun durch einen Lichtstrahl aus der Stirn des Urmenschen die zerstreuten Lichter wieder einsammeln und damit erst sich selbst vollenden. Doch auch der Mensch kann am Tiqqun mitwirken, durch Erfüllung der Tora und Gebet das göttliche Licht einsammeln helfen. Hier hat auch die Vorstellung der Seelenwanderung ihren Platz, kann doch erst eine völlig gereinigte Seele wieder in die göttliche Lichtwelt zurückkehren und das Exil beenden.

Das messianische Element in Lurias System – er selbst soll sich als Messias ben Josef gesehen haben, dessen Leiden das Kommen der Erlösung vorbereiten – hat später seine häretische Umformung in der Bewegung um *Schabbetai Zwi* (1626–1676) gefunden, der mächtigsten messianischen Bewegung seit dem Bar-Kokhba-Aufstand. Aber auch sonst hat die lurianische Kabbala noch lang anhaltenden Einfluß ausgeübt und u. a. zur Entstehung des *Chasidismus* im Osteuropa des 18. Jahrhunderts beigetragen, der im 19. Jahrhundert selbst wieder auf Safed und allgemein Galiläa zurückwirkte.

Zwar hat es auch im Chasidismus am Rande gesetzesfeindliche Strömungen wie in den Kreisen um Schabbetai Zwi gegeben, im wesentlichen jedoch hat er die lurianischen Ansätze völlig rechtgläubig ausgestaltet. Aus der reichen Literatur, die der Chasidismus hervorgebracht hat, sind Homilien zu bestimmten Toraabschnitten wie auch zahlreiche Pamphlete und Briefe zu nennen, die einzelne Punkte der chasidischen Lehre darstellen, außerdem Kommentare zum Zohar und zu verschiedenen Aspekten der Kabbala Lurias und Cordoveros. Seinen volkstümlichsten Ausdruck hat der Chasidismus jedoch in zahlreichen Sammlungen von Erzählungen über *Baal Schem Tob* (18. Jh.) und andere Führer der Bewegung gefunden. Diese Erzählungen fanden seit dem frühen 19. Jahrhundert weite Verbreitung.

6. Religiöse und profane Dichtung

Die religiöse Dichtung in Form des Pijjut lebte auch nach der rabbinischen Zeit bis ins späte Mittelalter weiter. In Babylonien hat sich *Saadia Gaon* auch als Dichter hervorgetan und eine eigene Schule begründet, deren Pijjutim mit ihren hemmungslosen sprachlichen Neuerungen später zwar oft wenig Gnade fanden, zu Saadias Zeit jedoch sehr beliebt waren, zum Teil ins Arabische übersetzt wurden und in die Liturgie Eingang fanden. Saadia hat auch eine Reihe philosophischer Gedichte sowie ein Gedicht über das Alphabet verfaßt, in dem er unter anderem angibt, wie oft jeder einzelne Buchstabe in der Bibel vorkommt.

Bald nach Saadias Tod wurde Spanien das Zentrum der hebräischen Dichtung, die dort, gefördert durch ein Klima religiöser Toleranz und durch das Mäzenatentum von Juden wie *Chasdai Ibn Schaprut* (915–970), an den Höfen des muslimischen Spanien ihren Höhepunkt erlebte. Das höfische Leben der Dichter brachte es mit sich, daß neben der weiterhin gepflegten Form des Pijjut nun auch eine profane Dichtung aufkam, die alle Gattungen umfaßte, welche das tägliche Leben am Hof erforderte: Loblieder auf den Herrscher, Trauergesänge beim Tod seiner Angehörigen, Weisheitsgedichte, Wein- und Liebeslieder usw. Freilich war diese Dichtung an gewisse Konventionen gebunden und so stets in Gefahr, zum reinen Handwerk abzusinken; doch hat sie den größten ihrer Vertreter immerhin genügend Spielraum gelassen.

Neben dieser thematischen Ausweitung der hebräischen Poesie brachte die kulturelle Umwelt der islamischen Fürstenhöfe auch formale Neuerungen: da die arabischen Dichter die Unübertrefflichkeit der Sprache des Koran betonten, besannen sich die Juden auf die biblische Sprache als die erstrebenswerte Norm zurück; von den Arabern übernahm der von Ibn Schaprut geförderte Schüler Saadias *Dunasch ben Labrat* (ca. 920–980) das quantitative Metrum in die hebräische Dichtung; auch eine Reihe von poetischen Gattungen wurden aus der arabischen Dichtung entlehnt: so die *Qatsida,* in der der Reim durch das ganze Gedicht gleichbleibt, die *Maqama,* eine Art gereimter Prosa für das erzählende Gedicht, sowie das aus dem spanischen Volkslied stammende „*Gürtellied*", in dem Metrum und Reim des Liedanfangs in den Schlußzeilen der einzelnen Strophen wiederkehren, innerhalb der Strophen jedoch große Gestaltungsfreiheit herrscht.

Der erste große Dichter dieser Periode ist *Samuel ha-Nagid* (oder Ibn Nagrela, 993–1055/56), der Großwesir zu Granada. Neben seinen politischen und militärischen Aufgaben fand er Zeit zum Studium der jüdischen Tradition, vor allem jedoch für ein reiches dichterisches Werk, das alle Arten der damals üblichen profanen Poesie umfaßt: Wein- und Liebeslieder, Lobgesänge, Klagelieder, Satiren und Epigramme. Ohne Nachfolger ist er in seinen zahlreichen Kriegsgedichten geblieben, die seine Feldzüge schildern. Diese Lieder, in denen seine Neigung zum Epischen besonders zur Geltung kommt, geben nicht nur das Schlachtgeschehen wieder, sondern sind vom Glauben geprägt, daß Gott selbst hinter ihm steht und ihm den Sieg verleiht.

Samuel ha-Nagid ließ seine Gedichte durch seine Söhne im nicht vollständig erhaltenen „*Diwan*" sammeln, hat jedoch in späteren Jahren selbst drei Sammlungen angelegt, in denen er wohl das Wesentliche aus dem Diwan übernahm: *Ben Tehillim,* eine den Psalmen nachempfundene Sammlung von „Gebeten und Bittgedichten" (Mose Ibn Esra) ist nicht als eigenes Buch erhalten, umfaßte jedoch wahrscheinlich vor allem seine Kriegslieder, deren Vorbild die Psalmen sind. Samuel selbst sagte einmal, er sei „David in seiner Generation"; *Ben Mischle,* nach dem Buch der Sprichwörter benannt, umfaßt über tausend Zweizeiler, die Samuels Lebenserfahrungen ausdrücken; *Ben Qohelet* schließlich enthält Gedichte, in denen der Pessimismus vor allem seiner letzten Jahre zu Wort kommt und wo die Nichtigkeit des Lebens, die fliehende Zeit und die Angst vor dem Zerfall die beherrschenden Themen sind.

Salomo Ibn Gabirol (1021–1058), dessen philosophisches Gedicht „Die Königskrone" schon genannt wurde, hat sich in der weltlichen Dichtung wie auch im Pijjut hervorgetan. Sein von Krankheit und Unglücksfällen überschattetes Leben hat sein Schaffen geprägt: nur ein Liebeslied und ein einziges Weinlied (eine beißende Satire auf einen Gastgeber, dem der Wein ausgegangen ist) finden sich in seinem Werk.

Die meisten seiner profanen Gedichte sind dem Lob seiner Gönner gewidmet oder Klagelieder auf den Tod ihrer Angehörigen, wobei oft einfühlsame Naturschilderungen die Einleitung bilden. Melancholie und Weltschmerz bestimmen seine Gedichte über die Nichtigkeit des Lebens und den Unwert des körperlichen Daseins. Seine Einsamkeit mündet in Spott und Haß auf die Umwelt und läßt ihn um so mehr seiner einmaligen Stellung als Dichter bewußt sein; schon als 16jähriger nennt er sich stolz „die Harfe aller Dichter und Sänger". Ein anderes Mal rühmt er sich seines Wissens auf allen Gebieten, die er schon in früher Jugend wie ein Greis beherrscht: viele seiner Gedichte – oft in Form von Rätseln oder Dialogen – belehren daher bewußt, wie z. B. *Ha-Anaq* („die Halskette"), ein langes, doch nur teilweise erhaltenes Gedicht über die hebräische Sprache.

In der religiösen Dichtung ist er, vielleicht durch Auftraggeber gebunden, in der Form seiner Werke ganz von der Tradition bestimmt. Dem Stil der Zeit gemäß gibt er meist seinen Namen in den Anfangsbuchstaben der einzelnen

Zeilen an oder baut seine Dichtungen alphabetisch auf. Trotz dieser formalen Gebundenheit seiner Pijjutim weiß er ihnen durch die Frische seiner Bilder, die seine tiefe Kenntnis der Bibel und der gesamten rabbinischen Literatur verraten, ein ganz eigenes Gepräge zu geben. In mystischer Art schildert er die Schöpfung ähnlich dem Sefer Jetsira und steht den Hekhalottexten in der Darstellung der himmlischen Welten nahe; andere Texte greifen mehr nationale Themen auf, die Gefahr des Exils und die bevorstehende Erlösung. Sein Gottesbild ist, seiner neuplatonischen Philosophie gemäß, aber wohl auch aus seiner eigenen Lebenserfahrung heraus, das des unnahbaren Herrn, dem man nur in tiefster Demut gegenübertreten kann.

Mose Ibn Esra (ca. 1055–nach 1135), der auch als Philosoph bekannt wurde, schrieb in Beantwortung von acht an ihn gerichteten Fragen einen theoretischen Traktat über die hebräische Poetik. Die darin ersichtliche Neigung, die rhetorischen Regeln und dichterischen Formen sehr hoch zu werten, äußert sich auch in vielen seiner Gedichte, deren Formalismus gelegentlich den persönlichen Ausdruck zu kurz kommen läßt.

Ibn Esra hat 1090 auf der Flucht vor den Almoraviden seine Heimat Granada verlassen müssen. Die meiste Zeit seines späteren Lebens verbrachte er auf Wanderschaft, wovon er in seinen „Wanderliedern" singt. Die Sehnsucht nach seiner Heimat, wo die von ihm geliebte Nichte einen anderen heiraten mußte, und das Gefühl, im Exil zu sein, geben seinem Werk eine pessimistische Note. Doch kann er auch sinnliche Liebeslieder und Hymnen auf Wein, Natur und Freundschaft schreiben (und zwar nicht nur in seiner glücklicheren Jugend).

Den Großteil seiner profanen Lieder hat Ibn Esra in den *Sefer ha-Anaq* („das Buch der Halskette") aufgenommen, der auch *Tarschisch* genannt wird (Name eines Edelsteins: alle zehn Kapitel enden mit der Nennung eines anderen Edelsteins; auch entspricht der Zahlenwert des Wortes Tarschisch den 1210 Versen des Werkes): diese Dichtung zeichnet sich durch den aus dem Arabischen übernommenen homonymen Reim aus (der Reim ist durch gleichlautende, jedoch Verschiedenes bedeutende Worte gebildet), was später viel nachgeahmt wurde.

Die religiösen Gedichte Ibn Esras, über 300, zum Großteil Bußlieder, haben ihm den Beinamen *ha-Sallach*, Dichter von Selichot, eingetragen. Wie in seinen profanen Gedichten gibt er auch hier oft seiner Neigung nach, zu belehren und zu predigen; auch wiederholt er sich häufig; doch drücken diese Selichot aufrichtige Selbstprüfung und Reue aus und sind so auch in der Liturgie heimisch geworden.

Mit der Familie Ibn Esras war der wohl größte hebräische Dichter dieser Periode, *Jehuda Halevi* (ca. 1075–1141) engst befreundet, der über achthundert Gedichte, je zur Hälfte religiösen und weltlichen Themen gewidmet, hinterlassen hat. Diese Gedichte sind auch die wertvollste Quelle für die Rekonstruktion seines Lebenslaufs. Als erster jüdischer Dichter hat Jehuda Halevi seit dem Hohenlied der Bibel wieder die Liebe zu einem seiner zentralen Themen gemacht, wobei umstritten ist, ob die etwa achtzig Liebesgedichte an eine „Gazelle" oder „Hindin" persönliche Erlebnisse spiegeln oder rein literarischer Konvention entsprechen.

Zahlreiche Gedichte Halevis gelten dem Lob seiner Gönner und der Freundschaft oder sind Elegien auf den Tod seiner berühmten Zeitgenossen. Diese meist in der Form der *Qatsida* gehaltenen Lieder sind weithin konventionell und lassen nur in den einleitenden Versen die Originalität des Dichters erkennen. Viel eigenständiger sind die Freundschafts- und Klagelieder für Leute, denen Halevi wirklich nahestand, wie zum Beispiel Mose Ibn Esra oder Josef Ibn Esra.

Jehuda Halevi hat Pijjutim zu allen jüdischen Festen geschrieben, wobei nationale Motive besonders im Vordergrund stehen. Gern greift er biblische Themen wie die Wunder beim Auszug aus Ägypten auf, beklagt in den *Schire ha-Galut* (den „Liedern der Verbannung") das Exil und drückt in den *„Zionsliedern"* – dieses Thema hat er in die Dichtung des Mittelalters eingeführt – seine Sehnsucht nach Israel aus, das allein den Juden sichere Heimat sein kann. Schließlich ist er selbst nach Palästina aufgebrochen: manche dieser Lieder hat er auf dem Schiff geschrieben. Auch hat Halevi zahlreiche Selichot verfaßt, in denen er den Kampf gegen die Sünde, die Angst vor dem Gericht und den himmlischen Lohn des Gerechten darstellt, vor allem jedoch seinem innigen Verhältnis zu Gott und seiner Liebe zu ihm Ausdruck verleiht. Viele Gedichte Halevis, die schon zu seinen Lebezeiten weit über Spanien hinaus berühmt waren, haben sich in den verschiedenen Gebetbüchern bis heute ihren Platz gesichert.

Der letzte bedeutende Dichter der spanisch-hebräischen Schule ist *Abraham Ibn Esra* (1089–1164), der ihre Kunst in das christliche Europa gebracht hat. In seinen profanen Gedichten hat er die üblichen Gattungen weitergepflegt. Sein unruhiges Wanderleben führt ihn dazu, das Motiv des fahrenden Sängers einzuführen. Ansonsten ist für seine Gedichte besonders der Dialog zwischen Tieren oder gar leblosen Gegenständen bezeichnend. In einem langen Prosagedicht nach Art der arabischen Maqama zeichnet er die Vernunft, die dem Menschen Einsicht in die Geheimnisse der Schöpfung gewährt, als die eigentliche Kraft, die den Menschen leben läßt. Auch in der religiösen Dichtung pflegt er die üblichen Gattungen weiter und hat auch in der Liturgie Aufnahme gefunden.

Der weitgereiste *Jehuda ben Salomo al-Charisi* (1170–1235), dessen hebräische Fassung von Rambams „Führer der Unschlüssigen" in der christlichen Welt viel gelesen wurde, hat neben einer großen Zahl von arabischen Gedichten (Maqamen), die er ins Hebräische übertrug, auch durch eigene Gedichte die Maqama in der hebräischen Poesie heimisch gemacht. Seine Sammlung *Sefer Tachkemoni* (vielleicht „Buch des Weisen") weiß viel vom kulturellen Leben der jüdischen Gemeinden zu erzählen, die er besucht hat, und bietet auch reiche Informationen über die Dichter der Vergangenheit und seiner eigenen Zeit. Eine zweite Sammlung trägt den damals beliebten Titel *Sefer ha-Anaq:* sie enthält 257 kurze Gedichte.

Die jüdischen Gemeinden Deutschlands und Frankreichs haben in dieser Periode keinen großen Dichter hervorgebracht. Die Dichtung beschränkte sich ausschließlich auf den Pijjut, vornehmlich die Selicha, von der zahlreiche Beispiele erhalten sind. Diese sind wertvolle Zeugnisse für die Geschichte dieser Gemeinden, können sich jedoch vom künstlerischen Gehalt her nicht mit den Pijjutim der spanischen Schule messen.

Der spanische Einfluß machte sich hingegen in der Provence und vor allem in Italien geltend, wo *Immanuel ben Salomo von Rom* (ca. 1261–nach 1328) als Dichter besonders hervortrat. In seinen *Machbarot* („Heften") übernimmt er die vor allem von al-Charisi gepflegte Maqama. Doch nicht nur arabische Einflüsse, die ihm aus der spanischen Dichtung zufließen, bestimmen sein Werk, sondern auch die zeitgenössische italienische Dichtung, aus der er das 14zeilige Sonett adoptiert. Eines seiner Gedichte endet mit einer wörtlichen Übersetzung von drei Zeilen Dantes, desssen Divina Commedia auch seinem letzten Machberet *Ha-Tofet we-ha-Eden* („Hölle und Paradies") als Vorbild diente. Die Gedichte Immanuels, der auch Sonette in italienischer Sprache geschrieben hat, umfassen den gesamten Themenkreis der spanischen Poesie, profane Gedichte und Pijjutim, von denen einer über die dreizehn Glaubensartikel des Rambam auch in die Liturgie aufgenommen wurde.

Die zwischen Prosa und Poesie stehende Maqama ist auch die Grundform der allgemeinen *Unterhaltungsliteratur* des hebräischen Mittelalters gewesen. Der schon genannte Sefer Tachkemoni Al-Charisis enthält alle möglichen unterhaltsamen, witzigen und satirischen Erzählungen. Etwas früher hat der sonst unbekannte *Abu Ijob ben Sahal* im *Neum Ascher ben Jehuda* eine Liebesgeschichte mit zahlreichen Komplikationen geschrieben; 1208 veröffentlichte *Jehuda ben Isaak Schabbetai* den satirischen Roman „Der Frauenfeind" ebenfalls in der Form der Maqama. Der um 1140 in Barcelona geborene *Josef ben Meir Ibn Zabara* war mit dem *Sefer Schaaschuim* (dem „Buch der Vergnügungen") sehr erfolgreich, in dem eine Rahmenerzählung – der Dichter wird von einem Fremden besucht, der sich als Dämon entpuppt, und begibt sich mit ihm auf Wanderschaft – zahlreiche Erzählungen verschiedenster Herkunft umgibt.

Ebenfalls noch im 12. Jahrhundert entstand der *Sefer ha-Jaschar* („Buch des Aufrechten"), auch *Toldot Adam* („Geschichte Adams") genannt, dessen anonymer Autor eine Nacherzählung der Geschichte von Adam bis zum Auszug aus Ägypten als altes Werk ausgibt, das ein Greis gerettet habe, als Titus Jerusalem eroberte. Die Erzählung stützt sich auf Bibel, Talmud und Midrasch, verwendet aber auch orientalische Geschichten und sogar Ritterballaden. Diese fremden Zutaten haben das äußerst beliebte Werk allerdings lange bei den Rabbinern verdächtig gemacht: sie haben es zu zensurieren versucht, und auch der Erstdruck erfolgte ohne Erlaubnis der Rabbiner.

Auch die *Fabel*, die Unterhaltung mit Belehrung verband, war stets beliebt. *Berekhia ben Natronai ha-Naqdan* schrieb im 13. Jahrhundert die *Mischle Schualim* („Fuchsfabeln"), insgesamt 107 Fabeln in gereimter Prosa, die zum größten Teil der allgemeinen europäischen Fabeltradition angehören, die mit dem Namen Äsops verbunden ist. Um dieselbe Zeit veröffentlichte der 1244 in Spanien geborene *Isaak ben Salomo Ibn Sahula* die „Fabel des Alten" (*Meschal ha-Qadmoni*), in der er den alten Fabeln ein völlig jüdisches Kleid zu geben versucht: die Tiere diskutieren über die verschiedensten Probleme mit Zitaten aus Bibel und Talmud; das Ganze wirkt fast wie ein Lexikon des jüdischen Wissens im Kleid der Fabel.

Die in der Maqama gepflegte Satire fand ein weiteres Feld in den zum Purimfest geschriebenen *Parodien* auf die rabbinische Gelehrsamkeit. Talmudparodien waren beliebt und sogar ein großer Gelehrter wie Levi ben Gerschom fand nichts daran, in der *Megillat Setarim* („Buch der Geheimnisse") eine solche Parodie zu verfassen.

In der mittelalterlichen Unterhaltungsliteratur sind diese Schriften für Purim, was die Eigenständigkeit des Themas betrifft, eine Ausnahme. Die anderen genannten Schriften sind alle weithin von der arabischen Tradition oder auch von den Ritterballaden abhängig bzw. gehen auf noch weiter zurückliegende gemeinsame orientalische Quellen zurück, erinnern an „Tausend und eine Nacht", Boccaccios Decamerone und verschiedene Fabelsammlungen. Ein Großteil dieser Literatur ist ja direkt Übersetzung und Bearbeitung arabischer Erzählungen (Kallila und Dimna, Mischle Sendebar; verschiedene Fassungen des hebräischen Alexanderromans, hinter dem lateinische und arabische Quellen stehen).

7. Chronik und Reiseerzählung

Die rabbinische Periode hat es zu keiner eigentlichen Geschichtsschreibung gebracht, auch wenn zahlreiche historische Zeugnisse sich in Talmud und Midrasch finden. Allein zwei kleine Schriften aus dieser Zeit sind erhalten, die ein chronistisches (nicht historisches!) Interesse bezeugen: die *Megillat Taanit* („Fastenrolle") zählt 36 Tage auf, an denen man nicht fasten darf, weil an ihnen in der Zeit des zweiten Tempels, vor allem während der Makkabäerzeit und unter den Römern, Ereignisse stattgefunden haben, die das jüdische Volk feiern soll. Diese kleine aramäische Schrift, vielleicht ein Dokument des Widerstands gegen die römische Fremdherrschaft, ist im 1. oder 2. Jahrhundert n. Chr. entstanden. In nachtalmudischer Zeit wurde sie durch hebräische Erläuterungen, das sogenannte Scholion, ergänzt.

Der *Seder Olam Rabba* („die große Weltchronik") schildert in 27 Kapiteln die wichtigsten Ereignisse von der Erschaffung der Welt bis zur Zerstörung Jerusalems durch Nebukadnezzar, dann kurz die Perserzeit (die hier auf 34

Jahre reduziert wird! Kap. 28–30 Anfang), schließlich im Rest von Kap. 30 äußerst gerafft die Hauptpunkte der Geschichte zwischen Alexander dem Großen und Bar Kokhba. Die Schrift, die in der jüdischen Geschichtsschreibung das Jahr 68 als Datum der Zerstörung des Tempels heimisch macht und die allerdings erst ab dem 11. Jahrhundert allgemein übernommene Zeitrechnung ab Erschaffung der Welt einführt, gilt nach der Tradition als Werk des Jose ben Chalafta (Mitte 2. Jh.); sie dürfte im 3. Jahrhundert redigiert und später stark ergänzt worden sein.

Erst mit dem 9. Jahrhundert beginnt dann eine etwas reichere chronistische Literatur, die vor allem das jüdische kulturelle Leben spiegelt. Der anonyme *Seder Olam Zutta* („die kleine Weltchronik"), nach einer Handschrift von Parma im Jahr 804 entstanden, vielleicht jedoch schon im späten 7. Jahrhundert geschrieben, beginnt eine lange Reihe von Chroniken mit deutlich polemischer Absicht. Er stellt eine Liste von 89 Generationen von Abraham bis zum Exil und dann bis zum Ende der talmudischen Zeit auf. Sein Hauptinteresse gilt dem Amt des Exilarchen, das nach der Tradition auf die Zeit des babylonischen Exils zurückgeht und in der Familie Davids erblich ist. Diese davidische Linie kommt mit der Auswanderung von Mar Zutra III. nach Palästina im 6. Jahrhundert zu ihrem Ende. Die späteren Exilarchen sind, wie das Buch betonen will, nicht davidischer Abstammung und daher nicht legitime Inhaber des Amtes.

Natan ha-Babli verfaßte im 10. Jahrhundert ein arabisches Werk über die Juden Bagdads, das uns in drei hebräischen Fragmenten bekannt ist. Darin schildert Natan die rabbinischen Akademien von Sura und Pumbedita, Funktionen und Privilegien des Exilarchen, weiters die Geldquellen des Exilarchen und der Akademien. Besonders ausführlich bespricht er das Ritual der Amtseinführung des Exilarchen. Für gewisse Ereignisse dieser Zeit, wie für den Streit zwischen dem Exilarchen David ben Zakkai und Saadia Gaon, ist er der wichtigste Zeuge.

Schon etwas früher (884) entstand der schon erwähnte *Seder Tannaim we-Amoraim,* der nach dem Vorbild von Pirqe Abot, noch mehr jedoch unter dem Einfluß der islamischen Methode des *isnad al-hadith* (der „Bezeugung einer Tradition") eine Traditionskette aufstellt, um die unverfälschte Weitergabe der Tradition „vom Sinai" bis in seine Zeit nachzuweisen. Wie die islamischen Gelehrten zur Anerkennung einer Lehre verlangten, daß ihre Tradenten bis zum Kreis um Mohammed zurückzuverfolgen seien, bemüht sich nunmehr das rabbinische Judentum stets um den Traditionsbeweis, wozu der Kampf mit den traditionsfeindlichen Karäern drängt, die viele rabbinischen Lehren als späte Erfindungen verwerfen. So zählt der Seder Tannaim we-Amoraim die Patriarchen ab Hillel auf und erstellt eine Liste der rabbinischen Lehrer. Der ebenfalls schon genannte *Brief des Scherira Gaon* (986) fährt in dieser Linie fort, wenn er seine Darstellung der Entstehung der rabbinischen Schriften mit einer Aufzählung der wichtigen Rabbinen sowie der Geonim bis zu seiner Zeit ergänzt. Auch er setzt sich damit gegen die Karäer zur Wehr, versucht allerdings zugleich auch den Vorrang der Schule von Pumbedita gegenüber jener von Sura hervorzuheben, die nach längerer Pause nun wiederbelebt wurde.

Die bekannteste Fortsetzung dieses Unternehmens, die Wahrheit des jüdischen Glaubens durch eine Traditionskette zu sichern, ist der *Sefer ha-Qabbala* („Buch der Tradition"), den *Abraham Ibn Daud* 1160/61 im Anschluß an sein theologisches Werk *Emuna ha-Rama* als dessen Ergänzung schrieb. Auch Ibn Daud kämpft gegen die Karäer. Er bietet einen Stammbaum von Adam bis Rabbi und eine Tradentenliste von Mose und der Zeit der „Großen Synagoge" (Esra und Nehemia) bis in seine eigene Zeit. Bis zum Ende der talmudischen Zeit faßt er sich äußerst kurz und zählt fast nur Namen auf; doch ist er in seiner Einteilung der Rabbinen in fünf tannaitische und sieben amoräische Generationen bis in die Gegenwart Vorbild geblieben. Etwas breiter ist Ibn Dauds Schilderung der fünf saboräischen Generationen (Scherira hat die Zeit der Saboraim viel kürzer veranschlagt) und der Zeit der Geonim. Für diese Zeit hängt er fast völlig von seinen Vorgängern ab. Im folgenden Teil hingegen, der Schilderung des geistigen Lebens des spanischen Judentums, ist er eigenständiger und ausführlicher. Seiner Behauptung nach haben die Karäer keine Literatur hervorgebracht (in seiner Polemik ignoriert er wohl absichtlich die reiche karäische Literatur), während das rechtgläubige Judentum Spaniens auf allen Gebieten, in Philosophie, Bibelauslegung, Grammatik, Dichtkunst usw., Großes geschaffen habe.

Als Ergänzung zu diesem Werk, dem ein Späterer einen Anhang über die jüdischen Gelehrten der Provence hinzugefügt hat, schrieb Ibn Daud eine *„Geschichte der jüdischen Könige zur Zeit des zweiten Tempels"*, die hauptsächlich auf dem anschließend zu schildernden Werk des Josippon aufbaut, sowie eine *„Geschichte Roms"*, die von Romulus bis zu König Reccared zur Zeit der arabischen Eroberung geht und als Quelle vor allem die 615 geschriebene Chronik des Isidor von Sevilla benützt. Ziel dieser Geschichtstrilogie ist die Abwehr der Karäer und zugleich die Polemik gegen die Christen: Jesus, so behauptet er nach damals verbreiteter jüdischer Meinung, sei ein Schüler Jehoschua ben Perachias gewesen, habe also unter König Jannai gelebt (gest. 76 v. Chr.); das Neue Testament gehe auf Kaiser Konstantin zurück, womit mehrere Jahrhunderte zwischen ihm und dem Tod Jesu liegen. Damit könne sich das Christentum im Gegensatz zur jüdischen Lehre nicht auf eine ununterbrochene Traditionskette berufen.

1510 hat der aus Spanien vertriebene *Abraham ben Salomo von Torrutiel* den äußerst erfolgreichen Sefer ha-Qabbala bis in seine Zeit weitergeführt. Diese Ergänzung ist als Zeugnis für die Umstände der Vertreibung der Juden aus Spanien im Jahre 1492 von Bedeutung.

Abraham Zacuto (1452-ca. 1515), dessen astronomische Entdeckungen viel zum Erfolg der Expeditionen von Columbus und Vasco da Gama beigetragen haben, schrieb im Geist des Sefer ha-Qabbala seine eigene Traditionsgeschichte, den *Sefer ha-Juchasin* (das „Buch der Genealogien"), der von der Zeit der Großen Synagoge bis zu seiner eigenen Zeit reicht. In der 1504 in Tunis vollendeten Schrift verwendet er seine Vorgänger ausgiebig, besonders den Seder Olam Zutta und Ibn Daud, den er weithin abschreibt. Doch fügt er auch viel Neues aus den rabbinischen Quellen hinzu, um größere Vollständigkeit zu erreichen. Im ersten Teil skizziert er die Geschichte von Adam bis zur Zeit der Großen Synagoge und bespricht dann ausführlich die Weitergabe der Tradition bis zum Abschluß der Mischna. Der zweite Teil ist eine alphabetisch geordnete Darstellung der Amoräer, während der dritte und vierte Teil die nachtalmudische Zeit im Anschluß an Ibn Daud schildern. Teil fünf behandelt das spanische Judentum, seine großen Lehrer und ihre Werke bis zu den Judenvertreibungen aus Spanien und Portugal, wobei er eine hebräische Chronik als Vorlage benützt. Das Werk schließt mit einer Skizze der allgemeinen Geschichte, die Zacuto in zehn Perioden einteilt.

Die Schrift ist ein Spätwerk der Gattung der Traditionsketten und hat nur für die von Zacuto selbst erlebte Periode eigenen Wert. Der große Naturwissenschaftler war in historischen Fragen unkritisch und betrachtete z. B. den Zohar als bald nach dem Tod Schim'ons bar Jochai niedergelegte Schrift, und dies, obwohl er selbst von den Nachforschungen Isaaks von Akko berichtet, der den Zohar als Werk des Mose de Leon erwies. Der Abschnitt über Isaak von Akko wurde übrigens in verschiedenen Ausgaben des Werkes aus religiösen Gründen ausgelassen.

Neben diesen Traditionsgeschichten ist keine eigentliche Geschichte der talmudischen Zeit oder auch des spanischen Judentums im Mittelalter entstanden. Der einzige Ansatz zu einer Geschichtsschreibung ist das Werk des *Josippon* über die Zeit des zweiten Tempels. Der anonyme Verfasser hat seine Schrift 953 in Süditalien verfaßt und sich dabei verschiedenster Quellen bedient. Vor allem benützt er die „Jüdischen Altertümer" des Josephus (Bücher I–XVI), ergänzt durch Hegesipp (das lateinische Werk eines getauften Juden aus dem 4. Jahrhundert, der den „Jüdischen Krieg" des Josephus, aufgefüllt durch Details aus den „Altertümern", neu gefaßt hat), die Apokryphen in der Vulgatafassung sowie verschiedene lateinische Texte aus dem frühen Mittelalter. Damit verfaßt er eine hebräische Nacherzählung des im Judentum fast unbekannten Josephus, bereichert um eine Geschichte Italiens, die zum Verständnis der Eroberung Jerusalems durch die Römer beitragen soll. Das Werk, das Ibn Daud und anderen als Quelle diente, war für jüdische Leser der wichtigste Zugang zu ihrer frühen Geschichte. Die Beliebtheit der Schrift führte allerdings zu Neubearbeitungen: schon im 11. Jahrhundert identifizierte man den Verfasser mit Josephus Flavius und machte somit das Werk zum Pseudepigraph, während im Originaltext der Schreiber klar zu erkennen gibt, daß er von Josephus abhängig ist. Es liegen zwei Fassungen der Schrift vor: eine Bearbeitung aus dem 11. Jahrhundert im Geist der Ritterballaden und der

Artussage (die auch hebräisch verbreitet war); sie wurde 1510 in Konstantinopel gedruckt und liegt den üblichen Ausgaben zugrunde. Sie ist um ein Drittel länger als die der Ausgabe von Mantua (1480), die jedoch auch nicht das Original darstellt.

Die *Chronik des Jerachmeel* baut in der Darstellung der Geschichte von der Weltschöpfung bis zum Jahr 70 ebenfalls vor allem auf Josephus auf, benützt jedoch auch Pseudo-Philos Liber Antiquitatum Biblicarum, midraschische Schriften und andere Quellen. Dieses um 1150 in Süditalien geschriebene Werk des Jerachmeel ben Salomo, das der Gattung der „rewritten Bible" näher als der Geschichtsschreibung steht, ist fragmentarisch im *Sefer ha-Zikhronot* („Gedenkbuch") des deutschen Juden Elieser ben Ascher ha-Levi (frühes 14. Jh.) überliefert.

Die erste einer Reihe von Chroniken des jüdischen Lebens im Mittelalter ist die *Megillat Achimaats* („Rolle des A."), auch Megillat Juchasin („Rolle der Genealogien") genannt, in der Achimaats ben Paltiel, der 1017 in Capua geborene Sproß einer großen Gelehrtenfamilie, seine Familiengeschichte ab dem 9. Jahrhundert in Reimprosa schildert. Da seine Vorfahren am Leben der jüdischen Gemeinden stets in führender Stellung teilnahmen, ist die kleine, von Legenden durchsetzte Schrift auch für die allgemeine jüdische Geschichte der Zeit, vor allem auch die Beziehungen der jüdischen Gemeinden Italiens mit Palästina, von Bedeutung.

Die Verfolgungen der Juden im Zusammenhang der *Kreuzzüge* sind in mehreren Chroniken geschildert. Als Augenzeuge der Judenmassaker zu Mainz beim ersten Kreuzzug (1096) schrieb *Salomo bar Simson* von Mainz um 1140 die Geschichte der jüdischen Märtyrer von Worms, Mainz, Speyer und Köln sowie der späteren Niederlagen der Kreuzfahrerheere in Ungarn und Byzanz. Später wurde die Schrift um eine Darstellung der Judenverfolgung von Blois (1171) erweitert.

Die Chronik Salomos diente als Quelle für die Chronik des *Elieser ben Natan* (nach 1146), der die Schilderung mit einer Reihe von Trauergedichten für die Märtyrer ergänzt, ebenso für die Chronik des *Mainzer Anonymus.*

Die Chronik des *Efraim von Bonn* (1132–1200) stellt die Judenverfolgungen in Deutschland, England und Frankreich während des zweiten Kreuzzugs (1147) dar und berichtet über die Judenmassaker von Blois (1171) und London (1190). Die Verfolgung der Juden in Mainz zu Beginn des dritten Kreuzzugs (1187–1188) sind in der fragmentarisch überlieferten Chronik des *Elieser ben Jehuda* von Worms dargestellt.

Die Chronik der Judenverfolgungen findet nach der Vertreibung der Juden von der Iberischen Halbinsel neues Interesse. *Salomo Ibn Verga,* ein aus Spanien vertriebener Jude, schrieb zwischen 1530 und 1540 in Italien sein Werk *Schebet Jehuda* („der Stamm Jehudas"), das er offenbar pseudepigraphisch seinem Verwandten Jehuda Ibn Verga zuschreibt und nur ergänzt haben will. Sein Sohn Josef Ibn Verga hat das Werk später fortgeführt.

Salomo Ibn Verga bietet eine Liste der Verfolgungen ohne genaue chronologische Reihenfolge, beginnend mit einer angeblichen Verfolgung nach dem Sieg des Augustus über Antonius. Ausführlich wird das Werk erst bei den Ereignissen in Spanien und Portugal ab dem 12. Jahrhundert, wo es sich auf eine hebräische Verfolgungsgeschichte stützen kann, und dann für die Judenvertreibungen der eigenen Zeit. Der Verfasser erwähnt oft christlich-jüdische Religionsgespräche (so jenes von Tortosa); zum Teil sind diese erfunden, um den christlichen Gesprächspartner etwas sagen zu lassen, was als Meinung des Verfassers, der auch den Talmud, Maimonides und Jehuda Halevi kritisiert, häretisch geklungen hätte. Ibn Verga will in den Judenvertreibungen nicht die Geburtswehen des Messias sehen. Der Judenhaß ist nach ihm im fanatischen Volksglauben begründet, den man überwinden kann, aber auch in der Haltung der Juden selbst, die sich ändern und der christlichen Welt demütiger und toleranter gegenübertreten müssen.

Josef ha-Kohen (1496–1578) aus Avignon hat im *Emeq ha-Bakha* („Tränental") ebenfalls eine Verfolgungsgeschichte vorgelegt, die mit der Zerstörung Jerusalems im Jahr 70 einsetzt. Bis in die Mitte des 11. Jahrhunderts kurz und voller Irrtümer (der Bar-Kokhba-Aufstand findet z. B. nach ihm unter Domitian statt), ist er ab der Zeit der Kreuzzüge, für die er Elieser ben Natan benutzt, ausführlicher und schildert alle größeren Verfolgungen in Europa. Von 1505 bis 1564, dem Erscheinungsjahr der ersten Fassung, beschränkt er sich fast ganz auf Italien. Später hat er sein Werk, dessen Vorbild eine portugiesische Verfolgungsgeschichte des Samuel Usque (1552) war, bis 1575 fortgeführt; ein anderer hat es dann bis 1605 ergänzt. Die Schrift fand eine weite Verbreitung und wurde in italienischen Synagogen auszugsweise am 9. Ab gelesen.

Wichtige Geschichtsquellen sind schließlich mehrere *Reiseerzählungen* des Mittelalters. Die früheste Schrift dieser Art sammelt die Erzählungen von *Eldad ha-Dani,* der im späten 9. Jahrhundert in Ägypten, Nordafrika und Spanien auftauchte und erzählte, er komme von Gad, einem der zehn verlorenen Stämme. Gad lebe zusammen mit Dan, Naftali und Ascher nahe Äthiopien als unabhängiges Königreich; andere Stämme lebten jenseits des im Talmud genannten sagenhaften Flusses Sambation in paradiesischen Zuständen. Es ist schwer zu beurteilen, wieweit der wohl aus Arabien stammende Eldad einfach Legenden über die jüdischen Reiche der Himjaren in Jemen und der Khazaren am Schwarzen Meer kolportiert oder vielleicht doch Fakten mit Legenden mischt. Die Kunde von unabhängigen jüdischen Reichen hat jedenfalls damals messianische Bedeutung gehabt und die jüdische Bevölkerung entsprechend in Aufregung versetzt.

Chasdai Ibn Schaprut (915–970) wollte den Gerüchten nachgehen und schrieb an den König der Khazaren, die er für einen der verlorenen Stämme hielt, um sich nach alten jüdischen Traditionen, aber auch hinsichtlich des Messias zu erkundigen. Die ebenfalls erhaltene Antwort des Khazarenkönigs klärte ihn darüber auf, die Khazaren seien kein verlorener Stamm, sondern Proselyten und hätten daher auch keine eigenen jüdischen Traditionen.

Benjamin von Tudela bereiste zwischen ca. 1159 und 1173 fast die gesamte jüdische Welt. Er zog von Spanien über die Provence nach Italien, dann nach Konstantinopel und über Zypern und Kleinasien nach Palästina, weiter nach Bagdad und Persien, und kehrte über Ägypten und Italien nach Spanien zurück. Sein Reisebericht schildert die Lage aller jüdischen Gemeinden, die er besuchte (Zahl der jüdischen Familien, ausgeübte Berufe, Namen der Gemeindevorsteher und Gelehrten), berichtet aber auch viel von allgemeinem Interesse, so über die Sehenswürdigkeiten Roms, Palermos und Alexandriens, und gibt ein lebendiges Bild von Konstantinopel; am ausführlichsten schreibt er über Bagdad. Auch die verschiedenen religiösen Gruppen wie Samaritaner und Drusen interessieren ihn. Über Indien, Ceylon und China, aber auch über Deutschland, Nordfrankreich und die slawischen Länder kann er nur vom Hörensagen schreiben. Sein Werk ist die wichtigste Schilderung der Mittelmeerwelt im 12. Jahrhundert.

Etwas später unternahm *Petachia von Regensburg* eine ähnliche Reise (zwischen 1175 und 1185). Er zog von Prag über Polen und Kiew in die Krim, von deren Karäern er wertvolle Nachrichten bringt, kam über Armenien nach Mossul und Bagdad, dann über Damaskus nach Palästina. Petachia war kein so weltoffener Reisender wie Benjamin. Ihn interessierten fast nur das jüdische Leben und die jüdischen Heiligengräber. Er übergab seine Reisenotizen, die er wohl nicht vollständig heimbrachte, einem anderen zur Niederschrift. Dieser kürzte, was ihm nicht interessant schien, wodurch die Erzählung sicher an Wert verloren hat.

Zu Beginn des 16. Jahrhunderts trat das Thema der verlorenen Stämme nochmals in den Mittelpunkt. 1523 erschien in Venedig *David ha-Reubeni*, angeblich Sohn des Königs über Ruben, Gad und halb Manasse, beauftragt, mit dem Papst einen gemeinsamen Feldzug gegen die Moslems zu beschließen. Zuvor will er schon in Jerusalem gewesen sein, wo er einen Stein aus der Klagemauer genommen habe, um die erwartete Erlösung zu beschleunigen. In Rom empfing ihn der Papst und stellte ihm ein Empfehlungsschreiben an Johann III. von Portugal aus. In Portugal empfingen ihn die Marranen (Christen, die heimlich an ihrem Judentum festhielten) als Vorboten des Messias; manche kehrten zum Judentum zurück, so daß Reubeni schließlich landesverwiesen wurde. Nach längerer Gefangenschaft in der Provence setzte er seine messianische Propaganda in Italien fort. Als er 1532 zu Karl V. kam, wurde er mit seinem Anhänger Salomo Molcho gefangengenommen und starb 1538 im Gefängnis. Sein „Tagebuch“ – es ist nicht sicher, ob er selbst oder ein Sekretär es verfaßt hat – schildert den größten Teil seines abenteuerlichen Lebens.

V. Die jiddische Literatur

1. Das jiddische Mittelalter (bis 1800)

Jiddisch (oder „Judendeutsch") geht als Umgangssprache des aschkenasischen Judentums bis ins 10. Jahrhundert zurück. Seine sprachliche Eigenständigkeit erklärt sich anfangs aus der Mobilität des Judentums, in dessen Deutsch sich die verschiedenen städtischen Dialekte des Alt- und Mittelhochdeutschen mit zahlreichen nichtdeutschen Elementen in Wortschatz und Satzbau mischten. Neben dem deutschen Vokabular, das stets mehr als die Hälfte des Wortschatzes umfaßte, gehörten von Anfang an aus Frankreich mitgebrachte romanische Worte zum Jiddischen, wozu noch der umfangreichere Einfluß des Hebräischen und Aramäischen kam. Die Wanderung des jiddisch-sprachigen Judentums nach Osten hat dann in einer nicht deutschsprachigen Umgebung zu einer weiteren Eigenentwicklung des Jiddischen geführt, das viele slawische Einflüsse aufnahm, die geschichtliche Entwicklung des Deutschen hingegen nur beschränkt mitmachte. Ähnliches gilt von den aschkenasischen Gemeinden Norditaliens (Venedig, Cremona usw.). In deutschsprachigen Gebieten wich die jiddische Literatur- und Umgangssprache seit dem 18. Jahrhundert dem Deutschen; das Ostjiddische Polens, der Ukraine, Ungarns usw. erlebte hingegen im 19. Jahrhundert seine Blütezeit. Ab dem 19. Jahrhundert verbreiteten jiddische Auswanderer auch in den USA und in Palästina ihre Sprache, bevor die Judenverfolgungen der NS-Zeit die Zahl der Jiddisch sprechenden Ostjuden dezimierten. Die antijüdische Politik der Sowjetunion, die Assimilation der amerikanischen Juden und die Vorherrschaft des Hebräischen in Israel haben nach dem Zweiten Weltkrieg das Jiddische noch weiter zurückgedrängt, so daß heute seine Existenz als lebende Sprache gefährdet erscheint.

Die Literatursprache der gebildeten Juden blieb zwar stets das Hebräische; doch wurde schon bald eine jiddische Literatur für die des Hebräischen unkundigen ungebildeten Schichten, vor allem die Frauen, notwendig, die in vielen jiddischen Schriften explizit als Leser- und Käuferschicht genannt werden. Das Publikum bestimmte die Themen: Halakha ist kaum gefragt, noch weniger die im deutschen Raum ohnedies nur wenig gepflegte Religionsphilosophie; die erbauliche, unterhaltsame und gefühlsbetonte Literatur steht im Vordergrund – es ist stets eine Volksliteratur geblieben.

Am Anfang der jiddischen Literatur steht verständlicherweise die Beschäftigung mit der *Bibel.* Ab dem 12. Jahrhundert finden wir in hebräischen Bibelhandschriften jiddische Glossen, die einzelne Worte oder Sätze wiedergeben und bald auch targumisch erweitern. Hebräisch-jiddische Glossare erschienen auch als selbständige Werke, so die im 15. Jahrhundert verfaßte *Merkebet ha-Mischne* des R. Anschel, eine Art Bibellexikon und Konkordanz (vielleicht als Hilfe für Disputationen mit den Christen), die als erstes jiddisches Buch gedruckt wurde (Krakau 1534). Später ersetzten interlineare Übersetzungen diese Glossen. Paulus Aemilius und Michael Adam, beide vom Judentum zum christlichen Glauben übergetreten, veröffentlichten 1544 die beiden ersten jiddischen Übersetzungen des Pentateuchs. Übersetzungen der gesamten Bibel erschienen 1676–1679 bzw. 1679 in Amsterdam. An Einzelbüchern waren die Psalmen und das Buch der Sprüche bevorzugt, später der Pentateuch. Diese Bibelübersetzungen hielten sich an bestimmte Muster, die zur Archaisierung des Jiddischen biblischer Texte führten.

Daneben waren *gereimte Bibelerzählungen* beliebt. Die älteste längere jiddische Handschrift (1382, aus der Kairoer Geniza, jetzt in Cambridge) enthält u.a. gereimte Erzählungen über Abraham, Josef und Mose; schon früh wird die Opferung Isaaks und das Buch Ester in Versform nacherzählt und ab dem 15. Jahrhundert entstehen lange biblische Epen. Hervorragendstes Werk dieser Art ist das *Schmuelbuch*, ein Heldenepos um die Person Davids, das sich auf die Bücher Samuel und den Beginn der Königsbücher, vor allem jedoch auf die Midraschliteratur stützt. Offenbar wurde es vorgesungen, wie der häufige Hinweis „Nach der Melodie des Schmuelbuchs" beweist. Das *Melochimbuch* („Buch der Könige") setzt seine Erzählung bis zum Jahre 70 fort. Beide Werke wurden im 16. Jahrhundert in Augsburg veröffentlicht, sind jedoch eindeutig älter.

Ab dem 16. Jahrhundert kommt auch eine Prosaliteratur zu biblischen Themen auf, die die deutschen Rittersagen über Dietrich von Bern, Hildebrant u.a. aus dem jüdischen Heim verdrängen soll. Frühe Beispiele dieser Art sind die Wiedergabe des Hohenlieds durch Isaak Sulkes (1575) und *Di lange Megile* (zu Ester) von Leib bar Moses Melir (1589), die beide den biblischen Text mit Midrasch-Material erweitern und so gewissermaßen Predigten für den Hausgebrauch schaffen. Das bekannteste Werk dieser Art wurde *Tsena u-R'ena* („Kommt und seht": Hld 3,11) des R. Jakob ben Isaak Aschkenasi von Janow (gest. ca. 1620). Das gegen Ende des 16. Jahrhundert verfaßte Werk, das über zweihundert Auflagen erlebt hat, bietet eine jiddische Paraphrase des Pentateuchs, der Prophetenlesungen und der Megillot, verwoben mit Erklärungen und Erzählungen aus der gesamten jüdischen Literatur. Der Verfasser will damit von Predigern und Bibelerklärern unabhängig machen, wie das Vorwort und schon der Titel seines zweiten Werkes zeigen: *Sefer ha-Maggid* („Das Buch des Predigers"), worin er Propheten und Hagiographen ähnlich bearbeitet und mit einer Paraphrase des Raschi-Kommentars begleitet. So soll niemand mehr einen Maggid oder Erklärer brauchen und langsam lesen können, was ihm in der schnell vorgetragenen Predigt unverständlich bleibt.

Von Anfang an werden auch *Gebete* ins Jiddische übersetzt, so daß vielleicht nicht zufällig der älteste erhaltene jiddische Vers in einem Gebetbuch steht, dem Wormser Machsor von 1272; 1544 erschien das erste jiddische Gebetbuch im Druck. Neben den Übersetzungen des Siddur entsteht eine eigenständige Gebetsform, die sogenannte *Tchine,* ein sehr einfach und volkstümlich gehaltenes privates Bittgebet, das vor allem für die Frau bestimmt und vielfach auch von Frauen verfaßt ist. Zahlreiche dieser sentimentalen, doch aufrichtigen Gebete in allen möglichen Anliegen sind erhalten. Dazu kommen Texte für die im Heim zu begehende Liturgie (Sabbatmahl, Ostern, Hochzeit, Beschneidung), ebenso jiddische Pijjutim zu verschiedenen Anlässen.

Die *Halakha* spielt im Jiddischen nur dort eine Rolle, wo es sich um primär die Frau betreffende Gebote handelt (Haushalt, Küche, Kindererziehung): eines der verbreitetsten Werke dieser Art war das gereimte Buch *Mitswot Ha-Naschim* („Gebote für Frauen", 1552), in späteren Ausgaben „Ein schön Frauenbüchlein" genannt. Verbreiteter waren *ethische Traktate,* meist Übersetzungen aus dem Hebräischen wie der *Sefer Middot,* auch „Sittenbuch" genannt (1542), das als Anhang die wichtigsten Regeln der jiddischen Rechtschreibung bietet. Original jiddisch geschrieben ist der *Brantschpigl* des Moses Henoch von Prag (1602), der in 27 Kapiteln Anweisungen auf ebensovielen Gebieten (Ehe, Kindererziehung usw.) gibt und mit Erzählungen aus der jüdischen Literatur illustriert. Er wendet sich vor allem an Frauen, während die in Polen verbreitetere Schrift *Leb Tob* („Gutes Herz") des Isaak ben Eliakum (1620) sich an die ganze Familie wendet.

Erzählungen in Jiddisch erschienen schon bald nicht nur als Verschönerung biblischer und ethischer Werke, sondern auch in eigenen Sammlungen. Seit dem 14. Jahrhundert wurden deutsche Erzählungen, oft aus mündlicher Überlieferung, dem jüdischen Publikum in jiddischer Umschrift (Jiddisch wird mit dem hebräischen Alphabet geschrieben) dargeboten, nachdem christliche Bezüge und judenfeindliche Ausdrücke entfernt wurden. Der früheste erhaltene Text ist der *Dukus Horant* der Cambridger Handschrift (1382), ein dem Hildesagenkreis angehöriges Heldenepos; verbreitet waren auch Sagen über Dietrich von Bern, das Hildebrantlied, Tristan und Isolde und die Artus-Sage.

In den jiddischen Gemeinden Norditaliens, die nicht direkt von der deutschen Literatur beeinflußt waren, erlebte die Ritterromanze in den Werken des *Elija Bachur Levita* (1468–1549) eine eigenständigere Entwicklung. Sein *Bove-Buch* (1507) ist eine Neufassung der italienischen Rittererzählung Bovo d'Antona, die wiederum auf das englische Sir Bevis of Hampton zurückgeht. Elija verstärkt darin die schon in der italienischen Vorlage leicht ironische Betrachtung der Ritterwelt, die einem Juden stets fremd bleiben mußte, und paßt die verwickelte Liebeserzählung durch jüdisch-biblische Anspielungen seinem Publikum an. Der Titel des beliebten Buchs wurde später mißverstanden, Bove mit dem jiddischen Bobe (Großmutter) verwechselt: so wurde „Bove-Buch" synonym mit jeder Sammlung phantastischer Ammenmärchen. Literarisch wertvoller, jedoch nicht so verbreitet, ist das zweite Ritterepos Levitas, *Paris un Viene* (1508), das leider nicht vollständig erhalten ist. Auch hier paßt er eine italienische (oder lateinische) Vorlage dem jüdischen Leser an, nicht nur durch Einfügung biblisch-jüdischer Ausdrücke, sondern auch in den eigenen Betrachtungen, die den Lauf der Erzählung immer wieder unterbrechen.

Das Thema des ungleichen Liebespaars aus Paris un Viene kehrt in einer jiddischen Novelle des ausgehenden 16. Jahrhunderts wieder, in *Maase Beria we-Zimra:* Zimra, der Berater des jüdischen Königs, ist dem Hohenpriester als Schwiegersohn nicht standesgemäß; bevor er Beria heiraten darf, muß er beim Papst die Aufhebung der judenfeindlichen Gesetze erwirken. Dann aber bricht der Hohepriester sein Wort; da stirbt Beria aus Kummer und Zimra, der sie im Jenseits besuchen darf, stirbt, da er die Tote küßt, und ist so mit ihr vereint.

Die Beispielerzählungen der religiösen Literatur werden durch *Fabelsammlungen* ergänzt; die älteste jiddische Fabel findet sich wieder in der Cambridger Handschrift. Sehr verbreitet war das *Kuhbuch* des Abraham ben Mattatia (16. Jh.), der die Fabeln der hebräischen Sammlungen Mischle Schualim und Meschal ha-Qadmoni frei nachdichtete. Obwohl das Kuhbuch wie alle Fabelsammlungen aus den Erzählungen sittliche Belehrung zieht, war sein Grundton doch vielen zu freizügig, so daß Jakob von Meseritsch es mit dem *Maase-Buch* (um 1580) zu verdrängen sucht, in dem er 257 Erzählungen, zum Großteil aus Talmud und Midrasch, sammelt, nicht-jüdische Erzählungen der jüdischen Umwelt anpaßt und auch Geschichten über die Judengemeinde von Regensburg bietet. Er bearbeitet diese Erzählungen und gibt ihnen einen einheitlichen Stil. Sein Werk wurde für verschiedene Sammlungen vorbildlich, aus denen die *Maase Nissim* („Wundergeschichten") des Wormser Synagogendieners Juspe ben Naftali (um 1670) besonders hervorragen; sein Sohn Elieser hat das hebräische Werk ins Jiddische übersetzt. Es enthält 25 Erzählungen über die jüdische Gemeinde von Worms, wie der Sefer Chasidim durch Aberglauben und Magie geprägt, andererseits von der Atmosphäre ständiger Judenfeindschaft und Verfolgung bestimmt.

Die *Poesie* wurde inzwischen vor allem in der Liturgie weiter gepflegt. Es entstanden zahlreiche jiddische Lieder für Feste und Sabbate. Als Verfasserin solcher Gedichte wurde im 16. Jahrhundert *Rebekka bat Meir Tiktiner* bekannt; *Jakob Teplitz* verfaßte um 1600 das viel nachgeahmte Teiten-Lid („Totenlied") sowie ein Toire-Lid („Tora-Lied"). Verbreitet war auch die Gattung des Getlich Lid („Loblied auf Gott"), wovon jenes von Schlome Singer aus Prag (um 1600) das bekannteste ist. Auch lebten epische Gedichte zu biblischen Themen weiter. Die profane Dichtung war vor allem durch Liebesgedichte und die Lieder des Badchan, des Hochzeitsunterhalters, vertreten.

Hier sind auch die *geschichtlichen Lieder* zu erwähnen, in denen Bänkelsänger Nachrichten verbreiteten und die geschichtlichen Ereignisse kommentierten. Das erste erhaltene Beispiel dieser Gattung ist die *Megiles Winz* des Elchanan Heln, die die Leiden der Juden von Frankfurt während der von Winz Fettmilch angestifteten Unruhen (1612–1616) schildert. Aus dem 17. und 18. Jahrhundert sind etwa vierzig solche Lieder erhalten, darunter mehrere über das Auftreten des falschen Messias Schabbetai Zwi. Diese Texte befassen sich fast ausschließlich mit Unglücksfällen, die die Juden betrafen, Blutbeschuldigungen, Vertreibungen, Massaker, und wenden sich polemisch gegen christliche Lieder, die dieselben Ereignisse aus anderer Sicht beschreiben. In Osteuropa konnte sich diese Gattung des geschichtlichen Liedes bis zum Zweiten Weltkrieg halten.

Eine eigentliche *historische Literatur* gab es in Jiddisch fast nur in Übersetzungen aus dem Hebräischen. Wichtig ist vor allem die jiddische Fassung des Josippon, die der Konvertit Michael Adam 1546 in Zürich veröffentlichte. *Menachem Man Amelander* schrieb dazu in seinem *Scheeris Jisrael* („Der Rest Israels"), einem Werk, das die jüdische Geschichte zwischen 70 und 1740 darstellt, eine jiddische Fortsetzung (1743), die frühere Schriften exzerpiert, für die jüdische Geschichte der Niederlande jedoch selbständig ist.

Von überragender Bedeutung auch für die Geschichtsschreibung ist ein Werk, das an sich nicht große Geschichte darstellen, sondern ein Buch für die eigene Familie sein will: die *Memoiren der Glückel von Hameln.* Die aus Hamburg stammende Glückel (1645–1724), die jung mit Chajjim von Hameln vermählt wurde, begann nach dem Tod ihres Mannes, dessen Juwelengeschäft sie allein weiterführte, während sie noch die jüngeren ihrer zwölf Kinder zu versorgen hatte, 1691 mit der Niederschrift ihres Lebens. Bis 1699 beendete sie die ersten fünf Abschnitte, denen sie nach einer zweiten Ehe mit einem Bankier in Metz in den Jahren 1715–1719 zwei weitere Teile anfügte.

In einer allgemeinen Einleitung äußert sie ihre von einem starken Gottvertrauen bestimmte Lebensauffassung und beschreibt die Zielsetzung ihres Werkes. Dann schildert sie ihre Kindheit, in der sie eine kurze Schulbildung im traditionellen Cheder genoß, bis zu ihrer Verheiratung (1660). Unter anderem erzählt sie von den Flüchtlingen nach dem Chmielnicky-Aufstand, die in ihrem Elternhaus Aufnahme und Pflege fanden, wobei mehrere Familienangehörige von ihnen mit Krankheiten angesteckt wurden und starben. Ihre erste Ehe war sehr glücklich. Von Interesse sind ihre Bemühungen um eine standesgemäße Verheiratung ihrer Kinder, wodurch sie mit den bekanntesten jüdischen Familien jener Zeit zusammenkommt, sowie die Darstellung der Geschäfte und Reisen ihres Mannes zu den Messen von Leipzig und Amsterdam. In diese Zeit fällt auch das Wirken des Schabbetai Zwi, der auch in Deutschland von vielen als Messias anerkannt wurde. Auch Glückels Schwiegervater bereitete sich vor, zur Erlösung nach Palästina auszuwandern. Dann beschreibt sie ihre Witwenzeit mit den Sorgen um Geschäft und Kinder, ihre zweite Ehe mit dem Bankier Cerf, dessen baldigen Bankrott und Tod, nach dem sie wieder allein war, bis sie in das Haus eines ihrer Kinder zog.

Das Buch ist ein einmaliges Zeitdokument mit einer Fülle an historischen, vor allem kulturgeschichtlichen Informationen; zugleich ist es der Höhepunkt der westjiddischen Literatur. Es zeigt, welche Auswirkungen die jiddische Literatur auf die Leser(innen) gehabt hat, ist doch Glückels Geistigkeit völlig von den haggadischen und ethischen Texten der Zeit bestimmt, wie auch die vielen zur Illustration ihrer Auffassungen eingefügten Fabeln und Gleichnisse zeigen. Ihre Religiosität entspricht völlig den in den Tchines genährten Vorstellungen. Ihre Memoiren sind das letzte große Dokument der westjiddischen Sprache, die im 18. Jahrhundert dem Deutschen weichen mußte.

Erst spät ist es in der jiddischen Literatur zu *Dramen* gekommen. Ein jüdisches Theater wurde ja erst mit der Lösung des Theaters aus einem rein christlichen Kontext in der Zeit des Humanismus und der Reformation möglich. Seit dem 17. Jahrh. entstehen nach dem Vorbild der Fastnachtsspiele *Purim-Spiele,* die vor allem das zu Purim gelesene Ester-Buch komödienhaft verarbeiten. Die früheste Handschrift eines solchen *Achaschwerosch-Spiels,* wie diese Komödien nach einer ihrer Hauptfiguren hießen, stammt aus dem Jahr 1697. Die aus dem deutschen Lustspiel übernommene Figur des Hans Wurst wird meist, um nicht zu viele Schauspieler zu brauchen, mit dem Juden Mordechai gleichgesetzt. Es gibt grobe, derb obszöne Fassungen dieses Spiels, andere wieder sind ernster gehalten und stark von Targum und Midrasch zu Ester beeinflußt. Auch andere biblische Themen wurden für das Purim-Fest dramatisiert, so vor allem die Josefsgeschichte (*Mekhirat Josef,* „der Verkauf Josefs"), die *Aqedat Jitschaq* („Opferung Isaaks"), ein *Jetsiat-Mitsrajim-Spiel* über den Auszug aus Ägypten, ein *Moische-Rabeine-Spiel,* das verschiedene Mose-Legenden zusammenfaßt, und eine Bearbeitung der Geschichte von *David und Goliat.* Diese Theatertradition lebte in Osteuropa bis zum Zweiten Weltkrieg fort.

2. Die osteuropäische jiddische Literatur des 19. Jahrhunderts

Nachdem die jiddische Literatur im 18. Jahrhundert ein Tief erlebte und im Westen völlig niederging, brachte das 19. Jahrhundert den Aufstieg eines neuen jiddischen Zentrums, in dem sich Jiddisch zur hochstehenden Literatursprache entwickeln sollte. Für den Aufstieg des Jiddischen in Osteuropa sind die jüdische Aufklärung (*Haskala*) und der Chasidismus gleichermaßen verantwortlich. Während der Chasidismus die Religion wieder zu ihren Tiefen zurückführen wollte, bemühte sich die Haskala um die Überwindung der alleinigen Vorherrschaft der Religion durch die Betonung von Vernunft und Bildung. Beide Bewegungen bevorzugten die hebräische Sprache, mußten sich jedoch, um ihr Zielpublikum zu erreichen, in der Sprache des Volkes ausdrükken. So verbreiteten die Chasidim ihre Vorstellungen in zahlreichen jiddischen Flugblättern und Pamphleten. Die 1815 erschienenen *Schibche ha-Bescht* („Lobpreis des Baal Schem Tob"), zur Propaganda geeignete Erzählungen über den frühen Führer der Bewegung, erlebten drei jiddische Fassungen. Aus demselben Kreis stammen die Erzählungen des R. Nachman von Bratzlaw, die noch im jiddischen Symbolismus des ausgehenden 19. Jahrhunderts nachwirkten.

Die Haskala mit Moses Mendelssohn als ihrem Ahnherrn betrachtete ursprünglich Jiddisch als minderwertigen Jargon, der der Verbesserung der jüdischen Lebensumstände hinderlich sei und daher überwunden werden müsse. Doch war die Erziehung des Volkes nur in diesem Jargon möglich; so trug die Haskala letztlich nicht zu seiner Überwindung, sondern zu seiner Ausgestaltung und Pflege bei.

Isaak Ber Lewinson (1788–1860), der als der russische Mendelssohn gilt, war einer der ersten jüdischen Aufklärer, der sich von der hebräischen Sprache, in der er literarischen Ruhm erlangt hatte, dem Jiddischen zuwandte, um das Volk zu erreichen. Seine dramatische Satire *Di Hefker Welt* („Die zügellose Welt", 1828) will die Mißstände im Schtetl, der Grundform der jüdischen Lebensgemeinschaft in Osteuropa, aufzeigen. Die 1827 von Zar Nikolaus I. den Juden auferlegte Verpflichtung, eine bestimmte Anzahl von Männern für den Arbeitsdienst oder einen 25jährigen Wehrdienst zu stellen, dient ihm als Beispiel: die Kinder der reichen Juden und der Gemeindevorsteher kommen immer frei, während die Armen die Last allein tragen müssen. Eine Besserung kommt nur, wenn die Bewohner des Schtetls ihre ungesunden Strukturen aufgeben und sich der Landwirtschaft zuwenden. Das mit den Chasidim wie mit den Gemeindevorstehern streng abrechnende Werk konnte erst 1888 gedruckt werden.

Eine ähnliche Moral vertritt die jiddische Fassung der Robinsongeschichte durch einen anonymen Autor zu Beginn des 19. Jahrhunderts. „*Die Geschichte fun Alter Leib*" stellt als den Schiffbrüchigen einen Juden dar, der in der Einsamkeit Selbständigkeit lernt. Freitag wird hier natürlich zu Schabbes, den Alter Leib nicht die westliche Kultur, sondern die Grundlagen der jüdischen Religion lehrt. Nach Europa gekommen, ernähren sich beide als Zimmerleute von ihrer körperlichen Arbeit. Damit ja niemand die Moral der Geschichte übersieht, zählt der Verfasser die daraus zu ziehenden Lehren ausdrücklich auf.

Israel Aksenfeld (1787–1866) stammt aus chasidischen Kreisen der Ukraine. In Deutschland lernte er die Aufklärung kennen, deren Ideen er durch jiddische Schriften verbreitete, als er sich in Odessa als Rechtsanwalt niederließ. Zu seinen Lebzeiten wurde von seinen zahlreichen Schriften fast nichts veröffentlicht: nur die Tragikomödie „*Der erschter jiddischer Rekrut*" (1833) fand 1861 einen Verleger; das Thema ist dasselbe wie in Lewinsons Hefker Welt; ebenfalls 1861 wurde die Erzählung *Dos Schterntichel* gedruckt, die sich gegen die Mißbräuche in den chasidisch beherrschten Gemeinden richtet, wie auch die erst nach seinem Tod gedruckte Erzählung *Der Oitzer* („Schatz") *oder di genarte Welt* (1842), in der er einen Wunderrabbi einem trunksüchtigen christlichen Quacksalber gegenüberstellt. Beide sind nur auf das Geld der Welt aus, die betrogen werden will. Das Werk Aksenfelds steht literarisch nicht hoch, ist jedoch ein Fortschritt, insofern er nicht ein dem Hochdeutsch angenähertes künstliches Jiddisch, sondern die tatsächliche Umgangssprache der südrussischen Juden schreibt.

Salomo Ettinger (1803–1856), Arzt im polnischen Zamosc, versuchte weniger kraß, dem Volk seine aufgeklärten Gedanken literarisch nahezubringen, auch wenn das erzieherische Motiv in seinen Werken nicht fehlt. Am bekanntesten ist seine Komödie *Serkele* geworden, bei deren Uraufführung an der von der Regierung geförderten Rabbinerschule von Zhitomir (1862) der noch zu nennende Abraham Goldfaden die Rolle Serkeles übernahm. Diese ist eine ungebildete, doch lebenstüchtige Frau, die ihren studierenden Mann erhalten muß. Durch Betrug kommt sie zum Vermögen ihres verreisten Bruders und wird zum Vormund von dessen Tochter Hinde, die sie tyrannisiert, bis ihr Bruder heimkehrt und den Betrug aufdeckt. Während Hinde das Ideal der jüdischen Frau darstellt, ist Serkele das Produkt des Lebens im Schtetl, dessen Strukturen so kritisiert werden. Ettinger hat auch Fabeln und Lieder gedichtet, die sein Sohn 1889 unter dem Titel *Mescholim un Lidelach* veröffentlichte.

Der Kampf gegen den chasidischen Einfluß in den jüdischen Gemeinden bestimmt auch das Werk von *Abraham Baer Gottlober* (1810–1899). Gegen das alte Schulsystem des Cheder tritt er für eine religiös ungebundene jüdische Schule ein, wie sie Max Lilienthal mit Zustimmung der russischen Regierung propagierte. Er selbst unterrichtete an einer solchen Schule, wo Abraham Goldfaden und Mendele Mocher Sfarim zu seinen Schülern zählten. Neben hebräischen Werken schrieb er auch in Jiddisch. Der Dreiakter *Der Dektuch* (mit dem Untertitel: Zwei Hochzeiten in einer Nacht) verwertet satirisch die bitteren Erfahrungen seiner eigenen Jugend, um gegen die Praxis der Kinderehen anzukämpfen, in denen es den Eltern nur um die Herkunft des Heiratskandidaten und nicht um die persönliche Neigung der Kinder geht. Die Erzählung *Der Gilgul* („Die Seelenwanderung") schildert satirisch die Begegnung eines Totengräbers mit einer Seele, die ihm ihre verschiedenen Vorleben erzählt. 1871 wurde die Erzählung in der jiddischen Zeitschrift *Qol Mebasser* (Odessa) veröffentlicht, die auf die Entwicklung der jiddischen Literatur großen Einfluß hatte.

Breiteren Anklang im Volk fand *Israel Meir Dick* aus Wilna (1814–1893), der auch hebräisch schrieb und sich nur zögernd, zuerst anonym, dem Jiddischen zuwandte, doch nicht in der vom Volk gesprochenen Form, sondern unter starkem Einfluß des Deutschen, das er bevorzugte. Im Auftrag der Druckerei Romm in Wilna, der wir ausgezeichnete Talmudausgaben verdanken, schrieb er jahrelang jede Woche eine Erzählung, insgesamt etwa vierhundert, die in Heftchen zu je sechzehn Seiten veröffentlicht wurden. Diese Groschenhefte moralisieren stark und ziehen gewöhnlich am Anfang oder Schluß explizit die aus der Geschichte zu entnehmende Lehre. U.a. schrieb er eine jiddische Fassung von „Onkel Toms Hütte": die humanen Sklavenbesitzer sind hier Juden; die freigelassenen Sklaven treten zum Judentum über und werden reiche Kaufleute. Der gewaltige Erfolg von Dicks Erzählungen war vor allem ihrer Anspruchslosigekit zu danken, aber auch ihrer Toleranz, die das chasidische Judentum nicht zu grob angriff. Die sentimentalen, gewöhnlich glücklich endenden Geschichten sind nicht große Literatur; doch kommt Dick wie seinen Zeitgenossen das Verdienst zu, ein jiddisches Lesepublikum herangezogen zu haben, das die großen Autoren der folgenden Jahrzehnte aufzunehmen vermochte.

Dasselbe gilt von *Schomer* (Pseudonym für Nachum Meir Schaikewitch, 1849–1906) und *Jakob Dineson* (1856–1919). Als die Erzählungen Dicks dem Publikum nicht mehr genügten und es nach umfangreicherer Freizeitlektüre verlangte, die der Phantasie die Flucht aus dem düsteren Alltag ermöglichte, kam ihm Schomer mit über hundert Romanen entgegen, zum Teil Umgestaltungen fremdsprachiger Vorbilder, zum Teil eigenständigen Werken. Der Aufbau dieser Romane ist äußerst mangelhaft und oft lediglich eine Aneinanderreihung von Episoden; die phantasiereiche Erzählung grenzt oft an das Groteske, die Liebesgeschichten sind sentimental und tränenreich. Gerade solche Werke waren bei den Dienstmädchen und Handelsgehilfen, für die Schomer vor allem schrieb, sehr gefragt.

Auch *Jakob Dineson* war in seiner Zeit ein beliebter Schriftsteller. Als Gründer der nach ihm benannten Schulen, die die Freude am Lernen betonten, trat er auch in seinen Schriften für eine liebevollere Kindererziehung ein, als sie im Cheder geübt wurde, aber auch für mehr Freiheit in der Gattenwahl. In der Erzählung *Jossele* steht ein armes und deshalb mißhandeltes Kind im Mittelpunkt, dem die Lieblosigkeit seiner Umgebung den Tod bringt. Noch sentimentaler ist sein Roman *Der schwarzer junger Mantschik* (Mann), in dem er in schroffer Schwarzweißmalerei einen dämonischen Chasid die geplante Ehe zweier tugendsamer junger Leute verhindern und diese schließlich in den Tod treiben läßt, während er selbst, obwohl als schlechter Mensch entlarvt, in Ehren lebt, da er reich ist. Es genügt nicht, zu erkennen, wo das Gute liegt; auch gibt es nicht mehr das bei Schomer übliche Happy-End. Damit ist irgendwie der Wirklichkeit Rechnung getragen, ohne daß deshalb eine Lösung für das Problem des Bösen angeboten wird. Realistischer als seine Vorgänger, hängt Dineson doch noch zu stark vom Appell an das Gefühl ab, was ihm allerdings seine Leser honoriert haben.

Realistischer beurteilt *Mordechai Spektor* (1858–1925) das jüdische Leben. Er hat einen Roman über den Baal Schem Tob geschrieben, in dem er dem Chasidismus positiv gegenübersteht, was es bisher in der von der Haskala bestimmten jiddischen Literatur nicht gab. Im Roman *Der jidische Muschik* (Bauer, 1894) vertritt er am Beispiel eines jüdischen Händlers, der einen Hof erwirbt und ein erfolgreicher Bauer wird, letztlich jedoch durch antijüdische Nachbarn zum Aufgeben gezwungen wird, einerseits die These, der Jude müsse sich vom Händlertum weg dem Landleben zuwenden, andererseits jedoch auch die Auffassung, daß dies in einer christlichen Umwelt wegen der herrschenden Vorurteile nicht gelingen kann. Eine Erneuerung ist nur durch Auswanderung nach Palästina möglich, wie Spektor als Verfechter des Zionismus meint.

Nur auf dem Hintergrund dieser frühen Bemühungen ist der Aufstieg der drei großen Sterne der jiddischen Literatur verständlich: Mendele Mocher Sfarim, Isaak Leib Peretz und Schalom Aleichem. *Mendele Mocher Sfarim* („Mendele der Buchhändler", Pseudonym für Schalom Jakob Abramowitsch, 1835–1917) hat in seiner ersten Periode, überzeugt von den Ideen der Haskala, zahlreiche hebräische Werke populärwissenschaftlicher Art geschrieben, um damit das jüdische Volk zu erziehen. Um ein breiteres Publikum zu erreichen, wandte er sich später dem „Jargon" zu, den er allmählich als eigenständiges künstlerisches Ausdrucksmittel schätzen lernte.

1864 veröffentlichte Mendele in der Zeitschrift Qol Mebasser seine erste jiddische Erzählung: *„Dos kleine Menschele"*. Darin kritisiert er das Verhalten der jüdischen Gemeindeführer, die sich ungerecht bereichern, ein Thema, das in seinem Drama *Di Takse* („Die Steuer" für die Kontrolle des koscheren Fleisches) wiederkehrt. Mendeles erster jiddischer Roman *„Das Winschfingerl"* („Der Wunschring", 1865, doch mehrmals überarbeitet und schließlich unter dem hebräischen Titel „Das Tränental" neu gefaßt – ähnlich ist der Verfasser mit vielen anderen Werken umgegangen) vertritt die These, die Haskala sei der Zauberring, der das jüdische Leben umwandeln kann. Das illustriert das Leben des armen Herschele, der sich nach Studien in der Jeschiba (Talmudschule) schließlich dem weltlichen Wissen zuwendet und so für sein Volk nützlich wird. Mendele spricht damit jedoch nicht für die Assimilation, strahlt doch die ganze Erzählung Bewunderung für die jüdische Tradition aus, die sich jedoch erneuern muß, um das Volk in der Diaspora, dem „Tränental", überleben zu lassen.

Ähnlich mild ist die Kritik Mendeles an den Zuständen im Schtetl im Roman *Fischke der Krumer* (1868, hebr. 1909). Darin greift er auf eigene Jugenderlebnisse zurück, als er einige Zeit mit dem Bettler Avreml dem Lahmen durch das Land zog. Wie in vielen anderen Erzählungen kommt auch hier das Pseudonym des Verfassers in der Rahmenerzählung vor: der Wanderbuchhändler Mendele trifft auf seinen Reisen einen Freund, erzählt ihm vom lahmen Fischke, den die jüdische Gemeinde mit einer blinden Bettlerin verheiratet hat. Ein Überfall durch Bettler erfolgt, die die Pferde der Wanderhändler stehlen; schließlich bekommen sie sie wieder zurück und stoßen dabei auf einen zurückgelassenen Bettler, eben Fischke, der nun seine Geschichte aus eigener Sicht erzählt. Auch in dieser Geschichte aus den untersten Schichten der Ghettobevölkerung steht Mendele trotz aller Kritik den geschilderten Typen voll Sympathie gegenüber.

In diesen Romanen tritt das erzieherische Element ziemlich zurück, auch wenn lange Reflexionen immer wieder den Ablauf der Erzählung stören. Noch stärker ist dies in der allegorischen Erzählung *Di Klatsche* („Die Mähre", Erstfassung 1873) der Fall, wo Mendele die Ideale der Haskala kritisiert. Die von allen geprügelte Mähre, die der junge Jisrolik bei Nacht in einem Sumpf findet und die ihm ihr Schicksal erzählt, ist das geplagte jüdische Volk, das nicht nur von außen, sondern auch unter seinen Führern leidet. Bevor ihre Klage gehört wird, müßte sie, wie man sagt, gesäubert und gebildet werden; sie aber braucht keine Ausbildung, sondern Nahrung. Ebenso, meint Mendele, helfen die Bestrebungen der Haskala nichts, solange man nichts gegen die Armut des Volkes unternimmt.

In *Masaot Binjamin ha-Schlischi* („Die Reisen Benjamins III.", 1878) zeichnet Mendele den Typ des wirklichkeitsfremden Juden, eine Art Don Quixote. Durch die Erzählungen über die verlorenen Stämme angespornt, macht sich Benjamin gleich dem großen Reisenden von Tudela auf den Weg, um über das Kommen des Messias Klarheit zu bekommen. Doch wird er mit seinem Begleiter Senderl schon im nächsten Dorf gefaßt und in den Militärdienst gezwungen, aus dem sie nur ihre völlige Untauglichkeit rettet. Voll scharfer Satire schildert hier Mendele den mangelnden Realitätsbezug vieler Juden, steht jedoch zugleich ihrem Idealismus mit gewisser Sympathie gegenüber.

Mendele, dessen Schriften voller Anspielungen an Talmud, Midrasch und Pijjutim sind, ist in der traditionellen Form der Erzählung mehr zuhause als im Roman, dem er keine logisch zusammenhängende Handlung zu geben vermag; er hat die jiddische Sprache, die er von deutschen und russischen Vorbildern zu lösen versuchte, erst richtig literaturfähig gemacht. Das sichert ihm seinen Platz in der Geschichte der jiddischen Literatur, auch wenn seine Beurteilung, wieweit er das Ghettoleben des 19. Jahrhunderts lebensecht geschildert oder in bloßen Typen verzerrt hat, heute ziemlich umstritten ist.

Wie Mendele schrieb auch *Isaak Leib Peretz* (1851–1915) ursprünglich in hebräischer Sprache, eine Zeitlang auch in Polnisch; erst die Pogrome ab 1881 überzeugten ihn von der Notwendigkeit der jüdischen Eigenständigkeit auch durch die jiddische Sprache. Der Rechtsanwalt aus dem polnischen Zamosc, Sohn orthodoxer Eltern, doch schon früh unter dem Einfluß der Maskilim (Aufklärer), schrieb ab 1888 immer ausschließlicher in Jiddisch. Auf der Czernowitzer Konferenz von 1908 über die jiddische Sprache war er einer der führenden jiddischen Schriftsteller, wehrte sich jedoch gegen die Resolution, Jiddisch sei die einzige nationale Sprache der Juden (angenommen wurde die Form: „Jiddisch ist eine nationale Sprache des jüdischen Volkes").

Peretz begann mit dem langen erzählenden Gedicht *Monisch* in Schalom Aleichems 1888 gegründeter Sammlung *Di jidische Folksbibliotek.* Darin schildert er den Kampf eines jungen asketischen Juden mit den dämonischen Mächten, die ihn in Gestalt eines schönen christlichen Mädchens verfolgen. In den folgenden Jahren versuchte er sich in allen literarischen Gattungen, ausgenommen den Roman; die kleine Form lag ihm mehr und seine Erzählungen zählen zu seinen besten Werken. Nach dem Verlust seiner Praxis als Rechtsanwalt mit statistischen Umfragen in der Provinz beauftragt, schrieb er 1891 als literarische Ausbeute dieser Reise *Bilder fun a Provinz-Reise* und *Bekante Bilder.* 1891 begann er auch mit der Herausgabe der *Jidischen Bibliotek.*

In seinen Erzählungen bietet Peretz wie Mendele ein Bild des jüdischen

Lebens in den Kleinstädten Osteuropas, legt dabei jedoch mehr Wert auf das Einzelschicksal als auf das allgemeine Gruppenbild. Seine kurzen Erzählungen sind voll beißender Ironie über die falsche Frömmigkeit der Gemeindeführer (etwa „*Di frume Katz*“). *Der Golem*, eine Erzählung über Rabbi Löw von Prag, führt zur Schlußfogerung, daß der Golem in seiner Lehmgestalt noch immer da ist, doch die Kenntnis des göttlichen Namens, mit dem er belebt werden könnte, ist verlorengegangen. In vielen Erzählungen, besonders jenen der *Jom Tob Bletlech* („Festtagsblättchen“, 17 Lieferungen zwischen 1894 und 1896) vertritt er die Ideale des Sozialismus (wiewohl er dem „Bund“, der jüdischen sozialistischen Partei seiner Zeit, kritisch gegenüberstand) und zeichnet das Leben der Ärmsten des jüdischen Volkes.

Stets unter dem Einfluß der größeren europäischen Literatur, folgt Peretz seit dem Ende des 19. Jahrhundert den Neuromantikern in ihrer Hochschätzung der Folklore. Das führt ihn zu einer Neubewertung der chasidischen Bewegung in *Chasidisch* (1908) und *Folkstimliche Geschichten* (1909). Hier idealisiert er die besten Seiten des Chasidismus und trägt viel zu seiner Rehabilitierung in der jiddischen Literatur bei.

Wenig Erfolg hatte Peretz mit seinen dem Symbolismus verpflichteten späten Dramen. Die hebräische Erzählung „Der Untergang des Hauses des Zaddik“ gestaltete er 1908 zum Drama *Di goldene Keit* um. Die goldene Kette ist das Symbol der chasidischen Tradition in der Familie; sie wird immer schwächer und bricht schließlich. *Bei Nacht oifn alten Mark* (1907), ein Versdrama, das als reifstes Werk von Peretz angesehen wird, schildert voll Pessimismus in einer Reihe von Einzelszenen die jüdische Geschichte in Polen: die neuen dem Judentum angebotenen Lösungen sind nicht gangbar und auch die Rückkehr zum traditionellen Judentum ist nicht mehr möglich. Ein dramatischer Aufbau fehlt; einzig die Rolle des Spaßmachers hält die verschiedenen Bilder des Kaleidoskops zusammen.

In den Jahren 1913–1914 hat Peretz seine Autobiographie *Meine Zichroines* (Erinnerungen) geschrieben, die jedoch unvollendet geblieben ist.

Schalom Rabinowitsch, besser unter dem Pseudonym *Schalom Aleichem* bekannt (1859–1916), der dritte große jiddische Erzähler dieser Periode, stammt aus der Ukraine. Auch er schrieb anfangs Hebräisch und hielt Jiddisch für literarisch unbrauchbar. Als er sich 1883 dem Jiddischen zuwandte, wählte er wie sein großes Vorbild Mendele ein Pseudonym, das ebenfalls in seinen Erzählungen als Verbindungsfigur vorkommt; auch er bevorzugt die Schilderung des jüdischen Volkes als Gruppe – in der Zeichnung von Einzelcharakteren ist er völlig unbegabt. Bei Mendele kreist ein großer Teil der Erzählungen um die Kleinstadt Glupsk; bei Schalom Aleichem ist es Kasrilewke. Doch anders als Mendele blickt Schalom Aleichem nicht von oben auf seine Gestalten herab, die es zu erziehen gilt; er selbst ist ein Teil der beschriebenen Welt, einer weithin säkularisierten Welt in Wandlung und Aufbruch, weshalb bei ihm auch erstmals Kinder und Jugendliche eine wesentliche Rolle spielen.

Seine eigene große Liebe ist der Vorwurf seiner ersten jiddischen Erzählung *Zwei Schteiner,* die jedoch im Gegensatz zu seinem eigenen Erleben tragisch mit Selbstmord und Wahnsinn endet. Es folgen eine Reihe von Romanen, meist über Außenseiter der jüdischen Gesellschaft, wie *Stempenei* (1889) und *Josele Solovei* (1890), der eine ein Wandergeiger, der zweite ein herumziehender Kantor. So kann Schalom Aleichem, ohne wie die frühere Trivialliteratur etwas in der Wirklichkeit des jüdischen Lebens Unmögliches zu schildern, Liebesgeschichten schreiben, die gewöhnlich voll Pathos und Melodrama sind, nur künstlich durch eingefügte Karikaturen aufgelockert. Mehrere dieser Werke erscheinen in der *Jidischen Folksbibliotek,* die er 1888–1889 herausgab, als ihm eine Erbschaft die finanziellen Voraussetzungen dazu gab.

Bekannt geworden ist Schalom Aleichem jedoch durch seine zahlreichen, oft zu Zyklen verbundenen Erzählungen, deren allgemeines Grundmotiv der stete Aufstieg und Fall ist, dem ein Humor entspricht, hinter dem immer Schrecken lauert.

Die erste Erzählungsreihe, zwischen 1892 und 1913 geschrieben, ist in der Form von Briefen der Titelfigur *Menachem Mendel* an seine Frau gehalten. Gleich Mendeles Benjamin III. ein Don-Quixote-Typ, der stets Luftschlössern nachjagt, ein „Luftmensch", reist Menachem von Börse zu Börse, wechselt von Beruf zu Beruf, stets den Reichtum vor Augen, der letztlich immer in Nichts zerrinnt, während seine Frau daheim, der Realität verwachsen, ihn stets mit dem Notwendigen versorgen muß. Schalom Aleichem, der in diesen Erzählungen viel von seiner eigenen Erfahrung als erfolgloser Börsenspekulant verarbeitet, hat in dieser Gestalt, deren Erlebnisse nur auf den ersten Blick zum Lachen reizen, dem Mythos vom ewigen Kreislauf des Geschicks eine gerade dem jüdischen Leben verbundene Konkretion verliehen.

In etwas anderer Weise ist ihm dies auch in seinem bekanntesten Werk gelungen, den Geschichten um *Tewje der Milchiger* (1894–1916), die schon bald dramatisiert wurden und auch die Vorlage für The Fiddler on the Roof waren. Ist Mendel der Typ des Menschen, der stets scheitert und doch immer wieder neue Hoffnung schöpfen darf, ein Sisyphus, dessen Mühen stets erfolglos bleiben, so ist der Milchmann Tewje eine Neufassung des biblischen Ijob. Der Reihe nach verliert er seine fünf Töchter, die er gut zu verheiraten dachte: die eine heiratet nicht standesgemäß, die andere folgt dem geliebten Revolutionär nach Sibirien, die dritte wird eines Mannes wegen Christin, die vierte begeht Selbstmord aus unglücklicher Liebe, während die letzte in ihrer Ehe mit einem ungeliebten Mann unglücklich ist. Zuletzt wird Tewje, ein Verwandter Mendels, der auch sein Geld verspekuliert hat, auch noch von der Regierung aus seinem geliebten Dorf verbannt. Trotzdem verliert Tewje, als dessen Monologe die Erzählungen stilisiert sind, nicht sein Gottvertrauen, bleibt in der jüdischen Tradition verankert, was u. a. in den allgegenwärtigen und stets verdrehten Bibel- und Talmudzitaten auf seinen Lippen humorvoll zum Ausdruck kommt. Doch auch hier bleibt die Heiterkeit an der Oberfläche, ist ein

Galgenhumor, ein Bewältigen des Unglücks dadurch, daß man sich selbst nicht zu ernst nimmt.

Dieser Optimismus trotz allem kennzeichnet auch die Erzählungen über *Motl Peise dem Chasons* („Motl, der Sohn des Kantors Peise", 1907–1915), in denen das Kind aus seiner Perspektive die Ereignisse in Kasrilewke und die Auswanderung der jüdischen Bevölkerung in die USA erzählt (Schalom Aleichem ist 1905 erstmals nach Amerika gekommen und hat später seine letzten Jahre in New York verbracht).

In seinen späten Jahren hat Schalom Aleichem auch wieder Romane geschrieben, u.a. *Blondschende Schtern* (1911), in dem jüdische Künstler die Protagonisten sind, sowie *Der blutiker Schpas,* dramatisiert als *Schwer zu sain a Jid* (1914), worin ein Christ mit einem jüdischen Studenten die Rolle tauscht und so die Wirklichkeit des jüdischen Lebens kennenlernt. Damals schrieb er auch zahlreiche, meist erfolglose Lustspiele, Feuilletons, Kinder- und Feiertagsgeschichten sowie den ersten Teil des autobiographischen Romans *Funem Jarid* („Vom Jahrmarkt", 1913). Auch revidierte er seine früheren Werke im Sinn des Zionismus, nachdem er seit 1905 immer mehr vom sozialistischen Ideal enttäuscht war.

Schalom Aleichem, anfänglich als unterhaltsamer, literarisch jedoch unbedeutender Schriftsteller eingeschätzt, später in der Sowjetunion wegen seines sozialen Realismus gefeiert, erfährt derzeit eine Neubewertung; durch seine Erzählungen hat er sich jedenfalls einen bleibenden Platz in der jiddischen Literatur gesichert.

Gegenüber der Erzählung trat die jiddische *Poesie* im 19. Jahrhundert ziemlich zurück. Sie blieb weithin auf der Ebene des Volkslieds, das besonders von den *Badchanim* getragen wurde, aus deren anonymer Menge drei späte Vertreter hervorragen: Berl Broder (1815–1868), Welwel Zbarzher (1826–1883) und Eliakum Zunser (1836–1913). Höher stehen die Gedichte von I. L. Peretz, dessen Ballade Monisch schon genannt wurde, und der auch eine Reihe von Heine nachempfundenen Liebesgedichten und Gedichte zu sozialen Themen schrieb (am bekanntesten *Di drei Neitorins,* „Die drei Näherinnen"). Doch erst in *Simon Frug* (1860–1916) kam die jiddische Poesie zur Reife. Der auf einer jüdischen landwirtschaftlichen Siedlung in Südrußland aufgewachsene, später in Odessa lebende Dichter schrieb anfänglich Russisch. Das Naturerleben seiner Jugend schlägt sich nur in wenigen Gedichten nieder; vorherrschend ist vielmehr unter dem Eindruck der russischen Pogrome ab 1881 das Leiden des jüdischen Volkes. Im Gedicht *Sand un Schtern* wirft er Gott vor, nur die erste Hälfte seiner Verheißung an Abraham wahrgemacht zu haben (Gen 22,17): die Juden sind zahlreich geworden wie der Sand, auf ihnen tritt man herum, doch der Glanz der Sterne fehlt. In anderen Gedichten drückt er seine sozialistischen und zionistischen Vorstellungen aus und plädiert für die Rückkehr der Juden zur produktiven Arbeit auf den heimatlichen Boden ihrer Ahnen.

Das jiddische *Drama,* dessen Vorläufer die Purim-Spiele sind, wird erst sehr spät selbständig. Ettinger, Aksenfeld, Mendele u. a. schrieben zwar Dramen, die jedoch Lesestücke waren, da eine jiddische Bühne fehlte. Erst *Abraham Goldfaden* (1840–1908) versuchte, durch den Erfolg seiner Gedichtabende in Gasthäusern ermutigt, ab 1876 zuerst in Rumänien und dann auch in Rußland improvisierte Theateraufführungen. Seine zusammengewürfelte Truppe, in der als große Neuerung auch Frauen mitspielten, hatte großen Erfolg; 1883 wurde jedoch die Aufführung jiddischer Stücke in Rußland verboten; die meisten Schauspieler wanderten nach Westeuropa und Amerika aus, wohin ihnen Goldfaden folgte.

Goldfadens über sechzig Stücke sind literarisch weithin wertlos, zu sehr auf Effekt, Publikumswünsche und schwache Schauspieler ausgerichtet, doch von Bedeutung, da sie dem späteren jiddischen Theater den Boden bereiteten. Anfangs bevorzugte Goldfaden die satirische Komödie über das Ghettoleben (z. B. *Schmendrik,* 1877); nach den Pogromen von 1881 wandte er sich nationalen Themen zu und stellte den jüdischen Helden in den Mittelpunkt, so z. B. in *Bar Kokhba* (1887). Im zionistischen Drama *Moschiachs Zeiten* (1887) vertritt er die These, daß die Juden die messianische Zeit weder in Rußland noch in Amerika erwarten dürfen, sondern allein in Palästina. Auch sein letztes Stück, *Ben Ami* („Sohn meines Volkes", 1908), vertritt diese These. Diese Bearbeitung des Romans „Daniel Deronda" von George Eliot zeigt einen Baron auf einer Forschungsreise in Odessa in ein Pogrom verwickelt; er rettet ein jüdisches Mädchen, entdeckt seine eigene jüdische Herkunft und zieht mit dem Mädchen nach Israel, um dort Gleichgesinnte zur Landarbeit und zum Kampf um das eigene Land auszubilden.

In Amerika konnte sich Goldfaden nicht durchsetzen. Schreiberlinge wie Mosche Hurwitz, Joseph Lateiner und Schomer hatten bis 1890 nahezu ein Monopol im jiddischen Theater. Erst *Jakob Gordin* (1853-1909) gelang der Durchbruch. Gleich Goldfaden vertrat er die Rückkehr der Juden zur Landwirtschaft und allgemein eine soziale Umstrukturierung des Judentums. 1891 mußte er aus Rußland flüchten und begann in Amerika seine Vorstellungen dramatisch umzusetzen. Dazu verwendete er Vorlagen aus der gesamten Weltliteratur. 1892 hatte er mit *Der jidischer Kenig Lir* seinen ersten großen Erfolg: das Thema der undankbaren Kinder wird hier zum Konflikt zwischen traditionsbewußten jüdischen Eltern und ihren amerikanisierten Kindern; auch in *Mirele Efros* (1889) verwendet er das Grundthema von Lear. Erfolgreich war auch seine Tragödie *Got, Mensch un Teifl* (1903), eine Abwandlung des Ijob-Themas. Insgesamt schrieb Gordin über siebzig Stücke, melodramatisch, tendenziös und moralisierend, doch im Gegensatz zu den Werken seiner Vorgänger nicht mehr rein auf theatralische Effekte bedacht, sondern um einen logischen Handlungsaufbau bemüht. Ist auch der literarische Wert seiner Stücke noch ziemlich gering, so hat er doch einen Umschwung im jiddischen Theater eingeleitet.

3. Das 20. Jahrhundert: Nachsommer einer Sprache

Ein wesentlicher Einschnitt in der Geschichte der jiddischen Literatur ist die *Czernowitzer Konferenz* von 1908, die die bekanntesten jiddischen Schriftsteller vereinte, um über die Rolle der jiddischen Sprache zu diskutieren. Die Resolution, Jiddisch sei eine nationale Sprache der Juden, erregte zwar den Widerspruch der Hebraisten, die den „Jargon" verachteten, förderte jedoch das Ansehen der jiddischen Sprache, für die einheitlichere Normen von Grammatik und Rechtschreibung angestrebt wurden, und mündete in die praktische Konsequenz, große Werke der Weltliteratur auch dem jiddischen Leser zugänglich zu machen. Der Tod der großen Drei, Mendele, Peretz und Schalom Aleichem, in den Jahren 1915–1917 ermöglichte dann einen Neubeginn: denn sosehr diese Männer der jiddischen Literatur Ansehen und damit Anziehungskraft schenkten, so konnten sich doch neue Talente erst nach ihnen freier entfalten.

a) *Die Sowjetunion* schien von der Oktoberrevolution an der jiddischen Kultur eine neue Blüte zu verheißen, wurden doch anfangs die jiddische Schule, Literatur und Presse offiziell gefördert und hatten ja auch die jiddischen Dichter die Revolution mit vorbereitet. Viele anfangs ausgewanderte Dichter kehrten Mitte der zwanziger Jahre wieder nach Rußland zurück. Doch schon im Jahr 1948 fand die kurze Blütezeit mit der Einkerkerung der bekannteren jiddischen Dichter und der Hinrichtung von dreißig von ihnen im August 1952 ihr vorzeitiges Ende.

David Bergelson (1884–1952), aus der Ukraine stammend, doch seit 1934 in Moskau ansässig, hat seinen literarischen Ruhm schon vor 1917 begründet. Sein Werk *Arum Wogsal* („Um den Bahnhof", 1909) und vor allem der Roman *Noch Alemen* („Nach allem", 1913) zeigten ihn als großen impressionistischen Erzähler, dessen Gestalten, vorzeitig gealtert, still und resigniert auf das Ende warten, sei es in der Kleinstadt, deren einziges Ereignis das Kommen eines Eisenbahnzuges ist, oder im Leben der Mirel Hurwitz in „Nach allem", die wie viele ihrer Bekannten mit ihrer Welt unzufrieden in eine Traumwelt flüchtet und sich gelangweilt in ihr Schicksal findet, anstatt etwas dagegen zu tun. Ab 1926 ein Anhänger des Regimes, wandte sich Bergelson dem sozialistischen Realismus zu. Das größte Werk dieser Periode ist der zum Teil autobiographische Erziehungsroman *Beim Dnjepr* (2 Bände, 1932, 1936). 1948 verhaftet, wurde Bergelson im Jahre 1952 hingerichtet und erst nach Stalins Tod rehabilitiert.

Der Nister („Der Verborgene", Pseudonym für Pinchas Kahanowitsch, 1884–1950), wie Bergelson aus der Ukraine, ist wohl der größte jiddische Dichter dieses Jahrhunderts. Seine frühen Werke, die Prosagedichte *Gedankn un Motivn* (1907), die kabbalistischen Erzählungen *Hecher fun Erd* (1910) und die mystischen Gedichte *Gesang un Gebet* (1912) zeigen ihn als Neuromantiker in der Tradition der russischen Symbolisten, dessen Sprache den archaischen Klang der jiddischen Bibel nachahmt und durch die eigenartigen Klangstrukturen ihrer langen Sätze eigenartig berührt. Als unpolitischer Schriftsteller verließ er 1921 die Sowjetunion und ging nach Deutschland, wo er in den zwei Bänden *Gedacht* (1922–1923) fantastisch-visionäre Erzählungen vorlegte, die von den chasidischen Erzählungen des R. Nachman Bratzlawer bestimmt waren. 1926 in die Sowjetunion zurückgekehrt, ging er zuerst trotz der offiziellen Linie seinen Weg als Neuromantiker weiter; 1929 veröffentlichte er die sehr pessimistischen Erzählungen *Fun meine Giter.* Als er sich dann in seinem größten Werk *Di Mischpoche Maschber* („Die Familie Maschber", I 1939, II 1948) offenbar doch dem Realismus zuwandte, war dies nur an der Oberfläche und vor allem nicht für ein Thema seiner Zeit. Die den Buddenbrocks vergleichbare Familiensaga, deren dritter Band vielleicht noch als Manuskript erhalten ist, sollte die Auflösung der traditionellen Gesellschaft des osteuropäischen Judentums von etwa 1870 bis in die Zeit der Revolution aufzeigen; doch schildern die beiden veröffentlichten Bände kaum ein Jahr des Lebens im ukrainischen Berditschew. Die Familie Maschber tritt uns in den drei Brüdern Mosche, Luzi und Alter gegenüber: Mosche, der stolze Geschäftsmann, der bankrott geht, ins Gefängnis kommt und es als gebrochener Mensch verläßt, Alter, der die Gleichheit aller Menschen erkennt und das Dienstmädchen der Familie heiratet, Luzi schließlich der Mystiker und Anhänger der Bratzlawer Chasidim, ein stiller Wohltäter der Armen, doch voller Skepsis und daher von den religiösen Fanatikern angefeindet. In Luzi hat Der Nister wohl sich selbst gezeichnet, ihm auch seine unbeugbare Hoffnung auf das Überleben seines Volkes in den Mund gelegt, was damals offen zu sagen in Rußland schon gefährlich war. Die stark betonten Sterbeszenen des zweiten Bandes bezeugen wohl des Dichters böse Vorahnungen; tatsächlich wurde er kurz nach Vollendung des zweiten Bandes verhaftet und starb 1950 im Gefängnis.

Der talentierteste Anhänger des Nister war *Leib Kvitko* (1890–1952), der mit David Hofstein und Perez Markisch zu den größten Lyrikern der Kiewer Gruppe in der Zeit der Revolution gehörte. Aus ärmsten Kreisen stammend, sah er in der Oktoberrevolution den Anbruch einer neuen Zeit und verherrlichte die Rote Jugend. Nur kurz unterbrachen die antijüdischen Pogrome in der Ukraine unter dem Gegenrevolutionär Petlura, den er haßerfüllt anklagt und in dessen jüdischen Opfern er Jesus selbst sieht, seinen Enthusiasmus, der seinen Gedichtband *Jugend* (1922) prägt. Später schrieb er vor allem Kindergedichte und Lieder, die in Kindergärten und Schulen beliebt waren und die relativ frei von Parteipropaganda sind. Die 1937 veröffentlichte Auswahl seiner Werke, *Geklibene Werk,* war ganz dem Lobpreis des allmächtigen und allwissenden Stalin gewidmet, was ihn jedoch nicht vor Verhaftung (1948) und Hinrichtung (1952) bewahrte.

Perez Markisch (1895–1952) war zwar ebenfalls ein überzeugter Kommunist, doch viel stärker als Kvitko sich als Jude bewußt: so besang er vor allem den jüdischen Anteil an Revolution und sozialistischem Aufbau. 1921 verließ er die Sowjetunion und begründete mit anderen in Warschau die *Literarischen Bleter.* Impressionistischen Gedichten über die Pogrome in der Ukraine folgte die Mitarbeit am expressionistischen *Chaliastre Almanach* (1922), dessen zweiten, in Paris erschienenen Band Marc Chagall illustrierte. 1926 nach Rußland zurückgekehrt, verherrlichte er im epischen Gedicht *Brider* (1929) den Opfertod zweier jüdischer Proletarier-Brüder für die Revolution. Der im selben Jahr erschienene Roman *Dor ois, Dor ein* („Geschlecht folgt Geschlecht") behandelt dasselbe Thema. Der Roman *Eins oif eins* (1934) hat als Helden einen jüdischen Maurer, der Amerika verläßt, um am Aufbau des sozialistischen Rußland mitzuarbeiten. Einer Ode an Stalin (*Poeme wegn Stalinen,* 1940) folgte 1948 sein Hauptwerk, an dem er jahrelang gearbeitet hatte, das 20000 Zeilen lange Epos *Milchome* (Krieg) über den Zweiten Weltkrieg. Zwar ist auch dieses Werk noch voll des Lobes für Stalin; im Vordergrund stehen jedoch Leiden und Einsatzbereitschaft der russischen Juden. Auch Markisch wurde 1948 gefangengenommen und 1952 hingerichtet.

David Hofstein (1889–1952), der mit idyllischen Naturgesängen begonnen hatte (zwischen 1911 und 1919 erschienen die Zyklen: Felder; Berge; Wald; Schnee), war ebenfalls ein begeisterter Anhänger der Revolution. Seine Elegien über die Opfer der Pogrome unter Petlura hat Marc Chagall illustriert. 1923 verließ Hofstein Rußland und zog über Deutschland nach Palästina, wo er neben hebräischen Gedichten ein dramatisches Gedicht *Saul* verfaßte, das die Geschichte des biblischen Königs durch die der russischen Revolution deutet. 1925 folgte das impressionistische Schauspiel *Moschiachs Zeiten.* 1926 nach Kiew zurückgekehrt, wandte sich Hofstein völlig von biblisch-jüdischen Themen ab. Im Band *Lider* (1935) beschreibt er seinen Umweg, der ihn nach einer religiösen Jugend langsam zum kämpferischen Marxisten werden ließ. Doch bewahrte ihn seine von nun an dokumentierte Treue zum Kommunismus, dessen Errungenschaften, dessen Führer Stalin und dessen Symbole Hammer und Sichel er jetzt besang, nicht vor dem Los der anderen jiddischen Dichter.

Den unabhängigeren *Mosche Kulbak* (1896–1940) traf dieses Schicksal schon viel früher. Bei Wilna geboren, hatte er zuerst hebräische Lyrik geschrieben. Seine 1920 erschienenen jiddischen Lieder zeigen ihn als einen Neuromantiker; das bekannteste dieser Gedichte trägt den Titel *Lamed Wow* („Sechsunddreißig": sein Held ist einer der 36 unbekannten Gerechten der jüdischen Legende, der nach Licht und Heiligkeit strebende Schornsteinfeger Schmuel Itze, ein Symbol des ewigen Juden, durch dessen Verdienste die Welt bestehen bleibt). 1920 ging er nach Deutschland, 1923 nach Wilna: aus dieser Zeit stammt sein expressionistischer Roman *Moschiach ben Efraim* (1924), ebenso eine Reihe grotesk-fantastischer Erzählungen. 1928 schloß er sich der Minsker Gruppe an, was ihn auch zur Übernahme des sozialistischen Realismus zwang. Diesen vertrat er in seinem zweiteiligen Roman *Zelmenianer* (1931, 1935), der in milder Ironie die Anpassungsschwierigkeiten einer jüdischen Familie an die kommunistische Gesellschaft zeigt. Das 1933 entstandene Werk *Disner Childe Harold* geht auf seine Berliner Erlebnisse zurück und ist eine Satire auf die Dekadenz der deutschen Bourgeoisie, stark von Heines „Wintermärchen" beeinflußt (der Titel stammt von Byron). 1936–1937 wurde die Minsker Gruppe aufgelöst und Kulbak verhaftet; 1940 starb er in einem sibirischen Arbeitslager.

Nach Stalins Tod wurden die jiddischen Schriftsteller rehabilitiert, das Werk mancher in russischer Übersetzung neu herausgebracht und 1961 wieder eine jiddische Literaturzeitschrift (*Sowetisch Heimland*) erlaubt; doch scheint die jiddische Literatur in der Sowjetunion keine Zukunft zu haben.

b) Das polnische *Wilna,* die Heimat Kulbaks, war in der Zwischenkriegszeit ebenfalls ein Zentrum jiddischer Literaten, die sich im „*Jungen Wilna*" zusammentaten. Seine beiden wichtigsten Repräsentanten sind Chaim Grade und Abraham Sutzkever. *Chaim Grade* (1910–×) gehörte in seiner Jugend der asketischen Musar-Bewegung an; 1939 schilderte er seine Erfahrungen im Seminar dieser Gruppe im epischen Gedicht *Musarnikes.* Schon ab 1932 widmete er sich der politischen Lyrik (*Jo, 1936*). Später, während der Kriegsjahre, verlieh er seinem Haß gegen die Nazis und seiner Liebe zum jüdischen Volk in den beiden Sammlungen *Doires* („Geschlechter", 1945) und *Pleitim* („Flüchtlinge", 1947) beredten Ausdruck. Nach dem Zweiten Weltkrieg über Paris nach New York gekommen, schilderte er das Vorkriegs-Wilna in den Erzählungen *Der Mames Schabosim* (1955) und *Schulhoif* (1958). Auch der Roman *Di Agune* (1961) ist noch seiner alten Heimat verhaftet: darin schildert er den Streit zweier Rabbinerschulen, ob eine Aguna (d. h. eine alleingebliebene Ehefrau ohne Scheidebrief oder Totenschein ihres Mannes) wieder heiraten darf; in ihrem Fall ist der Mann vor fünfzehn Jahren im Ersten Weltkrieg verschollen. Der Gedichtband *Der Mentsch fun Feier* (1962) enthält eine Elegie auf die toten jiddischen Dichter, wendet sich aber auch schon amerikanischen Themen zu.

Abraham Sutzkever (1913–×) war in seiner Frühzeit vor allem ein Dichter des jüdischen Leidens in der NS-Zeit. 1943 schrieb er den poetischen Monolog *Kol Nidre* (Titel eines Gebets zum Versöhnungstag), das dem Werk seines polnischen Landsmanns *Isaak Katzenelson: Dos Lid fun oisgehargetn* (ermordeten) *jidischn Folk* (1944 im KZ vollendet) an die Seite zu stellen ist. 1944 aus Wilna nach Moskau entkommen, begann Sutzkever das lange epische Gedicht *Geheimschtot* (1948 vollendet), das den Überlebenskampf von zehn Juden schildert, die sich im Kanalsystem Wilnas verborgen hielten. 1947 ging Sutzkever nach Israel und wandte sich in der Folgezeit immer mehr israelischen Themen zu.

c) Die *USA,* schon seit der Masseneinwanderung osteuropäischer Juden seit etwa 1880 immer mehr auch die Heimat jiddischer Schriftsteller, wurden nach dem Ersten und noch mehr nach dem Zweiten Weltkrieg immer mehr zum wichtigsten Zentrum der jiddischen Literatur, deren Vertreter allerdings fast durchwegs noch in Osteuropa zu schreiben begonnen hatten. Anfangs traten besonders Erzähler aus der Schule von Peretz, wie Pinsky, Reisen und Asch, hervor.

David Pinsky (1872–1959) war, als er 1899 von Witebsk nach Amerika kam, schon als Vertreter der jiddischen proletarischen Literatur bekannt. In den USA wandte er sich zuerst dem Drama zu, für das er Themen aus der gesamten jüdischen Geschichte verarbeitete. Sein soziales Drama *Jitschaq Scheftel* zeichnet im Titelhelden einen einfachen Arbeiter, dessen Erfindergeist von seinem Arbeitgeber nur ausgebeutet, doch nicht honoriert wird. Andere Dramen kreisen um die Messiashoffnung, darunter *Der eibiker Jid* („Der ewige Jude", 1906), worin ein jüdischer Bauer seine erfolglose Suche nach dem Messias nie aufgibt; auch *Der schtummer Moschiach* (1911) ist hier zu nennen: ein von seinen Landsleuten als Messias anerkannter Arzt, dem einst bei einer Folterung die Zunge herausgerissen wurde, möchte die aus Illyrien ausgewiesenen Juden nach Palästina bringen; doch sobald sich die Lage in der Heimat bessert, verlassen ihn seine Anhänger und kehren um.

Später wandte sich Pinsky anderen Themen zu: statt des Kampfes der jüdischen Arbeiterklasse interessiert ihn immer mehr das Individuum. So plant er, alle tausend Frauen Salomos zu porträtieren: zwischen 1921 und 1936 schrieb er 105 Erzählungen für diesen Zyklus. Vor allem jedoch widmete er sich Problemen der Assimilation und der inneren Ermüdung des Judentums: der Held des 1919 geschriebenen Romans *Arnold Levenberg* ist ein Sproß der deutsch-jüdischen Aristokratie, ein verfeinerter, schwachwilliger und müder Mensch, der nicht bereit ist, sich in Probleme einzulassen; die Familiensaga *Dos Hois fun Noach Edon* zeichnet die fortschreitende Assimilation einer osteuropäischen jüdischen Familie über drei Generationen.

Abraham Reisen (1875–1953) kam 1914 in die USA. Neben zahlreichen Übersetzungen deutscher Klassiker hat er viele Kurzerzählungen voll Melancholie und Sehnsucht nach der Vergangenheit geschrieben. Sehr beliebt waren auch seine Gedichte, die wegen ihrer klaren einfachen Sprache gern in jiddischen Schulen gelesen und auch oft vertont wurden. Am bekanntesten ist sein melancholisches Gedicht über den Jeschiba-Schüler *Mai kamaschma lan* („Was hat er mir zu sagen?"). Seine Memoiren *Episodn fun main Lebn* (3 Bände) sind für die jiddische Literaturgeschichte wichtig.

Weit über das jiddische Publikum hinaus wurde der aus Polen stammende *Schalom Asch* (1880–1957) bekannt. Sein erstes größeres Werk *A Schtetl* (1904) steht noch ganz unter dem Einfluß von Peretz mit seiner Sympathie für das chasidische Milieu, während die Vorliebe für das Gruppenbild und die Typisierung seiner Gestalten an Mendele Mocher Sfarim erinnern. Den Jahresablauf in der traditionellen jüdischen Kleinstadt unter der Führung des frommen reichen Holzhändlers Ezechiel Gumbiner schildert Asch romantisch idealisierend; die eigentlichen Probleme übergeht er völlig. Verschiedene spätere Werke zeigen die Probleme der jüdischen Einwanderer in Amerika auf, so der Roman *Kein Amerika* („Nach Amerika"), in dem das Kind Josele, ganz an die traditionelle Lebensordnung des Schtetls gewohnt, sich nicht adaptieren kann.

Von Gorki beeinflußt ist seine Zeichnung der jüdischen Unterwelt in *Motke Ganew* („Motke der Dieb", 1917). Motke, ganz Produkt seiner Umwelt, scheitert bei seinem Versuch, um eines geliebten Mädchens willen aus der Welt des Verbrechens herauszukommen. Asch schildert das Verbrechermilieu zwar realistisch, doch ohne Kritik, beinahe idealisierend. Das schon 1907 geschriebene Drama *Der Got fun Nekome* („Gott der Rache") über einen jüdischen Bordellbesitzer, der seine eigene Tochter tugendrein bewahren möchte und dafür eine Tora-Rolle stiftet, diese jedoch entweiht, als der „Gott der Rache" ihm seinen Wunsch nicht erfüllt, hat in jüdisch-religiösen Kreisen heftige Kontroversen ausgelöst und ist durch die deutsche Inszenierung von Max Reinhardt (Berlin 1908) weit bekannt geworden.

In einer Reihe von Romanen behandelt Asch Themen aus der jüdischen Geschichte. Am besten ist *Qiddusch ha-Schem* („Martyrium", 1920), eine Erzählung über das jüdische Leben zur Zeit des Chmielnicky-Aufstands, dem zahlreiche jüdische Gemeinden Polens zum Opfer fielen. Die Bereitschaft, für den Glauben zu sterben, ist auch das Thema der Erzählungen *Der Brenendiker Dorn* (1946), die in der Hitlerzeit entstanden sind und in deren Mittelpunkt der kollektive Selbstmord der Schülerinnen einer jüdischen Schule Warschaus steht, die nicht in die Hände der deutschen Truppen fallen wollen.

Später versuchte Asch eine Versöhnung von Judentum und Christentum in seiner Trilogie *Der Nazarener* (1939, erst 1943 jiddisch erschienen), *Der Apostel* (1943) und *Maria* (1949). Der Versuch, Jesus ins Judentum heimzuholen, war gerade 1939 nicht zeitgemäß. Die heftige Ablehnung dieser Bücher durch seine jiddischen Leser verbitterte Asch sehr, und auch der Erfolg im nicht-jüdischen Publikum konnte ihn nicht versöhnen. 1954 zog er sich nach Israel zurück, wo 1955 sein letzter Roman *Der Nabi* („Der Prophet") entstand.

Die große jüdische Einwanderungswelle zwischen 1905 und 1912, die auch Asch nach Amerika brachte, ergab eine Umschichtung in der jiddischen Leserschaft Amerikas, die nunmehr gebildeter, ihres Judentums bewußter und nicht mehr so ausschließlich sozialen Problemen zugewandt war. Diese Änderung begünstigte neue Strömungen in der amerikanisch-jiddischen Literatur, deren wichtigste Vertreter sich in der Gruppe *Di Junge* sammelten. Führer dieser Gruppe war der 1906 nach New York gekommene *David Ignatoff* (1886–1954), in dem sich die chasidische Tradition seiner Familie mit dem revolutionären Geist von Kiew vereinte, was sich in einem Nebeneinander von Romantik und Realismus in seinem Werk niederschlug. Romantisch märchenhaft sind seine *Wundermases* (Wundererzählungen) *fun alten Prag* (1916–1920), deren Held ein Anhänger des heiligmäßigen Rabbi Löw von Prag ist, Berl Prager, der auf seinen Reisen alle Gefahren mit Gottes Hilfe übersteht.

Ebenso romantisch sind seine Erzählungen *Dos Farborgene Licht* (1918), eine Neugestaltung der Geschichten des R. Nachman Bratzlawer. Daneben schrieb Ignatoff, der in Amerika zuerst in einer Fabrik gearbeitet hatte und dann Gewerkschaftsführer war, die realistischen Romane *In Kesselgrub* (1918) und *Oif weite Wegn* (1932), worin er den Aufstieg der jüdischen Arbeiterbewegung mit ihrem Willen, Religion und Sozialismus zu vereinigen, schildert.

1904 kam *Isaak Raboy* (1882–1944) aus Rußland in die USA und wurde ein Anhänger Ignatoffs. Ihn interessierte besonders die jüdische Beteiligung in der Landwirschaft. Seine Versuche, auf einem Bauernhof im Mittleren Westen heimisch zu werden, verarbeitet er in dem Roman *Der jidischer Cowboy* (1942): darin schildert er das Leben des Juden Isaak, der sich auf einer Farm in Norddakota als Knecht verdingt, anscheinend von der christlichen Umwelt gut aufgenommen wird, sich jedoch immer als Außenseiter fühlt; einmal als Jude beschimpft, kehrt er enttäuscht wieder in den Osten Amerikas zurück.

Der Begabteste der Gruppe war *Josef Opatoschu* (1886–1954), der aus einer chasidischen Familie Polens stammte und 1907 nach New York kam, wo er sich anfangs als Hebräischlehrer durchschlug. In seinem Roman *Hebräisch* (1929), später unter dem Titel *Farlorene Mentschen* wieder veröffentlicht, beschreibt er seine bitteren Erfahrungen in den New Yorker Tora-Schulen. Anfangs an der Umwelt interessiert – z.B. der *Roman fun a Ferd-Ganew* (1917) über einen Pferdedieb, den er in seiner Kindheit gekannt hatte und den er als eine Art Robin Hood idealisiert –, wendet er sich später Themen aus der jüdischen Geschichte zu. 1921 erschien sein Roman *Poilische Welder*, in dem er das Leben der Juden des 19. Jahrhunderts in seiner Heimat als Teil der allgemeinen polnischen Geschichte versteht. Mordechai, der Sohn eines jüdischen Waldverwalters, kommt an den chasidischen Hof von Kotzk, wo er Zeuge des Niedergangs des Chasidismus wird, sich immer mehr von einem europäisch gebildeten Aufklärer angezogen fühlt, der Goethes Faust ins Hebräische übersetzen will, und schließlich unter den Einfluß der polnischen Nationalisten kommt, die die Befreiung von Rußland anstreben; am Schluß muß er ins Ausland fliehen. Im zweiten Band, *1863* (1929), sehen wir Mordechai in Paris in Kontakt mit dem Zionisten Moses Hess und dem Anarchisten M. Bakunin. Er kehrt nach Polen zurück und nimmt wie sein Vater am polnischen Aufstand von 1863 teil. Nach dessen Scheitern wird sein Vater gehenkt, während Mordechai für einen geplanten dritten Teil überlebt, der jedoch nie geschrieben wurde.

Aus seinem späteren Werk ist besonders der zweiteilige Roman *Der letzter Oifschtand* zu erwähnen, dessen erster Band *Rabbi Aqiba* (1948) die Vorbereitungen zum jüdischen Aufstand unter Hadrian schildert, während im zweiten Buch, *Bar Kokhba* (posthum 1955 erschienen), der Aufstand von 132–135 selbst im Mittelpunkt steht.

Der wichtigste Vertreter des jiddischen Theaters in dieser Periode ist *Perez Hirschbein* (1880–1948), der zuerst realistische Dramen in Hebräisch verfaßte, sich dann jedoch dem Jiddischen zuwandte, als 1904 in Rußland wieder jiddische Aufführungen möglich wurden (eine hebräische Bühne, *Habima,* wurde erst 1917 gegründet!). Der melancholische Symbolismus seiner jiddischen Dramen und seine mit Realismus gepaarte Mystik brachten ihm den Beinamen „jüdischer Maeterlinck". Von seinen früheren Stücken sind *Oif jener Sait Taich* („Jenseits des Flusses", 1906) und vor allem die nach seiner Auswanderung nach Amerika entstandenen Dramen *Di Puste Kretschme* (1912) und *A farworfen Winkl* (1913) bekannt geworden. *Di Puste Kretschme,* ein verlassenes, von Geistern heimgesuchtes Wirtshaus, dient als Rahmen für den Kampf eines jungen Paares um eine Heirat ihrer Wahl gegen die Eheabmachungen der Eltern. Aberglaube und traditionsgebundener Zwang gelten als zwei Erscheinungsformen der alten Welt, gegen die die Jugend ankämpft. Im „verzauberten Winkel" geht es wieder um das Thema der freien Partnerwahl, hier jedoch als Komödie.

Nach längeren Reisejahren, geschildert in den Büchern *Arum der Welt* (1927) und *Erets Israel* (1929), ließ sich Hirschbein 1930 endgültig in den USA nieder. Nun wandte er sich wieder mehr dem Realismus zu, so vor allem in der biblischen Tragödie um König Saul *Der erste Melech* (König) *in Jisrael* (1934). Damals entstand auch sein Roman *Roite Felder* (1935), in dem er den Versuch schildert, nach der Oktoberrevolution jüdische Kollektivfarmen auf der Krim zu gründen.

Israel Joschua Singer (1893–1944), der aus der Gegend von Lublin stammte, 1934 nach Amerika auswanderte und in Los Angeles starb, war vor allem ein großer Erzähler; zu seinem Ruhm haben jedoch primär die Dramatisierungen seiner Romane durch Maurice Schwartz für das Jewish Art Theatre in New York beigetragen. Sein noch in Polen geschriebener Roman *Josche Kalb* war sein erster großer Erfolg. Wie in so vielen jiddischen Werken ist auch hier der Niedergang eines chasidischen Hofs der Rahmen. Allerdings steht Singer, der selbst aus einer Rabbinerfamilie mit chasidischen Neigungen stammte, dem Chasidismus sehr negativ gegenüber, sieht praktisch nur seine Schattenseiten, von denen sich das Schicksal des zwischen Religion, Trieb und Liebe hin- und hergerissenen Helden abhebt. Bevor Rabbi Melech eine vierte Ehe eingehen kann, muß er seine jüngste Tochter verheiraten und gibt sie dem jungen Gottsucher Nachum zur Frau. Doch Malka, die nun die Gattin von R. Melech wird, verführt Nachum, der im Kampf gegen seine Leidenschaft fast den Verstand verliert und schließlich flieht, ein Leben der Buße unter dem Namen Josche führt und wegen seines Schweigens „das Kalb" genannt wird. Durch die Umstände zu einer neuen Lebensgemeinschaft mit einem schwachsinnigen Mädchen gezwungen, kehrt er nach Jahren an den Hof zurück, wo ihn bald Wallfahrer als Heiligen verehren, bis er als Josche Kalb wiedererkannt, vor ein rabbinisches Gericht gestellt wird und sich wieder auf Wanderschaft begibt.

In *Di Brider Aschkenasi* (1936), einer sich über drei Generationen erstreckenden Familiensaga, schildert Singer den Aufstieg von Lodz von einem kleinen Dorf zu Beginn des 19. Jahrhunderts zu einem großen Textilzentrum und seinen Niedergang nach der russischen Revolution, die ihm das notwendige Hinterland nahm. Protagonisten sind die jüdischen Zwillingsbrüder Simche und Jakob, Rivalen im Kampf um die Vormacht im Textilhandel und in ihrer Verschiedenartigkeit Repräsentanten der jüdischen Geschäftswelt dieser Zeit, die Singer in grell realistischen Farben zeichnet.

Der in seinen späteren Jahren äußerst pessimistische Singer gab seiner Enttäuschung mit dem Kommunismus in Roman *Chawer Nachman* (1938) Ausdruck: der zu idealistische Revolutionär Nachman wird schließlich in den Westen abgeschoben. *Mischpoche Karnowski* (1943) will in der Geschichte dreier Generationen in ihrer Wanderung von Polen über Deutschland nach Amerika zeigen, daß es gar nicht der NS-Herrschaft bedurfte, um das Judentum zu vernichten: wenn der Jude überleben will, gelingt ihm dies nie in einer nicht-jüdischen Umwelt, sondern allein in einem eigenen Staat.

I. J. Singers jüngerer Bruder *Isaak Baschewis Singer* (1904–×), seit 1935 ebenfalls in den USA, interessiert sich vor allem für das unverschuldete Leiden der Juden, wobei er wie sein Bruder Mystik und Sinnlichkeit gegeneinander ausspielt. Sein erster Roman spielt in der Zeit des Chmielnicky-Aufstandes: *Sotn* (Satan) *in Goraj* (1935) schildert eine Jahre nach dem Aufstand noch immer in Angst vor den Kosaken lebende und auf den nahen Messias hoffende jüdische Stadt, die der satanische Gedalja verführt, indem er Schabbetai Zwi als Messias verkündet und die Visionen der von Dämonen geplagten Rechele zur Prophetie erklärt. Nach der These, daß vor dem Kommen des Messias die Welt in Sünde versinken muß, verleitet er die Gemeinde zu einem immer wüsteren Treiben, bis er schließlich nach dem Tod seiner Prophetin vom Glauben abfällt. In dieselbe Zeit führt auch der Roman *Der Knecht* (1950): der den Pogromen entkommene Jakob arbeitet als Sklave in einem polnischen Gebirgsdorf und verliebt sich in ein christliches Mädchen, das ihm nach seiner Freilassung folgt und zum Judentum übertritt; daraus ergeben sich zahlreiche Gefahren, da auf der Bekehrung eines Christen zum Judentum die Todesstrafe steht. Bald verliert Jakob seine Gefährtin durch den Tod und wird in vielen Prüfungen schließlich zu einem Heiligen, der das Leben nimmt, wie es von Gott kommt.

Der umfangreiche Roman *Di Mischpoche Moschkat* (1950) zeichnet den Niedergang einer jüdischen Patrizierfamilie in Warschau vom Beginn dieses Jahrhunderts bis zur Einnahme der Stadt durch die Deutschen. Äußerst pessimistisch, betont er vor allem Negatives, Sadismus und Dämonie; in einer Reihe von Erzählungen hingegen weiß er die zartesten Farben zu verwenden und die traditionellen Werte des Judentums in ergreifender Weise zu schildern (etwa in „Kurzer Freitag“, „Spinoza von der Marktstraße“, irgendwie auch in „Gimpel der Narr“).

Die Brüder Singer haben der jiddischen Literatur in den USA und auch im deutschen Sprachraum viele neue Interessenten zugeführt. Doch ist es bezeichnend, daß viele Werke von I. B. Singer zuerst in Englisch erscheinen, bevor sie in Jiddisch in Buchform (und nicht nur in Fortsetzungen in Zeitschriften) veröffentlicht werden. Das Jiddisch lesende Publikum in den USA nimmt immer mehr ab und es erwächst auch keine neue jiddische Schriftstellergeneration, um die Ablöse der aus Osteuropa gekommenen Dichter anzutreten.

d) In *Israel,* wo seit dem 16. Jahrhundert Jiddisch von aschkenasischen Gruppen verwendet wurde, entstand eine größere jiddische Sprach- und Literaturgemeinschaft erst in der Zeit des Ersten Weltkriegs. Doch hat die erfolgreiche Bemühung um eine Wiederbelebung der hebräischen Sprache dem Jiddischen kaum Raum gelassen. Praktisch sind es nur Einwanderer aus Osteuropa, die die jiddische Literatur pflegen und deren Werk dann in hebräischer Übersetzung einem größeren Publikum zugänglich gemacht wird, da auch die Zahl der jiddischen Leser immer mehr zurückgeht. Zwar gibt es seit 1949 in Israel eine jiddische Literaturzeitschrift (*Di goldne Keit*); auch führt die jüdische Auswanderung aus der UdSSR neue jiddische Schriftsteller nach Israel, doch dürfte das den Niedergang des Jiddischen nur verzögern, nicht mehr verhindern können.

VI. Der Weg in die Moderne: Die jüdische Aufklärung

1. Vorgeschichte: Renaissance – Spinoza

Das jüdische Mittelalter reicht im allgemeinen bis ins 18. Jahrhundert, bis die Bewegung der Haskala, der Aufklärung, die Herrschaft der Religion über das gesamte Wissen angriff und einschränkte. Das Mittelalter ist durch die ausschließliche Geltung der jüdisch-religiösen Tradition bestimmt: auch die Glanzzeit der jüdischen Philosophie in Spanien ist hier nur bedingt eine Ausnahme, insofern auch die Welt des islamischen Denkens, mit der sich das Judentum verbunden wußte, primär der Verteidigung der religiösen Tradition durch einen geeigneten philosophischen Unterbau diente. Der erste echte Ausbruch aus dieser Welt geschah in der Dichtung, wenn auch anfangs nur recht zaghaft im Schaffen etwa des schon genannten *Immanuel von Rom*. Sein dichterischer Dialog mit Dante, fortgesetzt vom Versuch des Arztes *Mose di Rieti* (ca. 1388–1460), der ein hebräisches Gegenstück zur Divina Commedia schrieb, mag als Anfang einer neuen Öffnung des Judentums gelten, die schließlich die volle Teilnahme der gebildeten Juden Italiens an der Renaissance mit ihrer Betonung der freien Forschung anstelle religiöser Tradition brachte.

Die *Dialoghi di amore* des *Jehuda ben Isaak Abrabanel* (ca. 1460–1523) gelten als eines der wichtigsten Werke der Renaissance-Philosophie. Der aus Portugal stammende Leone Ebreo, wie er auch genannt wurde, stellt in die Mitte seiner nach platonischem Vorbild in Dialogform gestalteten Philosophie den Begriff der Liebe, die gleichermaßen aus dem Intellekt wie dem Willen hervorgehend, ihren Höhepunkt nicht im Besitz erreicht, sondern im Genuß des Schönen und Guten, das im Geliebten verkörpert ist. Schon die Tatsache, daß dieses Werk italienisch geschrieben und erst viel später ins Hebräische übersetzt wurde, zeigt schon die neue Offenheit des italienischen Judentums. Der Jude gehörte in der italienischen Renaissance zur allgemeinen gelehrten und literarischen Welt, stand nicht am Rand, sondern wurde weithin als gleichwertiger Gesprächspartner der christlichen Humanisten anerkannt.

Das Ergebnis dieses Dialogs dokumentiert das Werk *Meor Enajim* („Erleuchtung der Augen", 1573) des *Azaria dei Rossi* (ca. 1511–1578). Azaria, der aus einer berühmten Gelehrtenfamilie stammte, wurde durch einen Zufall zu diesem Werk bewogen. 1571 floh er mit vielen anderen nach einem Erdbeben aus Ferrara auf das Land, wo ihn ein christlicher Leidensgefährte nach dem Original des Aristeasbriefes befragte: das veranlaßte ihn, sich mit den jüdischen Schriften zu befassen, deren Original verloren oder sonst in der jüdischen Tradition vergessen war. Sein dreiteiliges Werk erzählt zuerst das Erdbeben und seine Folgen, bietet dann eine hebräische Übersetzung des Aristeasbriefes und geht dann im weitaus umfangreichsten Teil auf Probleme der jüdischen Tradition ein. Als erster Jude seit Jahrhunderten beschäftigte er sich mit Philo, verglich dessen Angaben über jüdische Sekten mit rabbinischen Angaben, bemühte sich um die Urspünge der LXX, deren Unterschiede gegenüber dem hebräischen Text er durch die Verwendung eines Targums als Vorlage erklärte, und verglich die rabbinischen Erzählungen über den Bar-Kokhba-Aufstand mit klassischen Quellen. Ausführlich befaßt er sich mit Fragen der jüdischen Chronologie und wies nach, daß die jüdische Jahreszählung „seit Erschaffung der Welt" erst aus dem Mittelalter stammt, wie auch der allgemein als antike Quelle verwendete Josippon. In der klassischen Literatur, dem Neuen Testament, den Kirchenvätern und den Scholastikern gleicherweise belesen, kam er durch seine vergleichende, historisch-kritische Methode zu einer differenzierteren Betrachtung der rabbinischen Tradition, erkannte ihre Probleme und fand oft Antworten, die in den vergangenen hundert Jahren als „neu" wiederentdeckt wurden.

Das Wichtige am Meor Enajim ist nicht die Einzelaussage, sondern die Methode, die die rabbinische Tradition kritisch prüft und ihr die profane Literatur als Kontrollinstanz gegenüberstellt. Verschiedene jüdische Gemeinden bekämpften daher sofort das Buch. Der große Josef Karo erließ ein Dekret, daß es zu verbrennen sei, starb jedoch vor dessen Promulgation. Schließlich einigten sich die aufgeklärten Rabbiner in Mantua auf den Kompromiß, seine Lektüre erst ab dem 25. Lebensjahr zu gestatten. So blieb das Buch unbeachtet, bis die Haskala es wiederentdeckte und es 1794 in Berlin neu gedruckt wurde.

Ein von dei Rossi völlig verschiedener Mann, *Leone (Jehuda Arie) Modena* (1571–1648), ist ebenfalls nur aus der Welt der Renaissance zu verstehen. In Venedig geboren und bald, besonders wegen seines frühen dichterischen Talents, als Wunderkind bestaunt, zog er später als Prediger in Venedig viele christliche Zuhörer mit seinen Synagogenvorträgen an. Ein begabter rabbinischer Gelehrter, der hebräische, italienische und lateinische Schriften verfaßte, war er zugleich auch Musiker, Astrologe, Alchemist, der Spielleidenschaft verfallen, in Lebenshaltung wie Vielseitigkeit ein typischer Renaissancemensch. In seinen zahlreichen Schriften war er nicht immer konsequent. So verteidigt er in *Magen we-Tsinna* („Wehr und Schild") die mündliche Tradition und den Talmud gegen den anschließend zu nennenden Uriel da Costa, greift sie hingegen in der sicher auch von ihm stammenden Schrift *Qol Sakhal* („Stimme des Unvernünftigen") scharf an und betrachtet die Vervielfältigung der Gebote als Mittel, mit dem die Gelehrten über das jüdische Volk herrschen wollen. Erst sehr viel später hat es wieder ein Jude, noch dazu ein Rabbiner, gewagt, sich so gegen die Tradition zu stellen.

Eine andere Schrift Modenas ist ebenfalls nur aus dem Zeitgeist verständlich: er schrieb die erste hebräische offen-ehrliche Autobiographie, *Chajje Jehuda* („Das Leben Jehudas"). Die Biographie als literarische Gattung wird erst in einer Zeit möglich, die den Menschen an sich entdeckt und in den Mittelpunkt rückt. Erst in der Renaissance tauchen in jüdischen Texten häufige Beschreibungen des Aussehens von Menschen auf, und auch das Porträt findet damals im jüdischen Heim Verbreitung. Schon 1551 erschien eine Biographie des Isaak Abrabanel; auch das Tagebuch Reubenis ist hier trotz seiner fiktiven Teile zu nennen. Doch mit seiner Lebensbeschreibung, in der er sich als gescheiterte Existenz bekennt, steht Modena in seiner Zeit einzigartig da.

In seiner Biographie schreibt Modena von seiner vielseitigen, jüdischen wie weltlichen Ausbildung, seiner Liebe zu seiner verstorbenen Braut und der unglücklichen Ehe mit deren Schwester, von seinen Mißerfolgen in 26 Berufen – u.a. als Lehrer, Prediger, Dichter, Schauspieler, Amuletteschreiber und Heiratsvermittler. Seine Verluste im Kartenspiel und den vergeblichen Kampf gegen seine Spielleidenschaft schildert er ebenso offen, wie er seine Erfolge rühmt. Er schließt mit seinem Testament, das sein Begräbnis genau regelt. Die schonungslose Offenheit in der Darstellung seines unkonventionellen Lebens ist Zeichen einer neuen Zeit, die den Eigenwert des Menschen anerkennt, auch wenn er nicht in das Schema der Tradition paßt, und bereitet hiermit die jüdische Aufklärung mit vor.

Die kleine Schrift *Exemplar humanae vitae* des *Uriel da Costa* (1585–1640) gibt sich zwar auch als Autobiographie, ist jedoch eher eine Verteidigung seines Verhaltens und ein sarkastischer Angriff auf die Führer der jüdischen Gemeinde von Amsterdam. Da Costa, der einer portugiesischen Marranenfamilie entstammte, wuchs im christlichen Glauben auf, fand später durch Bibelstudium zum jüdischen Glauben seiner Vorfahren zurück und mußte nach Amsterdam fliehen. Dort fiel er bald durch die Ablehnung nicht in der Bibel begründeter jüdischer Bräuche auf. In der Schrift *Examen das tradiçoens Phariseas conferidas con à Ley escrita* begründete er seine Haltung und wurde in der Folge aus der jüdischen Gemeinde ausgeschlossen. Um nicht völlig isoliert zu sein, tat er Buße und wurde wieder aufgenommen, erregte jedoch bald wieder Aufsehen mit seinem Zweifel an der Göttlichkeit des mosaischen Gesetzes. Immer mehr lehnte er jede institutionelle Religion ab und zog sich auf das reine Naturgesetz zurück. Ein zweites Mal exkommuniziert, leistete er nach Jahren 1640 den geforderten Widerruf, wurde in der Synagoge gegeißelt und wieder aufgenommen, beging jedoch, durch das Verfahren in seiner menschlichen Würde zutiefst getroffen, kurz darauf Selbstmord. In der jüdischen Literatur später als Vorkämpfer der Religionsfreiheit idealisiert, hat er sich in seiner Biographie ein Denkmal gesetzt, das große Nachwirkungen haben sollte.

Baruch Spinoza (1632–1677), der Amsterdamer Philosoph, dessen Leben manche Parallele mit dem da Costas aufweist, hat vielleicht dessen Werk studiert; jedenfalls kehren viele Grundgedanken da Costas bei Spinoza wieder. Es ist hier nicht das philosophische System Spinozas darzustellen, obwohl es, so unjüdisch es in seinen Konsequenzen auch sein mag, so manchen Ansatz der jüdischen Philosophen des Mittelalters und sogar der Kabbala (etwa im Gottesbegriff) übernommen hat. Die für uns wesentliche Schrift Spinozas ist sein *Tractatus theologico-politicus* (1670 anonym und mit dem falschen Impressum „Hamburg" in Amsterdam veröffentlicht). Hier verteidigt Spinoza systematisch die Anschauungen, die 1656 zu seiner Exkommunikation geführt hatten.

Im Tractatus bespricht Spinoza die Grundprobleme der jüdischen Philosophie und Religion, wie Prophetie, Wunder, Erwählung Israels, Auslegung der Bibel usw. Im Mittelpunkt steht seine Bibelkritik, die frühere Ansätze systematisiert und ausbaut. Um zu wissen, was die biblischen Schriftsteller sagen wollten, bedarf es einer Analyse der Sprache der Bibel, einer Klassifikation der Aussagen jedes biblischen Buches und schließlich der Untersuchung von Herkunft und Wirkungsgeschichte der biblischen Bücher. Im Anschluß an einige Äußerungen des Abraham Ibn Esra leugnet er, daß Mose den Pentateuch verfaßt habe. Dieser habe nur die ältesten Schichten geschrieben, während das Gesamtwerk, zu dem auch die Bücher Josua, Richter, Samuel und Könige gehören, erst von Esra abgeschlossen wurde. Widersprüche, Wiederholungen und mangelnde Ordnung dieser Schriften zeigen, daß Esra vor Vollendung seines Werkes gestorben ist.

Ebenso kritisch beurteilt Spinoza die übrigen biblischen Schriften und datiert z.B. die Bücher der Chronik und die Psalmen in die Makkabäerzeit. Urheber des biblischen Kanons sind nach Spinoza die Pharisäer, die oft unklug vorgegangen sind, wenn sie etwa die Chronik aufgenommen, die Weisheit Salomos hingegen abgelehnt haben.

Die Problematik des Schöpfungsbegriffs in der mittelalterlichen Philosophie, die entweder zwei ewige Prinzipien, Gott und die Materie, oder das Hervorgehen der Materie aus dem rein geistigen Gott postuliert, führt Spinoza zur schon in der Kabbala grundgelegten These, daß Gott die einzige Substanz im Universum und alles Existierende nur Modifikation und Attribut Gottes ist, womit er hart an den Pantheismus grenzt. „Alles, was ist, ist Gott, und außer Gott kann nichts existieren oder auch nur gedacht werden", schreibt Spinoza in der „Ethik". Daraus ergibt sich die völlige Übereinstimmung des göttlichen Willens mit dem Naturgesetz: es bleibt kein Platz für Wunder, aber auch das mosaische Gesetz wird von da aus auf bestimmte Verhältnisse eingeschränkt und das rabbinische Gesetz völlig abgelehnt.

Das mosaische Gesetz gilt nur für die Zeit des Reiches Israel, wie auch Israels Erwählung nur von dieser Periode gilt und als praktische Bewährung in den Schwierigkeiten des Lebens durch Gottes Hilfe zu verstehen ist. Diese Hilfe Gottes bestand in der Verfassung des jüdischen Staates, eben dem mosaischen Gesetz, das ihm besondere Sicherheit verlieh. Daß dieser Staat dann durch Gottes Zorn zusammenbrach, beweist die zeitlich begrenzte Geltung des mosaischen Gesetzes. So bleibt allein das Naturgesetz als Äußerung des göttlichen Willens: Gerechtigkeit und Liebe sind der einzige gültige Gottesdienst.

Dieser Versuch einer Philosophie, in der kein einziges Axiom auf Offenbarung beruht, ist im offiziellen Judentum auf schärfste Ablehnung gestoßen; dennoch ist Spinozas Einfluß auf das weitere jüdische Denken nicht zu übersehen. Besonders Moses Mendelssohn hat sich mit Spinoza auseinandergesetzt: Lessing hat einmal von Mendelssohn geschrieben, er sei ein zweiter Spinoza, ihm in allem gleich, doch ohne dessen Irrtümer. Nicht zu übersehen ist auch der Einfluß Spinozas und seiner Auffassung von der zeitlichen Begrenztheit des mosaischen Gesetzes auf das Reformjudentum des 19. Jahrhundert.

2. Mendelssohn und sein Kreis

Die in der Renaissance einsetzende Öffnung des Judentums zu kritischem Denken, das auch vor geheiligten Traditionen nicht stehenblieb, und die radikale Ausprägung dieses fragenden Geistes bei da Costa und Spinoza fielen im Deutschland des 18. Jahrhunderts auf fruchtbaren Boden. Das dort den Einflüssen der Umgebung schon seit langem offenere, da ihnen stärker ausgesetzte und nur wenig durch das Ghetto abgeschirmte Judentum erlebte unter dem Einfluß der Aufklärung eine starke Welle der Assimilation. Die Flucht aus dem Judentum war nur aufzuhalten, wenn eine echte Verbindung des Zeitgeistes mit den bleibenden Werten des Judentums gelang. Die Anhänger der Haskala, die diese These vertraten, setzten sich für eine kulturelle Förderung des Judentums ein, für Deutsch anstelle des, wie man meinte, demoralisierenden jiddischen Jargons, zugleich für ein reines, biblisches Hebräisch anstelle der Sprache der rabbinischen und halakhischen Kommentare, für eine Bildung, die auch profane Fächer umfaßte und in der jüdischen Erziehung den Quellen, d.h. der Bibel, den Vorrang vor dem Talmud und seiner Auslegung zusprach.

Der hervorragendste frühe Vertreter, wenn auch nicht Gründer, der Haskala war Moses Mendelssohn (1729–1786). Aus einfachen Verhältnissen stammend, genoß er in seiner Heimat Dessau eine traditionelle Ausbildung, die er, 1743 nach Berlin gekommen, durch das Studium profaner Fächer ergänzte. Seit 1750 Hauslehrer bei einem Seidenfabrikanten, wurde er später dessen Geschäftspartner. 1754 wurde er mit G.E. Lessing bekannt und war mit ihm zeit seines Lebens befreundet. Aus dieser Periode stammen seine ersten philosophischen Schriften, Briefe zu Problemen der Ästhetik. Seine „Abhandlung über die Evidenz in metaphysischen Wissenschaften" wurde 1763 von der Preußischen Akademie einer Schrift Kants vorgezogen und preisgekrönt. Sein „*Phädon* oder Über die Unsterblichkeit der Seele in drey Gesprächen" (1767), ein vor allem wegen des deutschen Stils gerühmtes Werk, machte ihn weit bekannt. Ein weiteres zentrales Thema seiner Philosophie war die Vernünftigkeit des Glaubens an die Existenz Gottes, die er mit einer Abwandlung des ontologischen Gottesbeweises in den „*Morgenstunden*" (1785) aufzuzeigen versuchte. Doch interessiert hier die Philosophie Mendelssohns, die nichts spezifisch Jüdisches in sich hat und kaum originell ist, weniger als die Beurteilung der jüdischen Religion in seinem Buch „Jerusalem", seine Bibelübersetzung sowie die Bemühung um die hebräische Sprache in seinen Beiträgen zu hebräischen Zeitschriften.

1769 widmete der evangelische Theologe Johann Kaspar *Lavater* Mendelssohn seine deutsche Übersetzung eines Buches von C. Bonnet und forderte ihn öffentlich heraus, dessen Thesen zu widerlegen oder zum Christentum überzutreten. Im „Schreiben an den Herrn Diaconus Lavater zu Zürich" (1770) lehnt Mendelssohn eine Diskussion der Tora ab, die ja nur die Juden verpflichte, und will sich auch nicht in eine Erörterung der Mehrheitsreligion Preußens einlassen. Die öffentliche Kontroverse zog sich länger hin und machte Mendelssohn nervenkrank, ließ ihn jedoch auch deutlich seine Aufgabe im deutschen Judentum erkennen, zu dessen Führer er durch seinen Ruhm bestimmt war. 1781 veranlaßte er den Christen Chr. W. von *Dohm* zur Schrift „Über die bürgerliche Verbesserung der Juden". 1781, im Jahr des Toleranzedikts Josephs II., stellte er noch seine eigenen Meinung zur Frage der jüdischen Emanzipation in der Vorrede zur deutschen Ausgabe von Menasse b. Israels *Vindiciae Judaeorum* dar. Hier lehnte er gegen Dohm die gerichtliche Autonomie der jüdischen Gemeinde und den rabbinischen Bann ab. Eine anonyme Schrift, als deren Verfasser man fälschlich den zum Christentum übergetretenen Wiener Juden Joseph von Sonnenfels vermutete (in Wirklichkeit war es A. F. Cranz), wandte dagegen ein, die mosaische Religion habe ein zwingendes Recht als Grundlage. Darauf antwortete Mendelssohn in seiner Schrift „*Jerusalem* oder Über religiöse Macht und Judentum" (1783).

Die Schrift steht unter dem deutlichen Einfluß Spinozas und seines Traktates, mit dem sie die Verbindung der Religionstheorie mit einer Theorie des Judentums und der Begründung der Glaubensfreiheit gemeinsam hat, auch wenn beide Schriften zu verschiedenen Ergebnissen kommen. Nach beiden ist das Judentum keine geoffenbarte Religion, sondern eine geoffenbarte Gesetzgebung, während die religiöse Wahrheit als Voraussetzung des Glücks allen durch die Vernunft erreichbar ist. Eine Unterstützung der Vernunft durch die Offenbarung, wie Maimonides sie vertreten hatte, ist nicht notwendig und daher auch nicht sinnvoll, auch wenn viele de facto diese Wahrheiten nicht erkennen. Nicht die Religion unterscheidet den Juden von seiner Umgebung, sondern das Gesetz, das nicht nur politisch ist, wie Spinoza vertrat, auch nicht nur auf diesseitige Belohnung zielt, sondern als religiöses Gesetz zum ewigen Glück der Seele führen soll. Daher ist dieses Gesetz auch nicht auf eine bestimmte Periode der jüdischen Geschichte begrenzt, sondern gilt ewig.

Was das Verhältnis der Religion zum Staat betrifft, so hat der Staat mit Taten zu tun und darf daher Zwang anwenden; die Religion hingegen richtet sich an den Verstand und muß daher zu überzeugen suchen, frei von jedem Zwang (nach Spinoza wird die äußere Religionsausübung vom Staat geregelt, der auch Zwang ausüben darf). Die von der Bibel bezeugte Tatsache, daß im staatlich organisierten Judentum, in „Jerusalem", es sehr wohl religiösen Zwang gegeben hat, ist nach Mendelssohn damit zu erklären, daß Gott der König Israels war und somit staatliches und religiöses Recht zusammenfielen. Das war jedoch geschichtlich einmalig und kann nicht als Basis für eine staatliche Verfolgung des Irrglaubens verstanden werden.

Mindestens ebenso wichtig wie diese Schrift war Mendelssohns *Bibelübersetzung*, mit der er die Kultur seiner Glaubensgenossen fördern wollte. 1783 erschien seine deutsche Übersetzung der Psalmen, an der er seit 1770 gearbeitet hatte, 1780–83 der Pentateuch, 1788 das Hohelied. Dieses von anderen später vollendete Werk war die erste jüdische Übersetzung der Bibel ins Deutsche. Sie verband die eigentliche Übersetzung, deren Text in hebräischen Buchstaben gesetzt war, mit einem hebräischen Kommentar, dem *Biur*, der zum Großteil von Mitarbeitern Mendelssohns stammte und völlig der traditionellen Auslegung folgte, von Mendelssohn selbst jedoch durch ästhetische Erwägungen zur Poesie der Bibel und Ähnliches ergänzt wurde. Wie revolutionär das Unternehmen war, ist aus dem scharfen Widerstand der Rabbiner von Altona, Prag und Fürth usw. schon seit der Vorankündigung des Werkes 1778 zu ersehen. Sie erkannten sehr wohl die eigentliche Absicht Mendelssohns, auf dem Weg der Bibelübersetzung eine bessere Kenntnis der deutschen Sprache zu vermitteln und vom verachteten Judendeutsch wegzuführen, zugleich jedoch auch das Studium der Bibel zu fördern, was zu Lasten der traditionellen rabbinischen Ausbildung gehen würde. Sie sahen darin einen ersten Schritt auf dem Weg zur Assimilation, was gewiß nicht in Mendelssohns Absicht lag.

Neben der Verdrängung des Jiddischen erstrebte die Haskala auch die Renaissance des biblischen Hebräisch. Auch dazu leistete Mendelssohn seinen Beitrag. 1758 gab er eine hebräische Zeitschrift heraus, *Qohelet Musar* („Der Sittenprediger"), von der nur zwei Nummern erschienen, in denen Mendelssohn anonym zu Fragen der Sittlichkeit und der Religion schrieb, aber auch dem aschkenasischen Judentum damals völlig fremde Naturbetrachtungen darbot und vor allem für eine Wiederbelebung des biblischen Hebräisch eintrat. Ebenso arbeitete er später an der seit 1783 erscheinenden Zeitschrift *Ha-Meassef* („Der Sammler") mit, dem wichtigsten Organ der Haskala-Schriftsteller, die nach ihm *Meassefim* genannt wurden.

Mendelssohn ist bis zum Schluß seinem Judentum treugeblieben. Wie gefährlich aber die von ihm vertretenen Ansätze bei anderen für das Judentum werden konnten, zeigt die folgende Entwicklung besonders auch seiner Freunde, aber auch seiner Familie, aus der mehrere zum Christentum übertraten. Auf ihn beruft sich auch das Reformjudentum mit seiner Loslösung vom mosaischen Gesetz, die er nie gutgeheißen hätte, ebenso auch die osteuropäische Haskala, die u. a. die von Mendelssohn so verachtete jiddische Sprache zu ihrem Höhepunkt führen sollte.

Aus dem Freundes- und Schülerkreis Mendelssohns sind *Marcus Herz* (1747–1803), der Lieblingsschüler Kants, und *Salomo Maimon* (1754–1800) zu erwähnen, beide zu ihrer Zeit als Philosophen anerkannt, doch für die jüdische Literatur ohne Bedeutung. Wichtiger ist Naphtali Herz Homberg (1749–1841), einige Jahre Hauslehrer bei Mendelssohn und Mitarbeiter an dessen Bibelkommentar. Nach dem Toleranzedikt von 1781 ging er nach Wien, wo ihm 1787 die Aufsicht über die deutschsprachigen jüdischen Schulen Galiziens übertragen wurde. Sein Kampf gegen die hebräische Sprache und die rabbinische wie auch kabbalistische Literatur steigerte nur den Widerstand der jüdischen Eltern gegen diese Staatsschulen, in denen sie eine Gefahr für den Glauben sahen. Auch die verschiedenen deutschen und hebräischen Religionsbücher, die Homberg schrieb, stießen auf fast allgemeinen Widerstand, ausgenommen vielleicht sein *Imre Schefer* („Schöne Worte"), ein Katechismus, der nicht radikal aufklärerisch war, einem echten Bedürfnis entgegenkam und so auch mehrere Auflagen erlebte.

3. Eine neue hebräische Dichtung

Die Haskalaperiode der hebräischen Literatur wird im allgemeinen mit den Jahren 1780–1880 begrenzt, hat jedoch einen wichtigen Vorläufer gehabt: *Mose Chajjim Luzzatto* (1707–1746). Luzzatto, der aus einer angesehenen Familie Paduas stammte, ist in vieler Hinsicht ein Mann des Mittelalters. Als Führer eines kabbalistischen Kreises suchte er die Erlösung zu beeilen und betrachtete sich offenbar als Wiedergeburt des Mose. Er verfaßte zahlreiche mystische Schriften, u. a. eine systematische Darstellung der lurianischen Kabbala und eine aramäische Fortsetzung des Zohar *(Zohar Tinjana:* der zweite Zohar). Als Anhänger Schabbetai Zwis verdächtigt und angeriffen, zog er 1735 nach Amsterdam, wo er 1740 sein ethisches Hauptwerk *Mesillat Jescharim* („Pfad der Aufrechten") veröffentlichte, worin er den Aufstieg der Seele zur Prophetie und zum göttlichen Geist lehrt. Dieses im 19. Jahrhundert in Osteuropa sehr einflußreiche Werk hat viel zu Luzzattos späterer Verehrung als Heiliger beigetragen. 1743 reiste er nach Palästina, wohl um seine kabbalistischen Studien wieder aufzunehmen, und starb im Heiligen Land.

So völlig in der Tradition verwurzelt diese Seite seines Lebens ist, so hat er andererseits literarisch die Haskaladichtung vorbereitet. Er hatte in seiner Jugend auch eine gute klassische Ausbildung erhalten, kannte auch die italienische Literatur seiner Zeit gut und übernahm viel von ihr. Schon als 16jähriger schrieb er ein Buch über die hebräische Rhetorik (*Leschon Limmudim*), dessen Regeln er 1724 an einem praktischen Beispiel darlegt, dem Versdrama *Maase Schimschon* („Die Geschichte Simsons"). Zwei weitere Dramen folgten: *Migdal Oz* („Mächtiger Turm", 1727) und *La-Jescharim Tehilla* („Den Aufrechten Preis", in Amsterdam geschrieben).

Schon sein erstes Drama, das die biblische Simson-Erzählung mit allegorisch-mythologischen Figuren (Kraft, Cupido, Bestechung, Betrug) bereichert, überrascht durch seine völlig untheologisch weltliche Einstellung und die Betonung der Macht der Liebe über Simson. Die beiden späteren Damen sind völlig allegorisch. Der „mächtige Turm" ist das Versteck einer Königstochter (der Tora), die der als Braut erhält, der den verborgenen Zugang zum Turm findet. Doch erst nach vielen Verwicklungen kommt es zur Ehe zwischen dem Finder und der Königstochter. Vorlage für den Aufbau des Stücks war *Il Pastore Fido* von G. B. Guarini (1536–1612); doch hat Luzzatto daraus ein völlig jüdisches Drama gemacht.

Eine italienische Liebesgeschichte dient auch dem letzten Drama Luzzattos als Vorbild, doch werden die Verwicklungen der Liebeserzählung allegorisch umgedeutet und geht es darum, wie die „Rechtschaffenheit", der Sohn (das Wort ist im Hebr. männlich) der „Wahrheit", die Tochter des „Volkes", „Ehre", heiraten soll, dazu aber erst den Rivalen „Stolz", den Sohn der Sklavin „Lust" ausschalten muß. Man kann sich kaum noch vorstellen, wie erfolgreich dieses Stück seinerzeit war. Salomo Dubno, ein Anhänger Mendelssohns, gab es 1780 nochmals heraus und schenkte ein Exemplar Herder, der es offenbar schätzte.

Der Geist dieser Dramen mit ihrer didaktischen Haltung und Betonung der Vernunft, ihre Vergeistigung der Liebe und ihr Lobpreis des ländlichen Lebens und der Schönheit der Natur haben in der Haskala-Dichtung ebenso nachgewirkt wie ihr hebräischer Stil, der völlig von der Bibel bestimmt war. Luzzatto hat auch zahlreiche Gedichte geschrieben, die meist für Hochzeiten bestimmt oder dem Andenken von Freunden gewidmet waren, während seine religiösen Gedichte von seinen kabbalistischen Auffassungen geprägt sind. Luzzatto selbst schreibt, er habe eine Sammlung von 150 religiösen Liedern im Anschluß an den Psalter verfaßt; doch ist uns diese, wie viele seiner anderen Gedichte und die meisten seiner kabbalistischen Werke nicht erhalten geblieben.

Als der große Dichter der deutschen Haskala gilt *Hartwig (Naftali Herz) Wessely* (1725–1805), ein enger Freund Mendelssohns. Schon sein erstes Werk, eine hebräische Übersetzung des Buches der Weisheit (1780), zeichnete ihn als Meister eines hervorragenden biblischen Stils aus. Mehrere philologische Arbeiten begründen seine Erneuerung des biblischen Hebräisch, die sich besonders in seinem größten Werk, dem langen epischen Gedicht *Schire Tiferet* („Ruhmlieder"), niederschlägt. Das Epos geht offenbar auf eine Anregung Herders in „Vom Geist der hebräischen Poesie" zurück. Ähnlichen Epen Klopstocks und Schillers folgend, schreibt Wessely ein Epos über den Auszug aus Ägypten, beginnend mit der Unterdrückung der Hebräer durch den Pharao bis zur Gesetzgebung am Sinai. Die biblische Erzählung füllt er durch Talmud und Midrasch auf; er kommentiert dunkle Stellen und benützt jede Gelegenheit zur Belehrung. Es fehlt dem Werk, das zu sehr an der biblischen Vorlage hängt, an dichterischem Schwung, ausgenommen in den lyrischen

Anrufungen Gottes zu Beginn der einzelnen Canti. Dennoch hat es jahrzehntelang größten Einfluß auf die hebräische Dichtung ausgeübt, nicht nur in seiner Sprache, sondern auch in seiner Verwendung des Alexandriners (der in der französischen Dichtung seiner Zeit beliebten zwölfsilbigen Zeile) anstelle der früher üblichen komplizierten arabischen Metren, die schon Luzzatto teilweise aufgegeben hatte.

Für die Erziehungsideale der Haskala setzte sich Wessely in seiner Briefsammlung *Dibre Schalom we-Emet* („Worte des Friedens und der Wahrheit", 1782) ein: er trat für die Anordnungen des Toleranzedikts Josephs II. ein und legte einen neuen Lehrplan für jüdische Schulen vor, der weltliche mit religiöser Ausbildung vereinte. Der ehemalige Schüler des großen R. Jonatan Eybeschütz, dem man gewiß nicht das Verständnis für die traditionellen Werte des Judentums absprechen konnte, vertrat u.a. eine Schulung in Hebräisch und Deutsch vor dem Beginn des Bibelunterrichts, welcher der Übersetzung Mendelssohns folgen sollte. Nur nach einer Eignungsprüfung sollte der Schüler zum Studium von Mischna und Talmud und den begleitenden profanen Fächern aufsteigen. Konservative Rabbiner erhoben dagegen stürmische Einwände und glaubten, eine solche Neuerung werde das Judentum zugrunde richten; die italienischen Rabbiner hingegen unterstützten Wessely.

Menachem Mendel Lefin (oder Lewin, 1749–1826), der aus Polen stammte, kam früh unter den Einfluß von Mendelssohn und Wessely in Berlin. Die Werke des „Vaters der galizischen Haskala", wie er genannt wurde, sind inhaltlich unbedeutend, auch wenn seine ethische Schrift *Cheschbon ha-Nefesch* („Rechenschaft der Seele"), eine Bearbeitung von B. Franklins Poor Richard's Almanac, einst äußerst populär war. Wichtig ist Lefin für die Entwicklung eines volkstümlicheren hebräischen Prosastils, worin er sich auf die Sprache der Mischna stützte. In diesem Stil schrieb er den ersten Teil von Rambams „Führer der Unschlüssigen" um (1829). Um seinen Lesern näherzukommen, verwendete er zum Entsetzen der anderen Maskilim auch Jiddisch und übersetzte Teile der Bibel in die jiddische Umgangssprache seiner Zeit.

Auch *Schalom ben Jakob Cohen* (1772–1845) hat sich in erster Linie um den hebräischen Prosastil verdient gemacht. 1799 veröffentlichte er *Mischle Agur* („Sprüche Agurs"), eine Sammlung gereimter Fabeln und Sprichwörter mit deutscher Übersetzung. Es folgten u. a. ein Davidepos, in Aufbau und Stil ganz von Wesselys Mose-Epos abhängig, jedoch schon romantisch gefärbt, und ein allegorisches Drama nach Art von Luzzattos „Den Aufrechten Preis". Sein Versuch, den Meassef wiederzubeleben, scheiterte nach drei Jahren (1809–1811); mehr Erfolg hatte die von ihm in Wien gegründete Zeitschrift *Bikkure ha-Ittim* („Erstlingsfrüchte der Zeiten", 1821–32), deren erste drei Bände er herausgab, anfangs auch mit einem deutschen Teil, und die eine Zeitlang das Forum der Haskala-Schriftsteller war.

Josef Perl (1773–1839), einer der Führer der galizischen Haskala, hat sich vor allem durch satirische Schriften einen Namen gemacht, in denen er die Chasidim bekämpft, unter deren Einfluß er in seiner Jugend gestanden war. Viele seiner Schriften sind verlorengegangen, andere erst in den letzten Jahren veröffentlicht worden, so eine Reihe chasidischer Erzählungen. Sein wichtigstes Werk, *Megalle Temirin* („Enthüller von Geheimnissen", 1819, jiddisch erst 1937 veröffentlicht), hält sich an das Vorbild der 1515 von Reuchlin veröffentlichten „Dunkelmännerbriefe". Der Rahmen dieses Briefromans erzählt vom Chasid Obadia ben Petachia (Pseudonym Perls), der die Wundermacht erhält, unsichtbar zu werden, und diese ausnützt, sich an den chasidischen Höfen zu informieren. Ergebnis seiner Nachforschungen sind 151 Briefe, geschrieben von zwei Sekretären chasidischer Führer und einigen Nebenfiguren. Diese sind auf der Suche nach einem deutschen Buch (gemeint ist Perls Schrift „Über das Wesen der Sekte Chassidim" von 1816), das auf jeden Fall vernichtet werden muß, um die Chasidim zu retten. Die Briefe ahmen den barbarischen hebräischen Stil der Chasidim nach, der völlig vom Jiddischen beeinflußt ist. Sie bieten eine so lebensechte, wenn auch parodistische Schilderung des chasidischen Lebens in der beginnenden Dekadenz der Bewegung, daß das Werk von den Chasidim, die darin bekämpft werden, für echt gehalten wurde.

Perl setzte den Kampf gegen die Chasidim in *Bochen Tsaddiq* („Auf der Suche nach einem Gerechten", 1838) fort. Im ersten Teil registriert der unsichtbare Obadia auf einer Wundertafel Gespräche von Chasidim über das erste Werk, wiederum in chasidischem Hebräisch. Im zweiten Teil will Obadia die Tafel wieder löschen, was jedoch nur durch den Atem eines wirklich Gerechten möglich ist. So macht er sich auf die Suche nach einem Gerechten, stößt jedoch überall auf Schlechtigkeit und Heuchelei. Hier kritisiert Perl die Chasidim, aber auch die Anhänger der rabbinischen Richtung, die jüdischen Händler und die Schankwirte, ja sogar die Maskilim, deren Bildung nur oberflächlich ist und die, gegenüber den Chasidim intolerant, vor den Regierungsbehörden sofort ihre Aufgeklärtheit vergessen. Erst in einer jüdischen landwirtschaftlichen Siedlung in Südrußland findet Obadia in einem frommen Bauern den wahren Gerechten und wendet sich als Konsequenz vom Chasidismus ab.

Perl, der sich in diesen beiden Schriften als guter Charakterdarsteller erweist (allerdings nur von Männern, die fast ausschließlich seine Geschichten bevölkern), ist trotz des Einflusses der deutschen Romantik auf die Rahmenerzählung Realist, was seine Parodie und Satire erst wirksam macht, ein Kämpfer, der auch die guten Seiten des Gegners nicht völlig übersieht und die Belehrung in der unterhaltsamen Form kaum merken läßt.

Der schon genannte *Isaak Ber Lewinson* (1788–1860) lernte während eines längeren Aufenthalts in Brody Perl und andere Maskilim kennen und verfocht dann in Rußland selbst die Ideen der Haskala. Er schrieb einige Satiren gegen die Chasidim in Nachahmung von Perl, machte jedoch vor allem für die Haskala Propaganda. In *Teuda be-Jisrael* („Zeugnis in Israel", 1828) vertrat er eine Reform der jüdischen Schulen und die Rückkehr der Juden in die Landwirtschaft. *Beit Jehuda* („Das Haus Jehuda", 1838) will in Beantwortung von 35 Fragen eines Christen Wesen und Prinzipien der jüdischen Religion darstellen und schöpft viel aus Mendelssohns „Jerusalem". Die posthum veröffentlichte Schrift *Zerubbabel* schließlich verteidigt Judentum und Talmud gegen die Angriffe des englischen Pastors McCaul. Lewinsons Schriften haben kaum bleibenden Wert, waren jedoch seinerzeit viel gelesen und Wegbereiter der Haskala.

Abraham Dob Lebensohn (auch Mikalischker genannt, daher sein Kurzname Adam, 1794–1879) aus Wilna gab eine Neubearbeitung des Bibelkommentars von Mendelssohn heraus (1849–1853) und hatte damit großen Einfluß auf die russische Haskala. Auch ist er der erste bedeutendere hebräische Dichter in Rußland, stilistisch von Luzzatto und vor allem Wessely abhängig, dessen Metrum, Strophenbau und biblischen Stil er übernahm. Sein umfangreiches lyrisches Werk, in dem trotz allem bemühten Optimismus immer wieder das Tragische durchbricht, wird an Bedeutung durch das seines Sohnes *Mikha Josef Lebensohn* (kurz Mikhal, 1828–1852) übertroffen. Der jung an Tuberkulose Gestorbene, der in Berlin Schelling und den noch zu nennenden Zunz kennengelernt hatte, übersetzte Gedichte von Schiller, Goethe u. a. ins Hebräische. Seine eigene, von Heine beeinflußte Lyrik, in der er vor allem die Schönheit des Frühlings besingt, und epische Werke sind stark romantisch. Sein bestes Epos ist *Schlomo we-Qohelet,* in dem er den jungen, von der Liebe beherrschten Salomo dem auf seiner Suche nach Weisheit vorzeitig gealterten König (= Qohelet) mit seinem Pessimismus gegenüberstellt, ein Thema, das sein Vater im Gedicht *Ha Mit'onen we-ha-Meschorer* („Der Pessimist und der Dichter") behandelt hatte. Die Gedichte *Mosche al Har ha-Abarim* („Mose auf dem Abarimgebirge") und *R. Jehuda Halevi* mit ihrem gemeinsamen Thema von der unerfüllten Hoffnung des Menschen, der das Gelobte Land nicht betreten darf, sprechen das Lebensgefühl des Dichters aus, der als junger Mann den Tod vor sich wußte.

Mit den beiden Lebensohn war *Jehuda Leib Gordon* (1830–1892) eng befreundet; Mikhals Einfluß ist in seinem ersten biblischen Epos, David u-Mikhal (1857), deutlich zu spüren. In seiner ersten, romantischen Periode schrieb er noch einige biblische Epen, von denen *David u-Barzilai,* wie es für die Haskaladichtung typisch ist, das Landleben idealisiert, das Barzilai nie gegen Davids Palast eintauschen würde. In einer Reihe historischer Balladen stellte er Themen aus der jüdischen Geschichte dar, so das Los der jüdischen Gefangenen nach der Eroberung Jerusalems durch die Römer oder die Vertreibung der Juden aus Spanien.

Es folgte eine realistische Periode im Schaffen Gordons, während er (ab 1872) Angestellter der jüdischen Gemeinde in Petersburg war. Unter seinen Gedichten gegen die Mißstände im jüdischen Leben, vor allem gegen die rigorose Anwendung der Halakha, ragt *Qotso schel Jod* („Der I-Punkt", 1876) heraus: die von ihrem Mann mit den Kindern allein zurückgelassene Frau erhält nach Jahren den Scheidebrief und so die Möglichkeit zu einer neuen Ehe; doch anerkennen die Rabbiner das Dokument nicht, weil im Namen des Mannes ein Jod (i) fehlt. Dieses extreme Beispiel ist für Gordon Anlaß, für die jüdische Frau an sich einzutreten. 1879 wegen angeblicher antizaristischer Umtriebe im Gefängnis, schrieb er das Gedicht *Tsidqijahu be-Beit ha-Pequdot* („Zidkija im Gefängnis"): die Klage des letzten Königs von Juda über den zu großen Einfluß der Priester und Propheten in seinem Reich ist zugleich die Gordons über die Rabbiner, die ihn wegen seiner Tätigkeit für die Haskala fallengelassen haben.

In seinen späten Jahren wurde Gordon immer pessimistischer, als die Haskala nicht den erhofften Fortschritt brachte, sondern zur Assimilation führte und die Pogrome von 1881 auch eine Integration der Juden im russischen Volk immer unmöglicher machte. Zuerst plädierte Gordon für eine Auswanderung nach Amerika; später orientierte er sich mehr an Palästina, bekannte sich jedoch nie explizit zum Zionismus.

Abraham Mapu (1808–1867) gilt als der Schöpfer des hebräischen Romans, der ein wichtiges Propagandainstrument von Aufklärung und jüdischem Nationalismus wurde. Mapus erster Roman *Ahabat Tsion* („Die Liebe zu Zion", 1853, deutsch unter dem Titel „Thamar") schildert die biblische Welt unter den Königen Ahas und Hiskija gegen Ende des 8. Jahrhunderts v. Chr. Die Einnahme Samarias durch die Assyrer und die Belagerung Jerusalems durch Sanherib sind der Rahmen einer Geschichte, deren Inspiration nicht aus der Bibel stammt, sondern aus Luzzattos Migdal Oz und La-Jescharim Tehilla sowie allgemein aus dem romantischen Roman (Dumas Vater): zwei Freunde versprechen einander, daß ihre Kinder einst einander heiraten werden; doch bis es soweit ist, müssen erst zahlreiche Komplikationen und Verwechslungen überwunden werden. Der Handlungsablauf ist nicht originell, auch unlogisch und voller Überraschungen; die Personen sind nicht Individuen, sondern in Schwarzweißmalerei dargestellte Typen. Doch hatte der Roman großen Erfolg, da er dem Leser die Flucht in eine fremde Welt ermöglichte; die naiv idealisierte Schönheit des Landlebens in Palästina hat viel zum Aufstieg des Zionismus beigetragen. Die Welt des biblischen Israel ist übrigens mit guter Einfühlungsgabe gezeichnet; die ganze Erzählung ist in eine rein biblische Sprache gekleidet, deren Möglichkeiten Mapu bis zum letzten ausgeschöpft hat.

Es folgte ein realistischer, zeitgenössischer Roman, *Ajit Tsabua* („der bemalte Geier", d.h. der Heuchler), in dem Mapu am Leben zweier feindlicher Familien den Kampf des traditionellen Judentums gegen die Aufklärer darstellt. Der relative Mißerfolg dieses Werkes, das zu kraß den Roman als Propagandamittel der Haskala einsetzte, und die Tatsache, daß durch den Einfluß der Chasidim ein weiteres Roman-Manuskript Mapus über die Zeit Schabbetai Zwis beim russischen Zensor verschwand, ließ Mapu zum biblischen Roman zurückkehren: *Aschmat Schomron* („Die Schuld Samarias") setzt *Ahabat Tsion* fort und übernimmt von dort auch mehrere Gestalten. Doch hat Mapu hier die Erzählung viel mehr ausgebaut, zahlreiche Personen und viele Nebenhandlungen eingeführt, so daß er am Schluß nicht mehr in der Lage ist, die vielen Fäden auch miteinander zu verknüpfen.

Nachfolger Mapus im hebräischen Roman wurde *Perez Smolenskin* (1842–1885), der aus Rußland stammte, jedoch seit 1868 in Wien lebte, wo er die hebräische Monatsschrift *Ha-Schachar* („Die Morgenröte") gründete, deren zwölf Jahrgänge das wichtigste Organ der späteren Haskala wurden. Smolenskin hat darin zahlreiche eigene Aufsätze und auch seine Romane in Fortsetzungen veröffentlicht. Seine Romane dienen der Haskala, erkennen jedoch schon die Gefahren der Assimilation und einer oberflächlichen Bildungssucht. Sein bekanntestes Werk *Ha-Toe be-Darkhe ha-Chajjim* („Der Irrende auf den Lebenswegen", 1876) verwertet zum Teil seine eigene Lebensgeschichte, um in den Wanderungen und oft recht unwahrscheinlichen Abenteuern Josefs, den die Umstände immer wieder vom rechten Weg abbringen, möglichst viele Facetten des damaligen Judentums abzubilden: so wandert Josef eine Zeitlang mit einem betrügerischen Wunderrabbi umher, erlebt die Machenschaften eines verbrecherischen Gemeindevorstehers, lebt in einer Jeschiba, bis er als Aufklärer entlassen wird, erfährt die Intrigen eines chasidischen Hofes und flieht schließlich über Schweden und Hamburg nach London, wo er seinen ihm unbekannten Halbbruder im Duell tötet. Dessen Schwester ist im letzten Teil, in dem Smolenskin auf eine Handlung fast ganz verzichtet, die Empfängerin der Briefe Josefs über die Probleme des Judentums und deren mögliche Lösungen. Hier fühlt sich Smolenskin, dessen Romane die Schwächen Mapus weiterführen (der schwache Aufbau liegt zum Teil an der Erscheinungsweise als Fortsetzungsroman), in seinem Element: als Prediger des jüdischen Nationalismus hat er in vielen Schriften sich gegen Assimilationstendenzen für eine Einigung des jüdischen Volkes um die gemeinsame hebräische Sprache eingesetzt und ab 1881 immer mehr die Rückkehr nach Palästina propagiert, wo neben die Landwirtschaft die Industrie zu treten habe, wie weltliche Bildung das Studium der Tora ergänzen müsse. Smolenskin, wenn auch kein literarisch hochstehender Schriftsteller, hat doch Entscheidendes nicht nur als einer der Wegbahner des Zionismus, sondern auch der neuen hebräischen Literatur geleistet.

4. Die „Wissenschaft des Judentums"

Während die von der Haskala bestimmte Literatur ihre eigentliche Heimat in Rußland fand, blieb die „Wissenschaft des Judentums" stets mit Berlin und dem deutschen Judentum verbunden. Sie entwickelte sich zu Beginn des 19. Jahrhunderts im Kreis der Schüler Mendelssohns und führte 1819 zur

Gründung des *„Vereins für Cultur und Wissenschaft der Juden"*, 1823 zur *„Zeitschrift für die Wissenschaft des Judentums"*. Die Aufgabe, die sich der Kreis setzte, war eine allseitige wissenschaftliche, also nicht von religiösen Voraussetzungen gehemmte Erforschung des Judentums, besonders seiner Geschichte, Literatur und „Statistik", d. h. der Soziologie. Die historisch-kritische Methode sollte die Forschung beherrschen, die Wissenschaft an sich sein sollte. Das schloß jedoch nicht bestimmte Ziele als Voraussetzungen dieser Forschung aus. Vor allem sollte die Erforschung des Judentums bei Nichtjuden Achtung für die jüdischen Leistungen wecken, bei Juden hingegen sollte der Stolz auf die eigene Vergangenheit Assimilationsbestrebungen entgegenwirken. Doch bald löste sich der Verein auf, nachdem sein Vorsitzender Eduard Gans und andere Mitglieder sich taufen ließen; so arbeiteten seine wichtigsten Vertreter lange als vereinzelte Gelehrte, bis 1854 das „Jüdisch-theologische Seminar" in Breslau als Zentrum entstand, nachdem schon 1851 die *„Monatsschrift für Geschichte und Wissenschaft des Judentums"* (1851–1939) gegründet worden war. 1872 kam als weiteres Zentrum die „Hochschule für die Wissenschaft des Judentums" in Berlin hinzu. Gegründet im Bewußtsein, daß das Ende einer jüdischen Epoche gekommen sei und als Grabrede auf die Vergangenheit gedacht, hat sich die „Wissenschaft des Judentums" bald ihrer Aufgabe für die Zukunft besonnen, die historische Forschung als Voraussetzung für eine verantwortete Reform oder auch eine begründete Ablehnung dieser Reform gesehen; so hat sie zu einer Wiederbelebung des jüdischen Geistes vor allem in Deutschland geführt und verschiedene Bewegungen mitbestimmt, die das jüdische Leben heute noch bestimmen.

Als Vater der Wissenschaft des Judentums gilt *Leopold (Jom Tob Lippmann) Zunz* (1794–1886), einer der Mitbegründer des „Vereins" und Herausgeber seiner Zeitschrift. Seine erste Schrift heißt *„Etwas über die rabbinische Literatur"* (1818) und ist der erste Überblick über die gesamte hebräische Literatur, eine Art Arbeitsprogramm für den „Verein". Das große Werk *„Die gottesdienstlichen Vorträge der Juden"* (1832, ²1892), entstanden als Verteidigung der in den Reformsynagogen geübten Predigtpraxis, stellt die Entwicklung der Bibelauslegung von ihren Anfängen in den Targumim bis in die Zeit von Zunz selbst dar. Der wichtigste Teil des Buches umfaßt eine Einführung in über hundert Midraschim. Zunz konnte dabei auf keine Vorarbeiten zurückgreifen, sondern fügte aus dem direkten Studium zahlloser Handschriften und Drucke Tausende von Einzelheiten zu einem Mosaik zusammen, das weithin auch heute noch nicht überholt ist.

Schon in seinem Erstlingswerk hatte Zunz vertreten, daß die jüdische Literatur nicht auf ihre religiösen Äußerungen einzuschränken sei, sondern zur allgemeinen Kulturgeschichte gehöre. Diesen Gedanken nahm er in der Schrift *„Zur Geschichte und Literatur"* (1845) wieder auf: hier bietet er Material für eine Literaturgeschichte der Juden im mittelalterlichen Frankreich und Deutschland, bespricht Tosafisten, Bibelausleger, Grammatiker usw., verwertet aber z. B. auch jüdische Grabsteine. Auch hier erwies sich Zunz als Pionier und Ausgangspunkt weiterer Forschung, wie auch in den Büchern „*Die synagogale Poesie des Mittelalters*" (1855) und „*Literaturgeschichte der synagogalen Poesie*" (1865). Im ersten Werk stellt er die religiöse Dichtung des Mittelalters im Rahmen der Geschichte der Judenverfolgungen dar, die ihr Echo in den Selichot hinterlassen haben, beschäftigt sich aber auch mit den anderen Formen des Pijjut, während das zweite Buch die Geschichte des Pijjut von den Anfängen bis 1540 nachzeichnet. Die Frühgeschichte des Pijjut ist durch viele neue Entdeckungen zu revidieren; im übrigen bleibt jedoch das Werk weiterhin Ausgangspunkt der Forschung. Wo immer Zunz gearbeitet hat, ist er die Grundlage aller weiteren Arbeiten geworden.

Die wichtigsten Vertreter der Wissenschaft des Judentums räumten der Philosophie wenig Platz ein, sahen sie doch mit Mendelssohn in den religiösen Ideen des Judentums Erkenntnisse der Vernunft, die allen Menschen gemeinsam und daher nicht Gegenstand spezifisch jüdischer Forschung sein könnten. Doch hat Zunz das Werk des galizischen Gelehrten *Nachman Krochmal* (1785–1840) herausgegeben: *More Nebukhe ha-Zeman* („Führer der Verwirrten der Zeit", 1851), worin dieser eine Religions- und Geschichtsphilosophie auf der Grundlage des nachkantischen Idealismus (Schelling, Hegel) versucht. Das unvollendete Werk verbindet eine philosophische Einleitung mit einer Skizze der jüdischen Geschichte und einer historisch-kritischen Analyse der jüdischen Literatur; die eigentliche Philosophie Krochmals in ihren Grundzügen und eine Darstellung der Lehren Abraham Ibn Esras schließen das Werk ab.

Nach Krochmal ist die Philosophie von der Religion nur graduell unterschieden: die Religion bietet ein Verständnis der Wirklichkeit durch Bilder, während sich die Philosophie auf allgemeine Begriffe und Vorstellungen stützt. Die verschiedenen Religionen unterscheiden sich nicht wesentlich, auch wenn sich der biblische Glaube durch die Reinheit und Universalität seiner Bilder auszeichnet. Die Geschichte jedes Volkes ist durch den Volksgeist bestimmt; bei Israel kann dieser mit Gott als dem absoluten Geist gleichgesetzt werden, was den ewigen Bestand Israels garantiert, wiewohl auch Israel dem allgemeinen Gesetz der drei Phasen der Geschichte (Wachstum, Vollkommenheit, Niedergang) unterworfen ist: das Judentum erneuert sich eben stets nach der Periode des Niedergangs.

Von diesen Auffassungen her versucht Krochmal ein profanes Verständnis der jüdischen Geschichte; seine Verwendung alter Quellen als Grundlage der Darstellung und sein Interesse für die Ideen von Azaria dei Rossi haben lange nachgewirkt. Besonders interessiert sich Krochmal für die Entwicklung der religiösen Auffassungen, der Halakha wie der Haggada. Die Offenbarung am Sinai, die engste Verbindung Israels mit dem absoluten Geist, hat nur die grundlegenden Gesetze gebracht; ihre weitere Entfaltung erfolgte in einem langen Prozeß. Die Haggada ist eine Populärphilosophie, hinter deren sich wandelnder Form eine echte philosophia perennis von Philo bis in die Gegenwart zu erkennen ist. Krochmals evolutionäre Auffassung von Halakha und Haggada haben die rabbinische Forschung stark beeinflußt.

Unter dem Einfluß Krochmals stand auch *Salomo Jehuda Leib Rapoport* (1790–1865), den Zunz einmal als den eigentlichen Vater der Wissenschaft des Judentums bezeichnet hat. Rapoport, ab 1840 Oberrabbiner von Prag, hat vor allem die Periode der Geonim erforscht – diese Studien erschienen 1828–1831 in der Zeitschrift *Bikkure ha-Ittim*, später auch als Buch – und ein talmudisches Lexikon begonnen (*Erekh Millin*, I 1852; II 1914), das vor allem archäologisch-historisch orientiert war. Er hat besonders auch den Weg nachgewiesen, auf dem sich die rabbinische Tradition von Israel über Italien nach Mitteleuropa bzw. von Babylonien über Nordafrika nach Spanien verbreitet hat.

Samuel David Luzzatto (1800–1865, Kurzname Scha*dal*), seit 1829 Professor am neugegründeten Collegio Rabbinico in Padua, ist der dritte große Vertreter der Wissenschaft des Judentums, der nicht in deutscher Sprache schrieb. Schon 1821 veröffentlichte er eine italienische Übersetzung des aschkenasischen Gebetbuches. Eine italienische Übersetzung des Pentateuchs und eine Bearbeitung anderer biblischer Schriften folgten, in denen er sich treu an die Tradition hielt, vor allem an Raschi und den Targum Onqelos, dem er eine eigene Monographie gewidmet hat: *Oheb Ger* („Der den Proselyten liebt", 1830; der Titel weist auf die nichtjüdische Herkunft der Onqelos); darin versucht er vor allem die Abweichungen des Onqelos vom hebräischen Bibeltext zu erklären.

In zahlreichen Briefen sowie in den Werken *Teologia Morale Israelitica* (1862), *Lezioni di Teologia Dogmatica Israelitica* (1863) und *Jesode ha-Tora* („Grundlagen der Tora", 1865) versuchte er das traditionelle Judentum gegen alle Extreme abzugrenzen. Er wehrte sich gegen eine zu starke Rationalisierung des Judentums, lehnte die griechische Philosophie und auch Maimonides ab, ebenso aber auch die Kabbala, in der er nur eine Reaktion auf den Rationalismus sah. Ein Gegner der nur auf Vorteile bedachten Emanzipationsbestrebungen, wollte er Religion und Sittlichkeit als Einheit sehen und hob den Glauben an die Offenbarung, den Wert der Tradition und die Erwählung Israels hervor. Eine vertiefte Kenntnis der hebräischen Sprache und Literatur sollte den jüdischen Geist festigen: so hat sich Luzzatto auch besonders um die hebräische und aramäische Grammatik bemüht. Andererseits vertrat er die Rückkehr des Judentums zu einem produktiven Leben auf dem Boden des Heiligen Landes und verfocht damit die romantisch-nationalistischen Ideen der Haskala.

Sosehr Luzzatto in seinem bisher genannten Werk als Bewahrer des Alten auftritt, hat er doch in einer Reihe von Wissensgebieten als Neuerer gewirkt. Er hat sich besonders der Dichtung des Jehuda Halevi angenommen, dem er die Schrift *Betulat Bat Jehuda* (1840) widmete und dessen Diwan er 1864 herausgab. Ebenso veranstaltete er eine Anthologie der hebräischen Dichtung des Mittelalters (Tal Orot, „Tau der Lichter", 1881), eine Ausgabe des römischen Machsor (1856, Neuausgabe E.D. Goldschmidt 1966) und verschiedener mittelalterlicher Werke. In *Abne Zikkaron* („Gedenksteine", 1841) veröffentlichte er die hebräischen Grabinschriften von Toledo, deren Bedeutung für die jüdische Geschichtsschreibung er als erster erkannte. Seine Autobiographie, ursprünglich in der Zeitschrift Ha-Maggid 1858–1862 veröffentlicht (hebr.), erschien 1882 in deutscher Sprache.

Zacharias Frankel (1801–1875), seit 1854 Direktor des neugegründeten „Jüdisch-Theologischen Seminars" in Breslau, war ein sehr gemäßigter Reformer, der u.a. die auf der Frankfurter Synode (1845) vorgeschlagene stufenweise Verdrängung des Hebräischen als Gebetssprache ablehnte und am Messianismus und der Hoffnung auf eine jüdische Unabhängigkeit festhielt, auch wenn er in Deutschland seine bleibende Heimat sah. Seine wichtigsten Studien galten dem hellenistischen Judentum und der rabbinischen Literatur, nachdem er schon 1840 mit einem rechtsgeschichtlichen Werk über den Judeneid hervorgetreten war, das Sachsen veranlaßte, diesen abzuschaffen. Mit seinen „*Vorstudien zu der Septuaginta*" (1841) und dem Buch „*Über den Einfluß der palästinensischen Exegese auf die alexandrinische Hermeneutik*" (1851) betrat er ebenso Neuland wie mit seinen rabbinischen Arbeiten, die in orthodoxen Kreisen auf scharfe Ablehnung stießen. *Darkhe ha-Mischna* (Hodegetica in Mischnam, 1859) versucht die Mischna unabhängig von der Gemara auszulegen und die Entstehungsgeschichte des Werkes nachzuzeichnen, während die Vertreter der Tradition daran festhielten, daß auch die mündliche Tora am Sinai geoffenbart worden sei. Eine Pionierleistung war auch seine hebräische „*Einleitung in den Palästinensischen Talmud*" (1870), die (leider) bis heute noch nicht ersetzt ist.

Der Gegenspieler Frankels auf der Rabbinerversammlung von Frankfurt war der viel radikalere *Abraham Geiger* (1810–1874), einer der Führer der jüdischen Reform, seit 1863 Rabbiner der Reformgemeinde von Frankfurt und seit 1872 Leiter der Berliner Hochschule für die Wissenschaft der Judentums. Ursprünglich meinte er, die jüdischen Traditionen völlig niederreißen und aus den Trümmern das Judentum neu aufbauen zu können. Später wurde er gemäßigter, als er die Gefahr einer Spaltung des Judentums und die Notwendigkeit einer Abgrenzung vom Christentum erkannte.

Schon in seiner Dissertation „*Was hat Mohammed aus dem Judenthume aufgenommen?*" (1833) bekundete Geiger religionsgeschichtliche Interessen, die in seinem Hauptwerk „*Urschrift und Übersetzung der Bibel*" (1857) voll zum Tragen kamen. Anders als Luzzatto und Frankel sieht er in den Abweichungen der Bibelversionen voneinander nicht Mißverständnisse oder bewußte Änderungen der Übersetzer des hebräischen Bibeltextes, sondern einen Beweis dafür, daß es zur Zeit der Entstehung der LXX und der Targumim noch keinen standardisierten Bibeltext gab. Zugleich belegen diese Abweichungen die bewegte Geschichte der religiösen Anschauungen und Gesetze in Israel. Die Bibel war das Schlachtfeld der einander bekämpfenden Parteien der Pharisäer und Sadduzäer, deren Ursprünge Geiger in den Jahrzehnten nach dem Babylonischen Exil sieht. Erst mit dem Sieg der Pharisäer in der tannaitischen Zeit wurde der Bibeltext vereinheitlicht. Später ergänzte Geiger diese Thesen durch eine Entstehungsgeschichte der biblischen Schriften, wobei er stark von der radikalen protestantischen Exegese abhängig ist. Einzelheiten seiner Konstruktion sind weithin überholt, doch hat sich der methodische Ansatz für die Deutung der biblischen Textvarianten äußerst fruchtbar erwiesen.

Seine Auffassungen vom Judentum legte Geiger in zahlreichen Artikeln und in seinen Vorlesungen *„Das Judentum und seine Geschichte“* (1865–1871) nieder. Dabei betont er vor allem den Universalismus des Judentums, der durch die Zerstörung des jüdischen Staates und die Ausbreitung der Diaspora erst richtig freigesetzt wurde. Die Sendung des Judentums liegt in der Diaspora: „Jerusalem ist ein Grab“.

Samson Raphael Hirsch (1808–1888), ein Bonner Studienfreund Geigers, ist in diesem Zusammenhang als einer der wichtigsten Gegner der von der Wissenschaft des Judentums vertretenen Tendenzen zu nennen. Zwar sieht auch er den Wert profaner Studien neben der traditionellen Ausbildung (*„Die Religion im Bunde mit dem Fortschritt“*, 1854) und lehnt auch die deutsche Sprache in Bibelstudium und Gebet nicht ab: er selbst übersetzte den Pentateuch (1867–1878), die Psalmen (1883) und die Gebete (posthum 1895 erschienen). Doch sieht er mit Luzzatto in der Offenbarung das Grundfaktum des Judentums, auch wenn der wesentliche Inhalt der Offenbarung nicht ewige Wahrheiten, sondern die Gebote sind. Diese Auffassungen legt er in den *„Neunzehn Briefen über das Judentum“* (1836 unter dem Pseudonym Ben Uziel), in *„Choreb, oder Versuche über Jissroels Pflichten in der Zerstreuung“* (1837) und in verschiedenen Aufsätzen in seiner Zeitschrift *Jeschurun* (1854–1870; 1883–1890) dar. Im Mittelpunkt stehen die Gebote, die er in verschiedene Gruppen einteilt und rational zu begründen sucht; sie alle lassen sich nach ihm auf die drei Prinzipien Liebe zu Gott, Gerechtigkeit und Erziehung seiner selbst und der Mitmenschen reduzieren. Auch die geoffenbarten Wahrheiten sind eine Form von Gesetzen. Die Offenbarung der Tora in der Wüste vor der Gründung des Staates Israel belegt, daß die Geltung der Gesetze nicht vom Bestehen des Staates abhängt: der jüdische Nationalismus wird damit unbedeutend. Zwar sind die Juden nicht nur eine Religionsgemeinschaft, sondern ein Volk, das jedoch nicht durch ein Land, sondern durch die Tora geeint ist. Dies erklärt auch die Ablehnung des Zionismus durch viele Anhänger von Hirsch, der seit 1851 die orthodoxe Gemeinde in Frankfurt leitete und der Hauptverantwortliche der Spaltung des deutschen Judentums in Reformjuden und Orthodoxe war.

Die „Neunzehn Briefe“ von Hirsch machten einen tiefen Eindruck auf

Heinrich Graetz (1817–1891), der 1837 für drei Jahre zu Hirsch zog, später jedoch mehr von Z. Frankel bestimmt wurde. Graetz fand seine Lebensaufgabe in der Darstellung der jüdischen Geschichte. Schon Isaak Markus Jost hatte eine „Geschichte der Israeliten seit der Zeit der Makkabäer bis auf unsere Tage" (9 Bände, 1820–1829) vorgelegt; doch gilt Graetz zu Recht als der Vater der modernen jüdischen Geschichtsschreibung. Seine *„Geschichte der Juden von den ältesten Zeiten bis zur Gegenwart"* (11 Bände, Berlin-Leipzig 1853–1876, oft nachgedruckt und übersetzt) hat nicht nur die Forschungen der Wissenschaft des Judentums in ein historisches Gebäude zusammengefaßt, sondern weithin erst die Detailforschung erbracht und das Ganze literarisch blendend dargestellt. Die beiden ersten Bände, die die biblische Geschichte schildern, hat er als letzte geschrieben: erst nach einer Palästinareise hat er sich daran gewagt. In seiner Einstellung zur Bibel ist Graetz zwiespältig: den Pentateuch übernimmt er als feste Grundlage seiner Darstellung, auch wenn er die Wunder (z. B. beim Auszug aus Ägypten) natürlich zu erklären versucht. Bei den anderen biblischen Büchern fühlt er sich bedeutend freier. Die jüdische Eigenstaatlichkeit betrachtet er als Ideal, insofern die Tora die Seele, das Land Israel der Leib des Judentums ist; doch glaubt er nicht an die Möglichkeit der Wiedererrichtung eines jüdischen Staates in Palästina.

Graetz, der seit 1853 am Breslauer Seminar unterrichtete, schrieb eine „Leidens- und Gelehrtengeschichte"; die politischen und wirtschaftlichen Zusammenhänge interessierten ihn kaum. Obwohl weithin von L. v. Ranke abhängig, strebt er nicht nach einer Darstellung, wie es eigentlich gewesen ist, sondern läßt seinen subjektiven Vorlieben und Abneigungen weiten Raum. So treffend er die großen Gelehrten des Judentums zu zeichnen vermag, sowenig Verständnis bringt er für Mystik und Kabbala auf. Auch dem rabbinischen Judentum seiner polnischen Heimat steht er verständnislos gegenüber; er ignoriert die Leistungen der polnisch-russischen Haskala und verachtet das Jiddische. Auch die Geschichte der jüdischen Reform in Deutschland, der er bis 1848 nachgeht, stellt er als ihr Gegner sehr subjektiv dar. Dieser persönliche Einsatz hat allerdings sehr zu Lebendigkeit seiner Darstellung beigetragen.

Als letzter in der Gründergeneration der Wissenschaft des Judentums bleibt *Moritz Steinschneider* (1816–1907) zu nennen, der Vater der hebräischen Bibliographie, auf dessen zahlreiche Publikationen die judaistische Forschung noch lange angewiesen sein wird. Schon seine *„Jüdische Literatur"* (1850 als Lexikonartikel erschienen, 1857 als Buch: *Jewish Literature),* eine Darstellung der Literatur vom 8. bis zum 18. Jahrhundert mit einer kurzen Einführung in Talmud und Midrasch zeigt eine enorme Detailkenntnis mit dem Streben nach äußerster Objektivität dargeboten. Dadurch bekannt geworden, wurde er eingeladen, die hebräischen Bücher der Oxforder Bibliothek Bodleiana zu erarbeiten, die im 19. Jahrhundert zu einer der wichtigsten Hebraica-Sammlungen der Welt wurde. 1852–1860 gab er den dreibändigen lateinischen Katalog heraus, der nicht nur die Titel der hebräischen Bücher bis 1732 aufführt, sondern ausführliche Biographien der Verfasser bietet und die gesamte Sekundärliteratur zusammenstellt, somit eine Geschichte der hebräischen Literatur und auch des hebräischen Buchdrucks ist. Es folgten Kataloge der hebräischen Handschriften in Leiden (1858), München (1875), Hamburg (1878) und Berlin (1893), wobei Steinschneider viele Handschriften erst identifizieren mußte. Aus diesen bibliographischen Arbeiten erwuchsen eine Anzahl von Büchern und über 1400 oft lange Artikel zu verschiedenen Aspekten der jüdischen Literatur und Geschichte. Zu nennen sind vor allem „*Polemische und apologetische Literatur in arabischer Sprache zwischen Muslimen, Christen und Juden*" (1877), „*Arabische Literatur der Juden*" (1902) und „*Geschichtsliteratur der Juden*" (1905).

Die gesamte Arbeit Steinschneiders war auf ein Werk ausgerichtet, für das er über fünfzig Jahre geforscht hat: „*Die hebräischen Übersetzungen des Mittelalters und die Juden als Dolmetscher*" (1893). Darin versucht er alles zusammenzutragen, was die Juden als Mittler der Kultur zwischen Völkern geleistet haben, und zwar auf allen Gebieten. Steinschneider faßte die judaistische Arbeit ja immer umfassend auf und wehrte sich gegen ihre theologische Einengung, so daß er konsequenterweise auch nie eine Berufung an ein Rabbinerseminar annahm. Steinschneider, dessen Schriften zum Großteil eher nachgeschlagen als gelesen werden, war der universalste jüdische Gelehrte seiner Zeit.

Die Erforschung von *Talmud und Midrasch,* um die sich Zunz und Frankel so verdient gemacht haben, war in der zweiten Generation der Wissenschaft des Judentums eine zentrale Aufgabe. Nur die wichtigsten Gelehrten können hier genannt werden, deren Werke auch heute noch zur judaistischen Standardliteratur gehören. *Salomo Buber* (1827–1906) hat eine Reihe von Midraschim in kritischen Ausgaben mit ausführlichen Einleitungen vorgelegt. Viele dieser Ausgaben, die er alle auf eigene Kosten publizierte, sind auch heute noch nicht ersetzt, auch wenn seine Editionsmethode inzwischen überholt ist. *David Hoffmann* (1843–1921) hat sich in der Schrift „*Die erste Mischna und die Controversen der Tannaim*" (1882) mit der Vorgeschichte der Mischna befaßt und eine „*Einleitung in die halachischen Midraschim*" (1888) geschrieben sowie die Mekhilta de R. Schimʿon b. Jochai (1905, inzwischen ersetzt) und den Midrasch Tannaim ediert. *Wilhelm Bacher* (1850–1913), von 1877 bis zu seinem Tod Professor am Rabbinerseminar von Budapest, ist heute vor allem durch seine Werke zur „*Agada der Tannaiten*" und „*Agada der palästinensischen Amoräer*" bekannt, in denen er die Lehren der einzelnen Rabbinen aus dem gesamten rabbinischen Schrifttum zusammengestellt hat, ebenso auch durch seine Analyse der exegetischen Terminologie der rabbinischen Literatur; doch hat Bacher auch mehrere Werke zur mittelalterlichen Bibelauslegung vorgelegt und war der größte Kenner der jüdisch-persischen Literatur seiner Zeit. *Samuel Krauss* (1866–1948) studierte die rabbinische Literatur vor allem als Geschichtsquelle und trug ihre Aussagen über „*Griechen und Römer*"

(1914) und die Realien in der *„Talmudischen Archäologie“* (3 Bände, 1910–1912) zusammen. Seine Zusammenstellung der *„Griechischen und lateinischen Lehnwörter im Talmud, Midrasch und Targum“* (2 Bände, 1898–1899) ist ebenfalls noch nicht ersetzt worden. Schließlich sei auch *Ismar Elbogen* (1874–1943) genannt, dessen Werk *„Der jüdische Gottesdienst in seiner geschichtlichen Entwicklung“* (1913, ³1931) das Standardwerk der jüdischen Liturgiegeschichte ist.

Die in der Wissenschaft des Judentums anfangs völlig vernachlässigte Religionsphilosophie ist in ihrer späten Phase durch *Hermann Cohen* (1842–1918) zur Geltung gekommen. Von 1912 bis 1918 unterrichtete der Marburger Neukantianer an der Berliner Hochschule für die Wissenschaft des Judentums. Schon in Marburg hat Cohen sich fest zu seinem Judentum bekannt, die religiöse Treue der Juden mit ihrer völligen Integration in das deutsche Volk für vereinbar erklärt (*„Ein Bekenntnis zur Judenfrage“*, 1880). Doch erst in Berlin gewann er seine letzte Vorstellung der jüdischen Religion, die er in seinem posthumen Werk *„Die Religion der Vernunft aus den Quellen des Judentums“* (1919) dargestellt hat. Ursprünglich sah er alles im menschlichen Geist begründet und auch Gott nur als Idee, nun aber ist ihm Gott die letzte Wirklichkeit, von der der menschliche Geist ausgeht. Zwischen dem seienden Gott und der werdenden Welt besteht eine Korrelation: Werden gibt es nur, wenn es ein Sein gibt; doch auch Gottes Sein hat nur in der Schöpfung einen Sinn, die das „Urattribut“ Gottes ist. Die Korrelation zwischen Gott und der Welt wiederum verwirklicht sich in der Beziehung des Menschen zu seinen Mitmenschen. Diese Korrelation hat das Judentum historisch am besten verwirklicht. Es arbeitet im Schöpfungswerk mit, das auf eine geeinte Menschheit hinstrebt; in seinem Leiden für die Völker erwirbt es das Recht, die Völker zu bekehren. Von diesem Denkansatz her war Cohen natürlich ein Gegner des Zionismus und bekannte sich voll zur Diasporaexistenz des Judentums. Endziel der Geschichte ist die völlige Einheit der Menschheit, die messianische Zeit, die ständig utopischer Horizont bleibt (Ewigkeit der Welt).

Leo Baeck (1873–1956), seit 1912 Professor an der Berliner Hochschule für die Wissenschaft des Judentums und Führer des deutschen Judentums während der NS-Zeit, ist vor allem durch sein Buch *„Das Wesen des Judentums“* (1905) bekannt geworden. Gegen Harnacks „Wesen des Christentums“, in dem dieser Jesus scharf von der jüdischen Welt abhebt und in Jesus den entscheidenden Bruch in der Geschichte sieht, betont Baeck die bruchlose Kontinuität der jüdischen Religion, die ihrem Anhänger in der wahren Gotteserkenntnis auch das Wissen schenkt, was es zu tun gilt. Das Judentum ist der höchste Ausdruck der sittlichen Weltanschauung, dem Wesen nach universal, geschichtlich jedoch an das jüdische Volk gebunden. Die jüdische Religion kennt kein Dogma, die Erlösung hängt ihm nicht vom Besitz religiösen Wissens ab. An die Stelle des einzelnen religiösen Lehrers setzt es die Traditionskette. Seine Religionsphilosophen definieren nicht dogmatische Wahrheiten aufgrund einer besonderen Autorität, sondern deuten nur die klassischen Glaubenswahrheiten in den Begriffen ihrer Zeit. Zusammenfassend stellt Baeck das Christentum als die romantische Religion des Gefühls dem Judentum als der klassischen Religion der Tat gegenüber. Während das Christentum sich nach Erlösung sehnt, arbeitet das Judentum an der Verbesserung der Welt.

In späteren Auflagen hat Baeck unter dem Einfluß seines Studiums der jüdischen Mystik das Wesen des Judentums in einem dialektischen Gegenüber von Geheimnis und Gebet gesehen. Das anfängliche Interesse am Christentum hat Baeck, auch wenn er später es nicht mehr so apologetisch sah, stets beibehalten, wie Studien über Paulus, „Das Evangelium als Urkunde der jüdischen Glaubensgeschichte" und das Buch „Judaism and Christianity" (1958) zeigen. Auch sein Werk „Die Pharisäer" (1934) ist aus diesem ursprünglichen Anstoß durch Harnack zu verstehen. Die Zeit des entstehenden Christentums und die damalige Herausforderung des Judentums durch den Hellenismus schien ihm zur jüdischen Geschichte seiner Zeit in Deutschland Parallelen aufzuweisen, und das machte ihm diese Periode besonders wichtig.

Franz Rosenzweig (1886–1929) war nahe daran, zum Christentum überzutreten, als ihn das Erlebnis der Liturgie des Versöhnungstages 1913 zum Judentum zurückführte. Ein Jahr studierte er an der Berliner Hochschule, wo Cohen und Baeck lehrten und wo er auch mit M. Buber Freundschaft schloß. 1921 erschien sein wichtigstes Werk, *„Der Stern der Erlösung"*, das er zum Großteil 1918 in Form von Feldbriefen geschrieben hatte.

Ausgehend von der Erfahrung der Todesangst lehnt Rosenzweig den Anspruch der idealistischen Philosophie ab, alle Erfahrung in eins reduzieren zu können. Gott, Welt und Mensch sind drei durch die Erfahrung gegebene Wesenheiten, die nicht voneinander abgeleitet werden können, jedoch durch die Prozesse von Schöpfung, Offenbarung und Erlösung ineinanderwirken. Die Schöpfung ist zugleich Anfang der Offenbarung, wie diese nicht an einen bestimmten Zeitpunkt gebunden, sondern ständig weitergehender Prozeß. Die Offenbarung führt nicht zu allgemeinen Wahrheiten, sondern ist dem einzelnen nur in seiner persönlichen Erfahrung verifizierbar. Sie knüpft ein Band der Liebe zwischen Gott und dem Menschen und in der Weitergabe dieser Liebe kommt die Erlösung näher. Dies ist die besondere Aufgabe des Judentums, dessen Ewigkeit durch die Blutsgemeinschaft garantiert ist und das sich deshalb nicht an ein Land klammern muß, um seinen Fortbestand zu sichern. Das jüdische liturgische Jahr mit seinen Festen, deren ständiger Zyklus die ewige Erneuerung des Lebens und der Schöpfung bedeutet, läßt das Judentum jetzt schon die Ewigkeit erleben, stellt es außerhalb der Geschichte.

Ab 1921 von einer fortschreitenden Lähmung befallen, mußte Rosenzweig die Leitung des 1920 gegründeten „freien jüdischen Lehrhauses" in Frankfurt aufgeben, hat jedoch während seiner Krankheit zahlreiche Gedichte Jehuda Halevis verdeutscht und dessen Denken gedeutet, ebenso mit Martin Buber gemeinsam eine Bibelübersetzung begonnen, die gewissermaßen der Abschluß dieser Periode der jüdischen Literatur ist, wie die Bibelübersetzung von Mendelssohn an ihrem Anfang stand.

Martin Buber (1878–1965) wurde in Wien geboren, verbrachte jedoch seine Jugend beim Großvater Salomo Buber in Lemberg. Das Studium des Chasidismus, das zu Nachdichtungen der *„Geschichten des Rabbi Nachman“* (1906) und der *„Legende des Baal Schem“* (1908) führte, prägte seine Einstellung zum Judentum, wie sie in seinen einflußreichen *„Drei Reden über das Judentum“* (1911) zum Ausdruck kam. Während die anderen Völker subjektiv durch das Blut, objektiv durch die gemeinsame Sprache verbunden sind, durch die Lebensform und das gemeinsame Land, sind beim Juden die beiden Elemente getrennt: er muß die Elemente vereinen, das Jüdische in sich wiederbeleben und Einheit im Leben finden, in dem die Tat des geheiligten Alltags und die Ausrichtung auf eine bessere Zukunft im Mittelpunkt stehen. Letztlich ist dies, wie Buber meint, nur in Palästina zu verwirklichen, wo er ab 1938 lebte.

Die religiöse Seite seiner Auffassung vom Judentum ist in der Schrift *„Ich und Du“* (1937) dargestellt. Ausgehend von den verschiedenen Beziehungen zwischen Mensch und Mensch sowie Mensch und Welt, unterscheidet Buber die Ich-Du-Beziehung, die gegenseitig, offen und ein Dialog unter Gleichen ist, von der Ich-Es-Beziehung, wo der andere nicht Partner, sondern Objekt ist. Gott ist das Ewige Du, erkennbar nicht in metaphysischer Spekulation, sondern in den täglichen konkreten Ich-Du-Erlebnissen des Menschen. Offenbarung ereignet sich im täglichen Leben. Dieser Dialog zwischen Gott und dem Menschen hat sich vor allem in der Bibel niedergeschlagen und drückt sich im Bund aus, der Israel zum *„Königtum Gottes“* (1932) macht und die Basis allen Messianismus ist. Die Antwort des Menschen im Dialog mit Gott waren einst die Gebote und ist jetzt die Meisterung des täglichen Lebens. Die ungeteilte Hingabe der Person in der Heiligung des Alltags, in der der Mensch Gemeinschaft mit Gott erlebt, ist die wahre Religion.

Die Auffassung, daß die Bibel jetzt noch lebendige Rede des Ewigen Du ist, hat Buber veranlaßt, gemeinsam mit Rosenzweig die Bibel neu zu übersetzen (*Die Schrift,* 15 Bände, 1925–1937; revidiert 4 Bände, 1954–1960). Die Bemühung um den Charakter der Bibel als gesprochenes Wort und die Überzeugung, daß ab einer gewissen Tiefe alle Sprachen sich vereinen, hat zu einer kraftvoll poetischen, eigenwilligen, stark am Rhythmus der hebräischen Sprache orientierten Verdeutschung geführt, die G. Scholem einmal als Gastgeschenk der deutschen Juden an das deutsche Volk zum Zeitpunkt der Trennung bezeichnet hat.

5. Der Weg zum Zionismus

Die Haskala-Bewegung hat von Anfang an ihre wesentliche Aufgabe in der Verbesserung der jüdischen Lage gesehen. Schon früh ist dabei der Gedanke einer Rückkehr nach Israel aufgekommen, hat jedoch erst mit der allgemeinen Blüte des Nationalismus im Europa der zweiten Hälfte des 19. Jahrhunderts seine volle Wirkung erlangt. Uns geht es hier nicht um die Geschichte des jüdischen Nationalismus, sondern lediglich um die wichtigsten literarischen Zeugnisse dieser Bewegung.

Der in Bonn geborene *Moses Hess* (1812–1875), einer der Führer der frühen sozialistischen Bewegung, hat sich erst spät mit der Judenfrage beschäftigt, nachdem er ursprünglich eine völlige Assimilation vertreten hatte. Die in Form von Briefen gehaltene Schrift „*Rom und Jerusalem. Die letzte Nationalitätenfrage*" (1862) sieht die Geschichte vom Rassenkampf bestimmt, der wichtiger als der Klassenkampf ist. Die zwei weltgeschichtlich bedeutsamen Rassen, die Arier und die Semiten, bauen gemeinsam die moderne Gesellschaft, deren Ziel die völlige Harmonie ist. Das setzt die nationale Unabhängigkeit auch der Juden voraus, die auch im Exil ihre religiös bestimmte nationale Eigenart bewahren müssen. Das Ziel ist die politische Erneuerung des jüdischen Volkes in Palästina, wo die jüdische Nation als ganze den Boden besitzen, entsprechende Arbeitsgesetze erlassen und Landwirtschaft, Industrie und Handel nach mosaischen (= sozialistischen) Grundsätzen organisieren soll. Ziel der jüdischen Religion ist die Vervollkommnung des sozialen Lebens in der Welt; dazu müssen die religiösen Gesetze nach Errichtung eines jüdischen Staates durch einen Sanhedrin den Zeitverhältnissen angepaßt werden, damit das Judentum seine geschichtliche Aufgabe erfüllen kann, die Zeit der absoluten Harmonie und den Sabbat der Geschichte herbeizuführen.

Der wachsende Antisemitismus in Rußland veranlaßte *Leon Pinsker* (1821–1891), Arzt und Schriftsteller in Odessa, anstelle der bisher von ihm vertretenen Assimilation eine neue Lösung der Judenfrage zu suchen. In der 1882 veröffentlichten Schrift „*Autoemanzipation*" geht Pinsker von einer Analyse des Antisemitismus aus: dieser beruht auf der Angst der Völker vor dem unverständlichen Phänomen, daß ein Volk nicht stirbt, obwohl es kein Land besitzt. Diese Angst zeugt Haß. Andererseits sind die Beziehungen zwischen den Völkern durch gegenseitige Achtung und Furcht geregelt. Gegenüber den Juden ist beides unnötig, da sie keine Macht besitzen; daher erreichen sie auch nie die wahre Emanzipation, bleiben stets nur geduldete Gäste. Die einzige Lösung ist ein jüdischer Staat. Ein jüdischer Nationalkongreß sollte die Bewegung ins Rollen bringen, ein nationaler Fonds zur Ansiedlung armer Juden gegründet werden. Der Boden der jüdischen Heimstätte, meint Pinsker wie Hess, dürfe nicht den einzelnen gehören, sondern müsse Besitz des Volkes sein.

Wie Hess und Pinsker stand auch *Theodor Herzl* (1860–1904) der jüdischen Religion ziemlich fern. Unter dem Einfluß der Dreyfus-Affäre beschäftigte sich der Wiener Journalist und Bühnenschriftsteller mit der Lage des Judentums und schrieb 1895, ohne Pinskers Schrift zu kennen, einen für die Familie Rothschild in Paris bestimmten Lösungsvorschlag, den er 1896 überarbeitet veröffentlichte: „*Der Judenstaat. Versuch einer modernen Lösung der jüdischen Frage*“. Diese Lösung kann nicht die Assimilation sein: dagegen steht der Antisemitismus genauso wie der Überlebenswille des jüdischen Volkes. Die Juden sind eine Nation: daher gibt es nur eine politische Lösung, an der alle Kulturvölker mitwirken müssen. Die Juden müssen ein eigenes Territorium bekommen, in Palästina oder Argentinien (später war auch Uganda kurze Zeit im Gespräch). Um die jüdische Auswanderung vorzubereiten, sollte eine Society of Jews die völkerrechtliche Seite regeln und eine Jewish Company sich um die finanziellen Fragen kümmern.

Dieses Buch Herzls führte zu einer Neuordnung der zionistischen Arbeit und zu den Zionistenkongressen. Im Kampf für seine Idee schrieb Herzl 1900 den Zukunftsroman „*Altneuland*“, der als Bericht aus dem Jahr 1920 die schon vollzogene Einwanderung in Palästina und den erfolgreichen Aufbau des Landes schildert.

Einer der wichtigsten Gegner Herzls war Ascher Hirsch Ginsberg, unter dem Pseudonym *Achad Ha-Am* („Einer aus dem Volk“, 1856–1927) bekannt. Als einziger der genannten Vertreter der jüdischen Nationalbewegung mit dem traditionellen Judentum vertraut, auch wenn er sich diesem immer mehr entfremdete, hat Achad Ha-Am als bedeutendster Denker dieser Bewegung sie jahrzehntelang mit zahlreichen Aufsätzen kritisch begleitet, deren klarer Stil auch die Entwicklung der hebräischen Sprache beeinflußt hat. Schon 1889 kritisiert er die Politik einer sofortigen Niederlassung in Israel: zuerst müsse ein entsprechendes Nationalbewußtsein geweckt werden. Ein Bericht über die Verhältnisse in Palästina (1894) war ziemlich negativ. Von 1896–1903 gab er in Odessa die Monatsschrift *Ha-Schiloach* heraus, die sich vor allem für die kulturelle Renaissance des Judentums einsetzte. Anstelle des politischen Zionismus vertrat er einen geistigen: Palästina könne nie die „Heimstätte“ des Judentums werden, sondern sei zum „Kulturzentrum“ bestimmt, das auf das Weltjudentum ausstrahlt. Es gibt keine Erneuerung des Judentums, die nicht an die Vergangenheit anknüpft (gegen das Argentinienprojekt); auch veraltete Formen können im Kampf um das Dasein geschichtlich notwendige Mittel sein. Das gilt auch von der jüdischen Religion, an deren Stelle für den Nationaljuden die nationale Moral treten müsse, die in Fortsetzung der bisherigen Geschichte Israels gegen die Gewalt ankämpfen und für Recht und Gerechtigkeit eintreten müsse, sich jedoch nur aus dem neuen geistigen Zentrum in Palästina entwickeln könne.

VII. Die hebräische Literatur seit 1880

1. Die Wiederbelebung der hebräischen Sprache

Die Jahre um 1880 sind ein markanter Einschnitt in der Geschichte der hebräischen Literatur. Die Pogrome in Rußland ab 1881 zeigten, daß das Judenproblem nicht durch Assimilation zu lösen sei. Der steigende Antisemitismus machte die Bemühungen des aufgeklärten Judentums, sich in seine Gastvölker zu integrieren, zunichte; auch der Übertritt zum Christentum war kein Ausweg, blieb doch auch dem Getauften das Odium des Judeseins. Das führte gerade mit der jüdischen Religion nicht mehr eng verbundene Juden auf den Weg des Nationalismus: der Jude will seinen eigenen Staat in der Heimat der Vorfahren. Die wichtigsten literarischen Ausprägungen dieses neuen Nationalbewußtseins waren deutsch und nicht hebräisch: Hebräisch als Literatursprache erwies sich für die Propaganda der zionistischen Bewegung ziemlich unbrauchbar; es war keine Sprache für die Tagespolitik. Durch Jahrhunderte war Hebräisch nicht mehr als Umgangssprache verwendet worden, sondern vor allem als literarisches Ausdrucksmittel für einen immer mehr auf jüdische Religion und Geschichte eingeschränkten Themenkreis. Erst die Haskala öffnete die hebräische Sprache wieder der Vielfalt profaner Themen gegen den Widerstand der traditionell gebundenen Frommen, die Hebräisch als heilige Sprache betrachteten. Daher sprachen die frommen Juden (und hier nur die Männer) Hebräisch fast nur an Sabbaten und Festtagen bzw. zur Verständigung mit anderssprachigen Juden (dies vor allem in Palästina). Hebräisch war eine tote Sprache wie Latein. Dies geändert zu haben ist das Verdienst von *Elieser Ben Jehuda* (ursprünglich E. Perlman, 1858–1922).

Der aus Litauen stammende Ben Jehuda erfuhr um 1880 in Paris, daß in Jerusalem Hebräisch zur Verständigung zwischen den jüdischen Gemeinschaften gesprochen werde. Der von Palästina Begeisterte, der schon 1879 in *Ha-Schachar* für ein nationales Kulturzentrum der Juden in Palästina eingetreten war, das die Diaspora vor der Assimilation bewahren sollte, beschloß nun, sich für Hebräisch als Alltagssprache in Palästina einzusetzen, was den jüdischen Nationalisten jener Zeit durchaus nicht selbstverständlich war. Als Aussprache kam nur die in Jerusalem verwendete sefardische und nicht die aschkenasische der europäischen Juden in Frage. 1881 in Jerusalem eingetroffen, wollte er zuerst die Orthodoxen, die genügend Hebräisch konnten, für seine Pläne gewinnen; doch kam es bald zum Bruch, da diese die heilige Sprache religiösen Zwecken vorbehalten wollten, während Ben Jehudas Zielsetzung rein national war.

Der später scharf antireligiöse Ben Jehuda bemühte sich um die Verwendung des gesprochenen Hebräisch besonders im Unterricht; auch setzte er sich dafür in den von ihm gegründeten Zeitschriften ein (*Ha-Tsevi*, „der Glanz" ab 1884; später unter dem Titel *Ha-Or*, „das Licht"; außerdem ab 1897 *Ha-Haschqafa*, „Die Anschauung"). Um das literarische Hebräisch den Bedürfnissen einer lebenden Sprache anzupassen, schuf Ben Jehuda systematisch neue Ausdrücke oder transkribierte europäische Wörter. Er bemühte sich um einen einfachen, volkstümlichen Stil im Gegensatz zur sonst üblichen blumenreichen Rhetorik, die mit ihren Archaismen als Umgangssprache ungeeignet war.

1890 gründete Ben Jehuda das hebräische Sprachkomité, dem die heutige Hebräische Sprachakademie nachfolgte. 1910 begann er, sein *Complete Dictionary of Ancient and Modern Hebrew*, zu veröffentlichen (1957 von seiner Witwe und seinem Sohn vollendet, 17 Bände). Den entscheidenden Durchbruch erreichte er 1913–1914, als die Lehrer der vom „Hilfsverein der deutschen Juden" finanzierten Schulen sich gegen Deutsch als Unterrichtssprache erhoben und durch Streik die Verwendung von Hebräisch durchsetzten. Auf Ben Jehudas Betreiben erklärte schließlich der britische Hochkommissar Herbert Samuel Hebräisch zur dritten offiziellen Landessprache Palästinas, das 1917, von der türkischen Herrschaft befreit, britisches Mandatsgebiet geworden war. Diese Wiederbelebung der hebräischen Umgangssprache leitete eine bis heute nicht abgeschlossene Entwicklung des Hebräischen ein, die auch die in dieser Sprache geschriebene Literatur immer mehr beeinflußte.

2. Das Ende der hebräischen Literatur in Europa

Die erste Phase der modernhebräischen Literatur ist durch die Rückkehr der jiddischen Schriftsteller Mendele Mocher Sfarim und Isaak Leib Peretz zur hebräischen Sprache gekennzeichnet, die sie einst zugunsten des verbreiteteren Jiddisch aufgegeben hatten. Mendele, ab 1881 Direktor der hebräischen Schule in Odessa, schrieb nicht nur seine jiddischen Werke in hebräischer Sprache neu, sondern verfaßte auch Erzählungen original in Hebräisch, ebenso sein autobiographisches Werk *Ba-Jamim ha-hem* („In jenen Tagen"). Seine hebräischen Neufassungen sind nicht bloße Übersetzungen, sondern erweiternde Bearbeitungen, den geänderten Zeitumständen und der hebräischen Sprache angepaßt. Ursprünglich hatte Mendele gleich Mapu ein biblisches Hebräisch geschrieben, in das er später auch Elemente der Sprache der Mischna, des Talmuds und der mittelalterlichen Literatur aufnahm; nun bemühte er sich um einen einfachen hebräischen Erzählstil, mit dem er viele jüngere Schriftsteller lange beeinflußte. Peretz, der dem jiddisch sprechenden Judentum der Diaspora größere Chancen als dem Zionismus und dem Hebräischen einräumte, an dessen Wiederbelebbarkeit er zweifelte, schrieb dennoch immer parallel zu seinem jiddischen Werk auch in Hebräisch, manches allein in dieser Sprache (so die Liebesgedichte von *Ha-Ugab*, „Die Harfe“, 1894), während er andere Werke aus dem Jiddischen ins Hebräische oder auch umgekehrt übertrug. Wie Mendele hat auch Peretz auf den hebräischen Erzählstil starken Einfluß ausgeübt.

Auch *Micha Josef Berdyczewski* (= *Bin Gorion*, 1865–1921) hat jiddisch geschrieben; bedeutender sind jedoch seine hebräischen und deutschen Werke. In chasidischen Kreisen Rußlands aufgewachsen, stieß er später zur Haskala und studierte in Deutschland die Werke von Nietzsche und Schopenhauer. Die Spannung zwischen der jüdischen Tradition und seiner späteren Lebensauffassung bestimmt sein ganzes Werk, das zahlreiche Essays über das jüdische Leben, Studien zur Bibel und Tradition sowie Erzählungen umfaßt.

Die frühen Essays Berdyczewskis verherrlichen den Chasidismus, an dem ihn weniger der religiöse Gehalt als die poetische Qualität der chasidischen Erzählungen und ihr revolutionärer Geist, in dem sie sich gegen die Orthodoxen mit ihrem starren Gesetz wenden, begeistert. Zwischen 1896 und 1900 fordert er unter dem Einfluß Nietzsches eine „Umwertung der Werte“ (so heißt einer seiner Aufsätze) im Judentum, ruft von der Buchreligion weg zu einer neuen Wertschätzung von Schönheit und Natur und predigt den Vorrang des einzelnen vor der Gemeinschaft; gegen Achad Ha-Ams nationale Auffassung der hebräischen Literatur möchte er sie von der Last der jüdischen Tradition befreien. Es folgt eine ruhigere Phase, in der er die Gemeinschaft wieder höher bewertet und nur in ihr und ihrer Einheit in Palästina den einzelnen Juden in seiner geistigen Existenz gesichert sieht.

Berdyczewskis weithin autobiographische Erzählungen zeigen diesselbe innere Gespaltenheit. In einer Gruppe von Texten schildert er realistisch und nicht ohne Sympathie das Leben im Schtetl, dessen Außenseiter und an der Tradition zerbrechende Existenzen er liebevoll zeichnet, ihren stets vergeblich versuchten Ausbruch aus dem Ghetto, das gewöhnlich durch einen Fluß von der freien Welt getrennt ist, schildert. Andere Erzählungen kreisen um das Leben jüdischer Studenten in den Städten Europas; nach ihrer Jugend in der Jeschiba glauben sie endlich die Freiheit von der Tradition zu finden, können jedoch die Trennung nie ganz vollziehen und gehen an ihrem Erbe letztlich zugrunde. Den Kampf zwischen Tradition und religiöser Freiheit verlegt er weg von den verschiedenen Kräften in der jüdischen Gemeinde in das Innere seiner Helden und konzentriert sich ganz auf ihren inneren Konflikt, der auch sein eigenes Leben als ewiger Revolutionär, der doch nie mit seiner jüdischen Vergangenheit brechen konnte, spiegelt.

Das wichtigste Ergebnis der wissenschaftlichen Beschäftigung Berdyczewskis mit der jüdischen Tradition sind seine Sammlungen jüdischer Legenden: „*Die Sagen der Juden*“ (5 Bände, 1913–1927), worin er die midraschischen Erzählungen vereint, und „*Der Born Judas*“ (6 Bände 1916–1923), in dem er nachtalmudische, vor allem chasidische Legenden sammelt. Diese Werke veröffentlichte er unter dem Pseudonym (und ab 1920 gesetzlichen Namen)

Bin Gorion. In der deutschen Ausgabe bringt er die Quellen selbst, während er in der hebräischen Fassung *(Me-Otsar ha-Aggada,* „Aus dem Schatz der Haggada", 1913–14; später erweitert als *Tsefunnot we-Aggadot,* „Geheimnisse und Haggadot") diese nachdichtet. Deutsch hat er weiters „*Joseph und seine Brüder.* Ein altjüdischer Roman" (1917) und das biblische Drama „*Eli*"(1919) vorgelegt.

Der große Klassiker der modernhebräischen Dichtung ist *Chajjim Nachman Bialik* (1873–1934). In Wolhynien geboren, lebte er von 1900 bis 1921 als Lehrer in Odessa; nach einem Aufenthalt in Deutschland kam er 1924 nach Tel Aviv – doch die Zeit seines großen Schaffens war damals schon vorbei. Berühmt wurde Bialik vor allem als nationaler Dichter, der der in Osteuropa immer stärker werdenden Liebe zu Zion literarischen Ausdruck verlieh. Mit dem sentimental-nationalen Lied *El ha-Tsippor* („An den Vogel", 1892 auf Empfehlung Ha-Ams gedruckt) trat Bialik erstmals an die Öffentlichkeit. Wichtiger ist sein langes Gedicht *Mete Midbar* („Die Toten der Wüste", 1902), das die Legende über den Auszug aus Ägypten verwertet, daß die in der Wüste Gestorbenen nicht tot sind, sondern nur schlafen. Von Zeit zu Zeit erwachen sie und rufen den Vorüberziehenden zu: „Wir sind die letzte Generation der Knechtschaft, die erste der Freiheit"; was zu einem Leitsatz der Zionisten wurde. Unter dem Eindruck des Pogroms von Kischinew (1903) schrieb Bialik das kurze Gedicht *Al ha-Schechita* („Über das Schlachten"), dessen ohnmächtiger Aufschrei in *Be-Ir ha-Harega* („In der Stadt des Mordens", 1904) dem Zorn nicht nur über die Grausamkeit des Feindes, sondern vor allem über die jüdische Schwäche, die sich alles gefallen läßt, weicht. Die Schönheit des Frühlings steigert als Kontrast nur den Schrecken des Mordens: „Die Sonne glühte, Akazie blühte, und der Schlächter schlug tot" (Übersetzung E. Simon). Eine Wirkung dieses Gedichts war die Organisation der jüdischen Selbstverteidigung in Rußland. An die Stelle der Verherrlichung der jüdischen Leidensgeschichte setzt Bialik hier und in einer Reihe weiterer Gedichte verzweifelten Zorn und prophetische Klage. Das schwer verständliche Prosagedicht *Megillat Esch* (1905, „Das Buch des Feuers") zeichnet die Tagödie des jüdischen Volkes im Spiegel von Legenden über die Zerstörung des ersten Tempels und das Exil, voll Symbolik den Kampf zwischen Glauben und Verzweiflung auch in der Seele des Dichters und seiner Generation andeutend.

Bialiks Leser schätzten auch seine trotz aller Klage mitfühlend warme Würdigung der Jeschiba, einer damals schon sterbenden Institution, die das Leben von Generationen geprägt hatte. In seinem ersten großen Gedicht hat er seine Jugend als *Matmid* („der immer lernende Talmudschüler", 1894) verewigt, gebeugt, unglücklich, im Lernen vereinsamt und doch unfähig, von der Tradition loszukommen, die irgendwie fortdauern muß. In *Al Saf Beit ha-Midrasch* („Auf der Schwelle des Lehrhauses", 1894) spricht Bialik von seiner Rückkehr in das nunmehr verlassene Lehrhaus, das er wieder aufzubauen verspricht. Auch in der autobiographischen lyrischen Erzählung *Safiach* („Unkraut",

1908) singt Bialik trotz aller Kritik voll Sympathie von dem alt-traditionellen Lehrsystem, das den introvertierten Knaben quälte und doch nie aus seinem Bann entließ.

Die wenigen *Liebeslieder* Bialiks sind meist schwermütig, überschattet vom Preis, den man für erfüllte Liebe zahlen muß, und vor allem von der verlorenen Jugend: „Man sagt, in der Welt gibt es Jugend. Wo war meine?" In *Naturgedichten* besingt er mit besonderer Liebe das Sonnenlicht und auch in seinen „Winterliedern" (*Schire ha-Choref*) sieht er vor allem das Leuchten des Schnees und die belebende Kälte, die aus dem Tod neues Leben weckt.

Später (ab 1909) schrieb Bialik eine Reihe von *Kindergedichten,* in denen er die heute übliche sefardische Aussprache übernimmt, während die meisten seiner Gedichte aschkenasisch zu lesen sind. Aus derselben Zeit stammen seine „Volkslieder".

Aus Bialiks Prosawerk sind vor allem zwei Novellen zu nennen. *Arie Baal Guf* (wörtlich „Arie, Herr des Körpers"; gemeint ist ein reicher Mensch, der sich auch materiell durchsetzen kann, 1895) ist ein jüdischer Holzhändler und Wucherer, assimiliert und mehr bei den Bauern als bei den Juden zuhause, ein Mann, der die Wege der Welt gelernt hat. *Me-achore ha-Gader* („Hinter dem Zaun", 1909) handelt von einem Burschen, der ein nicht-jüdisches Mädchen, das von ihm ein Kind erwartet, stehenläßt und nach voller Form des Religionsgesetzes eine jüdische Frau heiratet.

1905 gründete Bialik in Odessa den Verlag *Moria,* um das literarische Erbe des Judentums unter das Volk zu bringen. Mit J. Rawnitzki veröffentlichte er darin eine kommentierte Fassung der jüdischen Legenden, *Sefer ha-Aggada* (3 Bände, 1908). Ein geplantes „Buch der Halakha" wurde nie vollendet, doch schrieb Bialik als Vorarbeit dazu einen Kommentar zur ersten Ordnung der Mischna. Später setzte Bialiks Verlag *Dewir* (Tel Aviv) die Aufgabe des Moria-Verlags fort. Hier veröffentlichte Bialik mit Rawnitzki eine kritische Ausgabe von Salomo Ibn Gabirol und Abraham Ibn Esra. Auch hat Bialik zahlreiche Werke ins Hebräische Übersetzt, darunter Cervantes' „Don Quixote" und Schillers „Wilhelm Tell".

Bialik hat auf die Entwicklung der hebräischen Sprache und Literatur starken Einfluß ausgeübt, der zeitweilig sogar selbständiges Schaffen neben ihm zu ersticken drohte. Mit der hebräischen Sprache in all ihren geschichtlichen Phasen vertraut, hat er sie endgültig aus einer einseitigen Bindung an die Bibel gelöst. Schon zu Lebzeiten ein Klassiker, hat er sich sprachlichen Experimenten ferngehalten, ein gelehrtes Hebräisch geschrieben und sich nur in den Kindergedichten an der Umgangssprache orientiert. Lange wegen seiner nationalen Gedichte hemmungslos bewundert, wird er auch in einer nüchternen Neubewertung seinen Ehrenplatz in der modernhebräischen Literatur halten.

Neben Bialik konnten sich andere hebräische Dichter schwer durchsetzen. *Saul Tschernichowsky* (1875–1943) gelang dies, da er so sehr von Bialik verschieden war. In einem Dorf auf der Krim aufgewachsen, studierte er nach einigen Jahren in Odessa Medizin in Heidelberg und Lausanne, war dann Arzt in Rußland und später in Berlin, bevor er sich 1931 in Palästina niederließ. Tschernichowsky hat es nie nötig gehabt, gegen die jüdische Tradition zu kämpfen, da er sie nur oberflächlich kannte. Mehr als jeder andere hebräische Dichter war er in der Weltliteratur daheim, deren Werke er ins Hebräische übertrug, ihre formalen Errungenschaften für seine eigenen Gedichte verwertend. Man hat Tschernichowsky, den Übersetzer von Ilias und Odyssee und Verehrer des Immanuel von Rom, eine Renaissancegestalt und einen Griechen genannt. In vielen Gedichten verherrlicht er Schönheit, Lebenskraft und -freude, besingt Apollo (*Nokhach Pesel Apollo,* „Vor der Statue Apollos", 1899), schreibt von „Astarte und Bel" *(La-Aschtoret Schir we-la-Bel),* beklagt den „Tod des Tammuz" *(Mot ha-Tammuz),* verfaßt fünfzehn Sonette „an die Sonne" (*La-Schemesch,* 1919) und „heidnische Sonette" *(Sonetos Akum).* In diesen Liedern bejaht er das Leben und die Zivilisation einschließlich der Religion; im späteren Sonett „Über das Blut" (*Al ha-Dam,* 1923) lehnt er hingegen die Zivilisation als degeneriert und bar jeder schöpferischen Lebenskraft ab und setzt seine Hoffnung allein in die erlösende Macht der Kunst.

Zahlreiche *Liebesgedichte* (schon in seiner ersten Sammlung *Chesionot u-Manginot,* „Visionen und Melodien", I 1898, II 1900, später vor allem *Schirim le-Ilil,* „Gedichte für Ilil", um 1925) schöpfen aus der reichen Erfahrung seiner stürmischen Jugend. Viele *Naturgedichte* verherrlichen fast pantheistisch die Natur als göttliche Lebenskraft und beschreiben liebevoll die verschiedenen Landschaftsformen, besonders auch das Meer.

Die Beschäftigung mit Homer hat Tschernichowsky mit dem Epos vertraut gemacht. Im Gegensatz zur im allgemeinen eher lyrisch orientierten hebräischen Poesie bevorzugt er die lange, erzählende Form. Hier sind vor allem seine Epen und Balladen über die Judenverfolgungen während der Kreuzzüge zu nennen, die seine Form der Auseinandersetzung mit den Pogromen zu Beginn des Jahrhunderts wie auch mit den drohenden Schatten der frühen Hitlerzeit sind. In *Barukh mi-Magenza* („Baruch von Mainz", 1902) schildert er die Reaktion des zwangsgetauften Baruch, dessen Frau die Kreuzfahrer ermordet haben und der nun seine beiden Töchter, um sie vor Schande zu bewahren, selbst tötet, bevor er an die Stadt Feuer legt. Ebenso voll Protest gegen das Schicksal und Gott, der es zuläßt, ist Elija Chasid in den „Toten von Dortmund" (*Haruge Tirmunia,* 1937), der halbtot aufsteht und schreit, daß es keinen Gott gibt. Die sieben „Wormser Balladen" (1942) führen das Thema fort: der Tod der Märtyrer ist Vorbote eines würdigeren Lebens.

Das jüdische Leben seiner ländlichen Heimat hat Tschernichowsky in einer Reihe von *„Idyllen",* langen erzählenden Gedichten, liebevoll dargestellt, aus denen *Berit Mila* („Die Beschneidung", 1901) und *Chatunata schel Elka* („Ełkas Hochzeit", 1921) hervorragen. Anders als Bialiks Matmid sind seine Gestalten keine Toraschüler, sondern kräftige Menschen der freien Natur, von der Religion nur oberflächlich berührt und im Zusammenleben mit den russischen Bauern Antisemitismus nicht gewohnt. In der späten Idylle *Amma de-Dahaba* sind die Bienen, „das goldene Volk", im Lebenskampf im Bienenstock, dem Hochzeitsflug der Königin und dem Tod ihres Bräutigams Sinnbild der menschlichen Existenz zwischen Liebe und Tod. Mehr noch als Bialik, der eher der krönende Abschluß seiner Epoche ist, hat Tschernichowsky neue Wege der hebräischen Dichtung aufgezeigt und ist ein Bahnbrecher für die Zukunft geworden.

Zalman Shneur (1887–1959), seit einer frühen Begegnung in Odessa mit Bialik befreundet, war geistig eher Tschernichowsky verwandt, gleich dem er Leben, Kraft und Liebe verherrlicht und die heidnischen Untertöne der biblischen Geschichte bevorzugt. Dies ist besonders in seinem späten Zyklus *Luchot Genusim* („Verborgene Tafeln", 1948) deutlich, wo er – gerade vor der Entdeckung der Qumranhandschriften – davon träumt, daß einst verschollene Schriften aus dem jüdischen Altertum ans Licht kommen, die die Ansichten der einst unterlegenen Gruppen im Judemtum offenbaren. Doch auch schon im frühen Zyklus *Im Tselile ha-Mandolina* („Zu den Klängen der Mandoline", 1912), der Liebe zu einem italienischen Mädchen gewidmet, sieht er im Abschnitt *Manginot Jisrael* („Israelische Melodien") die Rache der Juden an ihren römischen Besiegern darin, daß ihr blasser Gott und die Bibel die schönen heidnischen Götter und die Lebensfreude verdrängt haben.

Lebensfreude ist das Grundmotiv vieler seiner Gedichte, auch wenn stets eine gewisse Enttäuschung mitklingt: so z. B. im fast zweihundert Seiten langen lyrischen Gedicht *Ba-Harim* („In den Bergen", 1908), zu dem ihn ein längerer Aufenthalt in der Schweiz anregte und in dem er den Wechsel der Jahreszeiten im Gebirge schildert, vor allem jedoch in seinen kurz vor dem Zweiten Weltkrieg entstandenen Gedichten *Peragim* („Mohnblumen") und *Marganijjot* („Margariten"). Sehr pessimistisch ist dagegen das Gedicht *Jeme ha-Benajim mitqarebim* („Das Mittelalter naht", 1913), in dem er prophetisch den Niedergang der europäischen Zivilisation beklagt, der zu Krieg und neuem Judenhaß führen wird.

Drei Städten, in denen Shneur gelebt hat, widmet er Gedichte: der Dekadenz des Paris vor dem Ersten Weltkrieg, der neuen Hoffnung Tel Aviv und vor allem seinem geliebten Wilna („Wilna", 1919, als Buch mit Illustrationen von Hermann Struck 1923).

In den Prosawerken, die oft zuerst in Jiddisch entstanden, erreicht Shneur nicht die Kraft seiner Gedichte. Besonders seine Romane leiden darunter, daß sie als Fortsetzung für Zeitschriften entstanden. Im Roman *Schklover Jiden* (1944 hebräisch als *Ansche Schklov*) schildert er liebevoll, manchmal auch sarkastisch die Stadt seiner Kindheit, die er in der Literatur zum Typus des Schtetls gemacht hat. Zwei seiner Gestalten werden Protagonisten weiterer Romane: *Feter Zhame* (jidd. 1930) und *Noach Pandre* (zuerst jidd., hebr. 1946). Es sind nicht Talmudgelehrte, sondern ungebildete Juden, die mit ihrer Kraft das Leben der jüdischen Gemeinschaft tragen, Menschen, die Shneur auch in *Schir Mismor le-Amme ha-Aratsot* („Loblied auf die ungebildeten Juden") verherrlicht.

Mattitjahu Mosche Schoham (eigentlich Polakevitsch, 1893–1937) aus Warschau steht in der hebräischen Literaturgeschichte ziemlich isoliert da. Schoham hat zahlreiche Essays, Lyrik und mehrere erzählende Gedichte geschrieben. Seine vier biblischen Versdramen, die ihm den Ruf eines der größten hebräischen Dramatiker eingebracht haben, haben keine Vorbilder, noch weniger einen erkenntlichen Einfluß auf Spätere ausgeübt.

Jericho (1924) verbindet die Erzählung von Rahab und den Kundschaftern (Jos 2) mit jener über Achan (Jos 7), der sterben muß, weil er sich bei der Einnahme Jerichos Banngut angeeignet hat. Achan, bei Schoham einer der beiden Kundschafter in Jericho, erliegt dem Bann Rahabs, die die dekadente städtische Kultur Jerichos symbolisiert, und bleibt in der Stadt, während sie von den Hebräern erobert wird. Wegen Verrats vor Gericht gestellt, wird er auf Drängen des nationalistischen, nach Rahab lüsternen Priesters Pinhas zum Tod verurteilt, während Eldad und Medad, die geistigen Erben Moses, umsonst Israels Botschaft als universale Erlösungslehre proklamieren, der solche Enge nicht steht.

Bileam (1928/29) ist weithin „Jericho" parallel: die Liebe Simris zur midianitischen Prinzessin Kosbi wird auch hier von Pinhas geahndet, der selbst Kosbi begehrt. Hauptthema ist hier jedoch nicht die Wirkung zweier gegensätzlicher Kulturen aufeinander, sondern der Gegensatz zwischen Mose als dem Propheten des Lichts und Bileam als dem tragischen Propheten der Finsternis, der sich letztlich vom Licht gewinnen läßt und Israel segnet, statt ihm zu fluchen.

Tyrus und Jerusalem (1933), in Palästina geschrieben und von Schoham als sein bestes Stück betrachtet, von Bialik veröffentlicht, sieht anders als die früheren Werke die heidnische Kultur, hier durch Isebel symbolisiert, völlig negativ. Ahabs Gattin haßt und verfolgt Elija, der einst ihre Liebe ausgeschlagen hatte und dennoch zwischen der Liebe zu ihr und seiner Sendung kämpfen muß. Elischa, der Isebel liebt, trennt sich schließlich von ihr und tritt die Nachfolge Elijas an. Des tyrischen Weisen Achikar Rat an die Königin, durch eine „Heirat" Jahwes mit Astarte den Gott der Israeliten zu überwinden, kommt so nicht mehr zur Ausführung.

Elohe Barsel Lo Taase Lekha („Du sollst dir keine ehernen Götter machen", 1937) dramatisiert einen Ausschnitt aus Abrahams Leben. Zwar steht auch hier noch das Thema der geschlechtlichen Anziehung zwischen dem Hebräer Abraham und der fremden Frau Hagar an der Oberfläche des Dramas, doch geht es mehr um politisch-menschliche Grundhaltungen, den Humanisten Abraham in Auseinandersetzung mit dem auf moderne Rüstung vertrauenden totalitären Gog (aus Ez 39), während der gemäßigte Lot sich zwischen den beiden völlig verloren vorkommt. Die Entstehungszeit des Dramas hat auf die Schilderung Gogs abgefärbt, der den Kampf der nördlichen Rasse gegen die östliche Rasse Abrahams ansagt. Der Osten faszinierte Schoham: nur von dort werde nach dem Untergang der westlichen Welt die Erlösung kommen, ein Motiv, das alle seine Dramen durchzieht.

Diesen Dramen fehlt es an geeigneter Handlung; es überwiegen Monologe und Zwiegespräche, die die philosophischen Auffassungen des Autors darstellen; auch ist die Sprache mit ihrem eigenen Satzbau und dem archaischen, dabei an neuen Wort- und Formschöpfungen reichen Stil sehr schwierig, so daß Schohams Dramen nie aufgeführt wurden.

3. Palästina bis zum Ende des britischen Mandats

Die hebräische Literatur der Zeit vor dem Ersten Weltkrieg war eine Leistung des osteuropäischen Judentums, das innerhalb eines Jahrhunderts aus der hebräischen Sprache ein taugliches Mittel eines modernen literarischen Schaffens machte. Doch während diese Literatur vollkommener wurde, schwand die Zahl ihrer potentiellen Leser mit dem Rückgang der traditionellen Ausbildung und den immer geringeren Hebräisch-Kenntnissen der jüdischen Bevölkerung. Die russische Revolution machte dann der hebräischen Literatur ein Ende, da Hebräisch (anders als Jiddisch) als konterrevolutionäre Sprache verpönt wurde.

Daß diese Entwicklung nicht das Ende der hebräischen Literatur bedeutete, ist der Wiedergeburt der hebräischen Sprache in Palästina zu verdanken. Schon seit etwa 1880 wanderten zahlreiche osteuropäische Juden in das bis 1917 noch türkische Palästina ein. Die zweite *Alija* („Einwanderungswelle“, 1904–1914) brachte auch eine Reihe hebräischer Autoren und die 1907 gegründete Zeitschrift *Ha-Poel ha-Tsair* („Der junge Arbeiter“) wurde nicht nur zum politischen, sondern auch zum literarischen Organ der Pioniere, deren im Arbeitsleben des Alltags gesprochenes Hebräisch die Sprache bereicherte und geschmeidiger machte. Die dritte Alija (1919–1923) brachte weitere hebräische Dichter nach Israel. 1924 kam Bialik nach Tel Aviv, wo er zum Zentrum der literarischen Welt wurde, vielbewundert, doch bald nicht mehr alleiniges Vorbild: die hebräischen Dichter Europas mußten den Schriftstellern Palästinas weichen, wo nun das Zentrum der hebräischen Literatur war.

Hebräisch wurde immer mehr zur Umgangssprache; doch die Zahl derer, die sie genügend beherrschten, um schöne Literatur lesen zu können, blieb sehr beschränkt (und wird es naturgemäß bleiben). So war und ist der hebräische Dichter mehr als die Vertreter anderer Literaturen auf den Kontakt mit dem literarischen Schaffen in anderen Sprachen angewiesen, soll er sich nicht selbst ein neues Ghetto schaffen. Das rechte Maß zwischen Offenheit nach außen und Eigenständigkeit zu finden, jüdische und nicht einfach hebräische Literatur Palästinas zu sein, wurde immer mehr zur Lebensaufgabe dieser Dichtung.

Josef Chajjim Brenner (1881–1921) stammt wie fast alle hebräischen Schriftsteller dieser Zeit aus Rußland. Nach einigen Jahren in London kam er 1909 nach Palästina, wo er der führende jüdische Schriftsteller der ottomanischen Zeit wurde. Von der traditionellen Religion, von Zionismus und Sozialismus enttäuscht, ist er ein sozial engagierter Schriftsteller, der sich jedoch auch in Palästina in keine Ideologie einspannen ließ. In Detail zeichnet er das jüdische Arbeiterleben mit allen Schattenseiten; seine Helden sind gescheiterte, entwurzelte Existenzen. Diese Tendenz zeigt sich schon im Erzählband *Me-Emeq Akhur* („Aus dem Tal der Bedrängnis", 1901), in der Erzählung *Min ha-Metsar* („Aus der Enge", 1908) und dem ebenfalls im jüdischen Arbeitermilieu Londons angesiedelten Drama *Me-eber la-Gebulin* („Von jenseits der Grenzen", 1909).

Die Übersiedlung nach Palästina ändert nichts an der Grundstimmung seiner Schriften, auch wenn in den Romanen *Mi-kan u-mi-kan* („Von hier und dort") und *Ben Majjim le-Majjim* („Zwischen den Wassern") neben den negativen Helden auch positivere Nebenfiguren treten. Sein letzter und bester Roman, *Schikhul we-Khischalon* („Verlust und Scheitern", 1920) erzählt von Ezechiel Chefets, der sich nach langer Wanderung in einem Kibbutz niederläßt, auch dort versagt und krank von seinem armen Onkel in Jerusalem aufgenommen wird. Doch auch dort findet er sich nicht zurecht: seine Cousine verliebt sich in ihn, doch er begehrt ihre jüngere Schwester, die schon einen anderen hat. Dennoch sieht der Held schließlich eine Möglichkeit, seinem Leben trotz allem einen Sinn zu geben.

Brenner, von Berdyczewski, mehr noch von Dostojewski und G. Hauptmann, deren Werke er ins Hebräische übersetzt hat, abhängig, ist ein ganz vom Sozialen eingenommener Realist: seine Werke sind so auch historische Dokumente des jüdischen Lebens zu Beginn des Jahrhunderts in London und der schwierigen Eingliederung der Neueinwanderer in Palästina. Realistische Wirkung erreicht er vor allem durch seine Detailschilderung und einen dokumentarischen oder autobiographischen Stil. Die Hauptfiguren seiner Erzählungen sind meist Varianten seiner selbst, Wanderer auf der Suche nach dem Sinn des Lebens und ihrer wahren Identität, deren ständiger Ortswechsel ihre innere Haltlosigkeit verrät.

Die Suche nach absoluter Wahrhaftigkeit macht Brenner auch zum Hauptvertreter der psychologischen Schule in der hebräischen Literatur: im Vordergrund seiner handlungsarmen Romane stehen die Bekenntnisse der Protagonisten, die ihr Inneres bloßlegen, zu allem kritisch und für nichts zu begeistern sind. Lebensnähe sucht Brenner auch in der Sprachgestaltung; Ausdrücke aus dem Jiddischen, Russischen, Englischen oder Deutschen färben je nach dem Milieu die Rede seiner Helden und geben ihr ebenso wie der Satzbau mit seinen Wiederholungen und den abgerissenen Sätzen etwas Spontanes. Gerade diese Brenner anfangs als Unvermögen angekreidete Kunstlosigkeit ist später vorbildhaft geworden.

Aus einer chasidischen Familie Galiziens stammt *Schmuel Josef Agnon* (1888–1970), der schon jung unter seinem eigentlichen Namen Czaczkes zu veröffentlichen begann. Sein bestes Werk aus dieser frühen Zeit ist der *Toitn-Tanz* (1907, später auch hebr.), dessen oft bemerkte Nähe zu Kafka (der erst später bekannt wurde) auf die gemeinsame Wurzel beider in der deutschen Romantik zurückgeht. 1907 übersiedelte er nach Jaffa, wo er 1908 erstmals für die Erzählung *Agunot* das Pseudonym Agnon verwendete (ab 1924 sein richtiger Name). *Agunot*, gewöhnlich verlassene Frauen, die nicht wieder heiraten können, sind hier allgemein als „gebundene Seelen" zu verstehen (die deutsche Übersetzung trägt den Titel „Seelenverbannung"), junge Menschen in Jerusalem, deren Herzen hoffnungslos in Liebe gebunden sind und die auf der Suche nach Erfüllung alle Jerusalem, d.h. das Paradies, verlassen müssen.

Brenner gab 1912 Agnons erstes Buch, die Novelle *We-haja he-Aqob le-Mischor* (deutsch 1918 „Und das Krumme wird gerade") heraus. Wie viele seiner Erzählungen in der Welt der frommen Juden Galiziens beheimatet, erzählt diese Novelle von der Verarmung Menasse Chajjims, dem der Rabbiner einen Empfehlungsbrief zum Betteln ausstellt; dabei erfolglos, verkauft er den Brief an einen Bettler, der bald darauf stirbt und als Menasse begraben wird, dessen Frau bald wieder heiratet. Sobald der echte Menasse heimkommt und dies erfährt, zieht er sich zurück, ohne den Vorfall aufzuklären. Aus Liebe zu seiner Frau will er sie nicht in ihrem Glück stören, auch wenn er unter diesem Verhalten als Sünde leidet.

Schon hier entwickelt Agnon einen literarischen Stil, der völlig mit der für ihn typischen inneren Welt der chasidischen Juden übereinstimmt, eine aus Gebetsbüchern und der Erbauungsliteratur des frühen 19. Jahrhunderts übernommene, mit zahlreichen Bibel- und Talmudzitaten durchsetzte Sprache. Damit etablierte sich Agnon als pietistischer Schriftsteller, der eine verlorengegangene Welt des heilen Glaubens reizvoll erstehen läßt. Doch steht gerade in der so authentischen Wiedergabe des frommen Milieus satirische Absicht, die diese Welt zwar voll Sympathie zeichnet, sie jedoch zugleich nicht ganz ernst nimmt. Dies macht sein erster Roman, *Hakhnasat Kalla* („Die Versorgung der Braut", ab 1919 in Teilen gedruckt, 1931 in endgültiger Form) deutlich. Handlung und Aufbau erinnern an Mendele Mocher Sfarim: der fromme Reb Judel zieht durch Galizien, um für seine Töchter eine entsprechende Aussteuer zu erbetteln und nachher nach Palästina auszuwandern. Seine Beobachtungen unterwegs und was ihm auf der Reise erzählt wird, bilden eine Reihe ziemlich selbständiger Erzählungen, die jedoch kunstvoll ins Ganze integriert sind. Die romantische Atmosphäre täuscht nicht über die satirische Absicht des Autors hinweg, der diese Welt der Tradition milde belächelt und zur Parodie werden läßt, wenn sogar die beiden Pferde gelehrt mit Bibelversen argumentieren, Judels Tun mit Satzfetzen aus frommen Büchern geschildert wird und Agnon sogar oft in die Reimprosa der Maqama übergeht, der satirischen Form des Mittelalters.

Gegen ein zu romantisches Verständnis Agnons stehen vor allem seine späteren Romane, deren frühe Formen oft schon bald nach 1930 entstanden. *Oreach Nata Lalun* (1938–39; deutsch: „Nur wie ein Gast zur Nacht") ein im Schaffen Agnons zentrales Werk, knüpft an seinen kurzen Besuch in der galizischen Heimat an (1930), prägt ihn jedoch unter dem negativen Eindruck der dreißiger Jahre völlig um. Der zum Versöhnungstag in seine von der Erinnerung verklärte Stadt Schibusch zurückgekehrte Schriftsteller wird enttäuscht: die Stadt leidet noch stark an den Folgen des Weltkriegs; die Tradition zählt nicht mehr und das geliebte Lehrhaus seiner Jugend ist verlassen; der Schlüssel dazu wird ihm als einzigen Erben der alten Zeit anvertraut, doch dann kehrt er aus dieser trostlosen Welt wieder nach Palästina zurück.

Der Held von *Tmol Schilschom* („Gestern, vorgestern", 1945) ist ein passiver Held wie Judel, von dem er abstammt. Mit der zweiten Alija nach Palästina gekommen, kann Isaak sein Pionierideal nicht verwirklichen; sein Leben verläuft ohne große Ereignisse und da er sein persönliches Glück gefunden zu haben scheint, trifft ihn ein sinnloser Tod durch einen tollen Hund, der im ganzen Roman die eigentliche Hauptrolle innehat.

Scheitern ist auch das Los des Byzantinisten Herbst in *Schira* (1971, Teile schon Jahre früher veröffentlicht): auch er ist mit der zweiten Alija nach Palästina gekommen und wohnt nun in Jerusalem. Er träumt, sein Leben mit der Krankenschwester Schira neu zu gestalten, aus seiner Ehe und der akademischen Existenz in ein sinnvolleres Dasein auszubrechen, was ihm jedoch nicht gelingt.

Der ruhige Stil Agnons, der dem alltäglichen Leben fern scheint, und die häufige Atmosphäre von Legende und ungebrochenem Glauben können nicht verbergen, daß unter der Oberfläche tiefer Pessimismus liegt, der mit der Tradition gebrochen, das ganzheitliche Lebenverständnis der Väter verloren und das Dasein als sinnlos erfahren hat. In Agnon hat die hebräische Erzählung ihren bislang tiefsten Autor gefunden, dessen Interpretation trotz schon jahrzehntelanger Versuche eben erst begonnen hat.

Der zweite große hebräische Erzähler der Mandatszeit war *Chajjim Hazaz* (1898–1973). Nach dem Ersten Weltkrieg kam der russische Jude nach Berlin, damals ein Zentrum der hebräischen Literatur. Voll Sympathie für die ältere Generation schildert er in dieser Zeit die Umwandlung des Schtetls durch die russische Revolution; Chaos und Untergangsstimmung herrschen vor. Einige dieser Erzählungen arbeitete Hazaz später zum Roman *Dalte Nechoschet* („Bronzetore", 1957) um. *Schmuel Frankfurter*, der Titelheld einer dieser Erzählungen, ist ein idealistischer, Nächstenliebe predigender Revolutionär, der in den Wirren der Zeit den Tod findet. Den Vorabend der Revolution und die Schatten, die er auf das jüdische Leben wirft, zeichnet Hazaz in *Be-Jischub ha-Jaar* („In der Waldsiedlung", 1930), seinem ersten Roman, den er in seine gesammelten Werke nicht aufgenommen hat.

Ab 1932 in Palästina, bringt Hazaz im Band *Rechajjim Scheburot* („Zerbrochene Mühlsteine", 1942) neben osteuropäischen Themen auch schon Erzählungen über Israel, so *Ha-Tajjar ha-Gadol* („Der große Tourist"), eine grotesk-satirische Schilderung des Wallfahrtswesens zu den historischen Stätten Palästinas. Nun begann Hazaz auch, sich für das jemenitische Judentum zu interessieren. Der Roman *Ha-Joschebet ba-Gannim* („Die in den Gärten wohnt", 1944) schildert die Anpassungsprobleme der Jemeniten in Jerusalem. Der Großvater lebt noch ganz der mystischen Tradition und sieht im Zweiten Weltkrieg ein Vorzeichen des Messias; sein Sohn lebt im kulturellen Niemandsland, weder in der Tradition Jemens noch in der geistigen Welt Jerusalems zuhause, während die Enkelin sich oberflächlich integriert und einem Kibbutz beitritt. Die Kultur und Geisteswelt der jemenitischen Juden bildet auch im Hauptwerk von Hazaz, *Jaisch* (4 Bände, 1947–1952) den Hintergrund. Der junge Jemenit Jaisch gibt sich völlig der lurianischen Kabbala hin, wirft diese mystische Welt jedoch bei der Einwanderung nach Palästina ab. Der handlungsarme Roman ist eine psychologische Studie des Mystikers und seiner Traumwelt, in der er als Höhepunkt seine Himmelfahrt erlebt und mit den Engeln spricht.

Gleichzeitig arbeitete Hazaz an einem Drama aus der Zeit Schabbetai Zwis: *Be-Qets ha-Jamim* („Am Ende der Zeiten", 1950). Gegen den von der Messiasidee begeisterten Helden des Stücks wehrt sich die deutsch-jüdische Gemeinde mit ihrem Rabbiner im Namen der Orthodoxie. Es fehlt ihr der Mut, sich erlösen zu lassen (ein wichtiges Thema bei Hazaz).

In der endgültigen Fassung seiner Werke (1968) tilgt Hazaz weithin Arabismen und kabbalistische Ausdrücke, die ursprünglich das Milieu echter gestalten sollten. Er zeichnet sich durch eine bilderreiche, durch ständige Anspielungen an talmudische und kabbalistische Vorstellungen jedoch oft schwer verständliche Sprache aus. Seine Behandlung der Themen liegt, besonders in den späten Werken, an der Grenze zwischen Tragik und Komik, Sympathie und Sarkasmus.

In den Jahren nach 1920 beherrschte Bialik noch völlig die Dichtung Palästinas. Doch genügt sein wohlgerundeter klassischer Stil den jungen Dichtern der dritten Alija (1923) nicht mehr, um ihre vom Weltkrieg, der russischen Revolution und dem Pionierleben in Palästina geprägte Erfahrung ausdrücken zu können. *Abraham Shlonsky* (1900–1973) löste sich radikal vom Vorbild Bialiks und wurde durch sein Werk, aber auch durch seine polemischen Artikel über die hebräische Poesie und als Herausgeber verschiedener Zeitungen und Zeitschriften zum Führer der jungen Kräfte und damit zu einem der Begründer der palästinischen Dichtung.

Der in der Ukraine geborene Shlonsky kam 1921 nach Palästina, wo er anfangs als Bauarbeiter lebte, sich als „dichtenden Straßenbauer" bezeichnend. Ab 1925 Journalist, hat er die erlösende Kraft der Pionierarbeit weiterhin besungen. Er verzichtet meist auf den Reim, bricht auch gern den Rhythmus und übernimmt vor allem die sefardische Aussprache des israelischen Umgangshebräisch. Damit hat Shlonsky Schule gemacht. Sein erster Gedichtband, *Dewai* („Schmerz", 1924) verleiht der Desillusion nach dem Weltkrieg und der Oktoberrevolution Ausdruck. Es folgten die Bände *Ba-Galgal* („Im Rad", 1927) und *Ba-Elle ha-Jamim* („In jenen Tagen", 1930), unter dem Eindruck der Unruhen dieser Jahre in Palästina geschrieben. *Abne Bohu* („Steine der Wirrsal", 1934) drückt seine Enttäuschung mit Paris als dem Urbild der westlichen Industriestadt aus und spricht von der „rechteckigen Angst" des modernen, vereinsamten Stadtmenschen. Pessimistisch sind auch die *Schire ha-Mappolet we-ha-Pijjus* („Lieder von Zusammenbruch und Versöhnung", 1938), die die ersten Jahre der NS-Herrschaft zum Hintergrund haben. Doch endet der Band mit einem Gedicht der Hoffnung, *Bereschit chadascha* („Eine neue Schöpfung"), das auch den Fortsetzungsband *Al-Milait* („Über die Fülle", 1947) einleitet: jenseits aller negativen Erfahrungen sucht er sich mit der Welt zu versöhnen, in sich die Liebe zu den Dingen und die Sicherheit seiner Kindheit wiederzuentdecken. *Me-Schire ha-Prosdor ha-Arukh* („Aus den Liedern des langen Korridors", 1968) zeigt einen besinnlichen Shlonsky, der über Leben und Tod meditiert und dazu eine an Kafka erinnernde Symbolwelt verwendet, während seine letzte Sammlung *Sefer ha-Sulamot* („Buch der Leitern", 1973) im biblischen Symbol der Jakobsleiter seine Sehnsucht ausdrückt, über die irdische Welt hinauszugelangen. Auch hier herrscht das Motiv des nahen Todes vor.

Neben eigenen Gedichten hat Shlonsky auch Übersetzungen vorgelegt, die die Hälfte seiner gesammelten Werke umfassen: zu nennen sind Shakespeare's Hamlet und Lear, sowie Werke von Puschkin, Gogol, Tschechow und Babel.

Uri Zwi Greenberg (1894–×) führte eine Gruppe expressionistischer jiddischer Dichter in Lemberg an, bevor er 1924 nach Palästina kam, wo er nur noch Hebräisch schrieb. Nach den Unruhen von 1929 löste er sich völlig vom Sozialismus und betonte in seinen Gedichten scharf nationalistisch die Einzigartigkeit des erwählten Volkes. Er versteht sich als den unbeachteten Unheilspropheten, der in langen Gedichten die Politik Großbritanniens in der Mandatszeit, aber auch die nachgiebige Haltung der jüdischen Politiker gegenüber den Arabern beklagt. Die Ideologie ist ihm wichtiger als die dichterische Form. Er drückt sich in stürmisch-pathetischer Rhetorik aus, ungebunden durch feste Rhythmen, weniger von europäischen dichterischen Mustern, die er in der Theorie völlig ablehnt, als von der biblischen Dichtung abhängig, von den aschkenasischen Selichot und der Bildsprache der Kabbala, die seinen Vorstellungen entgegenkommt. Das Leiden des Judentums und sein Wiederaufbau stehen im Mittelpunkt. Im *Sefer ha-Qitrug we-ha-Emuna* („Buch der Anklage und des Glaubens", 1937) warnt er vor den sich schon abzeichnenden Schrekken der Naziherrschaft in Europa, die er in *Rechobot ha-Nahar* („Flußstraßen", 1951) haßerfüllt als Höhepunkt der christlichen Judenfeindschaft deutet, eine Zeit, in der Gott, der den erwarteten Erlöser nicht sandte, zum Friedhofswächter Israels wurde. Dennoch glaubt Greenberg weiter an die

Vorherbestimmung der jüdischen Geschichte und die kommende Erlösung, die sich paradoxerweise gerade in Tod und Unheil verwirklicht. Im Zionismus beginnt schon jetzt die messianische Verheißung sich zu erfüllen, auch wenn das jüdische Volk dieses Ideal nur halbherzig ausführt. Die apokalyptische Prophetie Greenbergs stößt zwar auf starken politischen Widerstand; doch findet seine dichterische Leistung als solche immer mehr Anerkennung.

Isaak Lamdan (1899–1954) ist vor allem durch sein langes Gedicht *Masada* (1927) bekannt geworden. Wie Greenberg Nationalist, dem die Rhetorik mehr als die rein künstlerische Form bedeutet, zeichnet er sein Erleben der russischen Revolution und den Weg nach Israel, von dem ihn seine antizionistischen Freunde nicht abhalten können. Dem europäischen Judentum bleibt nur die Flucht nach Palästina, wie einst Masada nach dem Jahre 70 die letzte Festung, auf die es sich stützen kann, auch wenn immer mehr Juden, die dorthin kommen, die rechte Motivation fehlt.

Natan Alterman (1910–1970), 1925 aus Warschau nach Tel Aviv gekommen, stand anfangs unter dem Einfluß Shlonskys, wurde jedoch bald selbst Mittelpunkt einer neuen Richtung. Vor allem seine wöchentlichen Gedichte, in denen er in der Zeitung *Dabar* seit 1943 satirisch zu Tagesfragen Stellung nahm, die Haltung der britischen Behörden gegenüber der jüdischen Einwanderung und die Entwicklung des jungen Staates Israel kommentierte, machten ihn bekannt. Anfangs identifizierte er sich völlig mit Israel (so auch in *Ir ha-Jona*, „Stadt der Taube", 1957), das er später wegen der nachlassenden Einsatzfreude immer kritischer beurteilte (*Chagigat Qaits*, „Sommerfest", 1964).

Als Führer der dichterischen Avantgarde etablierte sich Alterman mit symbolistischen, ganz von der Umgangssprache geprägten Gedichten, in denen er den farbenfrohen Urwald, das verlorene Paradies, der mythisierten Stadt gegenüberstellt, dem Bild der dekadenten, feindlichen Welt. Ein streng symmetrischer Aufbau der Gedichte soll auch formal die Suche nach der Schönheit des Paradieses ausdrücken. In *Simchat Anijjim* („Die Freude der Armen", 1941) wendet er sich von dieser Symbolwelt wieder mehr den Bildern der jüdischen Tradition zu und hofft gerade in der drohenden Zerstörung des Zweiten Weltkriegs, daß die Liebe den Tod überwinden kann. Dem Krieg folgt im ewigen Kreislauf der Geschichte stets neues Leben, wie Alterman in *Schire Makkot Mitsrajim* („Lieder von den ägyptischen Plagen", 1944) vertritt.

Wie Alterman war auch *Lea Goldberg* (1911–1970), als sie nach ihrem Studium in Deutschland 1935 nach Tel Aviv kam, eine Anhängerin Shlonskys, der ihr bei der Veröffentlichung ihres ersten Gedichtbandes *Tabaot Aschan* („Rauchringe, 1935) half. Die letzte große Europäerin in der hebräischen Literatur – sie übersetzte Petrarca und Shakespeare, Tolstoi, Tschechow, Gorki, Heine, Rilke und Brecht ins Hebräische und lehrte seit 1952 an der Hebräischen Universität Jerusalem vergleichende Literaturwissenschaft –, liebt sie die klassischen Formen, vor allem das Sonett, das sie in allen möglichen

Varianten verwendet. Sie strebt nach klarer Sprache, konkreten Bildern und durchsichtiger Einfachheit, ein Bemühen, das auch ihre zahlreichen Gedichte und Erzählungen für Kinder so erfolgreich gemacht hat. Sie verarbeitet selten jüdische Themen, sondern bleibt zumeist im klassischen Themenbereich der Lyrik – Leben, Tod, Natur und (unerfüllte oder vergangene) Liebe. *Mi-Beti ha-Jaschan* („Von meinem alten Heim", 1944) ist Goldbergs Antwort auf die Tragödie des Judentums in der Nazizeit, die sie ihrer litauischen Heimat gedenken läßt, ohne Racheschrei, in stiller Resignation, wie sie auch aus der späteren Sammlung *Al ha-Pericha* („Über die Blüte", 1948) klingt. *Baraq ha-Boqer* („Morgenblitz", 1956) enthält u.a. ein Gedicht über Jerusalem (*Be-Hare Jeruschalajim*, „In den Bergen Jerusalems") und die Sonette *Ahabata schel Teresa di Mon* („Die Liebe der Thérèse du Meun") über die Liebe einer alternden Adeligen des Mittelalters zum jungen Lehrer ihrer Kinder. Die meisten ihrer Gedichte sind in *Muqdam u-Meuchar* („Frühes und Spätes", 1960) gesammelt, ihre letzten Werke in *Scheerit ha-Chajjim* („Lebensrest", 1971) enthalten.

Aus Goldbergs Prosawerk sind neben literaturkritischen Arbeiten das romanartige Buch *We-hu ha-Or* („Das ist das Licht", 1946) und das Drama *Baalat ha-Armon* („Die Schloßherrin", 1956) zu nennen. In beiden Werken geht es um ein junges empfindsames Mädchen, das mit der Realität von Leid und Schrecken konfrontiert wird und in der Dichtung Halt findet, um nicht am Leben zu verzweifeln. Wie in Goldbergs gesamten Schaffen herrscht auch hier eine Atmosphäre der stillen Resignation und des leisen Hoffens trotz allem.

4. Der Staat Israel

Die Schriftsteller, die in den Jahren um die Staatsgründung Isreals zu schreiben begannen, sind meist schon im Land geboren; Hebräisch ist ihre Muttersprache, die Verbindung zur europäischen dichterischen Tradition schwach. Vorbilder werden immer mehr nicht russische, deutsche oder französische, sondern englische und amerikanische Dichter; erst ab etwa 1960 kommen dazu die französischen Existentialisten und auch Kafka. Nicht nur das Band zu Europa reißt, auch jenes zur jüdischen Tradition wird nach einer Generation religiös ungebundener zionistischer Erziehung immer schwächer. An die Stelle der Geschichte tritt der Raum, die palästinische Landschaft, in der diese Dichter aufgewachsen sind. Die hebräische Dichtung wird zu einer Regionalliteratur, die ziemlich eindimensional ist und erst später wieder zu neuer Weite ausholt, eine eher israelische als jüdische Literatur.

Die Verengung der Perspektive ist bei *S. Yizhar* (1916–×; das S. steht für den Familiennamen Smilanski) besonders deutlich. Seit 1938 stellt er in Erzählungen das Kibbuzleben mit seinem Konflikt zwischen den Idealen der Gruppe und der Selbstverwirklichung des einzelnen dar, wobei letztlich immer die Gemeinschaft siegt. Später widmet er sich fast ausschließlich der Darstellung des Kriegsjahres 1948. Den Höhepunkt erreichten diese Bemühungen im Roman *Jeme Tsiqlag* („Die Tage von Ziklag", 2 Bände, 1958). Die äußere Handlung – der Kampf um eine strategische Anhöhe im Negeb, als das biblische Ziklag identifiziert, wo sich einst David auf seiner Flucht vor Saul aufgehalten hat; erst im dritten Ansturm erobern die jüdischen Truppen endgültig den Hügel – steht nicht im Vordergrund des Buches. Dieser ist vielmehr von der Landschaft beherrscht, die Yizhar in lyrischer Sprache beschreibt, aber auch von der Innenwelt der jungen Soldaten, die Yizhar in langen inneren Monologen darstellt. Die Träume und Wünsche der jungen Männer unterscheiden sich von jenen der Einwanderergeneration; doch der Kampf gegen das Kollektiv und der Zweifel an seinen Werten, am Krieg und der Gewalt führen zu nichts, da der einzelne sich resigniert der Gemeinschaft fügt. Auch in den Erzählungen steht der innere Kampf des einzelnen, der ohne religiöse Traditionen lebt und auch dem profanen Credo der ersten Pioniere nichts mehr abgewinnen kann, stets im Mittelpunkt. So sehr beherrscht der Befreiungskrieg Israels und das Leben der Soldaten in der Landschaft Palästinas, die ihnen Halt gibt und die Tradition ersetzt, das Schaffen Yizhars, daß man ihn einen „Virtuosen auf einer einzigen Saite" genannt hat.

Moshe Shamir (1921–×) befaßt sich mit denselben Themen, wenn auch sein Register breiter ist. Seine Helden sehen in ihrer Extravertiertheit weniger Probleme, sondern lassen sich begeistert von den Idealen der jüdischen Pioniere hinreißen. Typisch dafür ist Uri in *Hu Halakh ba-Sadot* („Er ging in den Feldern", 1947). Im Kibbuz aufgewachsen, identifiziert er sich mit der Gemeinschaft, ist ein mutiger, in seiner rauhen Schale empfindsamer Mensch, eine Führernatur. Was immer er an Fehlern hat, sühnt er durch seinen Tod in einer Kommandoaktion der jüdischen Selbstverteidigungsorganisation.

Die Problematik des durch die Umwelt zum Führer geprägten Menschen hat Shamir in zwei historischen Romanen herausgearbeitet. *Melekh Basar we-Dam* („Ein König von Fleisch und Blut", 1954) schildert die ersten Regierungsjahre Alexander Jannais, seinen Aufstieg zur Macht und den skrupellosen Einsatz seiner Mittel, der ihn vom Verteidigungs- zum Angriffskrieg übergehen läßt, zur Eroberung von Akko und Gaza, ihn aber auch in den Kampf mit den Pharisäern hineinzieht. Die Verbundenheit des Autors mit der geschilderten Landschaft, die genaue Kenntnis der Geschichte (vor allem aus Josephus und rabbinischen Quellen) und auch die dem Mischna-Hebräischen nahe Sprache tragen viel zur Echtheit dieses Romans bei. Die im historischen Rahmen dargestellten Probleme sind die seiner eigenen Generation, wie auch im biblischen Roman *Kibsat ha-Rasch* („Das Schaf des Armen", 1956), in dem Shamir nochmals dem Mißbrauch der Macht nachgeht, diesmal am Beispiel Davids, der seinem Freund Urija die Frau wegnimmt und ihn in den Tod treibt. Im als Tagebuch Urijas stilisierten Roman nimmt dieser in Kenntnis des wahren Sachverhalts freiwillig den Tod auf sich.

Ki-Arom Ata („Denn du bist nackt", 1959) führt die Kritik am israelischen Selbstverständnis wieder im Rahmen der nahen Vergangenheit weiter. Wie bei Yizhar steht der Konflikt des einzelnen mit dem Kollektiv im Vordergrund; die Jugend kann die Ideale der Gründerväter nicht mehr ungeprüft hinnehmen. Noch kritischer ist der Roman *Ha-Gebul* („Die Grenze", 1966), der die drückende Stimmung in Irael vor dem Sechstagekrieg von 1967 wiedergibt.

Der in Polen geborene, doch in einem Kibbuz aufgewachsene *Aharon Megged* (1920–×) schildert in seinen ersten Erzählungen das Leben im Kibbuz und die Arbeit im Hafen von Haifa (*Ruach Jamim,* „Wind der Meere", 1950), während der Roman *Hedwa we-ani* („Hedwa und ich", 1954) leicht satirisch das israelische Leben nach 1948 schildert. Schlome, eine Art Antiheld, möchte gerne im Kibbuz bleiben, doch seine Frau Hedwa will in die Stadt. Dort darf er nicht ein gewöhnlicher Arbeiter sein, sondern wird von Hedwas Familie als Beamter untergebracht, macht Karriere, wird dann aber entlassen und läßt sich nicht weiter an die materialistische Stadt binden; ungewollt, wie er den Kibbuz verließ, kehrt er auch wieder dorthin zurück.

Der surrealistische Roman *Miqre ha-Khesil* („Der Fall des Toren", 1960) handelt von der Einsamkeit des naiven „Guten" in einer Gesellschaft der „Bösen". Nirgends aufgenommen, gründet er eine eigene Gruppe der „Guten", scheitert jedoch auch dabei. Vor dem Selbstmord rettet ihn nur der ausbrechende Krieg: in Gefahr ist ganz Israel eine Gemeinschaft.

Meggeds spätere Romane stellen das Verhältnis der Literatur zum Leben in den Vordergrund. In *Ha-Chai al ha-Met* („Der Lebende über den Toten", 1965) äußert sich das Zurückbleiben der israelischen Wirklichkeit gegenüber den Erwartungen der Pioniere in der Unfähigkeit des Schriftstellers Jonas, über den Helden Davidov zu schreiben. Protagonisten von *He-Chajjim ha-Qetsarim* („Das kurze Leben", 1972) sind ein Versicherungsvertreter und eine Literaturdozentin; ein Verlagslektor und der nur im Hintergrund präsente Schriftsteller sind die Hauptpersonen von *Machberot Abjatar* („Die Notizbücher Abjatars", 1973). In der Thematik tritt das eigentlich jüdische Element zugunsten des israelischen zurück; sprachlich sind jedoch seine späteren Werke von Talmud und Midrasch und von der Kabbala mitgeprägt.

Abraham B. Jehoschua (1936–×) schreibt nicht über Krieg und Kibbuz, sondern zeichnet eine an Kafka und gewisse Erzählungen Agnons gemahnende zeit- und raumlose Innenwelt voller Symbolkraft, in der der Todestrieb ein Hauptmotiv ist (*Mot ha-Zaqen,* „Der Tod des Alten", 1962). Der Erzählband *Mul ha-Jearot* („Gegenüber den Wäldern", 1968) setzt diese Tendenz fort, auch wenn nun ein fester zeitlicher und räumlicher Rahmen vorliegt. Eine Wende in der israelischen Literatur bedeutet auch *Aharon Appelfeld* (1932–×), der selbst die Konzentrationslager erlebt hat und sich daher an das sonst meist vermiedene Thema der NS-Zeit wagt. Der „Rauch" (so heißt sein erster Band: *Aschan,* 1962) des Krieges überschattet alle seine Erzählungen, in deren Mittelpunkt das nie gelingende Vergessen der Vergangenheit steht. Das

Massensterben verliert seinen historischen Rahmen und wird Symbol der ewigen Bedrohung, die den nach Israel Entkommenen auch dort noch verfolgt. Die Helden Appelfelds, anders als die der israelischen Literatur gleich nach der Staatsgründung meist ältere, jedenfalls erfahrene Leute, sind unfähig, neu anzufangen und in Israel Wurzeln zu schlagen, sondern leben von der Erinnerung an die Zeit vor Hitler (so z. B. im Erzählband *Kefor al ha-Arets,* „Reif auf dem Land", 1966).

Amos Oz (1939–×) nimmt in seinen Erzählungen (*Artsot ha-Tan,* „Länder des Schakals", 1965) und Romanen (*Maqom Acher,* „Ein anderer Ort", 1966; *Michael scheli,* „Mein Michael", 1968) den traditionellen Rahmen des Kibbuzlebens und der kleinbürgerlichen Welt Jerusalems wieder auf, betont darin jedoch das Dämonische, die Nachtseite der „Schakale", den Aufruhr gegen die Kibbuzmoral besonders im Sexuellen (so in „Ein anderer Ort"). Die Tabus zerbrechen unter dem Druck einer bedrohlichen Umwelt, die durch die Grenzlage des Kibbuz besonders betont wird. Auch Jerusalem in „Mein Michael" nimmt in den Augen der Erzählerin Channa ein bedrohliches Aussehen an, umgeben von arabischen Dörfern, die es einschnüren. Channa kann sich mit der kleinen Welt ihres Mannes Michael, der Geologie studiert und sich völlig mit den Werten seiner Umgebung identifiziert, nicht abfinden und flüchtet in ihre Innenwelt, die vom Traumbild arabischer Zwillinge beherrscht ist, die sie in ihrer Kindheit gekannt hat und die in ihrer Phantasie als Guerillas wiederkehren und sie vergewaltigen, Albtraum und unterdrückter Wunsch zugleich. In der Titelerzählung des Bandes *Ad Mawet* („Bis zum Tod", 1971) verlegt Oz, heute der führende junge Schriftsteller in Israel, das Dämonische, das die Innenwelt seiner früheren Helden beherrscht, in die Wirklichkeit der Kreuzzüge, die als Urbeispiel des religiösen Fanatismus die Frage nach den Wurzeln des Antisemitismus besonders scharf hervortreten lassen.

Das *Theater,* für das auch einige der genannten Autoren wie Shamir und Megged geschrieben haben, wird in Israel vor allem durch *Nissim Aloni* (1926–×) vertreten. Sein erstes und erfolgreichstes Stück, *Akhzar mi-Kol ha-Melekh* („Grausamer als alle ist der König", 1953), deutet den Aufstand Jerobeams gegen Rehabeam (1 Kön 11–12) in freudianischen Kategorien: Jerobeams eigentliche Triebfeder ist seine erotische Fixierung an seine Mutter Zerua; die Lösung gelingt ihm erst in der Revolte, in der er zuläßt, daß sie getötet wird. In der bösen Märchenwelt von *Ha-Nesikha ha-Ameriqait* („Die amerikanische Prinzessin" 1963) erschießt Freddie, ohne es zu wollen, seinen Vater, den Exkönig Bonifatius, mit dem er zuvor eine Hure geteilt hat. Auch in den anderen Dramen steht der Tod im Mittelpunkt: so in *Bigde ha-Melekh* („Des Königs Kleider", 1961), das an Andersen anknüpft. Hektor, der es zu sagen wagt, daß der König nackt ist, übernimmt die Reklame für die Kleider des Königs, dessen Tod er organisiert, um seine Krone und seine „Kleider" zu erben. *Ha-Kalla we-Tsajjad ha-Parparim* („Die Braut und der Schmetterlingsjäger", 1966) hebt das Absurde in Alonis Theater am stärksten hervor: die

Braut, deren Bräutigam nicht zur Hochzeit kam, trifft im Park den Schmetterlingsjäger, der sein Ziel nur im Töten der Schmetterlinge erreicht: beide sind auf der Flucht vor der Verwirklichung ihrer Ziele, an die der Lautsprecher im Park immer wieder erinnert.

Unter den hebräischen Lyrikern der Gegenwart seien drei Vertreter ausgewählt. *Amir Gilboa* (1917–×) begann während des Zweiten Weltkriegs mit der Veröffentlichung von Gedichten. 1942 erschien sein erster Gedichtband *Leut* („Müdigkeit“); weitere Bände folgten nach der Staatsgründung Israels, wobei *Schirim ba-Boqer ba-Boqer* („Gedichte zu jedem Morgen“, 1953) in der Tradition Altermans Tagesereignisse dichterisch verarbeiten. 1963 faßte er sein bisheriges Schaffen im Band *Kechulim we-Adumim* („Blau und Rot“) zusammen. In diesen und späteren Gedichten schafft Gilboa eine surrealistische Atmosphäre, in der Traum und Wirklichkeit ineinander übergehen und der in der Menge verlorene einzelne zwischen tiefer Angst und kindlicher Freude schwankt.

Chajjim Gouri (1923–×) begann mit Kriegsgedichten (*Pirche Esch*, „Feuerblumen“, 1949; *Ad Alot ha-Schachar*, „Bis zur Morgenröte“, 1950). Spätere Gedichte (*Schoschannat ha-Ruchot*, „Windrose“, 1960) gehen dem Verhältnis von Gegenwart und Vergangenheit, einzelnem und Kollektiv nach und beziehen auch zahlreiche biblische Gestalten ein. Gouri hat außer Gedichten auch eine Reportage über den Eichmann-Prozeß, ein Buch über Jerusalem und einen Roman über die Hitlerzeit geschrieben (*Isqat ha-Schoqolad*, 1965, 1968 engl. als „The Chocolate Deal“), dessen Helden zwar physisch überlebt haben, psychisch jedoch für ihr Leben gezeichnet sind.

Während Gouri sich mit dem israelischen Unabhängigkeitskrieg und den Kibbuzidealen in seiner Dichtung identifiziert, rebelliert der in Deutschland geborene *Jehuda Amichai* (1924–×) gegen die kollektiven Anstrengungen des Kriegs und betont die Welt des Ich. Zugleich erhebt er sich gegen die dichterische Autorität von Shlonsky und Alterman. Er öffnet die hebräische Dichtung englischen und amerikanischen Einflüssen, (T. S. Eliot, E. Pound). Sein beherrschendes Thema ist die Entfremdung, Vereinsamung und Angst des einzelnen, der nie vom Kollektiv loskommen kann. Mit seinen Gedichten, in denen er eine Fülle technischer Ausdrücke aufnimmt – Flugzeuge, Panzer, Tankwagen –, die die hebräische Dichtung bislang vermieden hatte, hat Amichai eine neue poetische Schule in Israel begründet. Eine Sammlung seiner Gedichte, *Schirim 1948-1962*, erschien 1963. Die Atmosphäre seiner Gedichte findet sich auch in den Erzählungen *Ba-Ruach ha-Noraa hazot* („In diesem schrecklichen Wind“, 1961) und im Roman *Lo me-akhschaw, lo mi-kan* („Nicht von jetzt, nicht von hier“, 1963) der die zerstörte Innenwelt der Überlebenden der NS-Zeit schildert, die ihre Vergangenheit nicht abschütteln können und sich noch immer im Untergrund fühlen.

VIII. Die Juden in der deutschen Literatur

In der jüdischen Kulturgeschichte kommt dem deutschen Judentum zwischen Mendelssohn und der Hitlerzeit ein besonderer Rang zu. Die Emanzipation des deutschen Juden und seine Eingliederung in die deutsche Gesellschaft, besonders im Kulturleben, schien lange fast problemlos zu verlaufen und wurde so dem osteuropäischen Juden, der dem Ghetto entrinnen wollte, zum leuchtenden Vorbild. In kaum eine andere Kultur hat sich der Jude so integriert wie in die deutsche; Deutsch war neben Hebräisch und Jiddisch *die* Sprache des europäischen Juden.

Die Beteiligung des Juden an der deutschen Literatur setzt, von wenigen Vorläufern abgesehen, mit Mendelssohn ein und erreicht ihren Höhepunkt im ersten Drittel unseres Jahrhunderts. Doch ist bei den einzelnen Autoren zu fragen, wieweit sie schon assimiliert sind und ob sie überhaupt noch als „jüdische" Schriftsteller gelten können. Sind die zum Christentum übergetretenen Dichter Heine und Börne jüdische Schriftsteller? Anders als in der hebräischen und jiddischen Literatur kann die jüdische Herkunft des Autors nicht das einzige Kriterium sein, ist vielmehr die Beschäftigung mit jüdischen Themen oder die Prägung durch eine identifizierbar jüdische Geisteshaltung Voraussetzung, um jemanden als „jüdischen" Schriftsteller zu bezeichnen. Der Zufall der Geburt aus einer jüdischen Familie genügt nicht. Im Vordergrund dieser Darstellung stehen also jüdisch geprägte Werke, auch wenn diese im Schaffen des jeweiligen Autors vielleicht nicht so zentral oder bedeutend sein sollten.

1. Die Zeit bis Mendelssohn

Der früheste uns bekannte jüdische Dichter deutscher Sprache ist *Süßkind von Trimberg* (ca. 1200–1250). Die manessische Liedersammlung enthält sechs seiner mittelhochdeutschen Gedichte und stellt ihn mit dem Judenhut dar. Die behauptete rabbinische Geistigkeit seiner Gedichte oder ihre Abhängigkeit vom jüdischen Gebetsbuch läßt sich zwar nicht beweisen, da sie nicht über die biblische Frömmigkeit hinausgehen. Doch genügt die Einzigartigkeit eines jüdischen Minnesängers nicht, sein Judentum abzustreiten oder anzunehmen, er sei getauft gewesen. Dagegen spricht schon der Vorsatz des vom Hofleben enttäuschten Dichters, von nun an ein Leben nach alter jüdischer Art zu führen.

Erst Jahrhunderte später hören wir wieder von einem Juden in der deutschen Literatur, doch ist dieser, *Johannes Pauli* (ca. 1455-1530) zum Christentum übergetreten und war als Franziskanerprediger tätig, als er seine Schwank- und Beispielsammlung „*Schimpff und Ernst*" (1519) veröffentlichte. Der wahre Eintritt des Juden in die deutsche Literatur erfolgte erst mit *Mendelssohn,* dessen Werke ja vor allem auch wegen ihres hervorragenden deutschen Stils geschätzt wurden. In den Jahrzehnten nach ihm wurden die jüdischen Salons in Berlin, so jener der *Rahel Varnhagen,* zum Treffpunkt der literarischen Welt und erreichte die deutsch-jüdische Dichtung in Heine und Börne ihre erste Glanzzeit.

2. Das neunzehnte Jahrhundert

Der im Todesjahr Mendelssohns geborene *Ludwig Börne* (1786-1837), als Löb Baruch in Frankfurt aufgewachsen, doch 1818 zum Christentum übergetreten, um größere Wirksamkeit seines Schaffens zu erzielen, ist der Vater des politischen Journalismus in Deutschland und der Schöpfer des deutschen Feuilletons, in dem sich auch nach ihm Juden besonders hervortun sollten. 1818–1821 gab er „*Die Waage*" heraus, offiziell eine Literatur- und Theaterzeitschrift, von Börne jedoch so politisch redigiert, daß sie der Zensur zum Opfer fiel. Ab 1830 in Paris, etablierte sich Börne mit seinen „*Briefen aus Paris*" (1832–1834) als Wortführer der Fortschrittlichen in Deutschland. Obwohl er die jüdische Religion verlassen hatte, trat er in seinen Schriften immer für die Befreiung des Judentums als notwendige Folgerung aus der menschlichen Freiheit ein. Die Juden haben sich, meint er, glücklicherweise als Nation aufgelöst und so das Weltbürgertum der Zukunft vorgelebt. In seiner Bindung an die Tagesfragen ist das Werk Börnes heute veraltet und nur noch von historischer Bedeutung, hatte jedoch zu seiner Zeit weitreichenden Einfluß.

Überdauert hat hingegen das Werk *Heinrich Heines* (1797–1856), der eine Zeitlang mit Börne befreundet war, sich jedoch bald von ihm getrennt und nach dessen Tod die satirische Schrift „Ludwig Börne" (1840) verfaßt hat. Von daheim nur oberflächlich jüdisch gebildet, trat Heine in Berlin dem „Verein für Kultur und Wissenschaft des Judentums" bei (1822) und begann sich für das mittelalterliche Judentum vor allem Spaniens zu interessieren. Dieses Interesse und auch die Freundschaft mit Leopold Zunz, dessen Werke er studierte, hielt auch nach seiner Taufe (1825) an, die er als „Entreebillet zur europäischen Kultur" bezeichnete, jedoch bald bereute: „Ich bin jetzt bey Christ und Jude verhaßt ... kaum bin ich getauft, so werde ich als Jude verschrieen". Nach seiner Taufe befaßte sich Heine ausführlich mit der Bibel und der jüdischen Geschichte; seit 1831 in Paris, durchlebte er eine atheistische Periode, in der er sich als Hellene von den jüdischen und christlichen Nazarenern absetzen wollte. Doch die Enttäuschung seiner politischen Ideale in der Februarrevolution von 1848 und vollends seine Krankheit brachten ihn wieder zu Religion und Sympathie mit dem Judentum zurück, ohne daß er dessen Glaubensvorstellungen anzunehmen bereit war.

Die Tragödie *Almansor* (1823) ist das erste von vielen Werken Heines, das sich mit dem Thema des Glaubensabfalls befaßt. Der Einakter spielt in der Zeit der Reconquista: die Mauren Granadas stehen vor der Wahl, Christen zu werden oder die Heimat zu verlassen. Dahinter steht jedoch sicher das Schicksal der mit derselben Frage konfrontierten Juden, der Marranen. Während Almansor dem Glauben treu bleibt, tritt seine Braut Zuleima zum Christentum über und heißt nun *Donna Clara,* von der Heine in dem gleichnamigen Gedicht singt, einem Teil einer nie verwirklichten Trilogie.

Aus dem in Berlin begonnenen Studium der jüdischen Geschichte erwuchs das Romanfragment *„Der Rabbi von Bacherach"*, dessen erste Teile 1824 entstanden. Die Damaskusaffäre von 1840, in der Juden des Ritualmords an einem Kapuziner beschuldigt wurden, veranlaßte Heine zur Verteidigung des Judentums in den *„Damaskusbriefen"*, aber auch zur Fertigstellung des „Rabbis". Der erste Teil des Werkes, als jüdische Märtyrerchronik verstanden, beginnt mit der Geschichte der jüdischen Gemeinde von Bacherach und der Judenverfolgungen, wobei der angebliche Ritualmord am Knaben Werner (1287), der in Bacherach als Heiliger verehrt wurde, eine besondere Rolle spielt. Gegen Ende des 15. Jahrhunderts wiederholt sich die Beschuldigung. Rabbi Abraham wird während des Pesachseders die Leiche eines christlichen Kindes ins Haus geschmuggelt; darauf flieht er mit seiner Frau nach Frankfurt, in dessen Ghetto der zweite Teil spielt. Diesen hat Heine 1840 satirisch umgearbeitet; besonders die Schilderung der Frauen in der Synagoge ist nun eine reine Parodie. Im dritten Teil begegnet Abraham Don Isaak Abrabanel, einem Studienfreund aus Toledo, der inzwischen zum Christentum übergetreten ist, obwohl ihm auch dieses zuwider ist. Don Isaak, den Heine mit dem berühmten spanischen Geschlecht der Abrabanel verbindet, ist der Hellene, als den Heine sich selbst verstand. Getaufte Juden begegnen übrigens bei Heine öfter und zwar stets im negativen Licht: so in den „Damaskusbriefen", in der Gestalt des Marchese di Gumpelino in den „Bädern von Lucca" (1829) und in der Anspielung auf Mendelssohn-Bartholdy in „Deutschland. Ein Wintermärchen" (1844). Überall klingt die Unzufriedenheit über seine eigene Taufe durch.

Die Rückkehr Heines zur Religion und einem tiefen jüdischen Bewußtsein – „der alte Moses steht in floribus", schreibt er 1850 in einem Brief – führt ihn auch wieder zum Studium der Bibel und der jüdischen Geschichte zurück. Daraus entstanden die biblischen Gedichte des *„Romanzero"* (1851) und vor allem dessen dritter Teil, die „Hebräischen Melodien" mit den drei Gedichten „Prinzessin Sabbat", „Jehuda ben Halevy" und „Disputation", der als Vorlage das Religionsgespräch von Barcelona (1263) dient, das Heine jedoch nach Toledo und in die Zeit von Pedro dem Grausamen (1350-1369) verlegt. Königin Blanka will keinem rechtgeben, weder dem Juden noch dem Christen, meint vielmehr, „daß sie alle beide stinken", Ausdruck der Weigerung Heines, sich an ein religiöses System binden zu lassen, was jedoch nicht über seine Anhänglichkeit zum Judentum hinwegtäuschen darf.

Berthold Auerbach (1812–1882) wurde durch seine *„Schwarzwälder Dorfgeschichten"* (1843–1861) und vaterländische Romane ein auch an Fürstenhöfen gern gesehener Heimatdichter, der ganz dem Deutschtum verbunden war. Jüdische Themen bearbeitete er nur in seiner Jugend. Seine Schrift *„Das Judentum und die neueste Literatur"* (1836) verteidigte die Dichter des „Jungen Deutschland" wie Heine und Börne gegen Wolfgang Menzel, der es als jüdische Bewegung abgetan hatte. 1837 folgte ein schwacher Roman über Spinoza, dem sich Auerbach verwandt fühlte, 1840 der Roman *„Dichter und Kaufmann"*, dessen tragischer Held der aus Breslau stammende Dichter Moses Ephraim Kuh (1731–1790) ist, dessen Werk erst posthum veröffentlicht wurde („Nachgelassene Schriften", 2 Bände, 1792). Später, als Auerbach das Scheitern der Integration des Juden in das deutsche Leben erkannte, wollte er zu jüdischen Themen zurückkehren, verwirklichte jedoch seine Pläne nicht.

Ebenfalls durch Geschichten aus dem Volk, jedoch aus der ostjüdischen Welt, wurde *Karl Emil Franzos* (1848–1904) bekannt. Ab 1873 veröffentlichte er seine Erzählungen über das galizische Judentum in der Wiener „Neuen Freien Presse". 1876 erschienen sie in zwei Bänden unter dem Titel *„Aus Halbasien"*. Dem Rahmen des osteuropäischen Ghettos, das schon *Leopold Kompert* (1822–1886) in seinen *„Geschichten aus dem Ghetto"* (1848) und den *„Neuen Geschichten aus dem Ghetto"* (2 Bände, 1860) geschildert hatte, blieb Franzos auch in *„Die Juden von Barnow"* (1877) und dem erst nach seinem Tod erschienen Roman *„Der Pojaz"* (1905) treu.

Gewissen Erfolg erzielten in dieser Periode auch *Jakob Loewenberg*, der in seinem autobiographischen Roman *„Aus zwei Quellen"* die Schwierigkeiten eines jüdischen Lehrers im Kampf gegen den Antisemitismus schildert und bewußt jüdische Gedichte schreibt (*„Lieder eines Semiten"*, 1892; *„Aus jüdischer Seele"*, 1901), sowie *Ludwig Jacobowski* (1868–1900), der das jüdische Problem im Roman *„Werther der Jude"* (1892) darstellt. Beide fühlten sich, wie es für diese Zeit typisch ist, „zuerst als Deutsche, dann als Juden".

3. Das zwanzigste Jahrhundert

a) *„Jung-Wien" und andere Österreicher.* Die deutschsprachige Literatur im ersten Drittel unseres Jahrhunderts ist vor allem durch jüdische Autoren geprägt, deren wichtigstes Zentrum Wien war. Dort bildete sich um 1890 der Kreis „Jung-Wien" um Hermann Bahr, dem unter anderen Richard Beer-Hofmann, Hugo von Hofmannsthal, Arthur Schnitzler, Stefan Zweig und auch Karl Kraus angehörten.

Arthur Schnitzler (1862–1931) entstammte wie die meisten seiner Dichterfreunde einer völlig assimilierten jüdischen Umwelt und mußte sich seinen Zugang zum Judentum selbst suchen. Dieses ist in seinem Werk nicht zentral. Doch hat die kurze Freundschaft Schnitzlers mit Herzl wie auch die allgemeine Zeitstimmung mit dem steigenden Antisemitismus (1897–1910 war Karl Lueger Wiener Bürgermeister) zwei Werke Schnitzlers inspiriert. Der Roman „Der Weg ins Freie“ (1908) erzählt im Vordergrund von der Liebe Georgs von Wergenthin zur kleinbürgerlichen Anna Rosner und nicht das jüdische Leben, das jedoch mit seinen Problemen in den zahlreichen Diskussionen des Romans stets gegenwärtig ist. Eine ganze Reihe von Juden mit je verschiedenen Einstellungen zum Judentum, von der Bejahung des Zionismus über die Annahme der Diasporaexistenz bis zum ausgeprägten jüdischen Selbsthaß, kommen im Roman vor, der zeigen will, daß es *den* Juden nicht gibt, vielmehr eine Vielfalt von Juden und Lösungsvorschlägen. Schnitzler selbst scheint mit Bermann übereinzustimmen, nach dem die Rechte den Juden im Stich gelassen hat und die Linke bald dasselbe tun wird. Der Antisemitismus ist eine Folge der jüdischen Diasporaexistenz als einer Minderheit. Dagegen hilft weder Assimilation noch Zionismus. Trotzdem wird der Jude überleben.

Das Drama „*Professor Berhardi*“ (1912) – Schnitzler nennt es eine „Komödie“ – greift das Thema des antijüdischen Vorurteils an einem Einzelfall nochmals auf: der Arzt möchte einem Mädchen, das an den Folgen einer Abtreibung stirbt, jedoch in seiner Euphorie den nahen Tod nicht ahnt, das Sterben nicht erschweren und läßt daher keinen Priester zu, was zu einer Welle von Angriffen gegen den jüdischen Arzt und zu offenem Antisemitismus führt.

Als einziger „Jung-Wiener“ war *Richard Beer-Hofmann* (1866–1943) sich seines Judentums stark bewußt und in der biblischen Welt verwurzelt. Er war mit M. Buber befreundet und ein Anhänger Herzls. Das Thema der jüdischen Erwählung plante er in einer biblischen Trilogie „Die Historie des Königs David“ zu gestalten; doch ist das Werk, das ihn mehr als vierzig Jahre fesselte, nicht über das himmlische Vorspiel „*Jaákobs Traum*“ (1915) und den ersten Teil, „*Der junge David*“ (1933) hinausgelangt. 1936 folgte noch das „*Vorspiel auf dem Theater zu König David*“; das eigentliche Stück „König David“ sowie „Davids Tod“ wurden nie geschrieben.

Das in Entsprechung zu Goethes Faust als die große Dichtung des jüdischen Volkes geplante Werk, im Stil des barocken Jesuitentheaters gehalten, setzt mit der Erschleichung des Erstgeburtsrechtes durch Jakob und seiner Verfolgung durch Esau ein, den er schließlich für sich gewinnt. Im Traum bei Bethel erfährt er, daß die Erwählung durch Gott mit Verfolgung und Tod verbunden ist. Der Dämon Samael will Jakob von der Annahme der Sendung abhalten, wird jedoch von Engeln besiegt und Jakob = Israel übernimmt die Aufgabe. David ist dann der Mann, der Jakobs Last weiterträgt, ein Mann des Friedens, der weiß, daß die Unterdrückung anderer für sich selbst Elend bringt und daß die Größe des Menschen in seinem Beitrag zum Glück anderer liegt. Die

Erwählung Israels ist eine mit Leiden verbundene Sendung an die Völker, Dienst am Frieden und an der Gerechtigkeit, der letzten Endes auch Erfolg haben wird.

Hugo von Hofmannsthal (1874–1929), dem Beer-Hofmann Freund und kritischer Anreger war, sprengt den Rahmen dieser Darstellung: schon sein Großvater ist zum Katholizismus übergetreten, dem er sich selbst ganz verbunden fühlte. Jüdische Haltungen oder Themen haben sein Schaffen kaum bestimmt. Auch bei *Stefan Zweig* (1881–1942) herrscht das jüdische Element durchaus nicht vor. Im pazifistischen Drama „*Jeremias*" verbindet er sein eigenes Kriegsgegnertum mit der biblischen Überlieferung. Zweig bewunderte zwar Herzl, konnte jedoch dem Zionismus nichts abgewinnen. Näher fühlte er sich S. Freud, den er in seinem Buch „*Die Heilung durch den Geist*" (1931) porträtiert. Nur einzelne Erzählungen gelten direkt jüdischen Themen, so die biblische „*Legende der dritten Taube*", „*Rachel rechtet mit Gott*" und „*Buchmendel*", die Geschichte eines jüdischen Buchhändlers (in der Sammlung „*Kaleidoskop*", 1936). Hier und auch im kurzen Roman „*Der begrabene Leuchter*" zeigt sich seine tiefere Beschäftigung mit dem Judentum, seitdem er 1934 Salzburg auf der Flucht vor dem aufsteigenden Nationalismus verließ. Der Leuchter, der immer wieder verschleppt und geraubt wird, bis er schließlich in einem Grab seine Ruhe findet, ist ein Bild für die ewige Wanderschaft des Juden, die auch Zweig zum Schicksal wurde.

Jakob Wassermann (1873–1933) stammte zwar aus Fürth, lebte jedoch seit 1898 in Wien. Im Roman „*Die Juden von Zirndorf*" (1897) schildert er das jüdische Leben seiner fränkischen Heimat, Legenden mit eigener Erfahrung mischend, ohne der jüdischen Tradition viel abgewinnen zu können. Der durch zahlreiche Romane zu nichtjüdischen Themen weit bekannt gewordene Schriftsteller hat 1921 in Reaktion auf den erstarkenden Antisemitismus sein Leben unter dem Titel „*Mein Weg als Deutscher und Jude*" dargestellt. Die Machtergreifung durch Hitler und die Verbrennung seiner eigenen Bücher ließ jedoch Wassermann, der stets für die deutsch-jüdische Assimilation eintrat und die Vorstellung eines auserwählten Volkes und den Zionismus ablehnte, umdenken („*Selbstbetrachtungen*", 1933). Unter dem Eindruck der Ereignisse plante Wassermann einen Roman über die jüdische Geschichte, „*Ahasver*", der jedoch unvollendet blieb.

Eine Reihe Wiener Autoren, alle eher in der kleinen Form zuhause, in Aphorismen, Skizzen, Feuilletons und Literaturkritik, steht ihrem Judentum negativ, oft direkt feindlich gegenüber. Dies gilt von *Peter Altenberg* (Pseudonym für Richard Engländer, 1859–1919) ebenso wie von *Karl Kraus* (1874–1936), der 1898 Katholik wurde und das Judentum immer wieder scharf angriff, so schon in der antizionistischen Streitschrift „*Eine Krone für Zion*" (1898) und in verschiedenen Aufsätzen seiner Zeitschrift „*Die Fackel*", in der er die Juden selbst und besonders die jüdische Presse für den Antisemitismus verantwortlich macht. Auch der philosophische Vertreter des jüdischen

Selbsthasses, *Otto Weininger* (1880–1903) ist ein Wiener. In „*Geschlecht und Charakter*" zeichnet er den Juden als niedrigste Stufe des Menschen, schlechter noch als die Frau, einen Nihilisten, dem in seinem Anarchismus und Atheismus nur die Materie zählt.

Zusammen mit Altenberg und Kraus, deren Schriften trotz ihrer oft antijüdischen Spitze vielfach als typisch jüdisches Produkt betrachtet werden, seien auch *Alfred Polgar* (1873–1955) und *Egon Friedell* (Pseudonym für Friedmann, 1878–1938) genannt, Polgar ein satirischer Feuilletonist und Erzähler, Friedell durch die eigenwillige, aphoristisch-ironische „*Kulturgeschichte der Neuzeit*" (3 Bände, 1927–1931) bekannt geworden. Die bekanntesten Nicht-Wiener Vertreter dieser Art der jüdischen Literatur, die vor allem Kraus geprägt hat, sind der Breslauer Theaterkritiker *Alfred Kerr* (eigentlich Kempner, 1867–1948) und der Berliner Satiriker *Kurt Tucholsky* (1890–1935). Die Vorliebe jüdischer Schriftsteller, vor allem auch solcher, die ihrem Judentum den Rücken kehrten, für die satirische Literatur- und Zeitkritik und die meisterhafte Verwendung der kleinen Form hat in diesen Autoren nach den Anfängen in Heine und Börne eine späte Krönung gefunden.

Während Wassermann nur den Westjuden gelten ließ und die Ostjuden als galizische Maulwürfe verachtete, hat *Joseph Roth* (1894–1939), der aus Wolhynien stammte und, obwohl ein begeisterter Anhänger der österreichisch-ungarischen Monarchie, bald von Wien wegzog und seine späteren Jahre meist in Paris verbrachte, seine ostjüdische Heimat und Tradition stets bejaht. Monarchie und ostjüdische Welt sind die beiden Pole seines Werkes, verlorene Werte, die zusammen eine Einheit bildeten, die Heimat seiner Kindheit, der er wehmütig nachtrauert. Der Aufsatz „*Juden auf Wanderschaft*" (1927), gleichsam Glaubensbekenntnis Roths und Grabrede auf die ostjüdische Gemeinschaft, gibt das Leitmotiv seines Schaffens. Der Jude, der früher als andere den Niedergang der Habsburger Monarchie erkennt, an ihm mitarbeitet wie Benjamin Lenz in „*Das Spinnennetz*" (1923), oder sich zumindest dagegen nicht stellt, wie der Großgrundbesitzer Chojnicky im „*Radetzkymarsch*" (1932), verliert mit der Monarchie seine Heimat, gerät in eine „*Flucht ohne Ende*" (1927). Im Roman „*Hotel Savoy*" (1924) ist die Desintegration der ostjüdischen Welt das beherrschende Thema: Gabriel Dan und die vielen, die sich in der ungenannten Stadt tummeln (gemeint ist Lodz), sind Luftmenschen, wie sie die jiddische Literatur so gerne zeichnet, die nach dem Westen drängen. Die Gegenbewegung, die Heimkehr, ist nur im Tode möglich, dargestellt in Henry Bloomfield, dem erfolgreichen amerikanischen Geschäftsmann, der alljährlich in seine ostjüdische Heimat kommt, die Grabstelle seines Vaters zu besuchen.

Ins Zeitlose, fast Mythische übertragen finden sich diese Motive in „*Hiob*" (1930) wieder. Mendel Singer, ein einfacher Kinderlehrer, wird zum Typus des ostjüdischen Schicksals schlechthin. Eine Reihe von Schicksalsschlägen reißt ihn aus seinem ruhigen Dasein und macht ihn zu einem modernen job. Der

Reihe nach verliert er seine Kinder, einen Sohn an das russische Militär, einen anderen nach Amerika, wo er das Judentum aufgibt, während seine Tochter es mit russischen Soldaten treibt und sein jüngster Sohn, Menuchin, geistig zurückgeblieben und krank ist. Den Kranken zurücklassend, flieht Mendel nach Amerika, wo Gott noch immer nicht von ihm abläßt, seine zwei Söhne im Weltkrieg fallen, seine Frau stirbt, seine Tochter wahnsinnig wird. Da empört sich der bis dahin gleichmütige Dulder gegen seinen Gott, der auf den Aufruhr mit Gnade antwortet: Menuchin, wunderbar geheilt, kommt nach Amerika und wird ein gefeierter Musiker. Mendel fühlt sich wieder als Vater und es gibt wieder Hoffnung, eine Hoffnung, die Roth selbst trotz dieses etwas mühsamen Happy End offenbar nicht geteilt hat.

Mit Roth ist die Blütezeit der österreichischen jüdischen Literatur zu Ende gegangen, auch wenn wenige die Tradition fortsetzen, wie vor allem *Friedrich Torberg* (eigentlich Kantorberg, 1908–×), der u. a. „*Süßkind von Trimberg*" einen Roman gewidmet hat (1972), der aus Bulgarien stammende *Elias Canetti* (1905–×), der jetzt in England lebt und der in „*Die Blendung*" (1936) im betrügerischen Zwergen Fischerle einen nicht gerade sympathischen Juden gezeichnet hat, *Albert Drach* (1902–×) mit seinem Roman „*Das große Protokoll gegen Zwetschkenbaum*" (1939) und der noch zu nennende *Paul Celan*. Der Tod der österreichischen Monarchie war tatsächlich, wie Roth es schilderte, zugleich der Todesbote der österreichisch-jüdischen Symbiose.

b) *Prag*, am Rand der deutschen Welt, ebenso an der Grenze zwischen osteuropäischem und westlichem Judentum, war das zweite große Zentrum der jüdischen Literatur in deutscher Sprache. Die betonte Hinwendung der Prager jüdischen Gemeinde zum Deutschtum und der gleichzeitige Verlust der Wurzeln in der jüdischen Tradition ist ein Problem, das den jüdischen Schriftstellern Prags gemeinsam ist und das sie in je verschiedener Weise bewältigt haben.

Franz Kafka (1883–1924) tritt uns als Jude vor allem in den Tagebüchern (Hg. M. Brod, 1948/9) und in Briefen (Briefe 1902–1924, Hg. M. Brod, 1955; Briefe an Milena, Hg. W. Haas, 1952) entgegen. Darin zeigt er sich als ein von jüdischen Problemen gefesselter Mensch, äußerst kritisch gegenüber dem assimilierten Judentum seiner Umwelt, der jüdische Religion nur noch äußerer Brauch ist, zugleich an der Welt der osteuropäischen Juden interessiert, die ihm vor allem in einer jiddischen Theatergruppe begegnet ist (1910), später auch in den zahlreichen jüdischen Flüchtlingen aus dem Osten. Mit dem jiddischen Schauspieler Isak Löwy verband ihn tiefe Freundschaft; durch ihn lernte er Glaubenswelt und Brauchtum der osteuropäischen Juden kennen; gleichzeitig begann er, sich für die Kabbala zu interessieren. Dieses neugewonnene Verhältnis zu seinem Judentum brachte ihn dem Zionismus nahe: er träumte davon, sich in Palästina niederzulassen, begann Hebräisch zu lernen und hörte während seiner todbringenden Krankheit in Berlin bis zuletzt Vorlesungen über jüdische Geschichte, Bibel und Talmud.

Max Brod, der die nachgelassenen Schriften Kafkas veröffentlicht hat, schreibt einmal: „Obwohl in seinen Werken niemals das Wort ‚Jude' vorkommt, gehören sie zu den jüdischsten Dokumenten unserer Zeit"; er zählt Kafka „in die Reihe der Erneuerer jüdischen Glaubens unserer Tage". Allein Kafkas nachgelassene Erzählung *„In unserer Synagoge"* verwendet ein offen jüdisches Motiv. In der Synagoge befindet sich ein Tier, das sich nicht vertreiben läßt und an das sich schließlich alle gewöhnen: das Tier ist wohl das jüdische Erbe, das sich trotz aller gewollten Assimilation nie ganz abschütteln läßt. Die Spannung zwischen der Außenwelt und ihrem verborgenen, um so wirklicheren Untergrund ist ein Grundmotiv bei Kafka, dessen Werk insofern auch das Sein des assimilierten Westjuden spiegelt. Auch die Gestalt des Landvermessers, der im *„Schloß"* stets versucht, in die Gemeinschaft aufgenommen zu werden, und der immer Außenseiter bleibt, stellt nach Meinung vieler die jüdische Existenz dar, ebenso Josefine in *„Josefine, die Sängerin, oder das Volk der Mäuse":* sie ist der Typ des Menschen, der gegen den talmudischen Leitsatz handelt, sich nicht vom Volk abzusondern. Talmud und kabbalistisches Denken mag schließlich auch die Struktur von *„Der Prozeß"* und *„Vor dem Gesetz"* bestimmt haben. Manche Interpreten gehen noch weiter und sehen in Kafkas Werk wahre Schlüsselromane, deren eigentliche Wirklichkeit stets nur die jüdische Existenz sein soll. Dies geht zu weit und übersieht die universale Bedeutung der Bildwelt Kafkas; doch bleibt der schuldhafte Verlust des Geschichtsbewußtseins und der Verwurzelung im eigenen Volk ein grundlegender Zug seines Werkes, der primär aus seinem Verständnis der jüdischen Existenz seiner Zeit erwachsen ist.

Max Brod (1884–1968) wurde durch Martin Buber an seine jüdische Tradition erinnert, als dieser 1909 die erste seiner Reden über das Judentum in Prag hielt. Wie Kafka beeindruckten auch ihn die ostjüdischen Schauspieler. Jüdische Studien und die Lektüre von Achad Ha-Am machten ihn zum Zionisten, der sich 1939 in Palästina niederließ. Dieser am stärksten von seinem Judentum bestimmte Prager Schriftsteller, der auch als Komponist hervorgetreten ist, setzt im philosophischen Werk *„Heidentum, Christentum, Judentum"* (2 Bände, 1921) das Heidentum mit einseitiger Diesseitsbejahung gleich, versteht das Christentum als Diesseitsverneinung und Jenseitsbejahung, während das Judentum im Diesseits das Jenseits begreift und in der Sorge um den Mitmenschen das „Diesseitswunder" der Liebe erfährt. Allein dieses jüdische Daseinsverständnis kann die Menschheit retten.

Diese Gedanken hat Brod in einer Reihe von Werken literarisch gestaltet. In *„Jüdinnen"* (1911), einem noch unreifen Werk, schildert er eine Reihe jüdischer Frauen, die alle auf der Suche nach einem Mann sind. Das Schicksal eines Juden zeichnet Brod im Roman *„Arnold Beer"* (1912). Der Roman *„Tycho Brahes Weg zu Gott"* (1915) hat zwar nach außen nichts mit jüdischen Problemen zu tun: um das Jahr 1600 besucht Kepler den in Prag exilierten Brahe. Das Zusammentreffen der beiden Astronomen führt zu einer inneren Wandlung des alten Brahe, die in seiner Begegnung mit dem Rabbi Löw von Prag und seiner Wiederentdeckung Gottes endet. Brod hat Brahe bewußt jüdisch dargestellt, ihm viele Züge aus seinem eigenen Leben geliehen, während der gefühlskalte Kepler nach seinem Freund Werfel gestaltet ist. Brahe ist in seiner Entwurzelung Bild des heimatlosen Diasporajuden. So hat Franz Rosenzweig dieses Buch einen „jüdischen Roman" genannt.

„Reubeni, Fürst der Juden" (1925) behandelt in Romanform das Problem der Sünde, die Brod in dieser Phase seines Schaffens in Einklang mit der Kabbala als eine treibende Kraft des Guten versteht. Das verdeutlicht er an der messianischen Gestalt des David Reubeni, dessen unbekannte Jugend er dichterisch ergänzt. Er läßt ihn als David Lemel in Prager Ghetto geboren sein, dem die jüdische Auslegung der Gottesliebe aus ganzem Herzen – „ mit dem guten wie mit dem bösen Trieb" – ein Problem ist: wie kann ich Gott mit der Sünde lieben? In der sündigen Liebe zu einem christlichen Mädchen, das schließlich durch seine Beziehungen die drohende Ausweisung der Juden aus Prag abwenden kann, erkennt er, daß es ohne Sünde nicht geht, die Erlösung aus der Sünde kommt. Im zweiten Teil des Romans folgt Brod dem Tagebuch Reubenis, betont jedoch die stete Spannung zwischen Reubeni und dem sittenreinen Molcho; ständig von Zweifeln geplagt, ob nicht in Wirklichkeit Molcho der Messias ist, und nicht er selbst, gibt Reubeni schließlich auf.

Im Roman *„Das Zauberreich der Liebe"* (1928) schildert Brod in der Gestalt des Garta seinen Freund Kafka, dessen Biographie er 1937 veröffentlicht. Die Stellung des „jüdischen Dichters deutscher Zunge" (so nennt Brod sich selbst einmal) beschäftigt ihn noch öfter: in seiner Heine-Biographie (1934) deutet er diesen als jüdischen Dichter; im Roman *„Die Frau, die nicht enttäuscht"* (1933) steht der jüdische Dichter Justus Spira, der sich ganz der deutschen Literatur gewidmet hat, doch in den Ereignissen von 1932/33 seine Stellung zum deutschen Volk überprüfen muß, im Mittelpunkt. Auf einem Kuraufenthalt in Böhmen verliebt er sich in eine junge Deutsche. Als richtiges, wenn auch in Wirklichkeit nicht durchgehaltenes Verhältnis zu ihr erstrebt er eine „Distanzliebe", eine wegen des Rassenproblems nicht voll verwirklichbare Liebe zu einer Person oder Kultur, ein Thema, das Brod noch öfter beschäftigt hat. Enttäuscht von seiner Geliebten, findet Spira schließlich in Palästina neue Hoffnung. Dort sieht Brod die Zukunft, wie er in verschiedenen Essays deutlich macht; dem Unabhängigkeitskrieg Israels hat er den Roman *„Unambo"* (1949) gewidmet.

Brods letzter Roman *„Johannes Reuchlin und sein Kampf"* stellt den christlichen Hebraisten und Kabbalisten in seinem Kampf um die Wahrheit dar; sein Widersacher Johannes Pfefferkorn, ein ehemaliger Jude, gilt als Beispiel des jüdischen Selbsthasses, ein gerade in der Welt der deutsch-jüdischen Literatur brennendes Problem. Brod geht mit diesem Buch über den Rahmen eines bloßen Romans weit hinaus und leistet einen wesentlichen historischen Beitrag zum Verständnis der Schriften Reuchlins.

Franz Werfel (1890–1945), dessen kurze Freundschaft mit Brod über Werfels ebenfalls kurzlebiger Zusammenarbeit mit Karl Kraus zerbrach, ist ein Bindeglied zwischen seinem heimatlichen Prag und den jüdischen Dichtern Wiens, wohin er nach dem ersten Weltkrieg zog. Schon früh fühlte Werfel sich vom Christentum angezogen: 1917 schrieb er den Aufsatz „Die christliche Sendung", worüber eine erbitterte Kontroverse entstand; zwei Palästinareisen und die jüdische Tragödie unter Hitler brachten Werfel wieder der jüdischen Tradition näher, so daß er den formellen Übertritt zum Christentum nie vollzog. Von seinem Werk interessiert in unserem Zusammenhang vor allem *„Paulus und die Juden"* (1926), eine dramatische Legende in sechs Bildern, der erste Teil einer nie vollendeten Paulus-Trilogie. Hier stellt er den ersten Besuch des Apostels nach seiner Bekehrung in Jerusalem und die Auseinandersetzung zwischen ihm und den Aposteln auf der einen Seite, sowie zwischen Paulus und dem Hohenpriester Chanan und seinem Lehrer Gamaliel auf der anderen Seite dar, um so Christentum und Judentum dramatisch zu konfrontieren. Ebenfalls unter dem Eindruck seiner ersten Palästinareise entstand im selben Jahr die fragmentarische Erzählung *„Pogrom"*. 1937 folgte der biblische Roman *„Jeremias. Höret die Stimme"*. Den Einfallsreichtum eines kleinen polnischen Juden verherrlicht Werfel in der Tragikomödie *„Jacobowsky und der Oberst"* (1944), wo er die Flucht des polnischen Offiziers mit dem Juden Jacobowsky aus dem schon von den Deutschen bedrohten Paris nach Südfrankreich darstellt und dabei die Fähigkeit des Juden, stets drohendes Unheil abzuwenden, weil dieses immer zu seinem Leben gehört hat, voll Einfühlung schildert.

c) *In Deutschland* gab es kein Zentrum der jüdisch-deutschen Literatur wie Prag und Wien. Am ehesten könnte man Berlin nennen, die Stadt Mendelssohns. Dort hat *Georg Hermann* (Pseudonym für Borchardt; 1871–1943) gelebt, bevor er 1933 vor den Nazis nach Holland floh; von diesen später dennoch erreicht, wurde er in Auschwitz vergast. Hermann war ein Autor, der sein Judentum nicht laut zur Schau trug, es jedoch auch nicht verleugnete, sich vielmehr angesichts des erstarkenden Antisemitismus in der Schrift *„Der doppelte Spiegel"* (1926) offen dazu bekannte, obwohl er für die jüdische Religion kein Verständnis hatte. In seinen Romanen schildert Hermann seinen eigenen Lebenskreis; die Mehrheit seiner Gestalten sind daher assimilierte Juden. In seinem bekanntesten Roman *„Jettchen Gebert"* (1906) und seiner Fortsetzung *„Henriette Jacoby"* (1908) verarbeitet er die Geschichte seiner eigenen Familie (Hermanns Urgroßvater soll ursprünglich Gebert geheißen haben). Im Mittelpunkt des breit angelegten Familienromans steht Jettchen, die im Haus ihres Onkels als Waise aufwächst. Die Familie setzt gegen ihre Liebe zu einem Christen ihre Ehe mit dem jüdischen Kaufmann Jacoby aus Posen durch, der als Ostjude geringgeschätzt, doch für geschäftstüchtig gehalten wird. Unglücklich in dieser Ehe, begeht Henriette Jacoby schließlich Selbstmord. Neben dieser Milieuschilderung des reichen Berliner Judentums der Biedermeierzeit – der Roman spielt in den Jahren 1839/40 – hat Hermann noch öfter jüdische Themen dargestellt, so im Roman *„Die Nacht des Dr. Herzfeld"* (1912) und dessen Fortsetzung *„Schnee"* (1921), damit jedoch nicht mehr an seinen Erstlingserfolg anknüpfen können.

Viel ernsthafter als Hermann hat sich *Arnold Zweig* (1887–1968) mit seinem Judentum auseinandergesetzt. Zweig, der längere Zeit in Berlin die zionistische „Jüdische Rundschau" herausgab, verbrachte die Hitlerzeit in Palästina, konnte sich dort aber nicht zurechtfinden und kehrte so 1948 nach (Ost)Berlin zurück. Mehrmals hat sich Zweig mit jüdischen Fragen beschäftigt, so im Essay *„Das ostjüdische Antlitz"* zu einer Ausgabe von fünfzig Steinzeichnungen von Hermann Struck (1920). Gegen den Antisemitismus schrieb er *„Caliban oder Politik der Leidenschaft"* (1927); es folgten die *„Bilanz der deutschen Judenheit 1933"* (1934) und, gemeinsam mit Lion Feuchtwanger, *„Die Aufgabe des Judentums"* (1933).

Zweigs erster Roman *„Aufzeichnungen über eine Familie Klopfer"* (1911) schildert das Ende einer jüdischen Familie, deren letzter Sproß der Erzähler ist (ähnlich Hanno Buddenbrook in Thomas Manns im selben Jahr erschienenen Roman). Die Familie Klopfer stammt aus kleinen Verhältnissen in Rußland. Der Vater des Erzählers wird zwar ein berühmter Schriftsteller, der sich als Zionist in Palästina niederläßt, scheitert jedoch persönlich und begeht Selbstmord. Die Inzestliebe des Erzählers zu seiner Schwester Mirjam ist das Bild seiner endgültigen Unfruchtbarkeit und des Endes der Familie.

Im biblischen Drama *„Abigail und Nabal"* (1913) stellt Zweig ein jüdisches Frauenschicksal dar, während *„Ritualmord in Ungarn"* (1914, 1928 überarbeitet als „Die Sendung Semaels") eine Ritualmordanklage vom Ende des 19. Jahrhunderts dramatisiert: die Beschuldigung der Juden ist das Werk des Satans, Semaels, dem Gott (ähnlich wie im Buch Ijob) dazu freie Hand gegeben hat. Der Roman *„De Vriend kehrt heim"* (1932) ist vom Leben des Jacob Israel de Haan (1881–1924) inspiriert, der, aus einer holländischen Familie stammend, nach Jahren der Entfernung vom Judentum wieder orthodoxer Jude wird, seine christliche Frau verläßt und nach Palästina auswandert, wo er, von der Politik der jüdischen Siedler enttäuscht, mit den Arabern gemeinsame Sache macht und daher von jüdischen Gegnern ermordet wird.

Alfred Döblin (1878–1957), der Verfasser von *„Berlin Alexanderplatz"*, beschäftigte sich kaum mit jüdischen Themen. Anders *Lion Feuchtwanger* (1884–1958), Sohn einer orthodox-jüdischen Familie aus München, der über Heines „Rabbi von Bacherach" dissertierte. Feuchtwanger, der eine Zeitlang mit Brecht zusammenarbeitete, schrieb eine Reihe erfolgreicher historischer Romane, beginnend mit *„Jud Süß"* (1925). Joseph Süß Oppenheimer, seit 1732 Finanzberater bei Karl Alexander von Württemberg, ist wie sein Herr alles andere als ein sympathischer Charakter. Als der Herzog die Tochter des Juden vergewaltigen will und sie damit in den Selbstmord treibt, liefert ihn Süß der Macht der Landstände aus, die ihn wie seinen Hofjuden hassen. Der Herzog erliegt einem Schlaganfall und der Jude muß als Sündenbock dessen Politik mit dem Tod büßen. In später Besinnung auf sein Judentum verzichtet er darauf, sich durch die Taufe vor der Hinrichtung zu retten. In diesem Roman hat Feuchtwanger eine tiefe Analyse der Ursprünge des Antisemitismus geboten, zugleich jedoch die geistige Überlebenskraft des Judentums betont. Eine NS-Verfilmung verwertete die negative Darstellung des Hofjuden einseitig zu antisemitischer Propaganda.

Die in Deutschland begonnene Josephus-Flavius-Trilogie konnte Feuchtwanger erst im Exil in Frankfreich und den USA vollenden: „*Der jüdische Krieg*“ (1932); „*Die Söhne*“ (1935); „*Der Tag wird kommen*“ (1941). Eine weitere Trilogie schildert den Aufstieg des Nationalsozialismus und das jüdische Exil. Der Mittelteil dieser Trilogie „Der Wartesaal“, „*Die Geschwister Oppenheim*“ (1933), zeigt das Schicksal einer Berliner jüdischen Familie im Jahr 1933.

d) *Lyriker:* Von den bisher Genannten haben vor allem Werfel, Beer-Hofmann und Brod Lyrik geschrieben. Hier seien noch jene Dichter dargestellt, die sich vorwiegend der Lyrik gewidmet haben. Hier ist vor allem *Karl Wolfskehl* (1869–1948) zu nennen, jahrelang in München Gastgeber des George-Kreises – vierzig Jahre Freundschaft mit Stefan George haben ihn geprägt, der sich stolz einen George-Epigonen nennt. Seiner Behauptung nach ein Nachfahre der aus Italien eingewanderten Kalonymus-Familie, betrachtet er sich als „jüdisch, römisch, deutsch zugleich“. Seine Haltung zum Judentum, besonders in seiner frühen Zeit, ist schwer zu beurteilen. F. P. Bargebuhr sagt, er habe „den Anschluß an die jüdische Welt ... nie ganz geleistet“; Wolfskehl selbst hingegen meint in seinen letzten Jahren, sein Judentum sei so alt wie er selbst.

Tatsache ist, daß Wolfkehls in Deutschland entstandenes Werk noch nicht so betont jüdisch wie seine späteren Schriften ist. Biblischer Einfluß macht sich in seinem frühen Gedichtzyklus „*An den alten Wassern*“ (1903) geltend, ebenso im dramatischen Gedicht „*Saul*“, In den Aufsätzen „*Das jüdische Geheimnis*“ (1914) und „*Das doppelte Antlitz*“ (1931) sieht er die Spannung zwischen Israel und den Völkern schon in der biblischen Zeit begründet und erklärt sie durch das jüdische „Anderssein“, das Segen und Fluch zugleich ist. Anders ist auch das Verhältnis der Juden zu ihrem Buch, der Tora, die „unverrückbar festgelegter Spiegel des ewigen Vorgangs“ ist („*Die Juden und das Buch*“, 1926).

Mit seiner Emigration über Italien nach Neuseeland wendet sich Wolfskehl dann entschieden dem Judentum zu, wird im Gedichtszyklus „*Die Stimme spricht*“ zum Dichter des jüdischen Exils. Hat Saul ihn früher eher menschlich interessiert, so wird der Dulder Ijob nun zum beherrschenden Motiv, zum Symbol des jüdischen Daseins unter den Völkern. In der Dichtung „*Hiob oder die vier Spiegel*“, die ihn bis zum Ende seines Lebens beschäftigt, legt er seine jüdische Geschichtsphilosophie dar. Durch das Gesetz in das reine „Dasein“

gerufen, erfährt Israel eine „geschichtslose Geschichte"; der Wüstenzug, auf dem Israel das Gesetz erhielt, bleibt sein ewiges Schicksal. Der die Heimat verlassende Abraham und Ahasver versinnbilden das Judentum ebenso wie Ijob, das Zeichen dafür, daß Israel seinen Gott stets nur in Unheil und Untergang erfahren hat. Zwischen 1934 und 1944 schrieb Wolfskehl seinen Abschied *„An die Deutschen"*, ein autobiographisches Gedicht. Verse aus „Die Stimme spricht", wie „Wir ziehen" und „Aufbruch II", betonen den Abschied von einer Phase jüdischer Geschichte. Doch endet Wolfskehl nicht in bloßer Resignation, wie sein Gedicht „Und dennoch sind wir da!" im selben Zyklus zeigt und wie auch sein erst posthum bekannt gewordenes Gedicht *„Kalon Be-Kawod Namir – Aus Schmach wird Ehr"* hofft.

Else Lasker-Schüler (1869–1945), laut Gottfried Benn die größte Lyrikerin, die Deutschland je hervorgebracht hat, stammt aus einer religiös-jüdischen Familie im Rheinland. Religion ist auch während des wirren Lebens der expressionistischen Dichterin in Berlin, nach 1933 in der Schweiz und schließlich in Jerusalem der Grundton ihres Schaffens geblieben, nicht aufdringlich, doch immer gegenwärtig. Schon die *„Hebräischen Balladen"* (1913) zeugen von ihrer Verbundenheit mit der Bibel, von der sie später sagt: „Jahre las ich die Abende einsam in den Büchern, die im Jenseits gedruckt wurden". In diesen Balladen, die oft erstaunlich treu dem biblischen Text folgen, beschäftigt sie sich mit Gestalten, die Gott erfahren haben, Abel, den Patriarchen, Saul und David usw., meist paarweise zusammengestellt. In der Prosaschrift *„Hebräerland"* (1937) bezeichnet sie die Hebräischen Balladen als ihren Beitrag zum Aufbau Palästinas. Diese schon von ihrer Liebe zur Kabbala beeinflußte Schrift ist tiefer Ausdruck ihrer trotz zweier enttäuschender Besuche Palästinas (1933, 1937) ungebrochenen Liebe zum Land der Väter, vor allem zu Jerusalem.

1921 schrieb Lasker-Schüler die von Heine beeinflußte Erzählung *„Der Wunderrabbiner von Barcelona"*, in der R. Eleasar nicht unter dem Druck der Christen nach Palästina auswandern will – „wer das gelobte Land nicht im Herzen trägt, wird es nie erreichen" – und dadurch die Christen so verärgert, daß sie zum Pogrom schreiten. Ein Pogrom ist auch das Thema der Prosadichtung *„Arthur Aronymus, die Geschichte meines Vaters"* und des gleichzeitig entstandenen Dramas *„Arthur Aronymus und seine Väter"*, in dem der Bischof persönlich die Juden rettet und zum Abschluß am Sederabend des Rabbiners teilnimmt, ein Aufruf zur Versöhnung der Juden mit dem christlichen Deutschland, der allerdings bei der Uraufführung des Stücks (1936) kaum verstanden wurde.

Die Berliner *Nelly Sachs* (1891–1970), seit 1940 in Schweden wohnhaft, hat nach von der christlichen Mystik Jakob Böhmes bestimmten Anfängen („Legenden und Erzählungen", 1921) erst nach 1933 zu ihrem jüdischen Erbe und auch ihrem eigenen Stil gefunden, geprägt von der Bibel wie auch der Sprache des Zohar und der Chasidim. Die jüdische Tragödie bestimmt große Teile ihres

Werkes, der Gedichte wie der szenischen Dichtungen. Flucht, Verfolgung und Tod sind das beherrschende Motiv, so in der dichterischen Antwort auf die Krematorien, „*In den Wohnungen des Todes*" (1946), und in „*Sternverdunkelung*" (1949), wo auch schon Hoffnung anklingt, daß Israel überleben und seine Aufgabe erfüllen wird, wie der Zyklus „Land Israel" es ausdrückt; der Zyklus „Die Muschel saust" desselben Bandes blickt hingegen in die biblische Vergangenheit zurück und deutet die Erfahrungen der biblischen Männer – den Aufbruch Abrahams aus seiner Heimat, den Kampf Jakobs mit Gott, das Leid Ijobs – als zeitlos, wie dann auch in „Landschaft aus Schreien" im Band „*Und niemand weiß weiter*" (1957) der Aufschrei Ijobs und Christi in jenen Hiroshimas und Maidaneks einklingt.

Schon 1943 schrieb Sachs „*Eli. Ein Mysterienspiel vom Leiden Israels*" (1951 gedruckt, zusammen mit anderen „Dramen" nochmals in „Zeichen im Sand", 1961). Das stets den Unschuldigen treffende Leid ist hier im Hirtenknaben Eli verkörpert, der von deutschen Soldaten erschlagen wurde, als er Gott gegen den Abtransport seiner Eltern um Hilfe anrufen wollte. Als sich die Überlebenden nach der Katastrophe an den Wiederaufbau der jüdischen Stadt machen, wo sich die Untat ereignet hat, fühlt sich der Schuster Michael, einer der 36 Gerechten, durch die die Welt Bestand hat, gedrängt, den Mörder zu suchen. Er stellt ihn in einem fremden Land und, getroffen vom göttlichen Licht seines Blicks, zerfällt dieser zu Asche.

Neben der Katastrophe des Judentums ist die Mystik die zweite große Konstante im Werk der Nelly Sachs, die auch darin Lasker-Schüler nahesteht. Immer wieder kehrt das Motiv vom ekstatischen Tanz der Chasidim, in der szenischen Dichtung über David, „*Der magische Tänzer*" (1955) sowie im Zyklus „*Flügel der Prophetie*" des Bandes „Und niemand weiß weiter". Vor allem jedoch ist es die Wortmystik – das Wort als Ursprung der Schöpfung –, die schon im Band „Sternverdunkelung" im Gedicht „*Chassidische Schriften*" auftaucht, im Zyklus „*Geheimnis brach aus Geheimnis. Sohar: Schöpfungskapitel*" (im Band „Und niemand weiß weiter") zentral wird und auch das szenische Gedicht „*Beryll sieht in der Nacht oder Das verlorene und wieder gerettete Alphabet*" (1961) beherrscht. Katastrophen münden im Judentum stets in ein Wiederaufleben der Mystik.

Das Erleben der Katastrophe, der Vernichtung und des Todes beherrscht auch das Werk von *Paul Celan* (Paul Antschel, 1920–1970). Der in Czernowitz geborene Celan hat 1942 seine Eltern in einem Vernichtungslager verloren, persönliche Kristallisation der Tragödie, die ihn sein Leben lang bis zum selbstgewählten Tod bestimmt hat. Celan ist schwer zu deuten. Sein Judentum, im Gegenüber mit dem Tod ihm fremd geworden und erst langsam wieder ertastet, liegt nicht an der Oberfläche seines Werkes greifbar da und ist dennoch ersichtlich. Das Echo des jüdischen Untergangs klingt schon aus der Sammlung „*Der Sand aus den Urnen*" (1948), deren „*Todesfuge*" die Vernichtung ins Zeitlose hebt, wie dann in „*Ein Lied in der Wüste*" im Band „*Mohn und Gedächtnis*" (1952) das Morden der Kreuzzüge „in der Gegend von Akra" mit dem späterer Zeiten zusammenfällt, da „Jaakobs himmlisches Blut" als breitester Strom die Ukraine durchfließt.

Der Band „*Die Niemandsrose*" (1964) bringt dann die häufigsten Hinweise auf Celans jüdische Tradition. Im Gedicht „*Die Schleuse*" ist das Prekäre seiner jüdischen Existenz durch die Erfahrung des Todes ausgedrückt: „An die Vielgötterei verlor ich ein Wort, das mich suchte, *Kaddisch*"; und auch das Wort *Jiskor* (wie das Kaddisch ein Totengebet) kann er nur durch die Schleuse retten. Doch ist zugleich der ewige Fortbestand des Judentums gewiß: „Judenlocke wirst nicht grau", heißt es in „*Mandorla*"; Israel, „*die Ghettorose*", ist „unsterblich von soviel auf Morgenwegen gestorbenen Toden".

Im Gedicht „*Hüttenfenster*" ist es der Judenstern, der „Davidsschild", den „er, der Mensch, zum Wohnen braucht, hier, unter Menschen". Aber auch Celans Nähe zur Kabbala und zur Buchstabenmystik wird in diesem Gedicht deutlich, wenn es heißt, „der Buchstaben sterblich und unsterbliche Seele, geht zu Aleph und Jud und geht weiter, baut ihn, den Davidsschild ...", über das „Jud" als Buchstaben, aber auch über das Judentum hinausgehend zu einer allgemeinen Gemeinschaft. Die Nähe zur Kabbala betont Celan selbst in der Überschrift eines anderen Gedichts derselben Sammlung: „Eine Gauner- und Ganovenweise ... gesungen von Paul Celan aus Czernowitz bei Sadagora". Sadagora, einst Zentrum des Chasidismus in der Bukowina, ist der Bezugspunkt für sein heimatliches Czernowitz. Von der jüdischen Mystik her erklärt sich auch die Nähe mancher Celan-Gedichte zu Bildern von Chagall.

„Alle Dichter sind Juden", zitiert Celan als Motto zu einem Gedicht von „Die Niemandsrose". In „*Der Meridian*", seiner Büchner-Preis-Rede (1960), hat er dieses Wort wieder aufgegriffen. Dort und im kurzen Text „*Gespräch im Gebirg*" äußert er sich am deutlichsten über sein Judentum. Im „Gespräch im Gebirg" spricht er von seiner Begegnung mit sich selbst als Juden. Hier steht ein Satz, der für die ausklingende jüdische Dichtung in deutscher Sprache bezeichnend ist:„ ... der Jud, du weißt's, was hat er schon, das ihm auch wirklich gehört, das nicht geborgt wär, ausgeliehen und nicht zurückgegeben ...". Resignation des Abschieds.

Bibliographie

Im Vordergrund stehen bei der Auswahl die wichtigen Originalausgaben sowie deutsche oder sonstige Übersetzungen in westeuropäischen Sprachen. Monographien zu Einzelthemen können aus Platzgründen nur in ganz beschränkter Zahl genannt werden. Als Ersatz erscheinen vor allem solche Werke aus der Sekundärliteratur, die eine weiterführende Bibliographie bieten.

Einleitung

Umfassende Darstellungen der jüdischen Literaturgeschichte: *G. Karpeles,* Geschichte der jüdischen Literatur, 2 Bände, Graz ^{4}1963 (= Berlin ^{3}1920); *M. Waxman,* A History of Jewish Literature, 5 Bände, New York/London 1960 (= I ^{2}1938, II ^{2}1943, III 1936, IV 1941, V 1960); *I. Zinberg,* A History of Jewish Literature, 12 Bände, I-II Cleveland/London, ab III New York, 1972 – (bis 1975 7 Bände erschienen; ursprünglich jiddisch Wilna 1929–1937; reicht vom Mittelalter bis zur Haskala-Literatur); *N. Kravitz,* 3000 Years of Hebrew Literature from the Earliest Time through the 20th Century, London 1973 (volkstümlich gehalten); ziemlich veraltet ist *J. Winter – A. Wünsche,* Hg., Die jüdische Literatur seit Abschluß des Kanons, 3 Bände, Trier 1894–1896. Einen kurzen Überblick über das gesamte Gebiet bringt der Artikel *Literature, Jewish* von *M.* und *M. Waxman* in der *Encyclopaedia Judaica* (Jerusalem 1971) XI 307–360. Die umfassendste Bibliographie zur jüdischen Literatur und für Judaica im allgemeinen bietet die Zeitschrift *Kirjath Sepher. Bibliographical Quarterly of the Jewish National and University Library,* Jerusalem 1924ff. Seit 1969 ist diese Bibliographie durch den *Index of Articles on Jewish Studies (Jerusalem)* zu ergänzen.

I. Die Bibel

Der hebräische Text der Bibel liegt kritisch ediert in der *Biblia Hebraica* von *R. Kittel* vor, überarbeitet durch *A. Alt* und *O. Eissfeldt,* Stuttgart ^{16}1973. Seit 1968 erscheint in Einzelheften eine völlige Neubearbeitung, die *Biblia Hebraica Stuttgartensia,* hg. von *K. Elliger* und *W. Rudolph.* Deutsche Übersetzungen sind zahlreich; besonders wertvoll sind die Luther-Bibel, die Übersetzung von *M. Buber* und *F. Rosenzweig* sowie die neue katholische „Einheitsübersetzung", Stuttgart 1974.

Einführungen: O. Eissfeldt, Einleitung in das Alte Testament, Tübingen ^{3}1964; *J. Hempel,* Die althebräische Literatur und ihr hellenistisch-jüdisches Nachleben, Berlin 1968 (= Wildpark-Potsdam 1930); *O. Kaiser,* Einleitung in das Alte Testament. Eine Einführung in ihre Ergebnisse und Probleme, Gütersloh 1969, ^{3}1976; *G. Fohrer,* Das Alte Testament (drei Teile in 2 Bänden), Gütersloh 1968–1970; *H. Cazelles,* Hg., Introduction critique à l'Ancien Testament, Paris 1973.

Bibliographie: Elenchus Bibliographicus Biblicus, Rom 1920ff (praktisch vollständige Sammlung der Literatur zur Bibel).

1. Die fünf Bücher Mose

Eine praktische Aufteilung des Pentateuchs auf seine Quellenschriften bietet *O. Eissfeldt,* Hexateuch-Synopse, Darmstadt 1962 (= Leipzig 1922; „Hexateuch" = Pentateuch und Josua). Zu den einzelnen Quellen: *P. F. Ellis,* The Yahwist. The Bible's First Theologian, London 1969; *K. Koch,* Die Priesterschrift von Exodus 25 bis Leviticus 16, Göttingen 1959; *S. Lörsch,* Das Deuteronomium und seine Deutungen, Stuttgart 1967; *M. Noth,* Überlieferungsgeschichte des Pentateuch, Stuttgart ³1966; *G. v. Rad,* Das Formgeschichtliche Problem des Hexateuchs, Stuttgart 1938; *ders.,* Deuteronomium-Studien, Göttingen 1948; *J. Wellhausen,* Prolegomena zur Geschichte Israels, Berlin ⁶1905.

2. Die biblische Geschichtsschreibung

W. Dietrich, Prophetie und Geschichte. Eine redaktionsgeschichtliche Untersuchung zum deuteronomistischen Geschichtswerk, Göttingen 1972; *U. Kellermann,* Nehemia. Quellen, Überlieferung und Geschichte, Berlin 1967; *R. Mosis,* Untersuchungen zur Theologie des chronistischen Geschichtswerks, Freiburg 1973; *M. Noth,* Überlieferungsgeschichtliche Studien, Tübingen ³1967; *G. v. Rad,* Das Geschichtsbild des chronistischen Werkes, Stuttgart 1930; *W. Richter,* Traditionsgeschichtliche Untersuchungen zum Richterbuch, Bonn ²1966; *H. Schulte,* Die Entstehung der Geschichtsschreibung im Alten Israel, Berlin 1972; *W. T. in der Smitten,* Esra: Quellen, Überlieferung, Geschichte, Assen 1973; *A. Weiser,* Samuel. Seine geschichtliche Aufgabe und religiöse Bedeutung, Göttingen 1962; *T. Willi,* Die Chronik als Auslegung, Göttingen 1972.

3. Die prophetischen Schriften

F. Ellermeier, Prophetie in Mari und Israel, Herzberg 1968; *G. Fohrer,* Studien zur alttestamentlichen Prophetie, Berlin 1967; *ders.,* Die Propheten des Alten Testaments, Gütersloh 1974–6 (6 Bände); *A. H. J. Gunneweg,* Mündliche und schriftliche Tradition der vorexilischen Prophetenbücher, Göttingen 1959; *S. Herrmann,* Die prophetischen Heilserwartungen im Alten Testament, Stuttgart 1965; *J. Lindblom,* Prophecy in Ancient Israel, Oslo 1962; *J. Scharbert,* Die Propheten Israels bis 700 v. Chr., Köln 1965; *ders.,* die Propheten Israels um 600 v. Chr., Köln 1967; *W. H. Schmidt,* Zukunftsgewißheit und Gegenwartskritik. Grundzüge prophetischer Verkündigung, Neukirchen 1973; *H. Schüngel-Straumann,* Gottesbild und Kultkritik vorexilischer Propheten, Stuttgart 1972; *C. Westermann,* Grundformen prophetischer Rede, München 1960.

4. Die Weisheitsschriften

H. Duesberg – I. Fransen, Les scribes inspirés, Maredsous 1966; *H. Gese,* Lehre und Wirklichkeit der alten Weisheit, Tübingen 1958; *M. Noth – D. W. Thomas,* Hg., Wisdom Literature in Israel and in the Ancient Near East, Leiden 1960; *G. v. Rad,* Weisheit in Israel, Neukirchen 1970; *H. W. Schmid,* Wesen und Geschichte der Weisheit, Berlin

1966; *P. W. Skehan*, Studies in Israelite Poetry and Wisdom, Washington 1971; *R. N. Whybray*, The Intellectual Tradition in the Old Testament, Berlin 1974; *E. Würthwein*, Die Weisheit Ägyptens und das Alte Testament, Marburg 1959.

5. Die Dichtung

L. A. Schökel, Estudios de poética hebraica, Barcelona 1963 (gekürzte Übersetzung: Das Alte Testament als literarisches Kunstwerk, Köln 1971. Wesentliche Untersuchung mit ausführlicher Forschungsgeschichte); *J. Becker*, Wege der Psalmenexegese, Stuttgart 1975; *O. Loretz*, Studien zur althebräischen Poesie. I. Das althebräische Liebeslied, Kevelaer/Neukirchen 1971; *N. H. Ridderboos*, Die Psalmen: Stilistische Verfahren und Aufbau, Berlin 1971; *C. H. Westermann*, Das Loben Gottes in den Psalmen, Göttingen ³1963.

6. Der biblische Kanon

A. Loisy, Histoire du canon de l'Ancien Testament, Frankfurt 1971 (= Paris 1890); *J. A. Sanders*, Torah and Canon, Philadelphia 1972; *M. Smith*, Palestinian Parties and Politics that Shaped the Old Testament, New York/London 1970.

II. Die Zeit des Übergangs

Die in einer Vielfalt von Sprachen überlieferten Texte dieser Periode (ohne die Schriften von Qumran sowie die Werke von Philo und Josephus) sind in Übersetzung mit kurzen Einführungen und Anmerkungen zugänglich: *R. H. Charles*, Hg., Apocrypha and Pseudepigrapha of the Old Testament in English, 2 Bände, Oxford 1968 (= 1913); *E. Kautzsch*, Hg., Die Apokryphen und Pseudepigraphen des Alten Testaments, 2 Bände, Tübingen 1900; *P. Riessler*, Altjüdisches Schrifttum außerhalb der Bibel, Heidelberg 1966 (= Augsburg 1928); *W. G. Kümmel u. a.*, Jüdische Schriften aus hellenistisch-römischer Zeit, Gütersloh 1973. Einführungen: *A.-M. Denis*, Introduction aux pseudépigraphes grecs d'Ancien Testament, Leiden 1970; *J. Maier-J. Schreiner*, Hg., Literatur und Religion des Frühjudentums, Würzburg 1973; *L. Rost*, Einleitung in die alttestamentlichen Apokryphen und Pseudepigraphen einschließlich der großen Qumran-Handschriften, Heidelberg 1971.

A. Palästina

1. Geschichtlicher Überblick

M. Hengel, Judentum und Hellenismus. Studien zu ihrer Begegnung unter besonderer Berücksichtigung Palästinas bis zur Mitte des 2. Jh. v. Chr., Tübingen ²1973 (grundlegend für die Geistesgeschichte der Periode); *E. Schürer*, Geschichte des jüdischen Volkes im Zeitalter Jesu Christi, 3 Bände, Leipzig ³und ⁴1901–1909; Neubearbeitung von Band I: The History of the Jewish People in the Age of Jesus Christ, revised and edited by *G. Vermes-F. Millar*, Edinburgh 1973; *K. Schubert*, Die jüdischen Religionsparteien in neutestamentlicher Zeit, Stuttgart 1970.

2. Die Apokalypsen

Übersetzungen der Texte sind oben beim Kapitel II „Die Zeit des Übergangs" genannt, Textausgaben in den dort genannten Einführungen von *Denis* und *Rost* angeführt. Allgemein zur Apokalyptik: *D. S. Russell,* The Method and Message of Jewish Apocalyptic, London 1964; *J. M. Schmidt,* Die jüdische Apokalyptik, Neukirchen [2]1976; *W. Schmithals,* Die Apokalyptik. Einführung und Deutung, Göttingen 1973. Zu einzelnen Schriften: *O. Plöger,* Das Buch Daniel, Gütersloh 1965; *F. Dexinger,* Henochs Zehnwochenapokalypse und offene Probleme der Apokalyptikforschung, Leiden 1977; *W. Harnisch,* Verhängnis und Verheißung der Geschichte. Untersuchungen zum Zeit- und Geschichtsverständnis im 4. Buch Esra und in der syrischen Baruchapokalypse, Göttingen 1969; *P. Bogaert,* Apocalypse de Baruch. Introduction, Traduction du Syriaque et Commentaire, 2 Bände, Paris 1969.

3. Die Geschichtsschreibung

F.-M. Abel, Les livres des Maccabées, Paris 1949; *D. Arenhoevel,* Theokratie nach dem 1. und 2. Makkabäerbuch, Mainz 1967; *J. G. Bunge,* Untersuchungen zum zweiten Makkabäerbuch, Diss. Bonn 1971; *B. Noack,* Spätjudentum und Heilsgeschichte, Stuttgart 1971; *G. Reese,* Die Geschichte Israels in der Auffassung des frühen Judentums, Diss. Heidelberg 1967.

4. Die Schriftauslegung

M. Testuz, Les idées religieuses du livre des Jubilés, Genf-Paris 1960; *J. A. Fitzmyer,* The Genesis Apocryphon of Qumran Cave I. A Commentary, Rom [2]1971; *M. R. James,* The Biblical Antiquities of Philo, London 1917 (Reprint New York 1971 mit Prolegomenon von L. H. Feldman); *G. Kisch,* Pseudo-Philo's Liber Antiquitatum Biblicarum, Notre Dame, Indiana 1949; Pseudo-Philon. Les Antiquités Bibliques, hg. von *J. Harrington, J. Cazeaux u. a.* (Text, Übersetzung, Kommentar), 2 Bände, Paris 1976; *J. P. M. van der Ploeg-A. S. van der Woude,* Le Targum de Job de la Grotte XI de Qumran, Leiden 1971; *K. Elliger,* Studien zum Habakuk-Kommentar vom Toten Meer, Tübingen 1953.

5. Religiöse Dichtung

H. L. Jansen, Die spätjüdische Psalmendichtung, ihr Entstehungskreis und ihr „Sitz im Leben", Oslo 1937; *J. Carmignac,* Les Hymnes des Qumran (Hodayot), Paris 1962; *S. Holm-Nielsen,* Hodayot. Psalms from Qumran, Aarhus 1960; *E. H. Mervill,* Qumran and Predestination. A theological study of the Thanksgiving Hymns, Leiden 1975; *J. A. Sanders,* The Psalms Scroll of Qumran Cave 11 (11QPs[a]), Oxford 1965; *J. Viteau,* Les Psaumes de Salomon, Paris 1911.

6. Testamente

J. Becker, Untersuchungen zur Entstehungsgeschichte der zwölf Patriarchen, Leiden 1970; *M. de Jonge,* Hg., Studies on the Testaments of the Twelve Patriarchs, Leiden

1975; *G. H. Box*, The Testament of Abraham, London 1927; *M. R. James*, The Testament of Abraham, Cambridge 1892; *M. Philonenko*, Le Testament de Job, Paris 1968; *E. Cortès*, Los Discursos de Adios de Gn 49 a Jn 13–17, Barcelona 1975.

7. Die Bibliothek von Qumran

M. Burrows, Die Schriftrollen vom Toten Meer, München 1957; *ders.*, Mehr Klarheit über die Schriftrollen, München 1958. *Texte:* Discoveries in the Judaean Desert (of Jordan), Oxford 1955 ff (bis 1968 5 Bände). Deutsche Übersetzung der größeren Texte: *J. Maier*, Die Texte vom Toten Meer, 2 Bände, München 1960 (Nachdruck ohne Anmerkungsteil, zusammen mit *K. Schubert*, Die Gemeinde vom Toten Meer: *J. Maier-K. Schubert*, Die Qumran-Essener, München 1973). *A. R. C. Leaney*, The Rule of Qumran and its Meaning, London 1966; *Ch. Rabin*, The Zadokite Documents, Oxford ^{2}1958; *J. van der Ploeg*, Le rouleau de la guerre, Leiden 1959; *B. Z. Lurie*, Megillat ha-nechoschet bamidbar Jehuda, Jerusalem (Kupferrolle). *Bibliographie: J. A. Fitzmyer*, The Dead Sea Scrolls. Major Publications and Tools for Study, Montana 1975. Regelmäßige Ergänzung der Qumran-Bibliographie in der Revue de Qumrân, Paris 1958 ff.

B. Die griechische Welt

1. Die hellenistische Diaspora

V. Tcherikover, Hellenistic Civilization and the Jews, Philadelphia ^{2}1961; *ders.*, The Jews in Egypt in the Hellenistic-Roman Age in the Light of the Papyri, Jerusalem ^{2}1963 (hebr.); *V. Tcherikover-A. Fuks*, Corpus Papyrorum Judaicarum, 3 Bände, Cambridge 1957–1964; *J.-B. Frey*, Corpus Inscriptionum Judaicarum II, Rom 1952.

2. Die biblische Tradition

a) Die griechische Bibelübersetzung

M. Hadas, Aristeas to Philocrates, New York 1951. Text der LXX: *A. Rahlfs*, Septuaginta, id est Vetus Testamentum Graece iuxta LXX Interpretes, 2 Bände, Stuttgart 1935 u. ö.; kritische Ausgabe: Göttinger Septuaginta, Göttingen 1931; Einführung: *H. B. Swete*, An Introduction to the Old Testament in Greek, revised by R. R. Ottley, Cambridge 1914 (Nachdruck New York 1968); *H. M. Orlinsky*, The Septuagint: the oldest translation of the Bible, Cincinnati 1949. Bibliographie: *S. P. Brock-Ch. T. Fritsch-S. Jellicoe*, A Classified Bibliography of the Septuagint, Leiden 1973.

b) Die Erweiterung der griechischen Bibel

B. M. Metzger, An Introduction to the Apocrypha, New York 1957; *Th. Middendorp*, Die Stellung Jesu Ben Siras zwischen Judentum und Hellenismus, Leiden 1973; *C. Larcher*, Etudes sur le livre de la Sagesse, Paris 1969; *J. M. Reese*, Hellenistic Influence on the Book of Wisdom and its Consequences, Rom 1970; *M. Hadas*, The Third and Fourth Book of Maccabees, New York 1953. Bibliographie (auch für die folgenden

Abschnitte): *G. Delling,* Bibliographie zur jüdisch-hellenistischen und intertestamentarischen Literatur, Berlin ²1975.

c) Anfänge der allegorischen Bibelauslegung: Aristobul

N. Walter, Der Thoraausleger Aristobulos, Berlin 1964.

3. Die Bejahung des Hellenismus

a) Die Geschichtsschreibung

Texte in *A.-M. Denis,* Fragmenta Pseudepigraphorum quae supersunt graeca, Leiden 1970. *J. Freudenthal,* Hellenistische Studien 1-2: Alexander Polyhistor und die von ihm erhaltenen Reste judäischer und samaritanischer Geschichtswerke, Breslau 1875; *B. Z. Wacholder,* Eupolemos. A Study of Judaeo-Greek Literature, Cincinnati 1974; *P. Dalbert,* Die Theologie der hellenistisch-jüdischen Missionsliteratur, Hamburg 1954; *Y. Gutman,* The Beginnings of Jewish-Hellenistic Literature II, Jerusalem 1963 (hebr.).

b) Der Roman

R. Smend, Alter und Herkunft des Achikar-Romans und sein Verhältnis zu Aesop, Berlin 1908; *C. Burchard,* Untersuchungen zu Joseph und Aseneth, Tübingen 1965; *ders.,* Der dreizehnte Zeuge, Göttingen 1970; *M. Philonenko,* Joseph et Aséneth, Leiden 1968 (mit Textausgabe in der kürzeren Fassung).

c) Dichtung und Drama

siehe die Werke von *Denis* und *Gutman* in Kapitel II B 3 a, ebenso *Y. Gutman,* op.cit, I, Jerusalem 1958.

d) Die Übernahme griechischer Namen

Texte der „Fälschungen" in *Denis,* Fragmenta (II B 3 a). *M. Hengel,* Anonymität, Pseudepigraphie und „literarische Fälschung" in der jüdisch-hellenistischen Literatur: Fondation Hardt, Entretiens XVIII, Pseudepigrapha I, Genf 1972, 229-308; *J. Geffcken,* Die Oracula Sibyllina, Berlin 1902; *A. Kurfess,* Sibyllinische Weissagungen, München 1951; *V. Nikiprowetzky,* La Troisième Sibylle, Paris 1970; *J. H. Collins,* The Sibylline Oracles of Egyptian Judaism, Missoula 1974.

4. Philo und Josephus

Philonis Alexandrini opera quae supersunt, ed. *L. Cohn-P. Wendland-S. Reiter,* 7 Bände. Berlin 1896-1930, Nachdruck 1962; englische Übersetzung der nur armenisch erhaltenen Quaestiones et solutiones durch *R. Marcus* im Supplement zur Philo-Ausgabe der Loeb Classical Library, Cambridge, Mass. 1953 (2 Bände); *L. Cohn-I. Heinemann,* Hg., Die Werke Philos von Alexandria in deutscher Übersetzung, 7 Bände,

Breslau 1909–1938; *E. R. Goodenough,* An Introduction to Philo Judaeus, New Haven ^{2}1962; *I. Christiansen,* Die Technik der allegorischen Auslegungswissenschaft bei Philon von Alexandrien, Tübingen 1969; *H. A. Wolfson,* Philo: Foundations of Religious Philosophy in Judaism, Christianity and Islam, 2 Bände, Cambridge, Mass. 1947. *B. Niese,* Hg., Flavii Josephi Opera, 7 Bände, Berlin 1885–1895, Nachdruck 1955; deutsche Übersetzung von *H. Clementz,* 4 Bände, Halle 1900, Nachdruck 1959–60; *O. Michel-O. Bauernfeind,* De Bello Judaico (griechisch und deutsch), 4 Bände, München 1962–1969; *R. Laqueur,* Der jüdische Historiker Flavius Josephus, Gießen 1920; *H. St. J. Thackerey,* Josephus the Man and the Historian, New York 1929; *O. Betz-K. Haacker-M. Hengel,* Hg., Josephus-Studien (Festschrift O. Michel), Göttingen 1974. *Bibliographie: L. H. Feldman,* Studies in Judaica. Scholarship on Philo and Josephus (1937–1962), New York o. J.; zu Philo Bibliographie in der Zeitschrift Studia Philonica, Chicago 1972ff; *H. Schreckenberg,* Bibliographie zu Flavius Josephus, Leiden 1968.

5. Das Neue Testament als jüdische Schrift

P. Vielhauer, Geschichte der urchristlichen Literatur: Einleitung in das Neue Testament, die Apokryphen und die apostolischen Väter, Berlin 1975; *H. L. Strack-P. Billerbeck,* Kommentar zum Neuen Testament aus Talmud und Midrasch, 6 Bände, München 1922–1961; *H. Braun,* Qumran und das Neue Testament, 2 Bände, Tübingen 1966; *M. McNamara,* The New Testament and the Palestinian Targum to the Pentateuch, Rom 1966.

III. Die talmudische Zeit

1. Geschichtlicher Rahmen-Voraussetzungen

M. Avi-Yonah, Geschichte der Juden im Zeitalter des Talmud, Berlin 1962; *J. Neusner,* A History of the Jews in Babylonia, 5 Bände, Leiden 1965–1970.

2. Mischna und Tosefta

a) Die Mischna

H. Albeck-H. Yalon, Schischa Sidre Mischna, 6 Bände, Jerusalem 1952-1958; Text mit deutscher Übersetzung und Kommentar in der „Gießener Mischna", Gießen (später Berlin) 1912 – (noch nicht abgeschlossen). *Einführungen: H. L. Strack,* Einleitung in Talmud und Midrasch, München ^{6}1976; *Ch. Albeck,* Einführung in die Mischna, Berlin 1971; *J. N. Epstein,* Introduction to Tannaitic Literature. Mishna, Tosephta and Halakhic Midrashim, Jerusalem 1957 (hebr.); *J. Neusner,* Hg., The Modern Study of the Mishnah, Leiden 1973 (kritischer Forschungsbericht).

b) Die Tosefta

M. S. Zuckermandel, Tosephta, Pasewalk 1880 (Textausgabe, im Nachdruck Jerusalem 1935 mit kritischen Ergänzungen von S. Lieberman); neue kritische Ausgaben mit ausführlichem Kommentar, jedoch noch unvollendet: *S. Lieberman*, Tosefta Kifshutah, New York 1955– (bisher 11 Bände, hebr.); *K. H. Rengstorf*, Hg., Die Tosephta. Übersetzung und Erklärung, Stuttgart 1960– (bisher 6 Bände). Einführungen in *Strack* und *Epstein* (III 2 a).

3. Die beiden Talmudim

Talmud Jeruschalmi, Krotoschin 1865/66; Talmud Babli, 12 Bände, Wilna 1927; *Übersetzungen: M. Schwab*, Le Talmud de Jérusalem, 9 Bände, Paris 1871-1889 (unzuverlässig); *C. Horowitz*, Der Jerusalemer Talmud in deutscher Übersetzung. Band I: Berakhot, Tübingen 1975; *L. Goldschmidt*, Der babylonische Talmud, 12 Bände, Berlin 1897–1935, Nachdruck 1965. *Einführungen: J. Neusner*, Invitation to the Talmud. A Teaching Book, New York 1973 (für den Laien); *ders.*, Hg., The Formation of the Babylonian Talmud, Leiden 1970 (kritischer Forschungsbericht); *Z. Frankel*, Einleitung in den jerusalemischen Talmud, Breslau 1870 (hebr.); *J. N. Epstein*, Introduction to Amoraitic Literature. Babylonian Talmud and Yerushalmi, Tel Aviv 1962 (hebr.); *Ch. Albeck*, Introduction to the Talmud, Babli and Yerushalmi, Tel Aviv 1969 (hebr.); *H. L. Strack* (III 2 a).

4. Die Bibelauslegung

a) Der Targum

A. Sperber, The Bible in Aramaic, 4 Bände, Leiden 1959–1973 (Ausgabe von Onqelos, Tg zu den Propheten, Hagiographen); *M. Ginsburger*, Das Fragmententhargum, Berlin 1899; *ders.*, Targum Pseudo-Jonathan, Berlin 1903; *A. Diez-Macho*, Neophyti I. Targum palestinese MS de la Biblioteca Vaticana, bisher 4 Bände, Madrid – Barcelona 1968– (Dtn noch ausständig; Übersetzungen in Spanisch, Englisch und Französisch, Textausgabe und ausführliche Einleitungen); englische Übersetzung der Pentateuch-Targume: *J. W. Etheridge*, London 1862–1865, Nachdruck New York 1968; lateinische Übersetzungen in der Londoner oder Walton Polyglotte (Biblia Sacra Polyglotta, 6 Bände, London 1654-1657) und anderen Polyglotten. *Einführungen: R. Le Déaut*, Introduction à la littérature targumique I, Rom 1966; *J. Bowker*, The Targums and Rabbinic Literature, Cambridge 1969; *A. Diez-Macho*, El Targum. Introducciòn a las traducciones aramaicas de la Biblia, Barcelona 1972. *Bibliographie: B. Grossfeld*, A Bibliography of Targum Literature, Cincinnati – New York 1972.

b) Die tannaitischen Midraschim

Textausgaben: J. Z. Lauterbach, Mekilta de Rabbi Ishmael, 3 Bände, Philadelphia 1933–1935 (mit engl. Übersetzung); *J. N. Epstein-E. Z. Melamed*, Mekhilta d' Rabbi Sim'on b. Jochai, Jerusalem 1965; *I. H. Weiss*, Sifra debei Rabh, Wien 1862; teilweise deutsche Übersetzung von Sifra: *J. Winter*, Breslau 1938; *H. S. Horovitz*, Siphre D'be Rab. Fasciculus primus: Siphre ad Numeros adjecto Siphre zutta, Jerusalem ²1966; *K. G. Kuhn*, Der tannaitische Midrasch Sifre zu Numeri übersetzt und erklärt, Stuttgart 1959; *H. S. Horovitz-L. Finkelstein*, Siphre Deuteronomium, Berlin 1939 = New York 1969; *D. Hoffmann*, Midrasch Tannaim zum Deuteronomium, Berlin 1908–1909.

Einführung: J. N. Epstein (III 2a); *Ch. Albeck,* Untersuchungen über die halakischen Midraschim, Berlin 1927. Allgemein zum Midrasch: *A. G. Wright,* The Literary Genre Midrash, Staten Island, New York 1968.

c) Der Midrasch Rabba

Textausgaben: Midrasch Rabba, 2 Bände, Jerusalem o. J.; Midrasch Rabba zum Pentateuch, Hg. *M. A. Mirkin,* 11 Bände, Tel Aviv 1956–1967; *J. Theodor-Ch. Albeck,* Midrash Bereshit Rabba. Critical Edition with Notes and Commentary, Jerusalem ^{2}1965 (hebr.); *M. Margulies,* Midrash Wayyikra Rabbah, 5 Bände, Jerusalem 1953–1960; *S. Lieberman,* Midrash Debarim Rabbah, Jerusalem ^{2}1964 (zweite Fassung des Midrasch); *S. Buber,* Midrasch Echa Rabbati. Sammlung aggadischer Auslegungen der Klagelieder, Wilna 1899, Nachdruck Hildesheim 1967. Deutsche Übersetzung: *A. Wünsche,* Bibliotheca Rabbinica, 5 Bände, Leipzig 1880–1885, Nachdruck Hildesheim 1967. *Einführung: L. Zunz,* Die gottesdienstlichen Vorträge der Juden, Frankfurt ^{2}1892, Nachdruck Hildesheim 1966 (hebräische Übersetzung, bearbeitet und erweitert von *Ch. Albeck,* Ha-deraschot be-Jisrael, Jerusalem 1947); *J. Mann,* The Bible as Read and Preached in the Old Synagogue, I Cincinnati 1940 (Nachdruck mit Prolegomenon von B. Z. Wacholder, New York 1971); II (vollendet von I. Sonne) Cincinnati 1966.

d) Predigtsammlungen: Pesiqta und Tanchuma

B. Mandelbaum, Hg., Pesikta de Rav Kahana, 2 Bände, New York 1962; deutsche Übersetzung *A. Wünsche* (III 4c). *M. Friedmann,* Hg., Pesikta Rabbati, Midrasch für den Fest-Cyclus und die ausgezeichneten Sabbathe, Wien 1880; deutsch *A. Wünsche* (III 4c); englisch *W. G. Braude,* Pesikta Rabbati. Discourses for Feasts, Fasts, and Special Sabbaths, 2 Bände, New Haven/London 1968; *L. Prijs,* Die Jeremia-Homilie Pesikta Rabbati Kapitel 26, Stuttgart 1966. *S. Buber,* Midrasch Tanchuma, Wilna 1885, Nachdruck Jerusalem 1964; die übliche Ausgabe des Tanchuma Jerusalem 1969 und öfter.

e) Pirqe de Rabbi Elieser – Späte Midraschim

D. Luria, Hg., Pirqe de Rabbi Elieser, Warschau 1852; *G. Friedlander,* Pirke de Rabbi Eliezer, London 1916, Nachdruck New York 1965 (englische Übersetzung, gute Einführung); *S. Buber,* Hg., Midrasch Tehillim, Wilna 1892, Nachdruck Jerusalem 1966; *W. G. Braude,* The Midrash on Psalms, 2 Bände, New Haven 1959 (englische Übersetzung mit Einführung); *A. Wünsche,* Midrasch Tehillim oder haggadische Erklärung der Psalmen, Trier 1892, Nachdruck Hildesheim 1967; *S. Buber,* Hg., Midrasch Mischle, Wilna 1893; *ders.,* Midrasch Samuel, Krakau 1893 (beide Schriften zusammen nachgedruckt Jerusalem 1965).

f) Midrasch ha-gadol und Jalqut: Sammelwerke

Ch. Albeck, Hg., Midraš Berešit Rabbati, Jerusalem 1940 (= 1967); *S. Buber,* Hg., Midrasch Leqach Tob, Wilna 1884 (zu Gen und Ex; verschiedene Herausgeber haben andere Teile veröffentlicht); Midrash Haggadol on the Pentateuch: Genesis, Hg.

M. Margulies, Jerusalem 1947; Exodus, Hg. *M. Margulies*, Jerusalem 1956; Levitikus, Hg. *A. Steinsalz*, Jerusalem 1975; Numeri, Hg. *Z. M. Rabinowitz*, Jerusalem 1967; Deuteronomium, Hg. *S. Fisch*, Jerusalem 1972. Jalqut Schim'oni, 2 Bände, Jerusalem 1967 und öfter; kritische Ausgabe, Hg. *J. Schiloni* u.a., Jalqut Schim'oni: Genesis, 2 Bände, Jerusalem 1973; *A. B. Hyman*, The Sources of the Yalkut Shimeoni, 2 Bände, Jerusalem 1974-1975 (hebr.).

5. Die Anfänge der liturgischen Dichtung

Texte: E. Fleischer, Kobez al Yad 7 (1968) 1-79 (Jose ben Jose); *J. Schirmann*, New Hebrew Poetry from the Genizah, Jerusalem 1965 (hebr.); *M. Zulay*, Piyyute Yannai, Berlin 1938; *I. Davidson*, Thesaurus of Mediaeval Hebrew Poetry, 4 Bände, New York 1924–1938; Nachdruck New York 1970 mit englischer Einführung von J. Schirmann (alphabetisches Verzeichnis der Gedichtanfänge mit Verweis auf eventuelle Veröffentlichungen der Gedichte). *Einführungen: L. Zunz*, Literaturgeschichte der synagogalen Poesie, Berlin 1865, Nachdruck Hildesheim 1966 (für die hier besprochene Periode notwendigerweise stark veraltet); *A. Mirski*, Reschit ha-Pijjut, Jerusalem 1965; *E. Fleischer*, Hebrew Liturgical Poetry in the Middle Ages, Jerusalem 1975 (hebr.); *Z. M. Rabinowitz*, Halakha and Aggada in the Liturgical Poetry of Yannai, Tel Aviv 1965 (hebr.).

6. Die frühe Mystik

G. Scholem, Die jüdische Mystik in ihren Hauptströmungen, Frankfurt a.M. [2]1967; *ders.*, Ursprung und Anfänge der Kabbala, Berlin 1962; *ders.*, Jewish Gnosticism, Merkabah Mysticism, and Talmudic Tradition, New York [2]1965; *ders.*, Von der mystischen Gestalt der Gottheit, Zürich 1962. *Texte: S. A. Wertheimer*, Bate Midraschot I, Jerusalem [2]1968 (Hekhalot Rabbati); *A. Jellinek*, Bet ha-Midrasch III, Jerusalem [2]1938 (Hekhalot Rabbati, Text z.T. von Wertheimer abweichend); *M. Margalioth*, Sepher Ha-Razim, Jerusalem 1966; *H. Odeberg*, 3 Enoch or The Hebrew Book of Enoch, Cambridge 1928; Nachdruck mit Einführung von J. C. Greenfield, New York 1973; *L. Goldschmidt*, Sepher Jeşirah. Das Buch der Schöpfung, Frankfurt a.M. 1894, Nachdruck Darmstadt 1969 (Text und Übersetzung mit Anmerkungen); *I. Gruenwald*, A Preliminary Critical Edition of Sefer Yezira, Israel Oriental Studies I (1971) 132–177; *S. Mussajoff*, Sefer Merkaba Shelema, Jerusalem 1922.

IV. Zwischen Christentum und Islam: Das jüdische Mittelalter

1. Charakteristik der Periode

S. W. Baron, A Social and Religious History of the Jews, Bände IIIff. New York [2]1957ff; *E. Ashtor*, The Jews of Moslem Spain, Band I, Philadelphia 1973; *F. Baer*, Die Juden im christlichen Spanien, 2 Bände, Berlin 1929–1936; *J. R. Marcus*, The Jew in the Mediaeval World. A Source Book, Cincinnati 1938, Nachdruck Philadelphia 1960; *S. D. F. Goitein*, A Mediterranean Society. The Jewish Communities of the Arab World as Portrayed in the Documents of the Cairo Geniza, 2 Bände, Berkeley 1967–1971; *M. Steinschneider*, Hebräische Übersetzungen des Mittelalters, Berlin 1893.

2. Bibel- und Talmudauslegung

Bibelauslegung: B. Smalley, The Study of the Bible in the Middle Ages, Oxford ²1952; *M. Z. Segal,* Parschanut ha-Miqra, Jerusalem ²1952 (gute Zusammenfassung); *E. Z. Melammed,* Bible Commentators, 2 Bände, Jerusalem 1975 (hebr.); *W. Bacher,* Die Bibelexegese der jüdischen Religionsphilosophen des Mittelalters vor Maimûni, Budapest 1892; *ders.,* Die Bibelexegese Moses Maimûnis, Budapest 1896; Nachdruck beider Schriften mit einer Einführung von J. L. Teicher, 1972; *Talmuderklärung: J. Fraenkel,* Rashi's Methodology in his Exegesis of the Babylonian Talmud, Diss. Jerusalem 1969 (hebr.); *E. E. Urbach,* The Tosafists: Their History, Writings and Methods, Jerusalem ³1968 (hebr.); *Codices: H. Tchernowitz,* Toledot ha-Poseqim, 2 Bände, Jerusalem 1947/1948. *Einzelne Autoren: H. Malter,* Saadia Gaon. His Life and Works, Philadelphia 1921, Nachdruck New York 1969; *J. Derenbourg,* Hg., Oeuvres complètes de R. Saadja bar Josef Al-Fayyoûmî, Paris 1893–1899 (arabischer Bibeltext und Übersetzung); *S. Federbush,* Hg., Rashi, His Teachings and Personality, New York 1958; *S. Bamberger,* Raschis Pentateuchkommentar, Basel ³1962 (deutsche Übersetzung); *Mose ben Maimon,* Mischne Tora, 20 Bände, Jerusalem 1957–1965 (mit hebr. Kommentar); The Code of Maimonides, New Haven-London 1949- (bis 1972 11 von 14 Bänden erschienen); *F. E. Talmage,* David Kimhi: The Man and the Commentaries, Cambridge, Mass. 1975; *S. Hurwitz,* Hg., Machsor Vitry, Jerusalem 1962; *Ch. B. Chavel,* Ramban, his life and teachings, New York 1960 (Nachmanides); *ders.,* Hg., Kitbe ha-Ramban, New York 1963; *ders.,* Commentary on the Torah by Ramban, New York 1971 (Genesiskommentar); *B. Netanyahu,* Don Isaac Abravanel. Statesman and Philosopher, Philadelphia ²1968.

3. Die jüdischen Religionsphilosophen

Allgemein: J. Guttmann, Die Philosophie des Judentums, München 1933; *I. A. Husik,* A History of Mediaeval Jewish Philosophy, New York 1966 (= 1916); *C. Sirat,* Jewish Philosophical Thought in the Middle Ages, Jerusalem 1975 (hebr.); *G. Vajda,* Introduction à la pensée juive du moyen âge, Paris 1947. *Einzelne Philosophen: J. Guttmann,* Die Religionsphilosophie des Saadia, Göttingen 1882; *M. Ventura,* La philosophie de Saadia Gaon, Paris 1934; *J. Schlanger,* La philosophie de Salomon ibn Gabirol, Leiden 1968; *Ch. Bäumker,* Hg., Avencebrolis (Ibn Gebirol) Fons Vitae ex arabico in latinum translatus, Münster 1892–1895; *J. Schlanger,* Hg., Salomon ibn Gavirol – Livre de la Source de Vie (Fons Vitae), Paris 1970; *M. Hyamson,* Duties of the Heart by Bachya ben Joseph ibn Paquda, 2 Bände, Jerusalem 1962 (hebr.-engl.; ursprünglich 5 Bände, New York 1925–1947); *M. Mansoor,* The book of direction to the duties of the heart. From the original Arabic version of Bahya ben Joseph Ibn Paquda's ... Introduction, Translation and notes, London 1973; *G. Wigoder,* The Meditation of the Sad Soul, translated and with an introduction, London 1969; *H. Hirschfeld,* Das Buch al-Chazari im arabischen Urtext sowie in der hebr. Übersetzung, Leipzig 1887; *ders.,* Das Buch Al-Chazari aus dem Arabischen ... übersetzt, Breslau 1885; *I. Heinemann,* Jehuda Halevi. Kuzari: The Book of Proof and Arguments. Abridged Edition with an Introduction and Commentary, Oxford 1947; *J. Guttmann,* Die Religionsphilosophie des Abraham Ibn Daud, Göttingen 1879; *A. Heschel,* Maimonides. Eine Biographie, Berlin 1935; Sefer More ha-Nebukhim le-Rabbenu Mosche ben Maimon, 3 Bände, Jerusalem 1960; deutsch *A. Weiss,* Führer der Unschlüssigen, 3 Teile in 2 Bänden, Leipzig 1923; englisch *S. Pines,*

The Guide of the Perplexed, Chicago 1963; *Ch. Touati*, La pensée philosophique et théologique de Gersonide, Paris 1973; *H. A. Wolfson*, Crescas' Critique of Aristotle, Cambridge Mass. 1929; *I. Husik*, Joseph Albo. Sefer Ha-Ikkarim, 5 Bände, Philadelphia 1929–1930, Nachdruck 1946 (hebr.-engl.). *Bibliographie: G. Vajda*, Les Etudes de Philosophie Juive du Moyen Age depuis la Synthèse de J. Guttmann, Hebrew Union College Annual 43 (1972) 125–147; 45 (1974) 205–242.

4. Ethisches Schrifttum

I. Tishby – J. Dan, Hebrew Ethical Literature. Selected Texts with Introductions, Notes and Commentary. 10th – 12th Centuries, Jerusalem 1970 (hebr.; Philosophen von Saadia bis Rambam); *J. Wistinetzki-J. Freimann*, Hg., Das Buch der Frommen, Frankfurt ²1924 (andere Fassung Hg. *R. Margaliot*, Jerusalem 1957); *S. A. Singer*, Medieval Jewish Mysticism: The Book of the Pious, Northbrook 1972 (engl. Übersetzung); *S. G. Kramer*, God and Man in the Sefer Hasidim, New York 1966. – *A. T. Shrock*, Rabbi Jonah ben Abraham of Gerona. His Life and Ethical Works, London 1948; Sefer ha-Jaschar, Jerusalem 1967; *J. P. Choreb-M. Ch. Katzenellenbogen*, Hg., R. Jitschaq Abohab, Menorat ha-Maor, Jerusalem 1961 (hebr.-deutsche Ausgabe: *R. J. Fürstenthal*, 3 Bände, Krotoschin 1843–1848); *H. G. Enelow*, Menorat ha-Maor by R. Israel ibn al-Nakawa, 4 Bände, New York 1929–1932; *I. Abrahams*, Hg., Hebrew Ethical Wills, 2 Bände, Philadelphia ³1949 (hebr.-engl.).

5. Die Mystik

Siehe die in Kapitel III/6 genannten Werke von *G. Scholem; J. Dan*, The Esoteric Theology of Askenazi Hasidism, Jerusalem 1968 (hebr.); Sefer ha-Chajjim, Jerusalem 1973; *R. Margaliot*, Sefer ha-Bahir, Jerusalem 1951; *G. Scholem*, Das Buch Bahir. Ein Schriftdenkmal aus der Frühzeit der Kabbala, Leipzig 1923, Nachdruck Darmstadt 1970 (kommentierte Übersetzung); Sefer ha-Zohar al Chamischa Chumsche Tora, 21 Bände, Tel Aviv 1965; *H. Sperling, M. Simon, P. Levertoff*, The Zohar, 5 Bände, London 1931–1934 (gekürzte Übersetzung); *R. J. Z. Werblowsky*, Joseph Karo. Lawyer and Mystic, London 1962; *Josef Karo*, Sefer Maggid Mescharim, Jerusalem 1960; *J. Ben-Shlomo*, The Mystical Theology of Moses Cordovero, Jerusalem 1965 (hebr.); *M. Benayahu*, The Toledoth Ha-Ari and Luria's „Manner of Life" (Hanhagoth), Jerusalem 1967 (hebr.); *S. A. Horodezky*, Torat ha-Qabbala schel R. Jitschaq Aschkenasi-Ari we-R. Chajjim Vital, Jerusalem 1947; *Ch. Vital*, Ets Chajjim, Jerusalem 1960–1963; G. Scholem, Sabbatai Sevi. The Mystical Messiah 1626–1676, Princeton New Jersey 1973.

6. Religiöse und profane Dichtung

Außer den in Kapitel III/5 genannten Einführungen siehe *A. M. Habermann*, A History of Hebrew Liturgical and Secular Poetry, 2 Bände, Ramat Gan 1970–1972 (hebr.); *J. Schirmann*, Hg., Ha-Schira ha-Ibrit be-Sefarad ube-Provans, 4 Bände, Jerusalem ³1970 (Anthologie); *M. Zulay*, The Liturgical Poetry of Saadya Gaon and His School, Jersusalem 1964 (hebr.); *D. S. Sassoon*, Diwan of Shemuel Hannaghid, London 1934 (hebr.); *D. Jarden*, Hg., Diwan Schmuel ha-Nagid. Ben Tehillim, Jerusalem 1966;

H. Brody-J. Schirmann, Hg., Solomon ibn Gabirol. Secular Poems, Jerusalem 1974 (hebr.); *D. Jarden*, Hg., The Liturgical Poetry of Rabbi Solomon ibn Gabirol, 2 Bände, Jerusalem 1971–1972 (hebr.); *I. Davidson-I. Zangwill*, Hg., Selected religious poems of Solomon ibn Gabirol, Philadelphia 1923, Nachdruck New York 1973 (hebr.-engl.); *F. P. Bargebuhr*, Salomo ibn Gabirol, Ostwestliches Dichtertum, Wiesbaden 1976; *H. Brody*, Hg., Diwan des Abu-l-Hasan Jehuda ha-Levi, Berlin 1894–1930, Nachdruck Westmead 1971 (mit Einführung von A. M. Habermann, hebr.); *D. Pagis*, Hg., The secular poems of Moses Ibn Ezra, Jerusalem 1967 (hebr.); *L. Dukes*, Moses ben Esra aus Granada. Darstellung seines Lebens, nebst hebr. Beylagen und deutschen Übersetzungen, Altona 1839, Nachdruck Hildesheim 1973; *Y. Zmora*, Kol Shire R. Jehuda Halevi, 3 Bände, Tel Aviv 1955; *F. Rosenzweig*, Jehuda Halevi. Zionslieder, Berlin 1933; Kitbe R. Abraham Ibn Esra, 2 Bände, Jerusalem 1970; *Y. Toforovsky*, Hg., Tachkemoni, Tel Aviv 1952; *V. Reichert*, The Tahkemoni of Judah Alharizi, Jerusalem 1965 (teilweise engl. Übersetzung); *D. Jarden*, Hg., The Cantos of Immanuel of Rome, 2 Bände, Jerusalem 1957 (hebr.); *Y. Toforovsky*, Hg., Meschal ha-Qadmoni, Tel Aviv 1953; *I. Davidson*, Hg., Sefer Schaaschuim, Berlin 1925; *M. Hadas*, The Book of Delight, New York 1932; *A. M. Habermann*, Berekhia ha-Naqdan. Mischle Schualim, Tel Aviv 1946; engl.: *M. Hadas*, Fables of a Jewish Aesop, New York 1967; *S. J. Kaempf*, Nichtandalusische Poesie andalusischer Dichter, Prag 1858; *M. Sachs*, Die religiöse Poesie der Juden in Spanien, Berlin ²1901 (zahlreiche Übersetzungen)

7. Chronik und Reiseerzählung

A. Kahana, Sifrut ha-Historia ha-Jisraelit, 2 Bände, Warschau 1922–1923, Nachdruck Jerusalem 1969; *A. Neubauer*, Hg., Mediaeval Jewish Chronicles, 2 Bände, Oxford 1887–1895 (hebr. mit engl. Einführung); *E. N. Adler*, Hg., Jewish Travellers. A Treasury of Travelogues from 9 Centuries, New York ²1966 (engl. Übersetzungen); *M. Steinschneider*, Die Geschichtsliteratur der Juden, Frankfurt 1905; *J. Dan*, The Hebrew Story in the Middle Ages, Jerusalem 1974 (hebr.). – *Einzelne Werke: H. Lichtenberg*, Die Fastenrolle. Eine Untersuchung zur jüdisch-hellenistischen Geschichte, Hebrew Union College Annual 8–9 (1931–1932) 257–351; *B. Ratner*, Einleitung zu Seder Olam. Seder Olam Rabba. Die große Weltchronik, Wilna 1894/1897; Nachdruck mit Einleitung von S. M. Mirsky, New York 1966 (hebr.); *K. Kahan*, Hg., Seder tannaim we-amoraim, Frankfurt 1935 (hebr.-deutsch); *B. M. Lewin*, Hg., Iggeret Rab Scherira Gaon, Frankfurt 1920, Nachdruck Jerusalem 1972; *M. J. Weinstock*, Hg., Seder Olam Zuta ha-Schalem, Jerusalem 1957; *G. D. Cohen*, A Critical Edition with an Introduction and Notes of the Book of Tradition (Sefer ha-Qabbalah) by Abraham Ibn Daud, Philadelphia 1967; *H. Filipowski*, Hg., Liber Juchassin sive Lexicon Biographicum et Historicum ..., London 1857, ²1963 (mit Ergänzungen von A. H. Freimann); *H. Hominer*, Hg., Josiphon, mit Einführung von A. J. Wertheimer, Jerusalem 1967; *M. Gaster*, Hg., The Chronicle of Yerahmeel, London 1899; *B. Klar*, Hg., Megillat Ahimaaz, Jerusalem ²1973; *A. M. Habermann*, Hg., Sefer gezerot Aschkenas we-Tsorfat, Jerusalem 1946; *A. Schochat-J. Baer*, Hg., Sefer Schebet Jehuda le-R. Schlomo ibn Verga, Jerusalem 1947; *M. N. Adler*, The Itinary of Benjamin of Tudela, London 1907 (hebr.-engl.); *A. Z. Aescoly*, Sippur David ha-Reubeni, Jerusalem 1940.

V. Die jiddische Literatur

1. Das jiddische Mittelalter (bis 1800)

Allgemein: O. F. Best, Mameloschen. Jiddisch – Eine Sprache und ihre Literatur, Frankfurt 1973; *H. Dinse,* Die Entwicklung des jiddischen Schrifttums im deutschen Sprachgebiet, Stuttgart 1974; *S. Landmann,* Jiddisch. Abenteuer einer Sprache, Olten/Freiburg 1962; *S. Liptzin,* A History of Yiddish Literature, Middle Village, New York 1972; M. Steinschneider, Jüdisch-deutsche Literatur, Leipzig 1848, Nachdruck Jerusalem 1961; *M. Grünbaum* Jüdischdeutsche Chrestomathie, Leipzig 1882. *Einzelne Werke: L. Fuks,* The Oldest Known Literary Documents of Yiddish Literature (c. 1382), 2 Bände, Leiden 1957 (Faksimile, Einleitung, deutsche Übersetzung); *P. F. Ganz, F. Normann, W. Schwarz,* Hg., Dukus Horant, Tübingen 1964; *W. Staerk-A. Leitzmann,* die jüdisch-deutschen Bibelübersetzungen von den Anfängen bis zum Ausgang des XVIII. Jahrhunderts, Berlin 1923; *F. Falk,* Hg., Das Schemuelbuch des Mosche Esrim Wearba, 2 Bände, Assen 1961; *L. Fuks,* Hg., Das Altjiddische Epos Melokîm-Bûk, 2 Bände, Assen 1965; *N. Prylucki,* Hg., Sammlbicher far jidischer Folklor, 2 Bände, 1912–1917 (Purimspiel); *L. Landau,* Arthurian Legends or the Hebrew-German Rhymed Version of the Legend of King Arthur, Leipzig 1912; *J. A. Joffe,* Hg., Elije Bocher: Poetische Schafungen in Jidisch, 1949 (Bove-Buch); Die Fabeln des Kuhbuches in Übertragung, mit Vorwort von A. Freimann, 2 Bände, Berlin 1926; *J. Meitlis,* Das Mâassebuch, seine Entstehung und Quellengeschichte, Berlin 1933; *P. Pappenheim,* Allerlei Geschichten: Maasse-Buch, Frankfurt 1929; *D. Kaufmann,* Hg., Die Memoiren der Glückel von Hameln 1645–1719, Frankfurt 1896 (jidd.); A. Feilchenfeld, Denkwürdigkeiten der Glückel von Hameln, Berlin 1920 (deutsch).

2. Die osteuropäische jiddische Literatur des 19. Jahrhunderts

L. Wiener, The History of Yiddish Literature in the nineteenth century, London 1899, Nachdruck mit Einführung von E. Schulman, New York 1972; *D. Miron,* A traveler disguised. A study in the rise of modern Yiddish fiction in the nineteenth century, New York 1973. *Einzelne Autoren:* Alle Werk fun Mendele Mocher Sforim, 22 Bände, Warschau 1928; Mendele Moicher Sfarim. Gesammelte Werke. Autorisierte Übersetzung von S. Birnbaum, 5 Bände, Berlin 1924; *I. Pugach,* Un classique juif: Mendélé, Paris 1973; Alle Werke fun I. L. Peretz, 11 Bände, New York 1947–1948; *M. Samuel,* Prince of the Ghetto, Philadelphia 1948 (über Peretz); Alle Werk fun Schalom Aleichem, 28 Bände (von 40 geplanten!), New York, 1917–1925; *M. Samuel,* The World of Shalom Aleichem, New York ³1973; Alle Schriften fun Simon Frug, 3 Bände, New York 1910; A. Goldfaden, Oisgeklibene Schriften, New York 1963; *N. Mayzel,* Abraham Goldfaden, der Fater fun Jidischen Teater, Warschau 1935; J. Gordins Dramen, 2 Bände, New York 1911; J. Gordins Einakters, New York 1917; *K. Marmor,* Yankev Gordin, New York 1953 (jidd.)

3. Das 20. Jahrhundert: Nachsommer einer Sprache

S. Niger, Jidische Schraiber in Sowet Rusland, New York 1958; *Ch. Shmeruk,* Hg., A Schpigl oif a Schtain, Tel Aviv 1964 (jiddische Schriftsteller der UdSSR, Anthologie); *D. Bergelson,* Alle Werk, 4 Bände, Buenos Aires 1961–1964; *E. Dobrushin,* David Bergelson, Moskau 1947 (jidd.); *Der Nister,* Di Mischpoche Maschber, Moskau 1974; Gedacht, 2 Bände, Berlin 1922–23; *P. Markisch,* Gesammelte Werk, 2 Bände, Moskau 1933–36; *E. Markisch,* Le long retour, Paris 1974 (über ihren Mann P. M.); *D. Pinsky,* Alle Werk, 7 Bände, Warschau 1938; Oisgeklibene Schriften, Buenos Aires 1961; *P. Hirschbein,* Gesammelte Dramen, 5 Bände, New York 1916; über Hirschbein: *D. S. Lifson,* The Yiddish Theatre in America, New York 1965; *J. Opatoschu,* Gesammelte Werk, 16 Bände, Wilna 1925-39; deutsch: Der letzte Waldjude, Berlin 1928; *N. Mayzel,* Josef Opatoschu, sein Leben un Schaffen, Warschau 1937; *A. Reisen,* Gesammelte Schriften, 14 Bände, New York 1933; *S. Asch,* Gesammelte Schriften, 30 Bände, Warschau 1921–1933; *S. Niger,* Schalom Asch, sein Leben, seine Werk, New York 1960; *Ch. Lieberman,* The Christianity of Sholem Ash, New York 1953; *I. J. Singer,* Josche; ein jiddischer Roman, Freiburg 1957; *I. B. Singer,* Gimpel der Narr. Ausgewählte Erzählungen, Reinbek bei Hamburg 1968; Jakob der Knecht, Reinbek 1965; *M. Allentuck,* The Achievement of Isaac Bashevis Singer, Carbondale 1969.

VI. Der Weg in die Moderne: Die jüdische Aufklärung

1. Vorgeschichte: Renaissance – Spinoza

C. Roth, The Jews in the Renaissance, Philadelphia [2]1964; *H. Pflaum,* Die Idee der Liebe: Leone Ebreo, Heidelberg 1926; *C. Gebhardt,* Hg., Leone Ebreo. Dialoghi di Amore – Hebräische Geschichte, Heidelberg 1929 (Ausgabe und deutsche Übersetzung); *Azaria dei Rossi,* Meor Enajim, Wilna 1863; *S. Baron,* La méthode historique d'Azaria de Rossi, Paris 1929; *A. Kahana,* Hg., Sepher Chaje Jehuda sive Leonis Mutinensis autobiographia, Kiew 1911; *E. Rivkin,* Leon da Modena and the Kol Sakhal, Cincinnati 1952; *C. Gebhardt,* Die Schriften des Uriel da Costa. Mit Einleitung, Übertragung und Regesten, Amsterdam 1922; *ders.,* Hg., Baruch Spinoza, Opera, 4 Bände, Heidelberg 1926 (deutsch in drei Bänden, Leipzig 1914–1922); *H. A. Wolfson,* The Philosophy of Spinoza, 2 Bände, Cambridge 1958.

2. Mendelssohn und sein Kreis

A. Altmann, Moses Mendelssohn. A Biographical Study, London 1973; *Moses Mendelssohn,* Gesammelte Schriften. Jubiläumsausgabe, Hg. I. Elbogen u. a., 7 Bände, Berlin 1929–1938 (Nachdruck und Fortsetzung durch A. Altmann, Stuttgart 1971 ff.).

3. Eine neue hebräische Dichtung

S. Halkin, Modern Hebrew Literature from the Enlightenment to the birth of the State of Israel. Trends and Values, New York [2]1970; *J. Klausner,* Historia schel ha-Sifrut ha-Ibrit ha-chadascha, 6 Bände, Jerusalem [2]1952-1959; *I. Lachover,* Toldot ha-Sifrut ha-Ibrit ha-chadascha, 4 Bände, Tel Aviv 1963; *P. Navé,* Die neue hebräische Literatur, Bern-München 1962. *Einzelne Autoren: S. Ginzburg,* The Life and Works of Moses Hayyim Luzzatto, founder of modern Hebrew Literature, Philadelphia 1931; *Y. David,* Hg., M. Ch. Luzzatto, Maase Schimschon, Jerusalem 1967; *M. M. Kaplan,* Hg., Mesillat Yesharim: The Path of the Upright, by M. H. Luzzatto, Philadelphia ²1964 (hebr.-engl.); *W. A. Meisel,* Leben und Wirken Naphtali Hartwig Wessely's, Breslau 1841; Kol Schire Adam u-Mikhal, 6 Bände, Wilna 1895; Kitbe J. L. Gordon, 2 Bände, Tel Aviv 1928; *A. B. Rhine,* Leon Gordon: An Appreciation, Philadelphia 1910; *D. Patterson,* Abraham Mapu, the creator of the modern Hebrew novel, London 1964; *C. H. Freundlich,* Peretz Smolenskin. His Life and Thought, New York 1965; *D. Patterson,* The Hebrew Novel in Czarist Russia, Edinburgh 1964; Kol Sifre Peretz Smolenskin, 6 Bände, Warschau 1905–1910.

4. Die „Wissenschaft des Judentums"

K. Wilhelm, Hg., Wissenschaft des Judentums im deutschen Sprachbereich. Ein Querschnitt, 2 Bände, Tübingen 1967. *N. N. Glatzer,* Leopold Zunz, Jude – Deutscher – Europäer, Tübingen 1964; *S. Rawidowicz,* Hg., The Writings of Nachman Krochmal, London ²1961 (hebr.); *I. E. Barzilay,* Shlomo Yehuda Rapoport, Ramat Gan 1969 (engl.); *N. Rosenbloom,* Luzzatto's Ethico-Psychological Interpretation of Judaism, New York 1965; *A. Lewkowitz,* Das Judentum und die geistigen Strömungen des 19. Jahrhunderts, Breslau 1935, Nachdruck Hildesheim 1974 (zu Frankel); *L. Geiger,* Hg., Abraham Geiger, Leben und Lebenswerk, Berlin 1910; *M. Brann,* Hg., Heinrich Graetz: Abhandlungen zu seinem 100. Geburtstage, Wien 1917; *B. Strauss,* Hg., Hermann Cohen. Jüdische Schriften. Mit einer Einleitung von F. Rosenzweig, 3 Bände, Berlin 1924; *E. Freund,* Die Existenzphilosophie Franz Rosenzweigs, Hamburg ²1959; *H. Liebeschütz,* Von Georg Simmel zu Franz Rosenzweig. Studien zum jüdischen Denken im deutschen Kulturbereich, Tübingen 1970; *M. Buber,* Werke, 3 Bände, München-Heidelberg 1962-1964; *G. Schaeder,* Martin Buber: Hebräischer Humanismus, Göttingen 1966; *P. A. Schilpp-M. Friedman,* Hg., Martin Buber, Stuttgart 1963.

5. Der Weg zum Zionismus

A. Hertzberg, Hg., The Zionist Idea. A Historical Analysis and Reader, New York 1959; *Moses Hess,* Ausgewählte Schriften, ausgewählt und eingeleitet von H. Lademacher, Köln 1962; *E. Silberner,* Moses Hess. Geschichte seines Lebens, Leiden 1966; *Theodor Herzl,* Gesammelte zionistische Werke, 5 Bände, Tel Aviv 1934–1935; *A. Bein,* Theodor Herzl. Biographie, Wien 1934; *Achad Ha-Am,* Al Paraschat Derakhim, 4 Bände, Berlin 1930; Iggerot Achad Ha-Am, Hg. *L. Simon-Y. Pogravinsky,* 6 Bände, Tel Aviv 1957–1960; *Achad Ha-Am,* Am Scheidewege; gesammelte Aufsätze, 2 Bände (von vier geplanten), Berlin 1923; *L. Simon,* Ahad Ha-Am Asher Ginzberg. A Biography, London 1960.

VII. Die hebräische Literatur seit 1880

1. Die Wiederbelebung der hebräischen Sprache

R. St. John, The Tongue of the Prophets. The Life Story of Eliezer Ben Yehuda, Garden City, New York 1952; *J. Fellman,* The Revival of a Classical Tongue. Eliezer Ben Yehuda and the modern Hebrew Language, Den Haag 1973.

2. Das Ende der hebräischen Literatur in Europa

B. Benshalom, Hebrew Literature between the two World Wars, Jerusalem 1953; Kol Kitbe Mendele Mokher Sfarim, 6 Bände, Tel Aviv 1935; Kol Kitbe J. L. Peretz, 10 Bände, Tel Aviv 1948-1960; *M. J. Berdyczewski,* Hebräische Schriften, 20 Bände, Berlin 1922–26; Jiddische Schriften, 6 Bände, Berlin 1924; *Y. Keshet,* M. J. Berdyczewski. Chajjaw u-Poalo, Jerusalem 1958; *Ch. N. Bialik,* Ketabim, 4 Bände, Tel Aviv 1973; Gedichte, 2 Bände, Berlin 1920–21 (deutsch); *E. Simon,* Chajjim Nachman Bialik. Eine Einführung in sein Leben und Werk, Berlin 1935; *G. Shaked,* Hg., Bialik. Critical Essays on His Work, Jerusalem 1974 (hebr.); Kitbe Schaul Tschernichowsky, 2 Bände, Tel Aviv 1966; *E. Silberschlag,* Saul Tschernichowsky. Poet of Revolt. With Translations by S. Kahn and others, Ithaca – New York 1968; Kitbe Zalman Shneur, 2 Bände, Tel Aviv 1960; *R. Kartum-Blum,* From Tyre to Jerusalem. The literary world of Matityahu Shoham, Berkeley 1969.

3. Palästina bis zum Ende des britischen Mandats

Kol Kitbe J. Ch. Brenner, 3 Bände, Tel Aviv 1964–1967; *Y. H. Brenner,* Breakdown and Bereavement, Philadelphia 1971; Kol Sippuraw schel S. J. Agnon, 8 Bände, Jerusalem 1953–1962; deutsch: Und das Krumme wird gerade, Berlin 1919; Nur wie ein Gast zur Nacht, Frankfurt 1964; Im Herzen der Meere und andere Erzählungen, Zürich 1966; Gestern, vorgestern, Frankfurt 1969; *A. J. Band,* Nostalgia and Nightmare. A Study in the Fiction of S. Y. Agnon, Berkeley 1968; *B. Hochman,* The Fiction of S. Y. Agnon, Ithaca 1970; G. Shaked, The Narrative Art of S. Y. Agnon, Tel Aviv 1973 (hebr.); Kol Kitbe Ch. Hazaz, 12 Bände, Tel Aviv 1968; engl.: Gates of Bronze, Philadelphia 1975; *B. J. Michali,* Chajjim Hazaz. Ijjunim bi-Itsirato, Tel Aviv 1968; *A. Shlonsky,* Ketabim, 10 Bände, Merchabia – Tel Aviv 1971; *A. Weiss,* Hg., Avraham Shlonsky. A Selection of Critical Essays of his Writings, Tel Aviv 1975 (hebr.); *J. Friedläender,* Uri Zevi Greenberg. Ijjunim be-Schirato, Tel Aviv 1973; Kol Schire Jitschaq Lamdan, Jerusalem 1973; *L. I. Yudkin,* Isaac Lamdan. A study in twentieth-century Hebrew Poetry, Ithaca – New York 1971; Kol Kitbe N. Alterman, 7 Bände, Tel Aviv 1971–1973; *N. Alterman,* Regaim, 2 Bände, Tel Aviv 1974; *L. Goldberg,* Ketabim, 4 Bände, Merchabia – Tel Aviv 1972–1973; *H. Barzel,* Inheritance and Poetry, 2 Bände, Tel Aviv 1971 (hebr., u. a. zu Shlonsky, Greenberg, Lamdan).

4. Der Staat Israel

Deutsche Übersetzungen von Gedichten und Erzählungen vieler genannter Schriftsteller in der Zeitschrift *Ariel.* Zahlreiche engl. Übersetzungen. *L. Yudkin,* Escape into Siege. A Survey of Israeli Literature of Today, London-Boston 1974; *R. Wallenrod,* The Literature of Modern Israel, New York 1957; *D. Miron,* Arba Panim ba-Sifrut ha-Ibrit Bat-Jemenu, Jerusalem ²1975; *G. Shaked,* Gal Chadash ba-Sipporet ha-Ibrit, Tel Aviv 1971; *Ch. Shoham,* Challenge and Reality in Israeli Drama, Ramat Gan 1975 (hebr.); *S. Burnshaw, T. Carmi, E. Spicehandler,* The Modern Hebrew Poem Itself. From the beginning of the modern movement to the present, New York 1964, ³1974 (Hebr.-engl. Auswahl mit Kommentar); *S. Y. Penueli-A. Ukhmani,* Hg., Anthology of Modern Hebrew Poetry, 2 Bände, Jerusalem 1966; *A. Birman,* Hg. An Anthology of Modern Hebrew Poetry, London 1968.

VIII. Die Juden in der deutschen Literatur

L. Geiger, Die deutsche Literatur und die Juden, Berlin 1910; *G. Krojanker,* Hg., Juden in der deutschen Literatur, Berlin 1922; *S. Liptzin,* Germany's Stepchildren, Philadelphia 1944, Nachdruck Cleveland 1961; *H. Bock,* Ludwig Börne. Vom Gettojuden zum Nationalschriftsteller, Berlin 1962; *L. Rosenthal,* Heinrich Heine als Jude, Frankfurt 1973; *D. Sternberger,* Heinrich Heine und die Abschaffung der Sünde, Hamburg 1972; *H. Bieber,* Hg., Heinrich Heine. Confessio Judaica. Eine Auswahl aus seinen Dichtungen, Schriften und Briefen, Berlin 1925 (erweitert New York 1947 als: Heinrich Heine. Jüdisches Manifest); *H. Kohn,* Karl Kraus – Arthur Schnitzler – Otto Weininger. Aus dem jüdischen Wien der Jahrhundertwende, Tübingen 1962; *H. Zohn,* Wiener Juden in der deutschen Literatur, Tel Aviv 1964; *A. Kleinewefers,* Das Problem der Erzählung bei Richard Beer-Hofmann, Hildesheim 1972; *C. Magris,* Weit von wo. Verlorene Welt des Ostjudentums, Wien 1971 (Joseph Roth); *M. Brod,* Über Franz Kafka, Frankfurt 1966; *E. T. Beck,* Kafka and the Yiddish Theatre. Its Impact on His Work, Madison-Milwaukee 1971; *M. Pazi,* Max Brod. Werk und Persönlichkeit, Bonn 1970; *L. B. Foltin,* Franz Werfel, Stuttgart 1972; *G. Grimm,* Karl Wolfskehl. Die Hiob-Dichtung, Bonn 1972; *W. Hegglin,* Else Lasker-Schüler und ihr Judentum, Zürich 1966; *P. Mayer,* Paul Celan als jüdischer Dichter, Landau-Pfalz 1969; *D. Stern,* Werke jüdischer Autoren deutscher Sprache, Wien ³1970 (Bibliographie).

Register